Sebastian Brunner

Die Kirche und die Synagoge
Aus dem Französischen des L. Rupert

ISBN/EAN: 9783744621359

Hergestellt in Europa, USA, Kanada, Australien, Japan

Cover: Foto ©Lupo / pixelio.de

Weitere Bücher finden Sie auf **www.hansebooks.com**

Sebastian Brunner

Die Kirche und die Synagoge

Aus dem Französischen des L. Rupert

Die Kirche und die Synagoge.

Aus dem Französischen des L. Rupert.

Mit Beilagen

von

Sebastian Brunner.

Schaffhausen.
Verlag der Fr. Hurter'schen Buchhandlung.
1864.

Vorwort.

Das vorliegende Werk erschien unter dem Titel: „L'Église et la Synagogue. Par L. Rupert. Paris Librairie de P. Lethielleux, Rue Bonaparte 6, 1859". Was im Anfange (Avertissement und Préface) etwas ausgedehnt sich findet, wurde in Folgendem in etwas gedrängter Kürze zusammengezogen. Der Herausgeber sagt: Es sei dieß Buch gegen die Anmaßungen jener Juden geschrieben, welche in der periodischen Presse ohne Unterlaß der Kirche Intoleranz und Grausamkeit vorwerfen.

Die Kirche, welche vom heiligen Geist regiert wird, welche aller Wahrheit, Weisheit und Liebe Grund ist, welche die Lehrerin der Völker ist, war und sein wird, muß die Vorwürfe der Juden und Judengenossen zurückweisen.

Scheint auch der Haß gegen Christus und seine Kirche von Seite des Judenthums gegenwärtig minder grell hervorzutreten, ist die Synagoge mancher Orten auch durch Indifferentismus und totalen Unglauben in sich selbst erschüttert und theilweise in Trümmer zerfallen, so scheint doch auch der fortgesetzte Haß im Judenthum gegen das Christenthum das Immergrün zu sein, welches sich noch um die Trümmer der Synagoge fortspinnt. Es sollen nicht nur die Ausfälle dieses Hasses zurückgewiesen, sondern auch gewissenhaften Juden, die dem verstockten Atheismus der Reformen abhold sind und die aufrichtigen Herzens ein Verlangen nach Religion in sich tragen, die Synagoge und die Kirche dargestellt werden, wie sie in Wahrheit sich einander gegenüber gestanden; vielleicht mag einer oder der andere auf jenen hingewiesen werden, und zu Jenem kommen, der auch für das Judenthum Weg, Wahrheit und Leben ist und in dem allein Friede und Versöhnung zu finden.

Rupert bemerkt, wie das moderne Judenthum in mehreren Staaten des Ostens und im Centrum Europas (du centro do l'Europe) die Geldherrschaft errungen und sich der Journalistik bemächtigt hat, wie dieses Judenthum hochgestellte Christen zu seinen Vertheidigern und Advokaten gewonnen hat, wie es alle Mittel für sein Interesse aufzubieten weiß, — so daß schon der Gedanke öfters ausgesprochen wurde, es gegen die Prophetie des Welterlösers mit dem alten Judenreich wieder zu beschenken*), und spricht die Warnung aus, man solle ja nicht meinen, daß das Judenthum, wenn auch die Synagoge erschüttert ist, — seinen alten Kampf gegen das Christenthum aufzugeben gesonnen sei. Diejenigen, welche Christum den Herrn anbeten, können nicht gleichgültig zusehen, wenn sie von jenen unterjocht werden sollen, die Christum lästern.

Wir wollen damit nichts weniger als den Wunsch nach einer Gewaltthat aussprechen; dagegen ist der Geist der Kirche principiell: wir wollen keineswegs den weltlichen Arm um seinen Schutz gegen die Uebergriffe des Judenthums bitten; wir wollen nur das Wirken der Feinde des positiven Christenthums in seinen Quellen und Principien darlegen, um vor demselben zu warnen, und vielleicht auch manchen gewissenhaften Juden zum Nachdenken über die Frage bringen, wie und durch wen das Heil aus Israel gekommen. Zudem halten wir jene Feinde der christlichen Wahrheit für die gefährlichsten, die im Schooße des Christenthums geboren, den Segen und die Gnade der Erlösung hinweggeworfen haben und mit allen Mitteln der Finsterniß und der verstockten Bosheit gegen die erlösende Wahrheit und gegen ihr eigenes Heil losstürmen.

---

*) Wolfgang Menzel sagt mit seinem kritischen Scharfblick bei Gelegenheit einer Besprechung von Dr. Wolffs Jerusalem (Lit. Blatt. 1857, S. 316.): „Wenn das die Wiederherstellung eines ausschließlichen Judenreiches auch möglich wäre, so würden die vermöge des auf ihrem Stamme ruhenden Fluches nun einmal in der Welt zerstreut Lebenden von dem so bequem und üppig unter ihnen ausgestreckten Christenleibe, an dem sie sich als Blutegel dick und rund saugen, schwerlich wieder auf den dürren Felsen ihrer Heimat zurückkehren wollen."

Gerade diese sind es aber, die in ihrer Feindschaft gegen das positive Christenthum sich auf die Seite der Synagoge stellen, die nicht aus Liebe zur Menschheit, sondern aus Haß gegen Christus die Angriffe des Judenthums gegen die Kirche ermuthigen und dieselben unterstützen. Diesen sind die specifischen Juden nicht mehr „Feinde des Kreuzes Christi", sondern ein Geschlecht, das man zu seinem Sieg, welchen es gegen die Kirche seit zwei Jahrtausenden anstrebt, noch mit allen Mitteln verhelfen soll. Justin der Martyrer beweist am Ende seines Gespräches mit dem Juden Tryphon: „daß im neuen Bunde das wahre Volk Israel die Christen und nicht die Juden seien."

Diese Feinde der Kirche, die in der Kirche geboren wurden, schmähen gegen alle jene Maßregeln, welche die Kirche im Laufe der Zeiten für nöthig erachtet hat, um das christliche Volk gegen Uebergriffe aller Art, welche sich das Judenvolk gegen dieses christliche Volk zu Schulden kommen läßt, zu schützen und zu vertheidigen.

Es handelt sich nun darum, die Phrasen von „Humanität" und „Philanthropie", welche gewöhnlich zum Vortheile der „unterdrückten schmachtenden Juden" ins Feld geführt werden, gründlich zu untersuchen, wozu sie freilich ihres Flittergoldes entkleidet werden müssen.

Es handelt sich um die Frage: Sind unsere christlichen Voreltern in die Irre geführt, sind sie von der Kirche betrogen worden, als sie jene Gesetze als gültig und gerecht anerkannten, welche die Kirche für das Zusammenleben mit Juden oft und wiederholt zu geben sich veranlaßt fand? Hat die Kirche damals in ihrer Abwehr gegen die Synagoge unrecht gethan, hat sie sich gegen die Menschlichkeit versündigt? Wir werden durch Thatsachen zum Schlusse kommen: daß die Kirche nur gegen Vorurtheile, Haß und Egoismus gekämpft hat; das Recht ist auf Seite der Kirche und nicht auf Seite der Synagoge gewesen, die Angriffe sind von jüdischer Perfidie ausgegangen — und was die Juden als Rückschlag gegen ihre principiellen At=

rope) die Geldherrschaft errungen und sich der Journalistik bemächtigt hat, wie dieses Judenthum hochgestellte Christen zu seinen Vertheidigern und Advokaten gewonnen hat, wie es alle Mittel für sein Interesse aufzubieten weiß, — so daß schon der Gedanke öfters ausgesprochen wurde, es gegen die Prophetie des Welterlösers mit dem alten Judenreich wieder zu beschenken*), und spricht die Warnung aus, man solle ja nicht meinen, daß das Judenthum, wenn auch die Synagoge erschüttert ist, — seinen alten Kampf gegen das Christenthum aufzugeben gesonnen sei. Diejenigen, welche Christum den Herrn anbeten, können nicht gleichgültig zusehen, wenn sie von jenen unterjocht werden sollen, die Christum lästern.

Wir wollen damit nichts weniger als den Wunsch nach einer Gewaltthat aussprechen; dagegen ist der Geist der Kirche principiell; wir wollen keineswegs den weltlichen Arm um seinen Schutz gegen die Uebergriffe des Judenthums bitten; wir wollen nur das Wirken der Feinde des positiven Christenthums in seinen Quellen und Principien darlegen, um vor demselben zu warnen, und vielleicht auch manchen gewissenhaften Juden zum Nachdenken über die Frage bringen, wie und durch wen das Heil aus Israel gekommen. Zudem halten wir jene Feinde der christlichen Wahrheit für die gefährlichsten, die im Schooße des Christenthums geboren, den Segen und die Gnade der Erlösung hinweggeworfen haben und mit allen Mitteln der Finsterniß und der verstockten Bosheit gegen die erlösende Wahrheit und gegen ihr eigenes Heil losstürmen.

---

*) Wolfgang Menzel sagt mit seinem kritischen Scharfblick bei Gelegenheit einer Besprechung von Dr. Wolffs Jerusalem (Lit. Blatt. 1857, S. 316): „Wenn das die Wiederherstellung eines ausschließlichen Judenreiches auch in gleich wäre, so würden die vermöge des auf ihrem Stamme ruhenden Fluches nun einmal in der Welt zerstreut Lebenden von dem so bequem und üppig unter ihnen ausgestreckten Christenleibe, an dem sie sich als Blutegel dick und rund saugen, schwerlich wieder auf den dürren Felsen ihrer Heimat zurückkehren wollen."

Gerade diese sind es aber, die in ihrer Feindschaft gegen das positive Christenthum sich auf die Seite der Synagoge stellen, die nicht aus Liebe zur Menschheit, sondern aus Haß gegen Christus die Angriffe des Judenthums gegen die Kirche ermuthigen und dieselben unterstützen. Diesen sind die specifischen Juden nicht mehr „Feinde des Kreuzes Christi", sondern ein Geschlecht, das man zu seinem Sieg, welchen es gegen die Kirche seit zwei Jahrtausenden anstrebt, noch mit allen Mitteln verhelfen soll. Justin der Marthrer beweist am Ende seines Gespräches mit dem Juden Tryphon: „daß im neuen Bunde das wahre Volk Israel die Christen und nicht die Juden seien."

Diese Feinde der Kirche, die in der Kirche geboren wurden, schmähen gegen alle jene Maßregeln, welche die Kirche im Laufe der Zeiten für nöthig erachtet hat, um das christliche Volk gegen Uebergriffe aller Art, welche sich das Judenvolk gegen dieses christliche Volk zu Schulden kommen läßt, zu schützen und zu vertheidigen.

Es handelt sich nun darum, die Phrasen von „Humanität" und „Philanthropie", welche gewöhnlich zum Vortheile der „unterdrückten schmachtenden Juden" ins Feld geführt werden, gründlich zu untersuchen, wozu sie freilich ihres Flittergoldes entkleidet werden müssen.

Es handelt sich um die Frage: Sind unsere christlichen Voreltern in die Irre geführt, sind sie von der Kirche betrogen worden, als sie jene Gesetze als gültig und gerecht anerkannten, welche die Kirche für das Zusammenleben mit Juden oft und wiederholt zu geben sich veranlaßt fand? Hat die Kirche damals in ihrer Abwehr gegen die Synagoge unrecht gethan, hat sie sich gegen die Menschlichkeit versündigt? Wir werden durch Thatsachen zum Schlusse kommen: daß die Kirche nur gegen Vorurtheile, Haß und Egoismus gekämpft hat; das Recht ist auf Seite der Kirche und nicht auf Seite der Synagoge gewesen, die Angriffe sind von jüdischer Perfidie ausgegangen — und was die Juden als Rückschlag gegen ihre principiellen Attentate bisweilen erdulden mußten, das kann nicht dem Geiste des Christenthums zugeschrieben werden, aber es ist von Thatsachen des Judenthums provocirt worden.

Es hat sich vorliegende Schrift die Aufgabe gestellt, die Kirche in ihrer früheren kanonischen Gesetzgebung und in ihren Maßregeln gegen die Juden zu vertheidigen. Die Juden sind von der Kirche nicht gegen Recht und Gerechtigkeit behandelt worden. Was man in dieser Richtung über das „finstere Mittelalter" schmäht — geht nur aus Finsterniß der eigenen Unwissenheit oder auch aus einem in Haß verfinsterten Herzen hervor. Die Deklamationen gegen die christliche Gesetzgebung von und für Juden müssen in ihrer Hohlheit dargelegt werden. Man hat in die Vergangenheit zurückgegriffen, um zu Gunsten der Juden der Gegenwart zu sprechen und die Kirche in ihrer Vergangenheit anzuklagen; auch wir wollen in die Vergangenheit zurückgehen und den Kampf für das Recht der Kirche aufnehmen.

Dabei sind wir weit entfernt zu verläugnen oder in Abrede stellen zu wollen, was in vergangenen Zeiten Juden von Christen erlitten haben, wir werden aber auch mit einer gleichen Wahrheitsliebe der Ungerechtigkeit, Härte, Verfolgung und Grausamkeit gedenken, welche die Kinder der Kirche von der Synagoge zu erdulden hatten, denn gerade das letztere Thema wird von den Juden und ihren Advokaten gewöhnlich mit einem weisen Stillschweigen umgangen.

Es ist Aufgabe des Historikers, das Unglück, welches die jüdische Nation an verschiedenen Orten getroffen hat, in seinen Ursachen aufzusuchen — und zu erforschen, ob der Grund jenes Unglücks in der Kirche oder in der Synagoge gelegen war.

Es wird bei dieser Untersuchung nicht von den modernen Juden gesprochen, die inmitten christlicher civilisirter Völker leben; denn da müßte sich in manchen Partien das Urtheil anders gestalten, weil diese modernen Juden auch schon viele jener Vorurtheile, welche die alte Synagoge beherrschte, aufgegeben haben. Deß=

halb kann uns auch die Synagoge, wie sie heute unter christ=
lich=civilisirten Völkern ist, nicht als ein Beweis gegen
unsere Behauptungen vorgehalten werden. Herrscht aber unter
den Juden in vielen civilisirten Ländern heutigen Tages eine
friedfertigere Anschauung über das Zusammenleben mit Christen
als dies im Mittelalter der Fall war, so wird damit natürlich
gegen die von uns aufgestellten Thatsachen und Beweise nichts
ausgerichtet werden können.

Bei dem Bilde, welches hier von der alten Synagoge
aufgerollt werden soll, ist besonders ein Umstand nicht zu
übersehen. Die Feindseligkeit und Intoleranz der Juden gegenüber
den Christen sind nicht Gegenstand gewisser Individuen oder
Gruppen im Judenthum, sie sind nicht Gegenstand der Leidenschaft, des Vorurtheils, der Rachsucht, des Hasses einzelner Individuen, sondern sie wurzeln im Geiste dieser alten Synagoge,
sie sind eine natürliche Frucht des finstern Geistes, der im Talmud herrscht, und welchen die den Talmud erklärenden Rabbiner
über die ganze jüdische Nation ausgegossen haben. Diese Maximen haben das Gewissen der Juden alterirt und verfälscht —
sie halten dieselben für Ausflüsse des heiligen Geistes, diese Maximen haben die höchste Autorität bei den Juden und somit finden
sie in jenen Handlungen, welche sie sich auf jene Aussprüche
hin gegen die Christen erlauben, nichts Verdammenswerthes. Die
Synagoge übernimmt somit die Verantwortlichkeit für
die Handlungsweise ihrer Adepten. Denn sie ist es,
welche, wie wir sehen werden, den Juden jenen feindlichen Geist
gegen die Christen und andere Nationen eingehaucht.

Es ist ganz ein anderer Umstand, wenn Christen sich in
Folge einer Leidenschaft zu Excessen gegen Juden hinreißen lassen.
Da sind nur die Personen schuldtragend und verantwortlich, die
Kirche kann dafür nichts; denn sowohl die Grundsätze des Evangeliums als die kanonischen Gesetze verbieten oder verurtheilen
jede Gewaltthätigkeit und jedes Unrecht. Die Kirche verdammt
es gleichmäßig, wenn Jemand von Zorn oder Rache geblendet,

an einem Juden oder an einem Christen sich vergreift. Das Princip des Evangeliums ist das Princip der socialen Ordnung, es darf nach keiner Seite hin verletzt werden.

Somit werden wir die Vorwürfe, welche Judenvertheidiger, die zugleich die Christenheit anklagen, wie die von Robert Peel, Massimo d'Azeglio, Vincenzo Gioberti und eine Masse von Zeitungen gemachten, in ihrer Haltlosigkeit und Hohlheit zeigen. Was im Mittelalter bisweilen geschah, — kann nur böswilliger Sinn und Unwissenheit der Kirche auf die Schuldtafel schreiben, es gehört auf die Schuldtafel des nachchristlichen Judenthums selbst; das soll im Principe aus den Büchern der Synagoge nach Christus, und in der jüdischen Praxis in historischen Thatsachen, welche nothwendig aus den Principien oder der Theorie hervorgehen mußten, genügend nachgewiesen werden. Es wird sich zeigen, wohin ein geblendetes, für seinen Unglauben gestraftes Volk gekommen ist.

Sollte dieses Buch einem modernen Juden unter die Augen kommen, dem die barbarischen Maximen der Synagoge von früher noch nicht hinlänglich bekannt waren, so mag er, vorausgesetzt, daß er gewissenhaft ist, mit Schauder über so viele Verbrechen erfüllt werden, welche historisch constatirt sind; er wird auch einsehen lernen, wenn im Mittelalter sich die Christen manchmal zu einer Härte gegen die Juden verleiten ließen, welche weit über das christliche Gesetz hinausging, wer die erste Veranlassung zu derlei Uebertretungen gegeben, und wenn Revolten von Juden in verschiedenen Ländern mit Waffengewalt niedergedrückt wurden, wer die Initiative gemacht, und wie die Christen von den Juden durch Felonie provocirt worden sind.

Möge sich dann mancher gewissenhafte Mann aus dem Judenthum die Frage stellen, ob er in der Synagoge bleiben wolle, nachdem das Volk der Juden einst von Gott gesegnet, geschützt, mit Wohlthaten überhäuft — nach seinem Abfall von Gott offenbar verblendet und von ihm verlassen ist.

Erstes Kapitel.

Allgemeine Darstellung der moralischen und religiösen Grundsätze, welche die Synagoge seit ihrer Verwerfung angenommen hat.

Wenn man erwägt, von welchem Punkte die neueren Beschützer und Verfechter des Judenthums ausgegangen sind, welchen Weg sie zum Gelingen ihres Unternehmens und zur Erweckung der öffentlichen Theilnahme eingeschlagen haben, dann wundert man sich nicht mehr über die Mittel, deren sie sich bedienten, um Herzen und Ohren zu Gunsten der Synagoge einzunehmen, und die Vergangenheit der Kirche mit Schmach zu bedecken. Sie dachten mit dem mosaischen Gesetze in der Theorie, und der ihre Behauptungen bekräftigenden Geschichte dieses Unternehmen glücklich beendigen zu können. Der Plan wäre auch nicht schlecht angelegt gewesen, hätten sie es verstanden, klug und redlich zu Werke zu gehen. Allein man muß ihnen nachsagen, daß sie sich bei der Anwendung der erwähnten zwei Mittel nachlässig gezeigt, und daß sie zu sehr von der Wahrheit abgewichen sind. Selbst die Grundlage ihrer Beweisführung beruht nur auf einer Menge von Irrthümern, sowohl vom doktrinären als vom geschichtlichen Standpunkte aus genommen: darum haben sie es vor Allem versäumt, wie doch die Billigkeit erfordert, das Judenthum seit der neuen Zeitrechnung neben dem Christenthum darzustellen und zu zeigen, wie sehr dieses jetzige Judenthum vom Christenthum, aber auch wie sehr es vom alten Mosaismus verschieden ist.

Man kann in der That nicht oft genug wiederholen, daß es unendlich wichtig ist, bei Erforschung irgend einer Sache bis zu den Quellen zurückzugehen, und nichts außer Acht zu lassen, was nur immer zu einem richtigen und wahren Urtheil führen kann. Weil man in dem vorliegenden Gegenstande diese Regeln unbeachtet ließ, so gelangte man zu den irrigsten Folgerungen, und glaubte in der Wahrheit den Irrthum und umgekehrt im Irrthum die Wahrheit zu finden. Wir beschuldigen daher mit Recht ganz oder theilweise die früher angeführten Schriftsteller wegen ihrer Nachlässigkeit in diesem Punkte, besonders wo es sich um eine Frage handelt, welche, während eines Zeitraumes von fast 18 Jahrhunderten, eine ganz andere Lösung erhielt als die, welche jene Herren herbeiführen möchten.

Unter Anderen glaubte Robert Peel diese Frage unter ihrem wahren Gesichtspunkte darzustellen, als er im englischen Parlamente mit außerordentlicher Zuversicht behauptete, er habe sie in der genauesten und ausgedehntesten Weise untersucht. Was that aber dieser Herr? Gleich allen Anderen nahm er zum Evangelium seine Zuflucht, um darin einen Stützpunkt für seine Meinung zu finden, welche er mit den nämlichen Grundsätzen zu stützen suchte, welche Jesus Christus seine Jünger gelehrt. Durch Einhüllung in den Mantel der Christenliebe vermeinten diese Männer über alle Oppositionen triumphiren zu können. Ihre Gegner begaben sich gleichfalls in den Schutz des Evangeliums und bildeten sich aus ihm einen Wall zu ihrer Vertheidigung. Wir werden es nachahmen. Möge uns übrigens Christi Lehre in unserem Unternehmen ein so sicherer Wegweiser sein, daß, wenn man bei Beendigung desselben uns des Irrthums beschuldigen wollte, man auch damit behaupten müßte, Christus der Herr habe sich geirrt.

Vor Allem aber müssen wir gegen die falsche Angabe des Sir Robert Peel und der anderen Lobredner der Synagoge protestiren, daß nämlich die göttlichen Lehren und die im alten Testamente enthaltenen Offenbarungen von den Israeliten eben so gut angenommen sind, wie von den Christen. Man hätte noch hinzusetzen sollen, daß die Juden noch eine Menge anderer Institutionen besitzen, welche sie als eben so viele Monumente ansehen, die sie durch Ueberlieferung von ihren Vorfahren erhielten, daß sie in ihnen eben so viele Orakel sehen, welche von der Secte der Pharisäer tausendmal commentirt und veröffentlicht wurden, und daß sie ihnen gewissenhafter Gehorsam leisten als den Lehrsätzen in den Büchern Moses. Darin liegt der größte Irrthum unserer Gegner und die gefährlichste Täuschung der Juden, in Folge deren sie die evangelischen Wahrheiten verkennen und in ihren traurigen Vorurtheilen verharren, wie im Verlaufe dieses Buches gezeigt werden wird. Wenn von den Caraiten gesprochen worden wäre, einer zweiten jüdischen Secte, welche sich in vielen wesentlichen Punkten von der der Pharisäer unterscheidet, und welche noch eine kleine Anzahl Anhänger im Oriente besitzt, dann hätten wir gerne unsere Zustimmung gegeben. Die Caraiten verwerfen in der That das ganze traditionelle System der Pharisäer, dem wie immer, so auch noch jetzt fast das gesammte über die ganze Erde zerstreute Judenvolk anhängt, und deßhalb werden die Caraiten, gleich den Samaritanern von den anderen Juden eben so gehaßt und verachtet, wie die Christen selbst.

Mit diesen wenigen Dissidenten haben wir uns daher nicht zu beschäftigen und wir können zur Auseinandersetzung ihres Lehrsatzes übergehen, welcher lautet wie folgt: Die Synagoge in ihrer jetzigen Verfassung ist die leibliche Tochter der pharisäischen Schule und die rechtmäßige Erbin aller jener Lehren, welche sie zur Zeit unsers Heilandes unter den Juden verbreitete, Lehren, welche allmälig alle über den Erdball zerstreute Juden annahmen. Kein Geschichtschreiber, kein Schriftsteller hat sie nicht nach ernstem Studium der Grundlehren des Judaismus seit der neuen Zeitrechnung in vollem Einklange mit den Institutionen der Pharisäer gefunden. Serrarius hat uns das eigene Geständniß der Juden berichtet, welche sich in seiner Gegenwart als Schüler der pharisäischen Secte erklärten. Der Jude Benjamin von Tudela fand auf seinen Reisen im Orient im Mittelalter, daß sich die Juden jener Länder „Pharisäer" nannten, und daß sie die Lehren dieser Secte befolgten, so wie sie deren Namen angenommen hatten.

Anton Hulsius, in der Vorrede zu seiner „jüdischen Theologie", fügt nach kritischer Beurtheilung der verschiedenen Secten, in welche die Juden zur Zeit Jesu Christi zerfielen, hinzu: „Das war der Zustand der jüdischen Religion bis zur zweiten Zerstörung des Tempels. Von dieser Zeit an war das Volk Israels allenthalben zerstreut und die verschiedenen Religionssecten, aus denen es bestand, waren getrennt und aufgelöst. Eine neue Katastrophe drohte nächstens unabwendbar hereinzubrechen, wenn nicht der Rabbiner Juda Hakkadesch oder der Heilige, welcher um das Jahr 130 der neuen Zeitrechnung lebte, die drohende Gefahr abgewendet hätte." Um zu verhindern, „daß so viele und so mannigfaltige nationale Ueberlieferungen, daß so viele ceremonielle und richterliche Verordnungen in Bezug auf die Beobachtung des mosaischen Gesetzes, deren ganze Beobachtung von den Pharisäern vorzugsweise anempfohlen war, in den Wirren der Verbannung dem Gedächtnisse seiner Stammesgenossen nicht ganz und gar entschwinden möchten, sammelte er die allenthalben zerstreuten Handschriften und machte daraus ein Buch, welches Mischna oder Sepher Mischnajot genannt wurde."

Im Laufe der Jahrhunderte wurde der Text dieses Buches mit verschiedenen Commentaren bereichert. Sie gingen aus den Judenschulen Palestina's und Babylons hervor. Diese ebenfalls in verschiedenen Bänden gesammelten Commentare bildeten den Talmud von Jerusalem und Babylon. Bartolocci, einer der unterrichtetsten Kenner des Judenthums und seiner Literatur stellt in seiner Bibliotheca rabbinica (rabbinischen Bibliothek) die definitive Vollendung des Talmud am Ende des 15. Jahrhunderts fest, wobei er hinzufügt, daß alle jüdischen Hochschulen, nachdem er sich bei ihnen Raths erholt, ohne Widerrede mit ihm darin übereinstimmten.

Hiemit ist nun ein sehr wichtiger Satz aufgestellt: Der Talmud ist das Werk der Pharisäer, die in demselben aufgestellten Lehrsätze sind dieselben, wie sie von der pharisäischen Schule gelehrt und praktisch angewendet wurden. Wollen wir nun die Lehre der Pharisäer kennen lernen und das Ziel, welches sie sich gesteckt, so wie auch das der Lehrsätze des Talmud, so brauchen wir unsere Blicke nur auf das Evangelium als die unfehlbare Quelle der Wahrheit zu wenden. Jesus Christus, welcher der Inbegriff der Wahrheit ist und der die Menschen nicht nach ihrem äußeren Schein beurtheilte, sondern in ihren geheimsten Gedanken las, Jesus Christus, in seinen Urtheilen jedweder Täuschung unfähig, sagte von den Pharisäern, daß sie ein ganz anderes Königreich anstrebten, als das, welches er dem Volke Israels und allen Völkern der Erde verheißen hatte. Ueber diesen schweren Irrthum machte er ihnen bittere Vorwürfe. Schlagen wir das Evangelium des heiligen Lukas auf. (XVII. Kap. 20. Vers.) Als Jesus von den Pharisäern gefragt wurde: Wann kommt das Reich Gottes? antwortete er ihnen und sprach: Das Reich Gottes kommt nicht mit äußerlichem Gepränge. Das heißt, das Reich Gottes wird sich nicht durch außerordentlichen Pomp und durch Siegesglanz offenbaren, wie es die Juden als sichere Zeichen ihrer politischen Wiederherstellung und ihrer Ueberlegenheit über die anderen Völker gewünscht haben. Jesus sagte im Gegentheile: „Das Reich Gottes ist innerhalb euch." Und als er den Pharisäern ihr Verkennen seiner Sendung im Namen seines Vaters vorwarf, sagte er, wie der heilige Johannes erzählt: (V. Kap. 43. Vers.) „Ich bin im Namen meines Vaters gekommen, und ihr nehmet mich nicht auf: wenn ein anderer in seinem eigenen Namen kommen wird, den werdet ihr aufnehmen." Das ist, als hätte er zu ihnen gesagt: „Ich bin gekommen im Namen meines Vaters, kraft der Machtvollkommenheit, die er mir als dem wahren Heiland verliehen hat, und ihr schenkt mir keinen Glauben. Kommt aber ein anderer in seinem eigenen Namen, der sich für den Messias ausgibt, obwohl er es nicht ist, den werdet ihr aufnehmen." Der Heiland wollte damit sagen, daß sie einen anderen Messias als ihn erwarteten, der ihre Sehnsucht nach einem weltlichen Reiche erfüllen und ihre einstige Oberherrschaft über die anderen Völker wiederherstellen soll. Später bestätigten die Attentate mehrerer fanatischer Juden nur zu oft die Wahrheit der Prophezeihung des Heilandes.

Aus demselben Evangelisten ersieht man, in welch' hohem Grade die falsche Idee eines weltlichen Reiches die Phantasie der Juden erhitzt hatte. Angesichts der Wunder des Nazareners, stehen die Massen auf und rufen ihn zum Könige aus, in der festen Meinung, er werde den Triumph Israels über das römische Reich und über die anderen Völker bewirken. Das war auch die Meinung der zwei Schüler, zu denen sich Jesus auf ihrer Wanderung nach Emaus gesellte. Er fragte sie nämlich, wovon sie sprechen und um die Ursache ihrer Traurigkeit. Sie antworteten, Jesus sei der Gegenstand ihrer Unterredung gewesen, von dem sie die Befreiung Israels von dem römischen Joche gehofft hätten. Eine Menge Stellen in den Evangelien und den Schriften der Aposteln weisen das Bestehen solcher Illusionen nach. Viele Jünger Jesu Christi entledigten sich nur allmälig dieser Träume, um endlich in dem Messias den Gründer eines reingeistigen Reiches zu sehen, wie er es selbst vor Pilatus offen mit den Worten erklärte (Joh. XVIII. Kap. 36. Vers): „Mein Reich ist nicht von dieser Welt."

Doch vergebens bekämpfte Jesus Christus oft die Ansicht der Synagoge über den Charater des gehofften Messias; vergebens lehrte und betheuerte er vor den Pharisäern und dem römischen Landpfleger, sein Reich sei nicht von dieser Welt und die Juden dürften nicht hoffen, sich durch ihn von der Fremdherrschaft befreit zu sehen. Die Juden, taub den Worten des Erlösers, bestärkten sich nur immer mehr in dem Gedanken, das Reich Christi müsse irdisch und von ewiger Dauer sein und sich von einem Ende der Welt zum anderen erstrecken. Sie mußten daher ihren Glauben an die Sendung des Messias in der Person Jesu aufgeben, sie wurden die erbittertsten Feinde seiner Lehre und Werke, und verdammten ihn in seiner eigenen Person und in der seiner Jünger.

Wirklich, als Jesus nach dem Zeugnisse des heil. Mathias seine Jünger schon im Voraus von ihren zukünftigen Erlebnissen in Kenntniß setzte, bemerkte er ihnen, daß die Pharisäer ihm selbst den schimpflichen Namen Beelzebub gaben, und zeigte ihnen hiemit, was sie von dem unbeugsamen Starrsinn der Juden zu leiden haben würden. „Haben sie den Hausvater Beelzebub geheißen, wie viel mehr werden sie seine Hausgenossen also nennen." (Matthäus X, 25.) Der heilige Johannes berichtete, daß die Pharisäer, da sie dem Blindgebornen nichts zu antworten wußten, ihm aber auch nicht die Augenscheinlichkeit des an seinem Leibe gewirkten Wunders abstreiten konnten, Jesum einen sündigen Menschen nannten, und denjenigen, welcher sein Augenlicht wieder erhalten hatte, verdammten. „Da fluchten sie ihm und sprachen: Sei du sein Jünger, wir aber sind des Moyses Jünger." (Joh. IX. 28.) Es ist bekannt, daß sie den Heiland auch noch einen Aufwiegler (Verführer), einen Thoren, einen Samaritaner, einen vom Teufel Besessenen nannten, um seinen göttlichen Charakter herabzuwürdigen. Nachdem sie gegen ihn alle Arten von Verläumdung angewendet hatten, verurtheilten sie ihn schließlich zum Tode am Kreuze. So hartnäckig in der Erwartung eines Messias, der von dem so verschieden sein sollte, als welchen sich unser Heiland der Welt kundgegeben, konnten sich die Pharisäer mit der Verurtheilung des Erlösers nicht begnügen. Sie mußten in ihrer Opposition noch weiter gehen: ihr Widerwille gegen Jesus mußte sich auch auf seine Jünger erstrecken, und ihnen denselben Haß gegen sie einflößen und sie zu denselben Verläumdungen aufstacheln, mit welchen sie den göttlichen Meister verfolgt hatten. Durch die Geschichte der Evangelisten werden wir in dieser Beziehung in die Umtriebe der pharisäischen Secte eingeweiht. Der heil. Johannes erzählt die Begeisterung des Volkes für Jesus bei dem Anblicke seiner Wunderthaten und berichtet, daß die Pharisäer erstaunt und entrüstet waren über den Beifall, welchen die Menge dem Heilande zollte, während Keiner von den ihrigen an ihn glaubte. „Glaubt wohl Jemand von den Obersten oder Pharisäern an ihn? Aber dieses Volk, das vom Gesetze nichts weiß, es ist verflucht." (Joh. VII, 48. 49.) Verflucht, das heißt so viel als des Bannfluches werth und der durch das Gesetz bestimmten Strafe, des allgemeinen Abscheues würdig. Der Evangelist erklärt dieß deutlich im 9. Kapitel bei seiner Erzählung der Begeisterung, welche in dem Volke das an dem Blindgebornen gewirkte Wunder erregte. „Denn die Juden hatten sich schon vereinigt: Jeden, der ihn für Christus bekennen würde, aus der Synagoge auszustoßen." (Joh. IX, 22.) Somit verstießen die Juden aus ihrem Verbande diejenigen, die in der Person Jesus den Christus anerkannten: nur die Verhältnisse allein, in denen sie sich befanden, hinderten sie in der Verdammung ihrer Mitbrüder noch weiter zu gehen, wie sie dieß übrigens später zu thun versuchten. Jesus Christus, welcher in ihr Innerstes sah und wußte, was sie in der Folge gegen seine Kirche anspinnen würden, setzte seine Jünger davon in Kenntniß mit den Worten: „Sie werden euch aus den Synagogen ausstoßen, ja es kommt die Stunde, daß Jeder, der euch tödtet, Gott einen Dienst zu thun vermeinen wird." (Joh. XV, 2.) Somit war der Unglaube der Synagoge zugleich mit ihrem fortwährenden Hasse gegen Jesus und seine Jünger ausgesprochen. Die Ermordung jener, welche Jesum als den Erlöser Israels anbeteten, sollte als eine gottgefällige Handlung angesehen werden, denn das sollte als ein Kampf für die Vertheidigung der mosaischen Satzungen und der Volkstraditionen angesehen werden. Das erste Opfer dieses Hasses war der heil. Stephan. Die Verurtheilung des hl. Marthyrers ermuthigte die Juden, welche nun die Verfolgung der Apostel und ihrer Jünger, wo sie auch immer waren, begannen. Der heil. Paulus, in der pharisäischen Schule erzogen, verfolgte, wie wir dieß an geeigneter Stelle zeigen werden, den ruchlosen Zweck, den christlichen Namen auszurotten. Die Briefe, welche er von dem Sanhedrin zu Jerusalem, dessen Ansehen bis in die entferntesten Städte reichte, wo sich Juden und Proselyten befanden, erhalten hatte, enthielten den Cherem oder Vertilgungsfluch gegen Jeden, welcher den Namen Jesus anrufen sollte. Der von seinem Irrthum geheilte Apostel hat dieß vor der Welt aufrichtig bekannt. Auf diesen Gegenstand werden wir später zurückkommen.

Jesus Christus beschuldigte die Synagoge nicht bloß des Unglaubens und des Hasses gegen ihn, sondern er warf den Pharisäern auch die Einführung einer ungerechten Moral und den Abfall vom mosaischen Gesetze vor, weil sie den verfälschten Ueberlieferungen ihrer Väter glaubten. Der heilige Matthäus liefert uns eine kurzgefaßte Beschreibung der Lehre der Pharisäer zur Zeit unseres Heilandes, in Bezug auf diese Traditionen. In Uebereinstimmung mit den Schriftgelehrten stellten sie an den Erlöser folgende Frage: „Warum übertreten deine Jünger die Ueberlieferung der Alten, denn sie waschen ihre Hände nicht, wenn sie essen? Er aber antwortete und sprach zu ihnen: Warum übertretet ihr selbst das Gebot Gottes durch eure Ueberlieferung? Denn Gott hat gesagt, du sollst Vater und Mutter ehren, und wer seinem Vater und seiner Mutter fluchet, soll des Todes sterben. Ihr aber saget: Wenn einer zum Vater oder zur Mutter spricht: Alles, was von mir geopfert wird, gereicht dir zum Nutzen, so mag er immer seinen Vater und seine Mutter nicht ehren, und ihr habt also Gottes Gebot aufgehoben um eurer Ueberlieferung willen. Ihr Heuchler, es hat Isaias wohl von euch geweissagt, wenn er spricht: Dieß Volk ehrt mich mit den Lippen, aber ihr Herz ist weit von mir." (Matthäus XV, 2—8.) Und der heil. Marcus: „Vergeblich aber dienen sie mir, weil sie Menschenlehre und Menschengebote lehren. Denn ihr verlasset das Gebot Gottes und haltet die Menschensatzungen, das Waschen der Krüge und Becher, und vieles andere dergleichen thut ihr." (Marcus VII, 7. 8.)

An einer anderen Stelle im heiligen Matthäus macht Jesus den Pharisäern folgenden Vorwurf: „Wehe euch, ihr Schriftgelehrten und Pharisäer, ihr Heuchler, die ihr die Krausemünze, Anis und Kümmel verzehntet, aber das Wichtigere des Gesetzes, die Gerechtigkeit, die Barmherzigkeit und den Glauben vernachlässiget." (Matth. XXIII, 23.) Beim heil. Lucas wirft Jesus den Pharisäern ihren Geiz mit den Worten vor: „Keiner kann zweien Herrn zugleich dienen. Deßhalb wird er den Einen hassen und den Andern lieben, oder er wird sich dem Einen zuwenden und den Anderen vernachlässigen. Ihr könnt nicht Gott und dem Gelde dienen." Als dieß die Pharisäer, welche geizig waren, hörten, verspotteten sie ihn und der Heiland setzte hinzu: „Ihr geltet in den Augen der Menschen für gerecht, aber Gott kennt euer Inneres, und was von den Menschen geachtet wird, ist vor Gott ein Greuel." Die Lehre der Pharisäer wird im Allgemeinen durch die Worte Jesu an seine Jünger verworfen: „Wenn eure Gerechtigkeit nicht vollkommener sein wird, als die der Schriftgelehrten und Pharisäer, so werdet ihr nicht in das Himmelreich eingehen." (Matth. V, 20.) Das heißt so viel: „Wenn eure Sittlichkeit und Tugend nicht besser ist, als die der Schriftgelehrten und Pharisäer, so werdet ihr keinen Antheil haben am Reiche Gottes." Im heil. Lucas liest man es noch mit anderen Worten: „Ihr Pharisäer reiniget wohl das Auswendige des Bechers und der Schüssel, euer Inwendiges aber ist voll Raub und Ungerechtigkeit." (Lucas XI, 39.)

Diesen Anklagen gegen die Pharisäer fügt Jesus auch noch den Vorwurf des Hochmuthes und der Heuchelei hinzu, als den eigenthümlichen Charakter ihrer Secte. Man bemerke nur den Rath, welchen sie ihren Schülern ertheilt: „Ihr habt gehört, was gesagt worden ist; du sollst deinen Nächsten lieben und deinen Feind hassen." Diese Worte zeigen das Verfahren der Pharisäer gegen ihre Beleidiger und jene, die ihrer Religion nicht angehörten. Sie versagten ihnen jeden Dienst, und hielten sich gegen sie nicht einmal zu den allgemeinsten menschlichen Rücksichten verpflichtet. Endlich müssen wir noch an die Benennung von „Schlangen" oder „Natternbrut" erinnern, die man ihnen als den schlechtesten der Menschen beilegte, welche an Lasterhaftigkeit ihre Vorfahren noch überträfen und stets von der Begierde zu schaden und zu tödten beseelt sind. Der heilige Paul, erzogen in der Secte der Pharisäer, bestätigte Alles das Vorausgegangene durch das freimüthige Bekenntniß seiner Anhänglichkeit an die Traditionen seiner Vorfahren: „Ich übertraf im Judenthum Viele meines Alters in meinem Volke, indem ich heftiger eiferte für meine väterlichen Satzungen." (Galaterbrief I, 14.) Er entwickelt und bekämpft diese Traditionen in seiner Epistel an die Colosser. Er weist darin ihren Hochmuth und ihre Nutzlosigkeit nach, obwohl die Secte die höchste Wichtigkeit hineinlegt: „Rühret nicht an, kostet nicht, tastet nicht an, welches Alles zum Verderben gereicht, wenn man es gebrauchet nach den Vorschriften und Lehren der Menschen: was zwar einen Schein von Weisheit hat durch selbst gewählten Dienst und Verdemüthigung und Nichtschonung des Leibes, dem man keine Ehre gibt zur Sättigung des Fleisches." (Colosserbrief II, 21—23.)

Dieses sind die Hauptzüge, hie und da den apostolischen Schriften entlehnt, welche uns die religiösen und moralischen Grundsätze der pharisäischen Secte schildern. Diese Secte umfaßte in der Folge alle Juden, welche nicht an die Sendung des Heilandes glaubten. Die Pharisäer erweiterten noch fortwährend diese Lehren, man legte sie aus, man ordnete sie, besonders in alledem, was Bezug auf das von der Secte so verabscheute Christenthum hat, man schrieb sie nieder und daraus entstand das Buch, welches den Namen Talmud erhielt. Dieses Buch wurde von dem großen Sanhedrin dem ganzen Israeliten-Volke empfohlen, das es wie ein heiliges Buch und mit einer Begeisterung und einer Ehrfurcht annahm, die vielleicht noch größer war als jene bei der Annahme der von Moses geschriebenen Gesetztafeln. Der ägyptische Rabbi Moses Maimonides, mit dem Beinamen „der Aegyptier", berichtet über die Zusammenstellung des Talmud in folgenden Worten: „Was unseren heiligen Meister zu seiner Verfassung bewog, war, daß er die Abnahme derjenigen sah, welche die Tradition studirten, und die Zunahme der Arbeiten und Widerwärtigkeiten, und daß ein schädliches Reich (die christliche Kirche) aufsteige und die Welt beherrsche, und daß Israel an das Ende der Welt gedrängt werde."

Die Verfasser der Mischna, der Grundlage des Talmud, lehren, um das Ansehen der so eben erwähnten Traditionen zu befestigen, bei Beginn der Abhandlung Pirkè avoth: „Moises empfing das Gesetz auf dem Sinai (d. h. die mündliche Ueberlieferung) und übertrug es auf Josua; Josua übertrug es auf die Aeltesten, diese auf die Propheten, und diese auf die Mitglieder der Synagoge. Diese Letzteren theilten es ihren Schülern mit, welche in der erbaulichen Betrachtung dieser Lehre verharren, zahlreiche Proselyten machen und die Grenzen der Tradition feststellen mußten, damit Niemand sie überschreiten konnte." In der Folge wurde bestätigt, daß derjenige, welcher nicht an den göttlichen Ursprung der mündlichen Ueberlieferung glaubt, keinen Antheil an dem künftigen Leben haben kann. Daher werden die Christen, welche diesen Ursprung leugnen, nie zu dem Genusse des glückseligen Lebens gelangen können. Noch mehr; die Talmudisten behaupten in ihren Commentarien über das Buch Mischna Bavametzia*),

---

*) Surenhusius Mischna part. IV. et Lent.: De moderna Theologia Hebræorum.

daß das Studium des Talmud den Vorzug vor dem der Bibel hat, und daß es verdienstlicher sei, sich auf das des Ersteren als des Letzteren zu verlegen. Uebrigens ist es ein gewöhnliches Sprüchwort in der Synagoge: „Mein Sohn, achte auf die Worte der Schriftgelehrten mehr als auf das Gesetz selbst. Die Weisen haben an Vortrefflichkeit die Propheten übertroffen." Der Rabbi Isak Abuab lehrt in dem Buche, dessen Titel Hamida Golah (vom Jahre 1556) ist, daß die mündliche Ueberlieferung oder die Tradition der Altväter, und nicht das von Moises niedergeschriebene Gesetz „die Grundlage der jüdischen Religion ist." In Anbetracht der mündlichen Ueberlieferung schloß Gott einen Bund mit den Israeliten, so wie es geschrieben steht: Quia juxta verba pango tecum foedus 2c., und diese Worte sind die Schätze des heiligen und gebenedeiten Gottes. Abrabanel und die geschätztesten Meister der Synagoge behaupten das nämliche. Sie führen an, daß die im Talmud enthaltene mündliche Ueberlieferung die Schwierigkeiten des mosaischen Gesetzes aufgeklärt und dessen Lücken ausgefüllt hat. In dem Horcoim überschriebenen Buche wird behauptet, daß alle Jene, welche über die Meister der Synagoge spotten, oder etwas ihrer Lehre Zuwiderlaufendes sagen, zur Strafe in die tiefste Hölle werden geworfen werden. Die Rabbiner lehren sogar in Betreff des Talmud, daß, wenn sich in diesem Buche etwas befindet, welches aus der natürlichen Ordnung heraus und über unsere Fassungskraft geht, dieß der Schwäche des menschlichen Verstandes zuzuschreiben ist, denn bei reiflicher Erwägung ersieht man, daß der Talmud nur die reine Wahrheit enthält.

Nach diesen allgemeinen Beobachtungen über die Autorität der talmudistischen Lehre bitten wir den Leser, seine Aufmerksamkeit auf das zu lenken, was sie über den Zustand der Juden inmitten anderer Völker und besonders der christlichen Völker Entsprechendes lehrt. Dem so eben Gesagten, wobei wir uns auf den Text der Evangelien stützten, und der Schilderung des Verhaltens der pharisäischen Schule gegen Jesus Christus entsprechend, in dem sie den wahren Messias nicht anerkennen will, glauben die Juden fest an die Ankunft einer anderen Person unter dem Namen Messias und unter ganz verschiedenen Erscheinungen. Dieser Messias wird ein

Eroberer sein, der sich mit überlegener Herrschermacht auf den Thron setzen, die feindlichen Völker ausrotten, und alle herrschenden Religionen, ganz besonders das Christenthum, im Nothfalle auch mit Zwang und Gewalt vertilgen wird. Das ist der Hauptartikel ihres Glaubens. Alltäglich wiederholen sie denselben in ihren Gebeten zu Gott um Sendung des sehnlichst erwarteten Erlösers. Es folgt hier ein Beispiel dieser Gebete: „Gebenedeit seiest du, o Herr, der du Jerusalem aufbauen sollst. Lasse abermals den Samen Davids, deines Dieners gedeihen, und er wird sich vermehren zu unserem Heile, das von dir kommt, denn dieses Heil erwarten wir alle Tage." Alle Hebräer sprechen während ihres Lebens und besonders in ihrer Sterbstunde folgende Worte: „Ich glaube fest an das Kommen des Messias, und obwohl er zögert, so erwarte ich ihn doch." Die Propheten des alten Testamentes machten bei ihrer Verkündigung der Ankunft des Messias den Israeliten stets Hoffnung, daß sie sich einst an den ihnen feindseligen Völkern rächen können. In der That kann sich derjenige von ihnen, welcher die hl. Schrift, ohne tiefer in ihren geistigen und heiligen Sinn einzudringen, durchliest, der stolzen Hoffnung einer großen Bestimmung hingeben, wenn er an so vielen Stellen auf die Gleichnisse und den erhabenen Schwung der Rede stößt, deren sich die Propheten bedienten. Selbst heutzutage noch schließen die Weisen und Meister der Synagoge die Reden, welche sie in ihren Versammlungen halten, mit dem Hinweisen auf diesen einstigen Triumph. Sie ermahnen ihre Glaubensgenossen zur getreuen Beobachtung des Gesetzes und flößen ihnen die Hoffnung ein, daß sie die Ankunft des Messias sehen, und alle dem Volke Israel verheißenen Güter genießen werden. Eines dieser Güter nun ist der heiß ersehnte Augenblick der Niedermetzlung der Christen und der vollständigen Ausrottung der Secte der Nazarener. Der heilige Hieronymus, welcher die jüdischen Doctrinen gründlich kannte, schreibt bei der Auslegung der Worte Daniels in Bezug auf das Steinchen, welches vom Berge herabfällt und die Statue zerschmettert, welche Nabuchodonosor im Traume gesehen hatte: „Die Juden legen diese Stelle zu ihrem Vortheile aus und lehnen es ab, in diesem Steinchen Christum zu sehen, sondern sie sind überzeugt, daß er das Volk Israel bedeutet, welches am Ende der Jahrhunderte stark genug sein wird, alle Königreiche der Erde umzustürzen und auf ihren Trümmern sein ewiges Reich zu gründen."

Der gelehrte Rabbi Abrabanel in seinem Commentar über das 30. Capitel des Jeremias, sieht darin das Reich des Messias verheißen, welchen die Hebräer erwarten, und zur selben Zeit wird sich die Vertilgung der Christen und Heiden erfüllen. Uebrigens haben in Betreff dieser Erwartung die Rabbiner und unter Anderen derselbe Abrabanel verordnet, daß die Zeit dieser Ankunft nicht festgestellt werden soll, und haben den Bannfluch gegen jedweden Juden ausgesprochen, welcher es wagen sollte, eine Zeit für die Ankunft des Messias zu bestimmen. Ferner erklärten sie, daß zu seiner Erkennung keine Wunder nöthig seien; nach ihnen wird es genügen, ihn als einen großen Eroberer kommen zu sehen, der in seinen Unternehmungen glücklich und von Gott bestimmt ist, Israel in seiner alten Größe wieder herzustellen und ihm die Herrschaft der Welt zu verschaffen.

Reuchlin, der im 15. Jahrhunderte lebte, schied die Hebräer in Cabalisten und Talmudisten, mit denen wir uns hier beschäftigen, und sagt in Betreff der Letzteren, daß sie auf nichts als Waffenlärm, Kriege, Landverwüstung, Umsturz von Königreichen und ihren Triumph über alle Völker warten, wie einst die Siege des Moses über die Bewohner Kanaans, um sich so den Weg zu ihrer glorreichen Rückkehr nach Jerusalem zu bahnen und die Wiederherstellung ihres alten Glanzes herbeizuführen. Diese Ideen erfüllen alle von den Rabbinern über die Propheten geschriebenen Commentare. Sie sind durch Tradition in den Geist dieses Volkes übertragen und eingeprägt worden, daher alle Israeliten auf diese, für das jüdische Volk glückliche, für alle anderen Völker fürchterliche Ankunft vorbereitet sind*).

Während die Juden in dieser beständigen Erwartung leben, haben sie, ihrer Sprache zufolge, eine Secte vor Augen, welche aus ihren Brüdern und aus Heiden besteht, welche Jesum, dem

---

*) Buxtorf: Synagoga judaica Cap. XXXV. Maimonides bei Surenhusius Mischna IV., p. 162. Abrabanel im Buche: Praeco salutis.

Sohne der Maria, gefolgt sind, und sich von der Synagoge getrennt haben, um eine neue Kirche zu bilden. Ist es zu wundern, daß sie gegen diese Menschen und ihr Oberhaupt denselben unversöhnlichen Haß fortwährend zur Schau tragen, welchen sie gleich bei dem Erscheinen des Christenthums zeigten? Auch treiben sie ihre Unduldsamkeit auf die höchste Spitze. Sie verrichten keine Handlung, ohne den heiligen Namen Jesu zu verfluchen und zu beschimpfen; sie verwünschen seine Anhänger und verfolgen und schädigen sie allenthalben an ihrem Rufe, an ihrem Vermögen und an ihrem Leibe. Was Jesus Christus selbst betrifft, haben die Juden, aufgereizt durch die Lehren, welche wir weiter oben mittheilten und die wir aus den Schriften der Apostel sammelten, nach dem Muster des Talmud ein Werk verfaßt, welches den Titel Toledoth Jeschu hat. In demselben wird die göttliche Eigenschaft des Erlösers in so gehässiger Weise beschimpft, daß wir es verabscheuen, Wort für Wort die Schmähungen nachzusagen, welche die Synagoge über die Mysterien der Menschwerdung und des Kreuzes, so wie über die anderen geheiligten Dogmen unserer Religion ausspie. Wir hoffen, daß unser Schweigen wenigstens den Christen zur Beurtheilung dieser entsetzlichen Lästerungen genügen wird. Wir beschränken uns zu sagen, daß unter so vielen Schmähworten, welche die Synagoge in verschwenderischer Weise gegen unsern göttlichen Erlöser schleuderte, das gewöhnlichste das Monogramm (der verzogene Name) Jeschu statt Jeschua ist, was im Jüdischen die Bedeutung von Deleatur nomen ejus et memoria ejus (seine Name und Andenken soll vertilgt werden), oder auch: Jesus mendacium et abominatio (Jesus Lüge und Gräuel) hat.

Die Verleumdungen, womit die Juden die Apostel und die Märtyrer überhäuften, sind nur eine natürliche Folge jener verkehrten Ansichten über die Grundlehren des Christenthums. Sie nannten die heiligen Frauen „profan", das heilige Abendmahl einen „besudelten Körper"; ihnen war das Kreuz ein „abscheulicher Gegenstand", die christliche Kirche eine „Ketzerei", das Predigen des Evangeliums die „Offenbarung der Sünde". Um ihre Verachtung der christlichen Priester zu bezeigen, nannten sie dieselben die Geschorenen und cumarim (Götzenpriester); Charfreitag war ein entweihter Tag; die schimpflichsten Ausdrücke sind stets die, welche sie gegen uns gebrauchen, die Christen sind epikureische Galileer, Idumencer, Miniim, Unbeschnittene, abscheuliche Menschen u. s. w. Dieses Schmähwörterbuch steht in der Abhandlung des Talmud, Avodah Zara überschrieben und in dem Gedichte des Rabbi Lipmann. Ferner ist es den Juden erlaubt, wenn sie an einer christlichen Kirche oder irgend einem Bethause vorübergehen, die folgenden Worte zu sagen: „Der Herr zerstöre die Unrathshäuser"; und wenn sie an den Gräbern der Gläubigen vorübergehen, müssen sie sagen: „Eure Mutter sei mit Schmach bedeckt, verworfen sei das Weib, das euch zeugte, daß das Ende der Christen ist nichts als Gewürm und Fäulniß." Der Rabbiner Eliezer sagt im Pirke, 29. Capitel: Der Jude, welcher in Gesellschaft eines Unbeschnittenen ißt, soll angesehen werden, als äße er mit einem Hunde; wer einen Unbeschnittenen berührt, ist besudelt, als berühre er einen Todten; wer sich zugleich mit ihm wäscht, ist, als wäre er mit einem Aussätzigen zusammen. Die Unbeschnittenen (Christen) sind in der That in ihrem Leben gleich Todten, und nach ihrem Tode wie Leichname, die man auf den Schindanger geworfen. Buxtorf hatte ein altes Gebetformular zum Gebrauch der Synagoge in Händen, das im Jahre 1534 gedruckt worden. Eine Seite in diesem Buche hatte einen leeren Raum, wenn die Hebräer an diese Stelle kommen, sagen sie in dem Gedächtnisse eine Verwünschung gegen alle Anbeter Christi her. Sie lassen sie auch von ihren Kindern nachsprechen und zugleich speien sie zu Boden, und folgen somit dem Beispiele ihrer Väter, welche das geheiligte Antlitz Jesu anspieen. Derselbe Verfasser bemerkt ferner, daß die Synagoge unter der alten Benennung Miniim alle jene versteht, die sich nicht zu ihrer Religion bekennen, und besonders die Christen. Dreimal des Tages sprechen die Juden die Verwünschungen gegen Letztere; diese sind niedergeschrieben in der Temona Hesreh, welche ein Theil ihrer täglichen Gebete ist. Man liest dort unter Anderen Hamalsinim velamosnmadim; dessen erste Form ist eine Art Monogramm auf die Christen, das man so übersetzen kann: „Er reiße sie mit der Wurzel aus, er trete sie mit Füßen, er vernichte sie, er reiße sie nieder." Der heil. Hieronymus bezeichnet diese Verwünschungsformel als eine schon zu seiner Zeit gebräuchliche: Ein Jahrhundert vor Buxtorf ließen die Juden aus Furcht vor der christlichen Obrigkeit in ihren Büchern diese Worte aus und setzten andere an ihre Stelle, die für sie den nämlichen Sinn hatten mit Hülfe einer unter ihnen abgemachten Auslegung. Am Purimfeste, welches an die Erhebung Aman's, ihres Feindes, und an seine Niederlage erinnert, unterschieben sie den Namen Jesu und seiner Anbeter den Worten, welche die Verwünschung Aman's ausdrücken. Schon seit den Zeiten des Theodosius bis auf unsere Tage drücken sie ihre Verwünschungen der Christen durch den Gebrauch der symbolischen Namen Aman's und seiner Anhänger aus. Es gibt sogar alte Handschriften der Jesilah, aus denen deutlich ersichtlich ist, daß Aman und seine Anhänger Jesum und seine Jünger vorstellen, wobei sie zu Gott um Vertilgung der Letzteren beten, so wie er die der Ersteren durch die Hand der Juden zuließ.

Pfefferkorn, ein in die abergläubischen Gebräuche der Juden gut Eingeweihter (Neubekehrter), spricht von einer Art Cultus, welchen die Juden den Gestirnen erweisen, auf welche sie hüpfend ihre Blicke wenden. Nachdem sie sich dergestalt sozusagen versichert haben, daß sie dieselben nicht erreichen können, sprechen sie: „Mögen uns unsere Feinde gleichfalls nie erreichen können!" Hernach beten sie inbrünstig zu Gott um Rache an den Christen und beschwören ihn, über die Anbeter Christi alle jene Geißeln und Plagen zu schicken, womit er einst die Egypter heimsuchte.

In einer Schrift über die Vorurtheile der Synagoge beschreibt Victor von Cobben die Gebräuche der Juden, womit sie sich zum Kippurfeste vorbereiten, welches auf den 7. September fällt: Ein jeder Mann nimmt einen Hahn, die Frauen eine Henne, sie schwingen das Thier um den Kopf herum, wobei sie einige Gebete hersagen, und schlachten es, dann reißen sie es in Stücke und werfen es vor das Haus. Am 9. September stehen sie frühzeitig auf, gehen aus dem Hause und verwünschen den ersten Christen, dem sie begegnen, mit den zugleich gesprochenen Worten: „Gebe Gott, daß es dir ergehe, wie meinem Hahne!" Das Gleiche sprechen die Frauen über die erste Christin, welcher sie begegnen. Sie warten zuweilen mehrere Stunden, um immer dem zu begegnen, gegen den sie ihre Verwünschung sprechen können. Nach gethaner Sache kehren sie voll Freude nach Hause zurück.

Derselbe Neophyt behauptet, daß die Juden beim Geläute der Glocken, welche die Gläubigen zur Andacht in die Kirchen rufen, Verwünschungen gegen die, welche sie läuten, aussprechen: Sie sollen eines plötzlichen Todes sterben und in die tiefste Hölle geworfen werden. Endlich wenn ein Christ einem Juden begegnet und ihm zuerst den Friedensgruß mit wahrhaft christlicher Liebe bietet, da antwortet dieser im Gegentheile: "Gott lasse dich umkommen!" So ist die Toleranz der Synagoge gegen Jesus Christus und seine Kirche, so sind die Gesinnungen der Anhänger des Talmud.

Wenn wir auf die gesellschaftlichen Beziehungen zwischen Christen und Juden kommen, so finden wir, daß sie noch den nämlichen Grundsätzen huldigen und dasselbe Verfahren gegen die Ersteren beobachten. Es sind dieselben unseligen und mörderischen Vorurtheile, deren wir schon in Bezug auf die Religion erwähnten. Ein in den Lehren des Talmud tüchtig bewanderter Gelehrter, l'Empereur schreibt in seiner Erläuterung des Buches Mischna, Bava-Kama betitelt, Kapitel IV, § 3: "Die Gemara sagt, daß Gott das Besitzthum der Heiden, welche die den Nachkommen Noe's gegebenen Vorschriften nicht beobachten, für vogelfrei erklärt hat und dem ersten Besitznehmer das Anrecht darauf ertheilt." Erforschen wir nun die Gründe, worauf sich diese Behauptung stützt. Man liest in dem Deuteronomium, 33. Kapitel: "Der Herr ist erschienen vom Berge Pharan", woraus in der Gemara der Schluß gezogen wird, daß Gott vom Berge Pharan herab das Vermögen der Heiden zu Gunsten der Israeliten confiscirte, denn er zeigte ihnen die Besitzungen der Israeliten, um sie ihnen zum Eigenthum zu geben. Aber wir müssen in dieser Sache weiter zurückgehen. Die Juden erzählen, daß Gott der Herr das Gesetz, bevor er es dem Volke Israel gab, zuerst den andern Völkern, nämlich den Ismaeliten und Idumeneern anbot.

Das berichtet Salomon, Sohn Isaaks, beim Anfange des 33. Kapitels des Deuteronom. Nach ihm schlug Gott das Gesetz zuerst den Söhnen Esau's vor, diese verwarfen es aber. Hierauf kam er auf den Berg Pharan und zeigte es den Söhnen Ismaels, die es ebenfalls verwarfen, und endlich wendete er sich an die Israeliten. Salomon kommt noch ausführlicher auf diesen Punkt zurück in seinem Commentar über die Bava, 1. Buch, 4. Kapitel: „Circuivit et circumduxit legem ad omnes populos qui eam non susceperunt." Die jüdischen Gelehrten behaupten also, daß Gott allen Völkern auf dem Berge Pharan erschien, und daß er von dort alles Besitzthum derjenigen proscribirte, welche sein Gesetz verwarfen. Die Juden begriffen aber, daß dieser Grund nicht ausreichend sei, daher sie zu den Worten des Propheten Habakuk ihre Zuflucht nahmen: „Er steht und misset die Erde, er schaut und zerstreuet die Völker." (Habakuk III, 6.) Nach der Gemara beweisen diese Worte, daß Gott das Besitzthum der Nachkommen Noe's, weil sie seit Langem sein Gesetz nicht mehr beobachten, einzog, und es den Söhnen Israels schenkte. Wir wollen uns hier nicht damit aufhalten, den förmlichen Widerspruch dieser Behauptung mit dem im Deuteronom Kap. II, 5—6 aufgestellten Gesetze des Moses hervorzuheben, sondern wir wollen die Aufmerksamkeit des Lesers auf die Bemerkung Buxtorf's*) über diesen Punkt lenken: „Die Juden bitten Gott in ihren Gebeten um Zerstörung des Berges Esau, unter welchem Namen sie die Christen und ihre Herrschaft verstehen." Den Grund dieser auf die Christen angewendeten Bestimmung wird ihren heil. Büchern entnommen, welche man schwer in die Hände bekommt, wenn man nicht zu den ihrigen gehört. In ihnen wird gelehrt, daß Esau's Seele auf Jesus Christus übergegangen ist. Daraus geht hervor, daß Jesus gleich Esau ein Gottloser war, und daß die Christen nicht mehr taugen, als die Idumeneer. Dieser Schriftsteller schreibt in demselben Buche, daß die Juden Gott inbrünstig bitten, die Gojim (Christen) zu Grunde zu richten, alle Reichthümer derselben ihnen

---

*) De Synagog. judaica Cap. 5 und Abrabanel in seinem Commentar zu Daniel VII, 8. Anton Hulpius in De Messiæ adventu p. 125.

zu geben und unter ihnen einen Vertilgungskrieg vom Orient bis zum Occident anzufachen.

Ja noch mehr, sie haben in dem Sanhedrim betitelten Buche aufgestellt: „Ein Hebräer, der einen Menschen getödtet in der Absicht, ein Thier zu tödten, oder ein Hebräer, der einen Bruder getödtet, in der Meinung, einen Christen zu tödten, soll freigesprochen werden." Maimonides, dem die Hebräer den Beinamen Adler der Synagoge gaben, und ihn als das leuchtendste Genie, das seit Moses erschienen, erklärten, theilt diese Gesinnung ohne Ausnahme. In den Rathschlägen, die er seinen Glaubensgenossen über ihre Benehmensweise gegen die Christen ertheilt, sagt er folgendes: „Haben die Israeliten einen Streit mit einem Goy (Christen), so soll es nach dem christlichen Gesetze entschieden werden, denn dieses ist zum Vortheile des Israeliten, wir werden alsdann die Verordnungen der Christen anrufen. Sehen wir aber einen Vortheil darin, wenn wir nach unserem Gesetze gerichtet werden, so werden wir unsere Gerichtsbarkeit in Anspruch nehmen, und werden sagen, daß unsere Gebräuche es so erfordern. Und man staune nicht. Es soll dieß nicht außerordentlicher erscheinen, als es nicht hart und grausam zu sein scheint, ein Thier zu tödten, obschon es nichts begangen hat, denn wer nicht die menschlichen Tugenden im vollkommensten Maße besitzt, darf nicht wahrhaft als Mensch betrachtet werden, und der Zweck seines Daseins ist nur den Bedürfnissen Anderer zu dienen." Die Verfasser der Noten zur Auslegung der Abhandlung der Mischna, Avoda Zara betitelt, haben gleichfalls aufgestellt: „Die Anhänger der Lehre Jesu müssen auf folgende Art behandelt werden. Sieht man sie dem Tode nahe, so tödtet man sie vollends. Sieht man einen in der Nähe eines Brunnens, so wirft man ihn hinein und deckt ihn mit einem Steine zu, und ist eine Leiter im Brunnen, so zieht man sie heraus, damit er nicht wieder heraufsteigen kann." An einer anderen Stelle lesen wir ferner: „Es kann nicht erlaubt sein, mit den Götzendienern Freundschaft zu schließen, oder friedlich mit ihnen zu unterhandeln; wir dürfen nur versuchen, sie von ihren Irrthümern abzubringen, oder sie tödten u. s. f. Das muß von den Götzendienern im Allgemeinen verstanden werden. Was jene betrifft, welche Israel zerstören und seinen Untergang herbeiführen, wie die Ketzer und Gotteslästerer, so ist es ein gutes Werk, sie zu vernichten und sie sammt ihrer Mutter in den tiefsten Abgrund zu stürzen, weil sie Israel in Angst und Bangigkeit erhalten, und das Volk von dem Wege Gottes ablenken. Solche sind Jesus von Nazareth und seine Jünger, deren Namen verflucht sind. Hieraus kann man auch folgern, daß es verboten ist, den Anbetern Jesu als Arzt zu dienen, selbst nicht gegen Entgeld, außer die Verweigerung brächte große Gefahr*). Aus einer natürlichen Consequenz dieser Grundsätze haben die Rabbiner beschlossen, daß einem Juden erlaubt ist, wenn er mit einem Christen verhandelt, einen Rechnungsfehler zu seinem Nutzen zu machen, und daß es überhaupt eine rechtliche Handlung ist, durch ähnliche Mittel einem Christen irgend eine Summe Geldes abzunehmen.

Maimonides schreibt in seinem Commentar zum 90. Kapitel der Mischna**): „Es ist eine von selbst einleuchtende Sache, daß, wenn ein dem Judenthum fremder Reisender stirbt, ohne neubekehrte Kinder zu hinterlassen, so muß er so angesehen werden, als hätte er keine Erben: wer zuerst in den Besitz seiner Gabe gelangt, wird als der rechtmäßige Besitzer angenommen werden." Die traurigen Folgen einer solchen Lehre sind leicht einzusehen. L'Empereur vergleicht diese seltsame Gesetzgebung, nachdem er sie erzählt, in folgenden Worten mit dem römischen Rechte: „Quod politicam hujus Misnæ constitutionem spectat, legem parallelam non investigabo in lege Romanorum, ut tantam injustitiam stabiliverint; quam tamen Judaei scripturæ paragrapho male accepto, sanciverunt."

Der Rabbi Bechai sagt über den Wucher: „Es ist erlaubt, einem abtrünnigen Juden auf Wucher zu leihen. Es ist erlaubt,

---

*) Siehe: Arbah thurim und Choschen Hamisphat. Wenn die Masse jüdischer Aerzte diesem Ausspruch entgegen gehalten werden sollte, so wäre damit nur bewiesen, daß die Juden sich an die Worte ihrer Gelehrten nicht mehr halten, und daß auch der Nutzen immer seine gehörige Rücksicht gefunden hat. Diese Stellen sind nur angeführt, um den traditionellen Haß in den religiösen Schriften der Juden in ununterbrochener Kette vorzuweisen.

**) Surenhusius in Misna tract.: Bava Kama.

ihm das Leben zu nehmen; warum sollte es also nicht noch viel mehr erlaubt sein, ihm seine Habe zu nehmen?" Von demselben Gesichtspunkte ging Maimonides aus, als er im 12. Kap. des Hilchat Rozeah schrieb: „Es ist verboten, dem Goy (Christen) oder dem Gottlosen einen guten Rath zu geben. Es ist ferner verboten, ihm Rathschläge zur Erfüllung des von dem Gesetze vorgeschriebenen zu ertheilen, damit er in seiner Gottlosigkeit verharre. In der That wurde Daniel bestraft, weil er dem Könige Nabuchodonosor gerathen hatte, Almosen zu geben, wie es in seinem Buche geschrieben steht, ꝛc."

Irrthum über Irrthum! Wird also die heilige Schrift die Stütze zu den Paradoxen der Synagoge? Citiren wir noch die Entscheidung der Talmudisten im Bava Batra: „Die Besitzungen der Goyim (Christen) sind, oder sollen angesehen werden, wie eine Wüste, oder wie der Sand am Meere; der erste Besitznehmer wird ihr Eigenthümer sein"*). Der Rabbi Salomon Jarchi antwortet in seinem Commentar über die Bava Kama in derselben Weise zweien Goyim, welche bei ihrem Studium nicht begreifen konnten, warum der einem Juden durch einen Christen gemachte Schaden vergütet werden muß, während es sich mit dem einem Goy von einem Juden gemachten Schaden ganz anders verhält. Er legt ihnen Rechnung von der rabbinischen Lehre, indem er sagt, daß die Gerechtigkeit dieser Lehre von ihnen deßhalb nicht begriffen werden könne, weil ihre Gelehrten ihnen den Grund derselben nicht mitgetheilt hätten, das ist, weil das Besitzthum der Goyim frei und herrenlos ist, und man es somit dem nächsten Israeliten gibt, der es in Besitz nimmt.

Der Rabbi J'aias, Sohn des Elias, welcher im 13. Jahrhundert lebte, schreibt in seinem Commentar zur Avoda Zara ebenfalls: „Der Israelit, welcher sich einem fremden Cultus hingegeben, muß wie der min goy (Christ) betrachtet, und in die Grube geworfen werden. Fällt er in einen Brunnen, und man kann auf geschickte Weise sein Heraufsteigen hindern, so thue man es." Weiter unten setzt er hinzu: „Wenn ein Israelit den Goy

---

*) Pfefferkorn, Dissert. philolog. p. 11.

unter dem Namen Gher oder Judengenosse beschneidet, kann er es thun, aber es ist unerlaubt, es als ärztliche Operation zu thun, da es verboten ist, an einem Goy die ärztliche Kunst zu üben, ebensowenig ihn aus dem Brunnen herauszuziehen, in den er gefallen, oder ihn aus irgend einer Gefahr zu retten"*). Es sind immer die nämlichen Gesinnungen: man muß dem Goy jedes erdenkliche Böse zufügen. Es besteht sogar ein unter den Juden sehr verbreitetes Gebet, worin sie Gott bitten, demjenigen von ihnen keine Verzeihung zu gewähren, der dem Goy das von ihm Verlorene zurückgibt oder ersetzt**).

So zeigt die Synagoge in ihren Grundsätzen, was ihre religiösen und bürgerlichen Interessen betrifft, einen schamlosen und barbarischen Egoismus. Um ihren neuen Glaubensgenossen eine größere Anhänglichkeit an das Judenthum und dessen Grundsätze einzuflößen, haben die Rabbiner ihren Zuhörern mancherlei zeitliche Vortheile verheißen, welche ihnen zum Nachtheile der Anderen verschafft werden sollen. Der schon oft angeführte Maimonides ertheilt im 10. Kapitel der Avoda Zara folgende Lehre: „Wenn die Israeliten die Gojim überwiegen, so ist es ihnen verboten, irgend einen von ihnen frei unter uns zu lassen, sollte er auch nur zufällig unter uns wohnen, oder wäre er nur im Handelsinteresse von einem Orte zu dem anderen gezogen. Man darf ihnen also die Reise durch unser Land nur dann erlauben, wenn sie sich früher den sieben dem Noe ertheilten Vorschriften unterworfen haben." So unterhält die Hoffnung auf einen dereinstigen Sieg über die Gojim den Hochmuth dieses Volkes, dessen Glieder über den ganzen Erdkreis zerstreut Verbannte sind, ohne Regierung und ohne Oberhaupt. Die Juden haben die Ueberzeugung, daß sie auf ihren genealogischen Tafeln die Abkömmlinge jener Helden besitzen, welche ihre Vorfahren zur Zeit der Makkabäer und vor der Eroberung Judäa's durch die Römer regierten. In der Abhandlung Sabbatot rühmen sie sich sammt und sonders, Königssöhne zu sein, während die Gojim gleich allen

---

*) Cod. vatic. Hebraic. Nr. 184. p. 65.
**) Alfonso Spina, lib. III. De bello Judæorum.

anderen Völkern, unrein und abscheulich sind. Der Rabbi Samuel nimmt keinen Anstand, zu sagen, als er von dem verworfenen Zustande spricht, in welchem gegenwärtig das jüdische Volk versunken ist: „Wir sind von Jedermann verabscheut, aber in unserem Innern herrscht der Hochmuth, welcher macht, daß wir uns über die Anderen stellen." Ferner: „So wie Gott der höchste Gott ist, so ist das Volk Israel das höchste Volk, weil es Gott für vorzüglicher erklärt, als alle Völker der Erde." In diesen Gedanken weit entfernt, sich als Verbannte und als Sclaven der Völker anzusehen, in deren Mitte sie wohnen, betrachten sie sich wie Soldaten auf dem Marsche, gelagert in Mitte des feindlichen Landes, gewärtig des Signales zu dem Kampfe oder Sturme. Man findet diese rabbinische Formel bei ihren Unterschriften: „Ich, der Rabbiner N. N., der ich zu Hamburg kampire u. s. f." Diese Formel ist sehr natürlich aus jenem Glauben entstanden, daß sie die Beherrscher der Welt sind, wegen ihres Glaubens an den Messias, welcher alle Völker unterjochen soll.

Der Rabbi Salomon ben Sevet selbst gesteht offenherzig, daß sich der Jude gerne in diesen hoffärtigen Ideen ergeht und glühende Wünsche nach Herrschaft hegt. Er vergißt seinen jetzigen Zustand, er bedenkt nicht mehr, daß er allen Uebelständen preisgegeben und zum Herumirren auf der Erde verdammt ist. Am Sabath finden diese Menschen, wie Buxtorf erzählt, während sie sich der Ruhe hingeben, ein Vergnügen darin, sich von armen und schlichten Christen bedienen zu lassen, aus denen sie ihre Diener und Mägde machen. Dann rühmen sie sich, sie als Sclaven zu haben und von ihnen bedient zu werden. Dieß Verfahren entspricht ganz den Lehren ihrer Meister, der Pharisäer, denen unser Herr ihren Hochmuth zum Vorwurfe macht, und ihre thörichte Hoffnung auf einen Messias, der weder arm noch demüthig, sondern stolz und unabhängig sein wird. Der Herr spricht: „Ich bin im Namen meines Vaters gekommen, und ihr nehmet mich nicht auf: wenn ein Anderer in seinem eigenen Namen kommen wird, den werdet ihr aufnehmen. Wie könnet ihr glauben, da ihr Ehre von einander nehmet, und die Ehre, welche von Gott allein ist, nicht suchet!" (Joh. V, 43. 44.) Um die Idee der Oberherrschaft über die Christen noch unerschütterlicher zu machen, bedienen sie sich der prophetischen Worte des Zacharias: „Ich werde den Hirten schlagen und die Schafe der Heerde werden zerstreut werden," und behaupten, wie der Rabbi Manasse ben Israel angeführt, daß diese Stelle auf den obersten Priester und Statthalter Christi auf Erden bezüglich ist, welcher sammt seiner Heerde vertilgt werden soll, um dem weltbeherrschenden Messias Platz zu machen. Der nämliche Rabbiner (Quest. 9. in Ezechiel) gibt sich alle Mühe, zu beweisen, daß Rom durch den Namen Edom bezeichnet ist, und daß die Idumäer die Römer und Christen vorstellen. Alles was die Propheten von dem Ruine der Idumäer sagen, bezieht sich auf die Christen. Die Juden hegen hierüber nicht den geringsten Zweifel: für sie sagt das Buch Deuteronomium nichts Anderes durch die folgenden Worte: „Vielen Völkern wirst du leihen und du wirst von Niemand Leihen nehmen. Du wirst über viele Völker herrschen, und über dich wird Niemand herrschen." (Deuteronom. XV, 6.)

Ein Punkt in dem Gegenstande der uns beschäftigt, verdient unsere besondere Aufmerksamkeit. Es handelt sich um eine Stelle im Talmud, welche in ihrer Kürze sehr ernste Folgen für die Völker, oder besser zu sagen, für die Christen gehabt hat und sie noch hat. Wir finden in dieser Beziehung zahlreiche Beweisstellen in einem kleinen Werke von Salomon ben Sevet, welches die Geschichte der Juden enthält und vorzugsweise jener, welche Spanien bewohnten, bevor sie aus diesem Lande verjagt wurden. Auf den ersten Blick könnte man glauben, dieses Werk liefere unseren Gegnern Beweisgründe zur Bekämpfung der alten kirchlichen Disciplin in Beziehung auf die Juden; untersucht man aber diese Beweisstellen genau, so findet man, daß sie den wahren Christen ein treues Bild der jüdischen Hinterlist liefere. Der Verfasser, ein Jude, wollte sein Volk gegen das Christenthum in Schutz nehmen, statt dessen zeigte er nur durch die Mittheilung seiner Vorurtheile und die offenbare Verkehrtheit seiner Moral seine ganze Entwürdigung. In dieser Schrift scheint sich manchmal der Roman mit der Geschichte zu vermengen. So liest man darin von einer Zusammenkunft, die im Jahr 1353 vor dem Papste gehalten wurde. In dieser disputirten gelehrte Rabbiner mit dem kurz vorher zum Christenthum übergetretenen Saiute Foi, dessen hebräischer Name Josua war, und den die Juden seit seinem Uebertritte „Gotteslästerer" nannten, durch Buchstabenversetzung seines Namens. Die Kirchengeschichte bestimmt als Zeit dieser Controverse das Jahr 1412, das 18. des Gegenpapstes Benedikt XIII., der zu Avignon residirte. Der spezielle Gegenstand der Diskussion war die Ankunft des Messias und der Talmud. Indem wir uns nur mit dem zweiten Punkte, nämlich mit dem Talmud beschäftigen, erhalten wir neue Beweise von der außerordentlichen Vorliebe der Juden zu diesem Buche, in das sie ihr ganzes Vertrauen setzen. Der zum Christenthum Uebergetretene wiederholt die Anklage gegen die Synagoge; er spricht von den barbarischen Grundsätzen die der Talmud enthält, und er führt einen kurzgefaßten, aber inhaltsschweren an. Salomon ben Sevet läßt dann den Papst selbst, die Rabbiner Abrabanel und Salomon Levy befragen. Wir übersetzen wie folgt: „Ist es wahr, daß in eurem Talmud die Worte zu lehren sind: Tov schebagoïm herogh, das heißt, ist es ein gutes Werk, einen Goy zu tödten?" — Diese antworteten: „Das ist wahr, höchster Priester. Wir wissen von unseren Vorfahren, daß Alles auf das Gesetz und die Auslegung der heil. Schriften Bezügliche von unseren Meistern geschrieben wurde, unter denen sich auch der Rabbi Aschav befindet; das Uebrige wurde von den Auslegern geschrieben, um die Gedanken der Ersteren zu bekräftigen und später in den Text des Talmud eingeschaltet. Wir, die wir den Talmud in seiner ursprünglichen Abfassung erhielten, wir legen kein Gewicht auf diese Worte." — Der Papst fuhr fort: „Wie dem auch immer sei, sie stehen geschrieben in eurem Talmud, und zum Beweise eurer Behauptung, nämlich daß sie erst später in dem Texte eingeschaltet worden, müßten entweder Augenzeugen gestellt, oder augenfällige Beweise dafür beigebracht werden. Ihr müßt mir auch noch den wahren Sinn dieser Worte erklären, denn, genau gewogen, haben sie einen grausamen und blutdürstigen Sinn, so zwar, daß die in meinen Staaten wohnenden Juden eine gerechte Strafe verdienen."

Hierauf erwiderte der berühmte Salomon Levy: „O Papst,

die Alten haben diese Stelle nach der strengen Handhabung der Justiz, in der Bestrafung des Mordes bei den anderen Völkern ausgelegt, und sie behaupteten, daß dieß ganz einfach der zu milden Justiz der Hebräer, die den Mördern oft Straflosigkeit sicherte, entgegengesetzt ist. In der That, bevor bei uns Jemand zum Tode geführt wird, müssen Zeugen auftreten, welche den Versuch gemacht haben mußten, die Hand des Mörders durch Drohungen zurückzuhalten, überdieß müssen diese Zeugen die kleinsten Umstände, die Kleidung, die Waffen u. s. w., beobachtet haben, sonst kann der Mord nicht bestraft werden. Die Alten versicherten, die Stelle, um die es sich handelt, sei der Aeußerung einiger berühmter Männer schlechterdings entgegengesetzt: diese sagten, hätten wir zur Zeit unserer Richter gelebt, so hätte Niemand als Mörder zum Tode verurtheilt werden können, aus Furcht, das Opfer könnte zufällig vorher eine Krankheit gehabt, oder eine sicher tödtliche Wunde erhalten haben, so durfte es nur wie ein Todter angesehen werden. Der Angreifer galt dann, da er keinen gesunden Menschen, d. h. keinen eigentlichen Menschen, sondern nur einen Sterbenden getödtet, auch für keinen Mörder. Wer nun bei uns einen Sterbenden tödtet, kann von dem Gesetze nicht zum Tode verurtheilt werden.

Die anderen Völker urtheilten ganz richtig, daß die Mordthaten allmälig zunehmen würden, wenn man das Verbrechen straflos ausgehen ließe. Würde man die offenbaren Verbrechen und die Handlungen der Schuldigen einer so subtilen Untersuchung unterziehen, dann könnten sich die Verbrecher fast immer ungestraft ihrer Bosheit überlassen und ihre unheilvollen Anschläge ausführen. Bei den übrigen Völkern genügt also der gegründete Verdacht, um den Mörder zum Tode zu verurtheilen, und die Anderen durch seine Bestrafung einzuschüchtern. Auch kann man sagen, daß bei den Völkern nichts besser ist, als eine strenge Handhabung der Gerechtigkeit und die für den Mord eingeführte Todesstrafe.

Uebrigens dürfen die Worte, welche der Gegenstand dieser Diskussion sind, nicht im befehlenden Sinne genommen werden, wie sie Petrus (der Neubekehrte) verstand, sondern in einem unbestimmten Sinne, das heißt, das Tödten sei bei den Völkern oder bei den Christen eine vortreffliche Sache. Es besteht kein Befehl zum Tödten, es ist nur eine allgemeine Formel, welche sagt, daß das Tödten für die Völker etwas Vortreffliches ist. Wenn man daher die bestimmte Stelle genau erwägt, wird man in ihr weder den Auftrag, die Christen zu tödten, noch die vermeintliche Härte und Barbarei finden. Im Gegentheil, man wird daraus ersehen, daß diese Worte rühmlich und ehrenvoll für die Christen sind, da sie ihrem Verhalten Lob spenden. Sie sagen ja, es sei bei den Völkern ein vortrefflicher Gebrauch, daß sich diejenigen unter ihnen, welche sich der Ausübung der Tugend und Gerechtigkeit widmen, zu strengen Rächern der Lasterhaften aufwerfen und sie zum Tode verurtheilen."

Darauf entgegnete der Papst: „Wenn die Meister in der Lehre des Talmud sich darin vereinigen, denjenigen nicht als Mörder bestrafen zu wollen, dessen Schlachtopfer vor der Ermordung zweifelsohne an Krankheit gestorben wäre, so haben sich alle getäuscht und des Namens von Weisen unwürdig gemacht. Denn wer sieht nicht ein, daß es eine absurde und verderbliche Ansicht sei, aus einem so nichtigen Beweggrunde dem Mörder Straflosigkeit zuzusichern?"

Salomon Levy gab hierauf folgende Antwort: „Der Prophet Amos hat ausgesprochen den Spruch: Nur euch kannte ich aus allen Geschlechtern der Erde: darum straf ich an euch alle eure Missethaten. (Amos III, 2.) Wer also dem irdischen Gerichte entgeht und in dieser Welt nicht bestraft wird, wird gewiß dem Richterstuhle Gottes nicht entgehen. Unsere Väter lehrten uns, daß die Menschen, welche schon hienieden bestraft werden, ihre Fehler und Sünden vollkommen abbüßen, und daß solche, welche der irdischen Gerechtigkeit ausweichen, der jenseitigen nicht entgehen können, und nach diesem Leben in weit größere Uebel verfallen."

Der Papst entgegnete abermals: „Dieses Raisonnement hat einigen Werth, dennoch ist es unumgänglich nothwendig, daß schon in diesem Leben irdische Gerechtigkeit gepflogen werde, damit die Furcht vor der Strafe die lasterhaften Menschen im Zaume halte."

Hierauf sagt Petrus: „Heiliger Vater, wie schlau und trügerisch sprechen die Juden zu dir! Sie setzen kühn das Falsche an die Stelle des Wahren. Zudem können die folgenden Worte: Der Beste unter den Schlächtern ist Amalek's Gefährte, von ihnen nicht zu unserem Lobe, sondern vielmehr zu unserer Schmach gesagt werden, so wie die bezeichneten Worte: Tov shebagoim herogh u. s. f."

Wir brauchen diese lange Disputation zwischen dem guten Neophyten Petrus und den Rabbinern nicht weiter zu verfolgen. Wer sieht nicht in den wohl überdachten Antworten der Juden seine Ausflüchte, womit sie der Gefahr der Anklage entgehen wollen, der sie durch die fragliche Stelle ausgesetzt sind? Einem verständigen Manne, der nur halbwegs mit der Art und Weise, womit die Juden die alten Schriften auslegen, bewandert ist, wird es nicht schwer werden, aus dieser Stelle einen ganz anderen Sinn herauszufinden, als der ist, welchen die früher genannten Gelehrten der Synagoge mit ihren Trugschlüssen beilegen. Sie waren daher auch gezwungen, ihre Zuflucht zu einem anderen Paradoxon zu nehmen, um den Text des Talmud zu entlasten.

Die Worte des Neophyten Petrus sind bedeutsam und treffend. Er war zur christlichen Kirche erst dann übergetreten, als er sich von der Falschheit der Synagoge und von ihrer Ungerechtigkeit gegen die christliche Gesellschaft überzeugt hatte. Einmal zu dieser Kirche übergetreten, in der Alles Wahrheit und Offenheit ist, würde er den Willen gehabt haben, gleich den anderen zum Christenthum bekehrten Juden, seine ehemaligen Glaubensgenossen eines so barbarischen Vorurtheiles zu beschuldigen, wenn die Worte des Talmud eine solche Auslegung nicht verdient hätten? Uebrigens werden wir gleich die Begründung der Anschuldigung dadurch bestätigen, daß wir mit Hülfe der hebräischen Grammatik den Sinn der Worte untersuchen: Tov shebagoim herogh.

Das Wort haragh: „tödten", „verwüsten", wird construirt mit dem absoluten Nennworte, und ist von einer Person die Rede, so erhält es am öftesten in Verbindung mit dem Nennworte das lamed oder das beth. Mit der letzten Vorsylbe, dem beth, wie es im 2. Buche der Paralipomena, Kap. 28, Vers 6, und im 78. Psalme vorkommt, bedeutet das Wort unmittelbar verwüsten unter den Menschen ein Blutgemetzel anstellen. Da dieses der Sinn des Wortes haragh ist, so ist die eigentliche Bedeutung des talmudistischen Spruches: Es ist gut, ein Blutbad unter den Gojim (Christen) anzurichten. Wer wird nicht eine vollkommene Uebereinstimmung dieser Sentenz mit den prophetischen Worten Jesu Christi im Evangelium sehen, die da lauten: „Es kommt die Stunde, in der Jeder, welcher euch tödtet, Gott einen Dienst zu thun vermeinen wird." (Joh. XVI, 2.) Wer wird in diesen Worten nicht das cherem und den Vertilgungsspruch der Synagoge gegen die christliche Kirche erkennen? Wer wird daran nicht jene sehnlichen, täglich erneuerten Wünsche der Juden nach jenem Tage der Herrlichkeit für sie ersehen, an dem endlich jene Ausrottung der Christen in Erfüllung gehen wird? Wir werden später Beispiele der Ausführung dieses Spruches anführen. Wir werden den von dem Sanhedrin zu Jerusalem gegen die Jünger gefaßten Beschluß bringen, den der heilige Paulus eifrig vollzog, als er noch der Synagoge angehörte. Wir werden auch erzählen, was Barcochébas den Juden jenen Christen zu thun empfahl, welche Christum nicht verleugnen würden, und diese Beispiele werden die Richtigkeit unserer Auslegung hinlänglich bestätigen.

Der Rabbi Salomon Jarchi liefert uns in seinen Erläuterungen zu dem zweiten Buche Mosis eine Erklärung, welche dem soeben Gesagten, obschon in minder weitem Sinne entspricht, er sagt: „Der Beste unter den mörderischen Nazarenern." In einer anderen Ausgabe heißt es miniim statt Nazarener. Unter miniim, wie ich schon an einem Orte bemerkte, werden nach dem Zeugnisse des nämlichen Jarchi und des Maimonides solche Christen oder Jünger Jesu verstanden, welche die Worte des lebendigen Gottes verkehrt haben. Ein für allemal sagen wir hier, daß trotz des Leugnens einiger Juden der Neuzeit und ihrer scheinbaren Offenheit ihre Religionsgenossen auf die Christen die verächtlichen Worte miniim gojim, Epikuräer, Götzendiener, Esel und ähnliche Worte anwenden*). Sie haben sie deß-

---

*) Bartolocci, Biblioth. rabbin., p. I, p. 308; p. III, 319. 365. 367. Salomon ben Sevot, traduit par Genti. p. 226. 327.

halb ersonnen, um sie auf geschickte Weise vor den Angriffen ihrer Gegner sicher zu stellen. Der Ausdruck Goy, der allezeit angewendet wurde, um das jüdische Volk von den anderen Völkern zu unterscheiden, wird von ihnen vorzugsweise auf das christliche Volk angewendet, welches für die Synagoge kein auserwähltes Volk sein konnte.

Der Abbé Chiarini fand in seinen Studien*) über den babylonischen Talmud, daß der Name miniim im Munde der Juden die Manichäer oder Ketzer, die Sadduzäer und die Christen kennzeichnet. Die Letzteren, obgleich jüdischer Abkunft, leugneten, den Anhängern des Talmud zu Folge, die Einheit Gottes und die Göttlichkeit des mündlichen Gesetzes. In den Thosephot, in den Zusätzen zum Talmud ist zu lesen: „Obgleich die miniim (Christen) und die Verräther (die getauften Juden) in einen Brunnen geworfen werden sollen, und es nicht gestattet ist, sie herauszuziehen, so ist das von der Hand des Menschen und nicht von der Hand Gottes zu verstehen, denn wir haben nicht die Gewohnheit, Gott um ihre Bestrafung und Vernichtung zu bitten." Hierüber bemerkt der Abbé Chiarini, daß dieß so viel ist, als wenn der jüdische Autor sagte: Man kann Gott nicht um die Vertilgung der miniim (Christen) bitten, aber es ist den Juden erlaubt, sich zu Werkzeugen dieser Vertilgung zu machen. Es wird im babylonischen Talmud (Abhandlung Berachot) erzählt, daß Elias, als er einst an einer Synagoge vorbei ging, einen Araber sah, welcher mit abgewandtem Gesichte betete. Elias sprach zu ihm: „Glaubst du, es gibt zwei Götter, weil du es wagst, so vor deinem Herrgott zu stehen?" Und bei diesen Worten tödtete er ihn. Aus einem ähnlichen Grunde zollen die Verfasser des anderen, des jerusalemischen Talmud**), dem von Moses begangenen Morde ihren Beifall, und sie ziehen daraus den Schluß, daß seinem Beispiele jedesmal zu folgen ist, wenn es sich um einen Götzendiener oder überhaupt um einen Nichtjuden handelt. Dieß Alles bestätiget immer mehr die Unduldsamkeit und das barbarische Vorur-

---

*) Chiarini, p. I, p. 304.
**) Chiarini's Uebersetzung des babylonischen Talmud, vol. 1, p. I, pag. 297.

theil, welche die Synagoge beherrschen. Sie überredet die Juden, es sei (wie es auch unser Heiland von den Juden vorher sagte), erlaubt und sogar verdienstlich, die Christen zum Tode zu verurtheilen und niederzumetzeln, da sie ein Volk sind, das entgegengesetzte Lehren hat und ihren Ansprüchen das größte Hinderniß entgegensetzt. Nach ihnen sollen die Christen stets als Lastthiere und nicht als Menschen angesehen werden. Daher ist auch im babylonischen Talmud zu lesen: „Gott der Herr, sagt Simon ben Jochai, Gott der Herr hat euch durch den Mund Ezechiels angezeigt: Ihr seid meine Heerde und die Heerde meines Volkes, das heißt, ihr seid Menschen, während die anderen Völker der Welt keine Menschen, sondern Thiere sind*)."

Es besteht ein Gespräch zwischen dem Juden Versorius und dem Könige Alphons von Spanien. Dieses kam durch den schon angeführten Salomon ben Sevet auf uns, und macht die Falschheit der Juden noch augenscheinlicher, da es die barbarischen Vorurtheile dieses Volkes deutlich schildert**). In diesem Gespräche befragt der König Alphons den Juden Versorius in Betreff jener Worte, welche die Juden bei ihren feierlichen Gebeten sprachen: „Möge Gott ehestens das Reich der Hoffart vernichten." Sie spielten damit auf die Vernichtung des Christenthums durch ihre Hand an. Da nur dieß allein der Sinn dieser Worte sein konnte, so machte ihnen Alphons Vorwürfe ob ihres Christenhasses, den sie selbst dann noch hegten, als er sie in seinem Reiche duldete.

Natürlich suchte Versorius nach einer Entschuldigung. Er bestrebte sich, den angeführten Worten eine andere Wendung zu geben und er antwortete: „O König, unter den Worten: Möge Gott ehestens das Reich der Hoffart vernichten," muß man das Land der Amalekiter verstehen, welches auf Befehl des Herrn von den Juden in Besitz genommen wurde. Dieses ganze Volk muß vertilgt werden, wie es geschrieben steht im Deuteronomium, 25. Kapitel: „Du sollst seinen (Amalechs) Namen austilgen unter dem Himmel, hüte dich, daß du es nicht vergissest."

---

*) Bartolocci, part. III, pag. 555.
**) Historia judaica, a Gentio edita, pag. 345.

Wir fragen einen jeden aufrichtigen Menschen, ob die Antwort des Versorius annehmbar ist? Ist sie nicht vielmehr eine jener rabbinischen Ausflüchte, wovon wir schon ein so merkwürdiges Beispiel geliefert haben? Wer sollte nicht in einer so kindischen Antwort einen neuen Beweis der jüdischen Hinterlist sehen? Denn während sie inbrünstige Gebete zu Gott sendet um das Verderben des siegreichen Christenthums, versucht sie die Christen glauben zu machen und behauptet, der Gegenstand ihrer Gebete sei das Verderben eines schon längst zerstörten Reiches, dessen Erinnerung vollständig verloschen ist. Soll man die Juden für so thöricht halten, daß sie zu Gott um den Untergang eines Volkes wie die Amalekiter beten, dessen gänzlicher Untergang mehr als 3000 Jahre zurück geht? Wie, die Juden in Spanien und in anderen Ländern beteten im Mittelalter zu Gott um den Umsturz des hoffärtigen Reiches Amalek, welches nicht mehr bestand? Wahrlich, die Antwort des Versorius ist nur ein abermaliger Zug von Hinterlist, um der vollkommen gegründeten Anschuldigung zu entgehen, welche der König Alphons und die gesammte Christenheit gegen die Synagoge erhoben, daß sie nach dem Untergange der Christen lechzen, da sie fortwährend Gebete zu Gott senden, daß er ihren Untergang durch die Hände der Juden selbst beschleunigen möge.

Die Heuchelei ist ein anderes Laster der Pharisäer, gegen das unser göttlicher Erlöser besonders geeifert hat. Der heil. Matthäus setzt im 23. Cap. seines Evangeliums die zahlreichen Beweggründe auseinander, welche der göttliche Meister hatte, um ihnen dieses Laster in ihrem Verkehr mit den Menschen, und den gewissen Eifer, womit sie es betrieben, vorzuwerfen. Die Erzählung der Thatsachen, zu welcher wir bald übergehen, wird zeigen, wie sehr sie der Heuchelei ergeben waren, einem für die menschliche Gesellschaft so schädlichen Laster, und wie wahr die Worte des Evangeliums sind: „Sie sagen es, aber sie thun es nicht." Unterdessen werden wir einige Stellen aus dem Talmud mittheilen, welche die Heuchelei bestätigen, welche in der Lehre der Pharisäer vollkommen begründet ist. Sie ist berechnet auf die Fälle, wo man einen Gewinn herausziehen kann, oder wenn man Urjache hat, einen Schaden zu fürchten, wenn auch die Veranlassung zu dieser Befürchtung noch so gering wäre. Es heißt dies so viel, daß die Bekenner des Talmud keinen Anstand nehmen, bei einer kleinen Hoffnung auf Gewinn das zu erlauben, was sie unter anderen Umständen für ein Verbrechen halten. Der Rabbi Ascher, Seite 81, wo er von der Lebensweise der Juden unter den Gojim spricht, sagt unverholen, daß man bei der Aussicht auf einen Gewinn die Verbote der Rabbiner übertreten kann. Vorzugsweise wird die Verstellung in dem gezwungenen Umgange der Juden mit den Christen in Anwendung gebracht. Da sie nur darauf sinnen, sie zu betrügen und ihnen zu schaden, so nehmen sie keinen Anstand, sogar zur Schmeichelei ihre Zuflucht zu nehmen, um ihren Zweck zu erreichen. Daher lassen sie es an Versicherungen von Redlichkeit, Freundschaft, Wohlwollen und Anhänglichkeit nicht fehlen, und sie sind so überzeugt, daß sie auf diese Weise der christlichen Ehrlichkeit Vertrauen einflößen und sie so in ihre Schlingen locken werden, daß sie diese teuflische Kunst in ihren Büchern anempfohlen haben. In den Randzusätzen des Talmud machen sich die Rabbiner eine Einwendung mit den Worten: „Wir werden uns noch versuchen können an der Stelle des jerusalemetischen Talmuds, bezüglich der Worte der Mischna, welche den Handel verbieten. In der That fragt man dabei: An wen sind diese Worte der Mischna gerichtet? Und man bekömmt zur Antwort, daß sie den Goy betreffen, welchen der Jude nicht kennt. Hieraus schließt man, daß es erlaubt ist, mit einem Heiden den man kennt, Handel zu treiben, weil der Jude ihm schmeicheln kann. Doch besteht noch eine andere Tradition. Wenn ein Jude in eine Stadt kommt und dort freudige Gojim findet, so soll er Antheil an ihrer Freude nehmen, denn dadurch, daß er ihnen so schmeichelt, wird er sich ihr Wohlwollen erwerben." Der weiter oben angeführte Rabbi Ascher gibt einen Grund an, um die Vorschrift der Rabbiner in Betreff dessen, was die Rechtsgelehrten lucrum cessans nennen, zu verwerfen. „Man kann ferner sagen," schreibt er, „daß, da unsere Existenz von den Gojim abhängt, und wir das ganze Jahr hindurch mit ihnen Umgang pflegen müssen, wir uns nur ihrem Hasse aussetzen würden, wenn wir uns an ihren Festtagen von ihnen abscheiden wollten." Auch liefert Davity in seiner allgemeinen Beschreibung Asiens einen deutlichen Beweis von dieser Verstellung, welche sich auf das Ansehen der Rabbiner stützt. Ihm zu Folge ist es unter den Rabbinern angenommener Grundsatz, daß es den Juden erlaubt ist, sich scheinbar zum Christenthum, zum Islam, oder zu irgend einer anderen Religion zu bekennen, wenn es ihr Interesse erheischt, wenn nur der geheime Wille da ist, im Schooße der Synagoge zu sterben.

Unter den anderen in der Synagoge gelieferten Doktrinen muß man noch den Glauben an die Magie und die Ausübung dieser mysteriösen Wissenschaft bewundern. Dieser Glaube und diese Uebungen rühren gleich allen anderen von der Secte der Pharisäer her, wie dieß der heil. Epiphanius bemerkt. Bei der Untersuchung der Grundsätze dieser Secte theilt er mit, wie man in ihr den Glauben an den Einfluß der Gestirne gelehrt, und sich zu demselben bekannt hat. Deßhalb wurden den Sternen hebräische Namen beigelegt, welche den verschiedenen Benennungen entsprechen, die die Propheten Gott beigelegt hatten. Die Rabbiner sagen, daß alle Mitglieder des großen Sanhedrin von Jerusalem in der Kunst der Magie unterrichtet worden waren. Wenn man ihnen glauben will, so war sogar der Patriarch Abraham ein Schwarzkünstler, welcher seine Kunst den Söhnen seiner Beischläferinnen mittheilte. David war gleich Abraham ein Sterndenter und Magier. Abraham Zacut schreibt in Bezug auf das Ausüben dieser Kunst in der Synagoge: „Ich war im Königreiche Spanien und in anderen christlichen Königreichen, seitdem meine Werke über die Astrologie erschienen sind, und allenthalben wurde Abraham Zacut, aus Salmanka stammend, gepriesen. Und es ist mir erlaubt, mich dessen zu rühmen, wie dieß unsere Weisen glücklichen Andenkens sagten. Was ist denn das für eine Wissenschaft, durch welche die Menschen in den Augen der Völker berühmt werden? Sie sagten, es ist die Geschicklichkeit, den Lauf der Gestirne zu bemessen. Und ich bezeuge vor Gott dem Herrn, daß sie Israel ob dieses Studiums sehr belobten. Und ich wendete meine ganze Aufmerksamkeit darauf, die Worte der Gelehrten zu hören, und die Erläuterungen, welche sie über diesen Gegenstand geschrieben."

Der Rabbi Akiba sagt in der Abhandlung Sabbath: „Der Todesengel (welcher Azrael ist) lehrte dem Moses noch einige Traditionen, wie es geschrieben ist in der Thora: Er gab seinen Geist u. s. w. — Die Rabbiner lehren in dem Pesachim, daß in der Nacht des vierten Tages und der des Sabbath Niemand Wasser trinken darf, und wer es thut, über den komme sein Blut," und zwar wegen der Gefahr, die in dieser Handlung liegt. Was ist das für eine Gefahr? Sie antworteten, daß sie vom Teufel herrührt u. s. f. Eine ihrer Vorschriften lautet folgendermaßen: „Niemand soll Flußwasser oder stehendes Wasser trinken. Wer es thut, über den komme sein Blut." Die Talmudisten sagen in dem Baba Kama: „Wenn in einer Stadt die Pest herrscht, soll Niemand allein in die Synagoge treten, aus Furcht vor dem Todesengel, welcher seine Waffen darin ablegt." Ebenso behaupten sie, das tägliche Gewinsel der Hunde bedeute das Herannahen des Todesengels. Das Lachen dieser Thiere verkündige die Annäherung des Elias, vorausgesetzt, daß kein Weibchen unter ihnen ist. Der Rabbiner Simeon ben Jochai sagt: „Wenn der Kopf des Weibes entblößt ist, dann kommen die bösen Geister, setzen sich darauf und vernichten Alles, was sich in ihrem Hause befindet." In der Abhandlung Chelech liest man: „Es ist erlaubt, die Geister des Oeles und der Eier um Rath zu fragen. Doch darf man die Dämonen am Sabbathe nicht befragen*). Hierauf kommt jene Bemerkung des Rabbiner Salomon, welche anführt, daß sie (die Juden) so zu Werke gehen, wenn sie etwas verloren haben, und daß sie deßhalb mittelst einiger Beschwörungsformeln die Geister befragen. Diese antworten und zeigen den Ort an, wo sich der verlorne Gegenstand befindet. Die Geister erhielten bei dieser Gelegenheit verschiedene Namen.

Der Rabbiner Elias Tesbita versichert, die jüdischen Frauen fragten einst die Aeltesten der Synagoge um die Ursache, daß ihre kleinen Kinder vor dem achten Tage nach ihrer Beschneidung

---

*) Raimundus Martini im: Pugio fidei.

sterben*). Die Aeltesten antworteten, sie würden von der Zauberin Lilit getödtet. Zur Vermeidung dieses Unglücks schreiben die Frauen der Juden Namen und machen kabbalistische Zeichen in den Winkeln ihrer Häuser und Zimmer. In Betreff dieser Namen und Schriftzeichen hebräischen Ursprunges haben wir zu bemerken, daß man seit der Zeit des Origenes und des heil. Augustin bei den Juden gewisse Inschriften im Gebrauche sieht, welche ähnliche Schriftzeichen enthalten. Sie bedeuten die verschiedenen Namen der Gottheit und der Engel, und sind vermengt mit astrologischen Zeichen, was mit dem früher über jene Pharisäer Gesagten übereinstimmt, welche diesem Studium ergeben waren. Diese glaubten, die Gestirne hätten einen gewissen Einfluß auf den Lauf der Natur, und daß alles Gute oder Böse, welches der menschlichen Gesellschaft widerfährt, ihren Bewegungen zugeschrieben werden muß. Alle kabbalistischen Bücher, welche von den Juden zu den verschiedenen Epochen ihres Bestehens gesammelt wurden, enthalten größere oder kleinere Spuren dieses Aberglaubens.

Das größte Erstaunen und den tiefsten Abscheu muß unter allen diesen magischen Operationen, die der echten Lehre des Evangeliums zuwiderlaufen, die Anrufung der Höllengeister erregen. Und die Juden beschränkten sich nicht darauf, sie mit Hülfe sittlicher Mittel und unschuldiger Opfer zur Mitwirkung anzurufen, was noch ein geringeres Vergehen gewesen wäre, sondern sie wendeten barbarische Akte, unreine, Gott und die Vernunft beleidigende Ceremonien an, und meistens zu unmoralischen, unbilligen und abscheulichen Zwecken**). Das wird durch Denkmale, welche uns die Geschichte aufbewahrt hat, begründet werden, um die Zweifler an dem Gesagten zu überzeugen.

Für den Augenblick genügt uns die Bemerkung, daß diese Anrufungen aus der Schule der Pharisäer herrührten. Dieß geht schon aus ihrer Anschuldigung Jesu Christi hervor. Da sie das augenscheinliche, vor ihren Augen gewirkte Wunder nicht leugnen konnten, so sagten sie, Jesus treibe die bösen Geister aus den Leibern der Besessenen durch Anrufung des Höllenfürsten Beelzebub.

---
*) Del Rio lib. III, quæst. I.
**) Martin Del Rio lib. II, quæst. III.

Dadurch zeigten sie an, welche Macht sie den im Namen des Fürsten der Finsterniß gemachten Beschwörungen zuschrieben: „Dieser treibt die Teufel nicht anders aus, als durch Beelzebub, den Obersten der Teufel*)." So war es bei den Pharisäern üblich, trotz des wiederholten Verbotes Gottes, welcher durch Moses Mund mehrmals ausgesprochen, daß unter den Juden keinerlei Zauberei geduldet werden dürfe: „Die Zauberer sollst du nicht leben lassen**)."

Wir werden nicht tiefer eindringen, um die keuschen Ohren des Lesers nicht zu beleidigen. Wir müssen die schmutzigen Ausdrücke, die Unfläthigkeiten und Obscönitäten verschweigen, welche unter den Meistern der Synagoge verhandelt wurden und im Talmud hie und da zu finden sind. Noch dazu wagen sie es sehr oft, sich auf die heilige Schrift zu berufen und bekräftigen ihre unreinen Lehren mit Worten oder Beispielen von den ehrwürdigen Patriarchen oder den Propheten.

Auf diese Weise steht ihrer eigenen Verderbtheit, und jener Leute, welche das Unglück haben, Umgang mit ihnen zu pflegen, ein weites Feld offen. Um desto sicherer zu diesen Ausschweifungen zu verlocken, bekräftigen sie so viel sie können, die falsche Idee, daß die verkehrtesten Gedanken und Vorsätze, so lange sie sich auf den Willen beschränken, ohne zum Handeln überzugehen, vor Gott nicht als Verbrechen angerechnet werden. Schon Jesus Christus machte ihnen diese unglückliche Ansicht zum Vorwurfe. „Ich aber sage euch, daß ein Jeder, der mit Begierde nach einem Weibe sieht, schon die Ehe mit ihr gebrochen hat in seinem Herzen***)." Aber die Ansicht der Pharisäer wurde mit Hülfe des Talmud unter ihren Nachkommen verbreitet.

Das Nämliche läßt sich von dem Hasse sagen. Unser Herr und Heiland theilte uns die seltsamen Begriffe mit, welchen sich die Synagoge von Liebe und Haß machte. Er behütete so seine Jünger gegen diesen falschen Grundsatz der Pharisäer: „Du sollst deinen Nächsten lieben und deinen Feind hassen†). Trotz der

---

*) Matth. XII, 24.
**) Exod. XXII, 18.
***) Matth. V, 28.
†) Matth. V, 43.

so gerechten Verwerfung dieses Grundsatzes fuhr die Schule der Pharisäer fort, ihre Feinde ohne Unterschied zu hassen. Die Wahrheit dieser durch die Thatsachen erwiesenen Behauptung geht auch aus den Worten hervor, welche im Talmud der Rabbi Jochanan im Namen des Rabbi Simeon ben Josedech spricht: „Jeder gelehrte Schüler, welcher die Rache nicht aufsucht und sie ausübt, und seinen Haß nicht bewahrt gleich der Schlange, kann für keinen trefflichen Rabbi gelten*)."

Unter den Ungerechtigkeiten, welche der Erlöser den Pharisäern vorwirft, müssen wir auch noch ihre Lehre vom Eidschwur anführen. Das in ihrer Schule gebildete Volk sollte ohne den mindesten Gewissensscrupel schwören. Jesus warnte seine Jünger vor dieser leichtfertigen Gewohnheit des Schwörens mit den Worten: „Ihr sollet gar nicht schwören, weder bei dem Himmel, weil er der Thron Gottes ist, noch bei der Erde, weil sie sein Fußschemmel ist, noch bei Jerusalem, weil es die Stadt des obersten Königs ist**) u. s. f." An einer anderen Stelle setzt er hinzu: „Wehe euch, ihr verblendeten Führer, die ihr saget: Wenn Jemand beim Tempel schwört, so ist das nichts (das heißt, es wird von keiner Wirkung sein), wer aber bei dem Golde des Tempels schwört, der wird verhalten werden, seinen Schwur zu halten." Jesus verwirft offen diese Auslegungen der Pharisäer, welche einen Mantel über ihre Ungerechtigkeiten zu werfen suchten, indem sie diese Schwüre als ungültig ansahen. Darum empfiehlt er seinen Jüngern keinen Schwur zu leisten und diese Lehre der Pharisäer, welche der Gerechtigkeit so sehr zuwider läuft, zu verwerfen. Doch die Meister der Synagoge beharrten auf diesen für die Gesellschaft in hohem Grade verderblichen Grundsätzen. Maimonides schreibt im 4. Cap. des Schabaoth: „Derjenige, welcher bei dem Himmel, bei der Sonne u. s. f. schwört, sollte er im Geiste selbst den darunter verstehen, der sie erschaffen hat, hat keinen Schwur gethan." In dem Buche des Talmud, das die Ueberschrift Nedarim führt, behaupten die Juden, daß es erlaubt ist, die Steuereinnehmer mit Verheißungen und Schwüren zu bezahlen.

---

*) Bartolocci, Biblioth. rabbin., part. II, p. 428.
**) Matth. V, 34 und 35.

Ohne länger bei diesen unstichhaltigen und spitzfindigen Auslegungen zu verweilen, ist es von Wichtigkeit, ihres festen Glaubens zu erwähnen, Gott werde am Kippur- oder Versöhnungstage den zu irgend jemandens Gunsten geleisteten Schwur für ungültig erklären, selbst dann, wenn man das Geschworene nicht ganz gehalten hat. Das ist aus dem Gebete erwiesen, welches sie im Angesichte Gottes an jenem Tage sprechen, und welches mit den Worten beginnt: „Alle Gelübde, Verträge, Eidschwüre u. s. w." Sie glauben, durch dieses Gebet seien alle Gelübde, alle Verträge, alle Schwüre, welche sie im vorigen Jahre brachen oder unerfüllt ließen, für null und nichtig erklärt; sie können ihnen nicht mehr als Sünde angerechnet werden, sie sind ihnen gänzlich erlassen, und sie sind für den etwa daraus entstehenden Schaden nicht verantwortlich. Anstatt sich also als Verbrecher und Meineidige anzusehen, sind sie in diesem Glauben von ihrer Unschuld und Reinheit überzeugt. Diesem müssen wir noch hinzufügen, daß der Jude zum Eidschwur eine eigene von verschiedenen äußeren Zeichen begleitete Formel hat. Der mit diesen Einzelnheiten nicht vertraute Christ glaubt an den Schwur, während der Jude ohne Bedenken etwas von der Wahrheit Entgegengesetztes geschworen hat. Maimonides und der Rabbi Moses Cozzen bringen eine große Anzahl solcher Kniffe und Spitzfindigkeiten in Vorschlag, um ihre Glaubensgenossen der Verbindlichkeit des Zuhaltens ihrer Eide zu entheben. Daher erklären sie in der Nacht, welche dem Kippurfeste vorhergeht, daß, so oft sie im folgenden Jahre gezwungen werden, ein Gelübde abzulegen oder einen Schwur zu leisten, dieses ungültig und nicht als Sünde anzurechnen sein soll. Wenn sie in Gegenwart ihrer Rabbiner die Synagoge betreten, halten sie das Gesetzbuch in der Hand und sprechen: „Ich, Isaak oder David u. s. w., ich erkläre vor Gott und vor euch, daß alle Eide, welche ich Jemanden im künftigen Jahre leisten werde, und welche ich zu halten versprochen, während ich in meinem Inneren sie nicht zu halten gesonnen bin, ungültig und als Sünde nicht zurechnungsfähig sein sollen, wenn ich sie nicht erfülle." Der gelehrte Neophyt Pfefferkorn schreibt daher in seiner Untersuchung der Lehre der Synagoge, in deren Schooße er geboren war: „Es ereignet sich zuweilen, daß zwischen einem Christen und einem Juden ob eines Pfandes, eines Darlehens, eines bestimmten Zeitraumes oder irgend einer anderen Sache von Wichtigkeit ein Streit entsteht, so zwar, daß der Jude aus Mangel an Beweisen gezwungen ist, einen Eid nach den Gebräuchen seiner Religion abzulegen. Dieser erhebt keine Schwierigkeit dagegen und schwört, obwohl er innerlich überzeugt ist, daß er einen falschen Eid schwört, und er fürchtet Gott nicht als Rächer des Meineides. Weigert er sich zufällig den Eid zu leisten, so geschieht das nicht aus Liebe zur Gerechtigkeit und Wahrheit, sondern aus Furcht vor der strengen Strafe, wenn er des Meineides überwiesen würde. Die Juden haben mithin weder Religion noch Treue in ihren Eiden."

Wir brauchen dieses Capitel nicht durch Erwähnung der Ehescheidung zu verlängern, dieses Punktes, über welchen die Juden die Vorschriften des mosaischen Gesetzes so schlecht auslegten, um sie ihren Leidenschaften bequem anzupassen, wie Jesus Christus ihnen (Matthäus V.) vorgeworfen. Eben so wenig werden wir von so vielen anderen Gebräuchen sprechen, welche mehr aus Aberglauben, als aus Vernunftgründen bei ihnen eingeführt sind. Wir haben genug angeführt, um den Schluß daraus zu ziehen, daß die jetzige Lehre der Synagoge nicht die des Pentateuchs, sondern eine Reform ist, die von der Secte der Pharisäer ausging und so eingerichtet wurde, daß sie die Leidenschaften der Juden zum großen Schaden der andern Völker befriedigt. Unser Heiland, Jesus Christus, wie wir schon bemerkt, hat darüber zahlreiche Vorwürfe gemacht. Der schon mehrmals angeführte Buxtorf schließt seine Untersuchung des Systems der jüdischen Gesetzgebung folgendermaßen*): „Der christliche Leser wird einsehen nach dem bisher Gesagten, daß die Juden die Grundfesten ihres Glaubens und ihrer ganzen Religion nicht auf die Bücher Moses, sondern auf die lügnerischen, falschen und frivolen Traditionen der Rabbiner und auf die Fabeln gegründet haben, welche diese Verführer erzählten. Die Christen dürfen also nicht sagen, daß die Juden fest an dem Gesetze Moses hängen." Der Rabbi Elias Levita gesteht

---

*) Synagog. judaica, Cap. XXXVI.

offen, daß das bestehende jüdische Gesetzgebungssystem auf die Lehre der Pharisäer gegründet ist. Pfefferkorn, Victor von Cobden, Jerome de Sainte-Foi u. s. w., welche gehoben und erleuchtet durch die Gnade Gottes die Synagoge verließen, um zum Christenthum überzutreten, und welche die Lehrsätze des Talmud genau kannten, haben standhaftig nachgewiesen und bestätigt, daß die neueren Juden in Folge ihrer mündlichen Lehren und ihrer hartnäckigen verstärkten Auslegungen nicht nur das Gesetz Moses verließen, sondern daß sie Grundsätze in die Synagoge einführten, welche dem Mosaismus und dem gesunden Verstande schnurstracks zuwiderlaufen. Adrian Fini zählt zwölf Lehrsätze der Pharisäer auf, welche unser Heiland im Evangelium als dem Geiste der mosaischen Gesetze und dem Völkerrechte zuwiderlaufend verwarf, und er setzt hinzu, daß sich diese Lehre unter den über den ganzen Erdkreis zerstreuten Juden bis auf unsere Zeit erhalten hat*).

Lightfoot schreibt in der Vorrede seiner Horae hebraicae et talmudicae: „Studirt man die traditionellen Gesetze der Juden, dann sieht man erst, wie sehr sie das mosaische Gesetz entstellten, wie viele nur menschliche Traditionen sie hinzusetzten, wie es ihnen Jesus Christus an mehreren Stellen des Evangeliums kraftvoll vorwirft." Schickard, Buhle, L'Empereur und andere tüchtige Rechtsgelehrte, welche die Lehre der Mischna und des Talmud, der beiden Organe der jüdischen Tradition, mit Eifer studirten, verwarfen diese Lehre als dem Mosaischen und dem Naturgesetze zuwiderlaufend**).

Um jedoch den Einwürfen auszuweichen, die man uns allenfalls machen möchte, müssen wir bei einem Punkte der neueren jüdischen Gesetzgebung verweilen, nämlich bei der Art und Weise der Erfüllung jener Vorschriften, welche sich auf die Sittenlehre beziehen. In der That, die Moral des Talmud und der Pharisäer, wie sie unter den Juden selbst zur Ausübung kommt, ist eine ganz andere als die, welche zwischen einem Juden und einem fremden Glaubensgenossen in Ausübung kommt. Moderne jüdische Schriftsteller versuchen diesen Unterschied der Moral in

---

*) Lib. IX, Cap. III.
**) Surenhusius, T. IV in Misna.

der Lehre der Synagoge abzustreiten, so wie sie auch nicht zugeben wollen, daß die Benennung Goy für die Bekenner des Talmud jenen Sinn habe, der unter den Christen für dieses Wort Geltung erlangt hat. Sie behaupten, diese Benennung gelte nur den Götzendienern. Erwägt man aber den so auffallenden Widerspruch zwischen den Institutionen der Christen und der Juden, den so offenbaren Gegensatz in den Grundsätzen und Tendenzen dieser beiden Lehren, bedarf es dann noch so vieler Studien, um den unversöhnlichen Haß des Juden gegen den Christen zu begreifen? Liegt darin nicht der gewaltige Unterschied zwischen Jesus Christus und dem Pharisäer? Kann der Jude ein noch größerer Feind des Götzendieners, des Muselmann oder irgend eines anderen Religionsgenossen als des Christen sein? Das haben wir schon bemerkt, doch die Thatsachen, welche wir anführen werden, stellen den Beweis vollständig her. In Beziehung auf die Sittenlehre, welche die Juden fremden Glaubensgenossen gegenüber in Anwendung bringen, ist erwiesen, daß diese Moral von den Talmudisten in einer ganz anderen Weise aufgefaßt wird als das Sittengesetz, welches die Juden unter einander beobachten. Was unter den Juden für einen Fehltritt gilt, ist eine erlaubte, ja eine verdienstliche Handlung, sobald es sich um einen Christen oder anderen Glaubensgenossen handelt. Unmöglich ist der Zweifel hierüber für einen Jeden, der sich an die Vorwürfe erinnert, welche Jesus Christus den Pharisäern macht und an jene Worte des Tacitus über die Juden: „Erga suos misericordia in promptu, adversus alios hostile odium*).“

Die schon oft citirte Abhandlung der Mischna Avoda Zara oder De cultu peregrino, wurde gegen Ende des zweiten Jahrhunderts der christlichen Zeitrechnung geschrieben, im Laufe des vierten und fünften von anderen Rabbinern erläutert, mit anderen ähnlichen Abhandlungen im Talmud veröffentlicht und in der Folge von den Gelehrten der Synagoge genau untersucht und auseinandergesetzt. Darin werden zu den Gojim alle Völker gerechnet, welche einer andern als der jüdischen Religion angehören, und

---

*) „Gegen die Ihrigen (Namensgenossen) sind sie bereit, Barmherzigkeit zu üben, gegen die Andern hegen sie feindlichen Haß."

vorzugsweise wird die christliche Religion angeführt als die ausgebreitetste unter diesen Gojim. Maimonides, der zu Anfang des zwölften Jahrhunderts lebte, macht diese Bemerkung in seinem Commentar zu Avoda Zara im 2. Capitel: „Folgendes ist das Fundament des Gesetzes bezüglich des Götzendienstes. Keiner der Unsrigen darf erschaffene Dinge anbeten, weder Engel, noch die Planeten, noch die Sterne, noch eines der vier Elemente, noch einen anderen daraus bestehenden Gegenstand. Und wenn auch der Verehrer solcher Dinge weiß, daß sie nicht Gott sind, und er sie nur in der Weise des Enos und seiner Zeitgenossen anbetet, so muß dieß doch Götzendienst genannt werden." Man weiß, in welcher Zeitepoche Maimonides schrieb, man kennt den damaligen Stand der christlichen Kirche und den glühenden Haß der Juden gegen das Christenthum in jenem Jahrhundert und in den vorhergegangenen. Es hieße daher eine lächerliche und dem gesunden Verstande zuwiderlaufende Hypothese aufstellen, wenn man annähme, der berühmte Rabbiner habe in seinen Diskussionen über Gojim, und im Commentare, welche seine Intoleranz gegen unsere Religion so deutlich beweise, nicht vom Christenthum sprechen wollen. Wird übrigens noch der leiseste Zweifel zurückbleiben, wenn man zugleich mit George Edgard in seinen Untersuchungen der Avoda Zara bemerkt, daß Maimonides an anderen Stellen die Benennung Gojim förmlich auf die Christen angewendet, da er sagt, sie seien nicht minder Götzendiener als die anderen Gojim, obgleich sie abweichende Lehrsätze haben? Das war die allgemeine Ansicht der Bekenner der alten und neueren Synagoge.

Jene, welche behaupteten, die Moral der Juden sei gegen Andersgläubige dieselbe, wie unter ihnen selbst, berufen sich auf das Wort gherim. Ihrer Meinung nach bezeichnet dieses die christlichen, heidnischen oder anderen Gojim, und nach der Lehre der Synagoge sollten die Gherim ganz so wie die Juden selbst angesehen und behandelt werden. Darauf antworteten wir, daß die Bekenner und Ausleger des Talmud unter der Benennung Gherim weder die Christen, noch die Anhänger der anderen Religionen, sondern die Proselyten des Judenthums verstehen, das heißt diejenigen, welche dem Götzendienst entsagt und zu ihrem israelitischen Cultus übergetreten sind. Das sind die, welche nach den Vorschriften des mosaischen Gesetzes als Brüder angesehen und als solche behandelt werden sollen. Der Verfasser des Buches Hinnouch schreibt: „Es ist uns verboten, dem Gher (Fremden) selbst auch nur mit Worten zu schaden. Der Gher (Fremde) ist ein Heide, der als Neubekehrter unsere Glaubenssatzungen annahm." Maimonides bestätigt in seinem Buche De venditione die Richtigkeit dieser Erklärung. Somit entfällt der uns gemachte Einwurf von selbst.

Hören wir übrigens noch ein Gespräch an, welches uns in dem Buche Fortalitium fidei betitelt mitgetheilt, und das dem Alphons Spina zugeschrieben wird. Wir finden darin die Bestätigung alles bisher Gesagten. In diesem Gespräche setzt ein Jude die Lehrsätze seiner Religion in folgenden Worten auseinander: „Ich glaube an einen einzigen Gott im Himmel, den ich anbete, von dem ich das Heil meiner Seele hoffe, und die Belohnung aller Anhänger unseres Gesetzes und Glaubens. Ich glaube ferner, daß es mir gestattet ist, jedem Andersglaubenden das Leben, seine Habe, seinen Freund, sein Weib, seine Eltern und Verwandte nehmen zu können. Ich glaube ferner, daß ich ein verfluchter Mensch bin, wenn ich ihm Wort halte, wenn ich ihm in irgend Etwas beistehe, oder wenn ich Mitleid gegen ihn übe." Diese Grundsätze sind in das Gemüth der Juden so eingewurzelt und von frühester Jugend eingeprägt, daß sie von Christus abgewendet bleiben in der Voraussetzung, dieselbe religiöse Unduldsamkeit, welche sie gegen die anderen Völker übten, möchte von diesen auch gegen sie angewendet werden. Deßhalb stellten sie auch in Beziehung auf den Verkehr mit den Gojim, in deren Mitte sie leben, verschiedene Vorsichtsmaßregeln auf. Es wird uns genügen, aus dem Buche Avoda Zara einige Beispiele anzuführen. Folgendes ist eine Vorschrift der Meister der Synagoge: „Es ist einer Judenfrau nicht gestattet, die Kinder der Götzendiener zu säugen, denn das hieße sie dem Götzendienste erhalten, und besser wäre es in einem solchen Falle sie sterben zu lassen. Aber einer Goye (heidnischen Frau) ist es erlaubt, die Kinder der Juden zu säugen, wenn es im Elternhause unter den

Augen der Mutter geschieht, um es unmöglich zu machen, daß die Goye=Amme den Kindern nichts zu leide thut. Man soll den Götzendienern nicht erlauben, Aerzte der Juden zu sein; man soll sich auf keinen Fall Barbiere oder Haarkräusler aus den Goyim halten. An einem öffentlichen Orte könnte man es jedoch thun."

Werden nach allen diesen Betrachtungen über das Gesetzgebungs= system der verworfenen Synagoge der Baronet Sir Robert Peel und seine Meinungsgenossen noch behaupten können, daß die israeli= tische Lehre seit der Zeit unsers Herrn und Heilandes Jesu Christi von ihrer ursprünglichen und göttlichen Anordnung nicht abge= wichen sei? Werden sie sagen, sie sei keine andere als die in den Schriften Moses enthaltene? Und wenn diese Lehre bei den Ju= den in einem wenn nicht größeren, so doch mindestens gleichen Ansehen als der alte Mosaismus steht, welchen Eindruck muß sie nicht auf den Geist aller Juden machen, welche in diesen Ideen erzogen, mit diesen Grundsätzen von ihrer frühesten Jugend an genährt wurden? Von den Vätern ihren Kindern mit der gan= zen Kraft des Fanatismus gelehrt, müssen da diese Ideen nicht so zu sagen zur zweiten Natur werden? Sie besitzen um so mehr Kraft, als sie der Eigenliebe schmeicheln, die Begierden der durch die Erbsünde verdorbenen Menschennatur, besonders aber die Lü= sternheit und den Hochmuth befriedigen. Sie schmeicheln der Hab= sucht, weil die Juden glauben, die Christen ungestraft betrügen zu können; dem Hochmuth, weil sie sich für das auserwählte Volk Gottes und den anderen Völkern überlegen halten. Damit ver= binde man noch eine unüberwindliche Abneigung und einen blin= den Haß gegen Jesus und seine Anbeter, weil sie in den Christen das größte Hinderniß ihrer ehrgeizigen Absichten sehen.

Im Hinblick auf diese seltsame Verirrung der Synagoge und der Pharisäer, der Ursache des dereinstigen Unterganges des jü= dischen Volkes, warf ihnen unser Erlöser ihren Abfall von dem Glauben Abrahams vor, und sprach über sie jenen fürchterlichen Spruch als Strafe für ihren Unglauben aus: „Ihr habt den Teu= fel zum Vater und wollet nach den Gelüsten eures Vaters thun. Dieser war ein Menschenmörder von Anbeginn und ist in der Wahrheit nicht bestanden, denn die Wahrheit ist nicht in ihm.

Wenn er Lüge redet, so redet er aus seinem Eigenthume, denn er ist ein Lügner und der Vater der Lüge*)."

Das belastendste Vorurtheil der Synagoge, und was sie in jeder Beziehung so gefährlich für die christliche Gesellschaft macht, ist die von den Rabbinen aufgestellte Grundansicht über die Hölle, dem für die Seelen der Verdammten bestimmten Orte, die sie dem Geiste ihrer Anhänger einprägen. Sich stützend auf die Traditionen des Talmud in Betreff des Paradieses, des Fegfeuers und der Hölle nehmen die Juden keinen Anstand, diejenigen zu bezeichnen, welche einst mit dem ewigen Feuer werden bestraft werden**). Sie lehren in dem Buche Rosch Haschana des Talmud: "Die Miniim, das heißt die heidnischen Christen, die Ketzer, die Verräther, die Abtrünnigen und Epikuräer, welche das Gesetz und die Auferstehung der Todten leugneten, und von den Lehren der Synagoge abfielen, die, welche inmitten Israels den Schrecken auf das Erdreich der Lebenden ausgesäet, die, welche gesündiget und Andere zur Sünde verleitet, wie Jeroboam, Sohn des Nabat und seine götzendienenden Gefährten, diese alle werden zur Hölle fahren und in Ewigkeit verdammt sein, wie es Isaias sagt: Und man wird hinausgehen und schauen die Leichname der Menschen u. s. w.***)." Außer den oben angeführten Sünden erkennen die Juden keine an, welche ihnen die göttliche Gnade entziehen könnten, und die mit dem ewigen Feuer bestraft zu werden verdienten. Alle anderen auch noch so schweren Sünden müssen ihrem Glauben nach im Fegfeuer abgebüßt werden, auch soll die Zeit der Sühnung nicht länger als zwölf Monate dauern.

Im Buche Sanhedrim erklären die Rabbinen, daß in dem anderen Leben alle Juden selig werden. Das ist für sie ein Glaubensartikel, ein allgemein angenommener Lehrsatz, den die Rabbinen ihren Brüdern unaufhörlich vorpredigen, und ihnen denselben als eine besondere Gnade Gottes gegen sie darstellen. Resch Lachis bürgt für das Gesagte mit seinem Ansehen in dem Buche Chaghiga: "Das Feuer der Hölle, sagt er, wirkt nicht auf die

---

*) Joan VIII, 44.
**) Bartolocci, Biblioth. rabbin., t. II, p. 143, 157, 158.
***) Isaias LXVI, 24.

Kinder Israels, welche wider Treue und Pflicht gehandelt, das rührt her von dem was gesagt ist, von dem goldenen Altar. Denn gleichwie der goldene Altar, obschon die Platten dieses Metalles nur aus einem Goldpfennige bestanden, so viele Jahre hindurch dem Feuer widerstand, eben so werden, und um so mehr, die Kinder Israels, welche voll Lehren sind wie die Granate mit Körnern, vor dem Feuer bewahrt werden." Das ist das Privilegium, welches diese Wahnsinnigen genießen zu müssen glauben, in ihrer Eigenschaft als auserwähltes Volk Gottes, während die anderen Völker, und vorzugsweise die Christen, ihrem Glauben nach verurtheilt sind, im Höllenpfuhl zu schmachten. Mit solch' tollen Ideen schmeicheln die Rabbiner ihren Glaubensgenossen, und bestärken sie noch immer mehr in ihrem Aberglauben. In richtiger Schlußfolgerung lassen sie dadurch allen Unternehmungen das weiteste Feld offen, die den Christen schaden können. Auch kann die Juden in der That nichts mehr zurückhalten: die moralische und bürgerliche Ordnung ist umgestürzt. Die alte Synagoge ist nicht mehr zu erkennen, die Gesetzgebung Moses ist vernichtet, und der Spruch unsers Erlösers wohl gerechtfertigt, der da lautet: „Wehe aber euch, ihr Schriftgelehrten und Pharisäer, ihr Heuchler, die ihr das Himmelreich den Menschen verschließet; denn ihr selbst gehet nicht hinein, und die hinein wollen, lasset ihr auch nicht hinein*)."

Wir haben in Kürze die Grundsätze der pharisäischen und talmudistischen Schule entworfen. Wer wird nicht in diesem Volke, das, wie es die alten Prophezeiungen vorhergekündet, zerstreuet ist, ein Volk sehen, welches dem Wahnwitz des Hochmuthes preisgegeben, von Gott verlassen und von einem Ehrgeiz geblendet ist, den es nur durch das Verderben der andern Völker befriedigen könnte? Wer wird hierin nicht einen klaren Beweis der Wahrheit des Evangeliums und der Nichtigkeit jüdischer Doktrinen sehen? Es ist so, wie es Isaias vorhergesagt: „Er hat ihre Augen verblendet und ihr Herz verstockt, daß sie mit den Augen nicht sehen, und mit dem Herzen nicht verstehen, noch sich bekehren, noch ich sie heile**). Wir sagen es offen: Was könnte die

---

*) Matth. XXIII, 13.
**) Joh. XII, 40. Isaias VI, 10.

chriſtliche Sache und die chriſtliche Geſellſchaft von einem ſolchen Volke Gutes erwarten, da dieſe von den Juden für eben ſo verabſcheuungswürdig erachtet werden, als es Jeſus Chriſtus und die Apoſtel in den Augen der Phariſäer waren. Die jetzigen Juden ſind aber die echten Nachkommen der Letzteren und die Erben ihrer Ideen, Anſichten und Beſtrebungen!

Doch ſchreiten wir zu den Thatſachen, dieſe werden die ſchlagendſten Beweiſe für die Wahrheit des Geſagten liefern.

Zweites Kapitel.

Haß, Unduldſamkeit, Verfolgung, Mord, Verrath, Betrug, Diebſtahl, Entheiligung, Hinterliſt und Verbrechen jeder Art, deren ſich die Synagoge durch Befolgung der talmudiſtiſchen oder traditionellen Doktrinen ſchuldig gemacht, wie wir ſolche im erſten Capitel erſichtlich gemacht und in doppelter, nämlich religiöſer und politiſcher Beziehung betrachtet haben.

Es wäre ungenügend, daß wir bisher die jüdiſchen Lehrſätze darſtellten, wie ſelbe in den Büchern der Synagoge verzeichnet ſind, und von ihr als heilig und göttlich angeſehen, folglich für glaubwürdig und ehrwürdig gehalten werden. Es wäre ungenügend für uns, daß wir die Juden ſelbſt dieſe Lehrſätze erklären ließen, daher wollen wir nun die angeführten Worte und Lehren durch Thatſachen beſtätigen laſſen. Getreu der Aufgabe, die wir uns geſtellt, werden wir nun mit der Feder in der Hand die Jahrbücher der Geſchichte durchblättern in allen Jahrhunderten, von Jeſus Chriſtus bis auf unſere Tage, um die beſtehende Uebereinſtimmung zwiſchen den religiöſen und ſocialen Anſichten zu beſtätigen, und das Benehmen der Juden in Mitte der chriſtlichen Völker darzuſtellen.

Bevor wir aber zu dieſer Unterſuchung ſchreiten, bitten wir unſere Leſer, ſich an die Worte unſerer Gegner, und beſonders an die der Herren Maſſimo d'Azeglio und Sir Robert Peel zu erinnern. Der Erſte beginnt in ſeinem Opusculo (Werkchen*) folgendermaßen: „Die Emanzipation der Israeliten, das Ziel und Ende dieſer langen und ſchmerzhaften Reihenfolge von Leiden, Schmach, Unbilden, Ungerechtigkeiten, die ſie ſo viele Jahrhunderte

---

*) Emancipazione civile degli Israeliti. Firenze 1848.

hindurch zu erdulden hatten, und zwar nicht nach Eingebung, sondern im Gegentheile mit offenbarer Verletzung des christlichen Princips, und in Folge von Verblendung, Aberglauben, Ungewißheit, selbst nur zu oft aus noch schwerer zu entschuldigenden Gründen, die Emancipation sage ich u. s. f." An einer anderen Stelle (p. 36) nimmt derselbe, nur mit einigen Zweifeln die Straffälligkeit der Juden bei gewissen Gewaltthaten zugebend, keinen Anstand zu sagen, die Schuld an diesen Verbrechen ist den Christen und den Verfolgungen zuzuschreiben, welche die Juden von ihnen zu erleiden hatten.

Mit noch größerer Offenheit und weniger Zurückhaltung geht Sir Robert Peel hierin zu Werke. Eine vor einer zahlreichen Versammlung gehaltene Rede schließt er mit folgenden Worten*):
„Ich will hier eine Handlung vollziehen, die mir zwar nicht auferlegt ist, wie es die ist, allen Beleidigern zu verzeihen, sondern eine Handlung, eben so heilig in Betreff moralischer Verpflichtung, und die dem Hochmuthe der Menschen weniger schmeichelt, die, denjenigen zu verzeihen, die wir beleidigt haben."

Machen wir noch eine kurze Bemerkung; sie besteht darin, daß die so eben angeführten Gesinnungen der beiden Staatsmänner ganz dieselben sind, wir wir sie in dem Buche finden werden, welches Gioberti der Apologie (Vertheidigung) seines „Jesuita moderno" widmete. Diese Gesinnungen werden noch getheilt von so vielen anderen Weltverbesserern, und sie wurden von einer Menge bis zum Fanatismus erhitzten Gemüthern mit unbeschreiblichem Beifall aufgenommen. Indessen werden wir unsere Antwort mit nicht weniger Ruhe geben.

Als Judäa aus dem Munde Jesu Christi verkünden gehört, die Zeit sei um, wo der Abgesandte Gottes zum Heile des Menschengeschlechtes auf der Welt erscheinen sollte, nachdem die Weissagungen über ihn auf dem Kalvarienberge in Erfüllung gegangen; da brach eine neue Aera an, eine Friedensbotin für Israel und alle Völker des Erdballs. Eine erstaunliche Umwandlung geschah durch dieses Ereigniß in der Gesinnung der Menschen. Gleichzeitig

---

*) „Times" vom 12. Februar 1848.

gab sie jener Kirche die Entstehung, welche gegenwärtig ihre Herrschaft über die ganze Welt ausübt und sie bis an's Ende der Jahrhunderte ausüben wird. Sie verschmolz den Juden und den Heiden, den Griechen und den Barbaren in einen einzigen Körper und einen einzigen Gedanken. Eine und dieselbe Hoffnung belebte alle diese Völker und trieb sie an, das ewige Heil zu erwerben.

Zum Unglücke hatte sich ein schändlicher Fanatismus eines großen Theiles von Israel bemächtiget, und hatte eine wüthende Opposition gegen einen Retter geschaffen, dessen Eigenschaften durchaus nicht zu der Vorstellung paßten, welche sich Viele von ihm gemacht hatten. Nachdem diese Opposition, von den Häuptern des Volkes selbst geleitet, sich einmal gegen ihn erhoben, bestritt sie und leugnete sie ihm seine göttliche Sendung ab, trotz der deutlichsten Beweise, die er selbst zur Steuer der Wahrheit lieferte. Bald begann sie mit Erbitterung ihn und alle jene zu verfolgen, welche seinen heiligen Namen anriefen und bekannten, und diese Verfolgung wurde auf alle Orte ausgedehnt, so weit nur die materielle und moralische Kraft der Widersacher reichte.

Nun beginnt die Entwicklung der pharisäischen Perfidie. Es ist dieß der Ausgangspunkt jener Schandthaten und Verbrechen, womit sich die Synagoge in den Augen der Welt besudelt, indem sie sich einem falschen Eifer, einem grausamen Geiste der Unduldsamkeit gegen jedweden hingab, der dem Judenthum oder dem Götzendienst entsagte, um sich unter die Fahne des Kreuzes zu flüchten.

In der That, kaum waren einige Tage seit dem Tode und der Auferstehung Jesu Christi verflossen, so verbreitete sich schon das Feuer der Verfolgung, welches die treulose Synagoge zu Jerusalem entzündet, mit Blitzesschnelle über die ganze Erde. Falsche Gerüchte, Verläumdung, Martern und Tod, alles wurde aufgeboten, aber fruchtlos, um das Fortschreiten des Christenthums zu hindern. Erinnern wir uns zur klaren Einsicht in die damaligen Ereignisse an den Umstand, daß die Bestrebung der Synagoge, wie wir schon früher bei der Schilderung ihrer Grundlehren bemerkten, auf die Wiederherstellung ihrer Herrschaft unter der Leitung eines Königs hinausging. Diesen König erwartete sie gerade zu jener Zeit, und sie ist auch jetzt noch so thöricht, ihn zu erwarten, um das religiöse und politische Judenthum in allen Ländern des Erdkreises triumphiren zu lassen. Diese Hoffnung beherrschte alle Juden ohne Unterschied, die Bewohner Palästina's, so wie die im römischen Reiche und bis über dessen Grenzen hinaus Zerstreuten. Nach ihren Begriffen wäre es ein Aufgeben dieser Hoffnung gewesen, wenn sie die Sendung Jesu Christi, des wahren Erlösers Israels, nicht geleugnet hätten.

Voll von dieser trügerischen Handlung nahmen alle von Jesu Christo abtrünnigen Juden Theil an seiner Verdammung durch Wort und That, und nicht bloß an seiner Verdammung, sondern auch an der Verfolgung seiner Jünger. Die dem Heilande in Folge eines dem Anscheine nach regelmäßigen und von dem Sanhedrin der Hauptstadt sanktionirten Prozesses, in Gegenwart einer unermeßlichen Menge Juden und Neubekehrten, welche von den verschiedensten Gegenden der Erde zur Feier des Osterfestes nach Jerusalem gekommen waren, auferlegte Todesstrafe wurde von allen über die Erde zerstreuten Juden mit Beifall aufgenommen. Selbst noch heutzutage erneuern sie die Erinnerung daran vom Vater auf den Sohn, und sie knüpfen an dieses Ereigniß die Hauptursache ihres Verfalles in den Augen der Völker, und besonders der christlichen Völker. Der hl. Märtyrer Justinus, welcher wohl wußte, daß der unverwandte Zweck der Synagoge dahin geht, allenthalben unter den Völkern und den Ihrigen, durch tausendfältige Verläumdung des Namens Christi und seiner Bekenner den glühendsten Haß gegen ihn zu erregen und zu erhalten, drückt sich in seinem Gespräche mit dem Juden Tryphon in folgenden Worten aus*):
„Gewiß ist es, daß die anderen Völker nicht so sehr wie ihr von feindseligen Gesinnungen gegen uns durchdrungen sind, ja eben euch verdanken sie ihre unglückseligen Vorurtheile gegen den Gerechten, und gegen uns, die wir ihm angehören. Ihr kreuzigtet in ihm den einzigen Gerechten, den einzigen Reinen auf Erden, dessen Wundmale das Heil für jene geworden, welche durch die-

---

Cap. X. und XVIII.

selben zum Vater gelangen. Als ihr erfuhret, er sei vom Grabe wieder aufgestanden und zum Himmel aufgestiegen, wie es die Weissagungen vorher gesagt, auch da habt ihr euer Verbrechen nicht bereuet. Ihr wähltet sogar Männer unter euch aus, ihr sandtet sie von Jerusalem über die ganze Erde aus, mit dem Auftrage, zu sagen, eine gottlose Secte unter dem Namen Christen sei in der Welt erschienen, und um durch diese Sendlinge gegen uns alle jene Anschuldigungen zu verbreiten, welche die Leute, die uns nicht kennen, fortwährend wiederholen. Ihr seid mithin nicht bloß für euere eigenen Missethaten, sondern auch für jene verantwortlich, welche alle anderen Menschen, an allen anderen Orten gegen uns begehen."

Anderswo*) erneuert derselbe Heilige den nämlichen Vorwurf gegen die Juden mit den Worten: „Ihr habt in die ganze Welt Leute ausgesandt, um allenthalben zu verbreiten, daß eine gottlose und verworfene Secte von einem gewissen Jesus aus Galilea gestiftet worden sei. Es sei dieß ein Betrüger, der von euch an's Kreuz geschlagen worden. Und um uns zu schaden, setzt ihr noch hinzu, er habe uns verbrecherische und gottlose Dinge gelehrt, die ihr bei allen Leuten gegen diejenigen ausstreuet, welche bekennen, daß Jesus Christus der Herr über die Menschen und der Sohn Gottes ist."

Nach diesem Zeugnisse ist es also erlaubt, den Schluß zu ziehen, daß nicht nur die Juden zu Jerusalem die Schuldigen waren, sondern daß die abtrünnige Synagoge allenthalben ihre Anhänger hatte, daß sie sich durch ihre der Verurtheilung des Erlösers ertheilte Billigung an dem Verbrechen des Gottesmordes und an allen Folgen mitschuldig machte, welche er für die christliche Kirche hatte.

Kommen wir nun auf die Geschichte der Verfolgung selbst zurück. Wir wissen von wem und warum sie angeregt wurde. Werfen wir einen Blick auf Judäa, wo zuerst das Christenthum eingesetzt worden, und dort werden wir auch gleichzeitig die Fahne der Verfolgung sich erheben sehen. Das Verhalten des heiligen

---

*) Cap. CVIII.

Paulus und die Aufrichtigkeit seiner Bekenntnisse genügen zur Erklärung des wahren Charakters der Synagoge gleich bei Beginn der christlichen Zeitrechnung. Geleitet von maßlosem Eifer, nur Drohung und Blutdurst athmend, begibt sie sich zum obersten Priester und verlangt von ihm Briefe an die Synagogen von Damaskus, um dort die Christen aufzusuchen und sie gefesselt nach Jerusalem zu schleppen. Nachdem wir schon anderswo mitgetheilt, welchen Eifer er für die Erhaltung der Traditionen seines Volkes gezeigt, fährt er fort: „Ich, für meine Person, hatte mich überzeugt, daß ich Alles thun müsse, um dem Namen Jesus von Nazareth entgegen zu arbeiten, und das that ich auch. In Folge der Macht, die mir die Oberpriester verliehen, ließ ich eine große Anzahl Heiliger einkerkern, und handelte es sich um ihren Tod, so nahm ich Theil an ihrer Verurtheilung. Bei Besichtigung der verschiedenen Synagogen wendete ich Foltern an, um die Lästerung des Namens Jesu zu erzwingen, und da meine Wuth gegen sie immer heftiger wurde, verfolgte ich sie bis in die fernsten Städte *).“

Sollte dieses Zeugniß noch eines Beweises benöthigen, dann dürfte man nur die Apostelgeschichte aufschlagen, und man würde auf jeder Seite sehen, wie viel die christliche Kirche von ihrem Entstehen an zu leiden hatte. Wehe dem Christenthum, wenn die Synagoge allenthalben frei gewesen wäre in der Ausübung ihrer politischen Gewalt über ihre Glaubensgenossen, und über diejenigen, welche als geborne Juden, oder dem Heidenthume früher angehörig, es gewagt hätten, auszusprechen, daß Jesus, der Abgesandte Gottes, zur Erlösung der Menschen ist! Allein Dank der göttlichen Vorsehung, die Synagoge besaß damals keine Gewalt über Leben und Tod, wie es der heil. Justinus sehr richtig bemerkt, sonst hätte sie die Anhänger Christi in Kurzem auseinander gestäubt.

Aber ungeachtet dieses Mangels an Macht blieb sie doch nicht unthätig. Immer brennender in ihrem Hasse gegen die Christen, und da sie, besonders außerhalb Judäa, und in Mitte der heidnischen Völker kein anderes Mittel ihnen zu schaden hatte, so fing

---

*) Justin. Dial. cum Tryph., c. 108.

sie an, sie zu verläumden. Ganz besonders verlegte sie sich darauf, sie als Rebellen darzustellen, und als Verschwörer gegen den Kaiser und das Reich. Diese Beschuldigungen konnte man aber weit eher gegen die Juden erheben, als gegen die Christen, wie es das thörichte Verfahren der Synagoge in der schlagendsten Weise in Kurzem zeigte. Man erinnere sich an den heil. Paulus, als er in den Synagogen zu Thessalonich und Berea das Evangelium predigte*). Sogleich erhoben sich die Juden gegen ihn. Einige Leute aus dem gemeinsten und ärmsten Pöbel wurden zusammengerafft, sie erregen in der Stadt einen Aufstand, stürmen das Haus Jasons, in welchem Paulus und Silas eine gastfreundliche Aufnahme gefunden, und suchen sie, um sie in dem Tumulte mit sich fortzuschleppen. Da ihnen dieß nicht gelang, bemächtigten sie sich der Person Jasons und einiger Brüder, und schleppen sie vor die Obrigkeit der Stadt unter dem Rufe: „Das sind die Männer, welche den Frieden der Welt stören, indem sie an allen Orten Aufstände erregen. Bei ihrer Ankunft in unserer Stadt wurden sie von Jason aufgenommen; sie sprechen und handeln gegen die Verordnungen des Kaisers, da sie einen andern König ausrufen!"

Durch dieselben Anschuldigungen und die gehässigsten Ränke versuchten es auch die Juden in Cesarea die Predigten des großen Apostels zu hintertreiben und ihn in's Verderben zu stürzen. Die Worte des Tertullus, die er vor dem römischen Landpfleger im Namen des Ananias und anderer Aeltesten des Volkes sprach, beweisen es deutlich: „Daß wir in großem Frieden leben durch dich, und daß Vieles durch deine Fürsorge verbessert wurde, das erkennen wir an immer und überall, bester Felix, mit aller Dankbarkeit. Um dich aber nicht länger hinzuhalten, so bitte ich dich in Kürze, uns anzuhören nach deiner Güte. Wir haben diesen Menschen als eine Pest erfunden, als Aufruhrstifter unter allen Juden der ganzen Welt, und als Rädelsführer der empörerischen Secte der Nazarener, der sogar versucht hat, den Tempel zu entweihen, den wir auch ergriffen haben und nach unserem Gesetze

---

*) Apostelgeschichte XVII, 13.

richten wollten. Es kam aber hiezu Lysias der Oberste, entriß ihn mit großer Gewalt unsern Händen und befahl dessen Ankläger zu dir zu kommen. Von ihm kannst du, wenn du selbst über Alles dieses ihn verhörst, erfahren, wessen wir ihn anklagen*). Hierauf konnten alle anwesenden Juden das Gesagte nicht kräftig genug betheuern, obgleich an diesen gegen den heil. Paulus erhobenen Klagen kein wahres Wort war, wovon sich der römische Landpfleger durch die Antwort des Apostels in Kürze überzeugte.

Diese Beweise, an denen zu Gunsten des Christenthums ein Ueberfluß vorhanden ist, und die zugleich die Verläumdung und Hinterlist der Juden in das klarste Licht stellen, werden noch verstärkt durch die Worte des römischen Proconsuls von Achaja**) Gallio, als die Juden den heil. Paulus vor seinen Richterstuhl führten, um als für einen Abtrünnigen von ihrem Gesetze seine Verurtheilung zu erwirken. Doch Gallio antwortete ihnen: „Wenn es irgend ein Unrecht, oder eine arge Schandthat wäre, ihr Männer, Juden, so würde ich euch anhören von Rechtswegen, da es sich aber um Worte und Namen und um euer Gesetz handelt, so möget ihr selbst zusehen, darüber will ich nicht Richter sein." Und er wies jene ab von dem Richterstuhle. (XVIII, 14—16.)

Zwar ist die schmeichelhafte Hoffnung der treulosen Synagoge auf die Wiedererhebung des jüdischen Reiches bisher noch nicht in Erfüllung gegangen, anderer Seits aber wurde diese eitle Hoffnung der Juden sehr geschwächt durch die im Schooße der Synagoge von den Anhängern Christi bewirkte Spaltung, den sie als den wahren Versöhner ansahen, an welchem alle Weissagungen der Patriarchen in Erfüllung gegangen. Von nun an betrachteten die Juden in Jesu Christo das Zerstörungsprincip für sie, und je größere Fortschritte sie das Christenthum in der Synagoge machen sahen, desto mehr wuchs in ihnen der Geist der Unduldsamkeit des Pharisäerthums und der Verfolgung gegen die christliche Lehre und ihrer Bekenner. Dem Fortschreiten dieses unduldsamen Geistes schien Kaiser Claudius Einhalt thun zu wollen durch eine

---

*) Apostelgeschichte XXIV, 2—8.
**) Apostelgeschichte Cap. XVIII.

im zweiten Jahre seines Consulates erlassene Verordnung. Sie bezog sich auf alle in den römischen Provinzen zerstreuten Juden. Er beginnt mit der Hinweisung auf die von seinen Vorfahren im Amte erwiesenen Wohlthaten, besonders in Betreff der Ausübung ihrer Religion; dann fährt er fort*): „Wir halten es ebenfalls für angemessen, daß die über den ganzen Umfang unseres Reiches zerstreuten Juden ihre Religionsgebräuche ohne die mindeste Beschränkung beibehalten, zugleich wollen wir aber, daß sie erfreuet über die Beweise unseres Wohlwollens sich friedfertiger bezeigen, und daß sie ob der Beobachtung ihrer Satzungen den Cultus anderer Völker nicht gering achten." Am Ende verordnet er die Kundmachung seines Erlasses durch die Präfekte der Städte, Colonien, Municipien Italiens und der anderen Länder, damit alle Juden davon Kenntniß nehmen und sich darnach richten könnten.

Da wir nun alle diese Thatsachen, verbunden mit der Aufzählung der Verläumdungen, Beschimpfungen, Bedrückungen und Qualen erörtert haben, welche die Christen unter dem direkten oder indirekten Einflusse des pharisäischen Principes, von welchem die Synagoge damals beherrscht wurde, zu erleiden hatten, werden wir endlich um die Urheber aller dieser Gewaltthaten fragen. Wer hat den Geist des Volkes gegen die Christen aufgehetzt? Wer waren zu jener Zeit die Verfolger? Waren es die Christen oder die Juden? Wir bitten die Vertheidiger der jüdischen Sache es uns zu sagen. Im Namen des Christenthums und der Duldsamkeit, zu der sie sich bekennen, wollen sie uns doch die Frage beantworten: auf welcher Seite war das Unrecht; auf Seite der Christen oder der Juden?

Wir wollen nun, ohne erst diese Antwort abzuwarten, unsere geschichtliche Untersuchung fortsetzen und bemerken, daß das Christenthum ungeachtet des grimmigen Hasses der Juden gegen den christlichen Namen, ungeachtet der Hindernisse, die man dem Predigen der Apostel entgegenstellte, doch überall fortwährend Fortschritte machte. Es hätten die Juden allenthalben sehen können, daß die Einsetzung des Christenthums nicht von Menschen her-

---

*) Flav. Jos., de Antiqu. Jud., Cap. 5.

rührte, sondern Gottes Werk, folglich ein unzerstörbares Werk war, wie sich Gamaliel vor dem Senate zu Jerusalem so schön darüber ausgesprochen*).

Dennoch wird die Synagoge durch den Hinblick auf diese Thatsache nicht entmuthigt und niedergeschlagen, im Gegentheile, sie verdoppelt ihre Anstrengungen, um über das Christenthum zu triumphiren. Von der Unzulänglichkeit der bisher in Anwendung gebrachten Mittel nur zu sehr überzeugt, erfindet sie in ihrer Verkehrtheit deren neue, um zu ihrem Ziele zu gelangen. Sie macht es sich zur Aufgabe, den leichtgläubigen Völkern, die gegen ihre Perfidie nicht auf der Hut sind, einen außerordentlichen Abscheu und eine tiefe Verachtung vor den heil. Gebräuchen des Christenthums, und vor den Sitten seiner Bekenner einzuflößen; denn das Leben der Christen unausstehlich machen, heißt ja auch das Bestehen ihrer Religion in Frage stellen. Man wirft ihnen daher Unsittlichkeit und schändliche Handlungen bei ihren Kirchengebräuchen und in ihrem häuslichen Leben vor. Tacitus und nach ihm Suetonius hat uns diese Anklagen in seinen Annalen**) aufbewahrt; er führt sie an, bevor er von der Hinrichtung der Christen in Rom unter dem Kaiser Nero spricht. Er zählt alle Laster auf, deren das Volk die Christen beschuldigte, und die sie jedermann so verhaßt gemacht hatten, daß Nero nichts Besseres zu thun wußte, als das Verbrechen des Brandes von Rom dieser schändlichen Secte zuzuschreiben. Wer denn sonst als die Juden hatte zum Schaden der Christen solche Verläumdungen ausstreuen können? Einer der größten Philosophen, der heilige Justinus, anfänglich von der allgemein herrschenden Meinung hingerissen, hatte endlich die Schuldlosigkeit der Christen anerkannt und sich ihnen zugewendet. Als er nach der Quelle dieser verläumderischen Gerüchte forschte, fand er sie in der Synagoge, und er machte diesen Vorwurf dem Juden Tryphon selbst, der es auch nicht wagte, das Faktum in Abrede zu stellen***). Wenn wir nun sehen, wie verschrieen die Christen in den Augen des Volkes waren,

---

*) Apostelgeschichte V, 38. 39.
**) Lib. XV, Cap. 44.
***) Dialog., X, XVII, CVIII.

wie der verhaßte und abscheuliche Nero den Einflüsterungen eines
vertrauten Juden Gehör schenkte, welche Herrschaft die Kaiserin
Poppea über ihn ausübte; ein dem Judenthume ergebenes Weib,
das nach Aussage des Josephs*) die Juden auch beschützte; nach
der Schilderung des Tacitus ein schamloses, ehebrecherisches, grau=
sames, hoffärtiges und hinterlistiges Weib, — haben wir da nicht
Recht zu sagen, daß der Untergang der Christen zu Rom von
der Synagoge vorbereitet, nach ihren Rathschlägen eingeleitet und
nach ihren Wünschen vollzogen war?

In der bürgerlichen Stellung, welche der Synagoge nach ihrer
Empörung gegen die Kaiser eingeräumt worden, sehen wir sie ver=
trieben aus ihrer zerstörten Stadt, ihres Tempels beraubt, ohne
Altäre, ohne Priesteramt. Sie lebt elend, traurig und verachtet
mitten unter den Völkern, aber noch behält sie hartnäckig ihre
Illusionen bei, und wartet noch immer auf die Ankunft eines An=
führers und eines Messias in ihrer Mitte, der ihr den Sieg über
die sie bedrückenden Völker verleihen wird. Dio Cassius erzählt
in seiner Geschichte Trajan's die entsetzlichen Schlächtereien, welche
in Egypten, in Cyrene, auf Cypern verübt wurden. „In Cyrene",
sagt er, „hatten sich die Juden, geführt von einem Fanatiker Na=
mens Andreas, empört, und ermordeten ohne Unterschied Grie=
chen und Römer. Und mit ihrer Ermordung nicht zufrieden, essen
sie ihr Fleisch; die Einen machen sich Gürtel aus ihren bluttrie=
fenden Eingeweiden, die Andern bedecken sich mit ihren Häuten.
Viele dieser besiegten Unglücklichen werden von der Mitte des Lei=
bes in Stücke gerissen und dann den wilden Thieren zur Speise
hingeworfen. Die Ueberlebenden werden gezwungen, miteinander
zu kämpfen, und auf diese Weise kommen mehr als 200,000 Men=
schen durch das Schwert und die Wuth der Juden um. In Egyp=
ten richten sie ein gleiches Blutbad an. Dasselbe Morden wieder=
holte sich an den Bewohnern Cyperns, zur Zeit der Judenempö=
rung unter Artemio's Anführung; sie ermordeten bei 240,000
Griechen. In Folge dieser grauenvollen Scenen verbietet ein stren=
ges Gesetz einem Juden das Betreten der Insel."

---

*) Lib. XX, Cap. 7. 9.

Eusebius und Nicephorus*) verbinden mit diesen Thatsachen einige bemerkenswerthe Nebenumstände, aus denen die aufrührerischen und feindlichen Anordnungen der Synagoge gegen die fremden Völker ohne Mühe ersichtlich sind. Sie gehen aus der thörichten und eiteln Erwartung des Messias hervor. Keiner der angeführten Schriftsteller gibt andere Ursachen an, welche Veranlassung oder Vorwand zu allen diesen Abscheulichkeiten hätten geben können. Die drei Betrüger Andreas, Artemio und Lucua nahmen die Benennung von Anführer oder König an, als sie ihre Glaubensgenossen zu diesen Metzeleien aufreizen wollten, weil die Letzteren im Voraus überzeugt waren, es sei nun die Zeit gekommen, wo sie zur Herrschaft über alle Völker gelangen würden. Allein aus Allem bisher Gesagten, so wie aus dem noch zu Sagenden, kann man in Verwunderung über so arge Niederträchtigkeit den Schluß ziehen, daß die Juden den Christen Verbrechen vorwarfen, die sie selbst bei jeder Gelegenheit gegen die Völker, in deren Mitte sie lebten, zu begehen bereit waren. Der Verfasser der sogenannten apostolischen Constitutionen macht daher die sehr richtige Bemerkung, der Geist der Finsterniß hat sich anfänglich der abtrünnigen Synagoge bedient, um Drangsale, Verfolgungen, aufständische Bewegungen, Gotteslästerungen, Kirchenspaltungen und Ketzereien in der Welt zu erregen**). Auch konnte es nicht anders sein, denn da der Geist der Propheten von Israel gänzlich gewichen war, mußten lügnerische Erfindungen den Mangel seines Beistandes ersetzen, und diesen war der Geist der Finsterniß um so weniger fremd, als er von der Synagoge zur Unterstützung ihrer thörichten Hoffnungen und ihrer gottlosen Handlungen eigens angerufen worden. Wie sollte man nicht solchen Grausamkeiten gegenüber, die Merkmale jenes Spruches des Cherem ersehen, welcher Bannfluch und Vernichtung über alle Völker ausspricht, die dem Triumphe der Juden hinderlich sind, zur Zeit, wenn aus ihrer Mitte Einer aufstehe, mit den Kennzeichen des Messias, um Israel wieder aufzurichten wie früher und ihm die Oberherrschaft über alle Reiche der Erde zu verschaffen? Diesen

---

*) Hist. eccles., lib. IV, c. 2.
**) Constit. Apost., lib. VI, c. 5–7.

Spruch nahm sich die Synagoge auch zu erfüllen vor. Wird das Gesagte nicht auch noch durch den Vertilgungstrieg bestätiget, welchen der Kaiser Hadrian mit den Juden führte? Sind die, welche ihn hervorgerufen, nicht selbst unverwerfliche Zeugen jenes fortwährenden und tödtlichen Hasses, den das Judenthum der christlichen Kirche geschworen hatte?

Wir gehen hier nicht in die politische Frage ein, um zu erfahren, in wie weit den Juden das Recht zustand, sich und ihr Land von der römischen Herrschaft zu befreien. Ohne dabei zu verweilen, werden wir sogleich gewisse Umstände untersuchen, die zu unserem Hauptzwecke hinführen, und von jüdischen Schriftstellern, so wie von den Kirchengeschichtschreibern angeführt werden. Diese stellen uns das Oberhaupt jener großen aufständischen Bewegung unter dem Namen eines neuen, von der Synagoge erwarteten Messias vor. Barcochebas, wie er genannt wurde, bedeutet nach der chaldäischen Etymologie „Sohn des Sternes". Der bekannte Rabbiner Akiba erkannte in diesem Betrüger den Messias, den Gegenstand der Wünsche Israels, bestimmt zur Befreiung der Juden aus der römischen Knechtschaft und zur Vernichtung der christlichen Religion. Aus dem letzteren Grunde gab Barcochebas ein Edikt heraus, worin er den Mord aller Christen ohne Unterschied noch Rücksicht für irgend Einen von ihnen anbefahl. Ein schöner Stoff zu Betrachtungen für die, welche es übernahmen, die Unschuld der Juden der christlichen Gesellschaft gegenüber zu vertheidigen. Wie sollte man in dem Edikte dieses Betrügers nicht den Cherem oder den im dritten Buche Moses enthaltenen Vernichtungsspruch ersehen? Diesen Spruch erdreistete sich die Synagoge mit der Anmaßung eines Rechtes auf die Christen und auf jedes andere Volk anzuwenden, wie es früher bei den Kanaaniten der Fall gewesen. Welches Unrecht hatten denn die Christen den Juden zugefügt zu einer Zeit, wo ihre Kirche noch so schwach, der Verachtung und den verschiedensten Umtrieben und Anschuldigungen ausgesetzt war? In seiner Apologie*) wirft der heil. Justinus den Juden zuerst ihre Unkenntniß der alten Schriften

---

*) Nro. 31.

vor, und sagt von ihnen zu den Heiden: „Deßhalb sehen sie uns, eben so wie euch, als Feinde und Widersacher an. Sie bezeigen es dadurch, daß sie uns ermorden und unterdrücken, so oft sie es können, wovon ihr euch leicht überzeugen könnet. Daher hatte erst kürzlich im jüdischen Kriege Barcochebas, das Haupt des Aufstandes, befohlen, alle Christen, welche Christum nicht verleugnen wollten, in den grausamsten Martern zu tödten." Man weiß aus der Erzählung des heiligen Hieronymus*), daß sich dieser Betrüger brennendes Werg in den Mund steckte, um als Feuerspeiend zu erscheinen, zum Zeichen der sich selbst ertheilten Mission. Stellt man die an dem Reiche und den Christen von Barcochebas verübten Handlungen mit den früheren des Andreas, Artemio und Lucua zusammen, welche sich ebenfalls für die Erlöser Israels ausgegeben, und unter den Völkern der außerhalb Judäa gelegenen römischen Provinzen ein so fürchterliches Blutbad angerichtet hatten, so muß man täglich mit Baronius sagen, daß sie unter diesen verschiedenen Umständen in gleicher Weise die Heiden und die Christen hinschlachteten, welche in jenen Ländern damals schon zahlreich anzutreffen waren.

In Folge solcher in den Provinzen des Reiches begangener Frevelthaten war es den Kaisern leicht geworden, einzusehen, der aufrührerische Geist bei den Juden rühre von dem Wunsche nach Herrschaft her. Dieser Wunsch wurde erzeugt von der unglücklichen und hartnäckig festgehaltenen Idee, daß sie von Gott berufen wären, die Welt als Erbtheil zu besitzen, über alle Völker zu herrschen und eine unbeschränkte Macht oder vielmehr eine Art moralischen und religiösen Zwang auszuüben. So sagen es uns Tacitus und Suetonius, wo sie von ihrer Empörung unter Vespasian sprechen. Da die Kaiser die besonderen Kennzeichen bald erkannten, welche dieses Volk von allen anderen unterschieden, und die für dasselbe ein Beweggrund der Empörung und ein Mittel zur gegenseitigen Erkennung wurden, wie die Beschneidung, das Halten des Sabbathes und das Lesen der heil. Bücher, so erließen sie verschiedene Verordnungen, um die Ausübung dieser Ge-

---
*) In Rufin., lib. XI.

bräuche zu verhindern oder wenigstens zu hemmen. Die Rabbiner selbst gestanden, daß Titus und Hadrian diese Gebräuche nur ungern duldeten, und mehrmals konnten sie nur durch Zahlung großer Summen unter dem Titel „Compensation" Verurtheilungen und strengen Strafen entgehen. Nach dem Modestinus*) duldete Antonius Pius den Gebrauch der Beschneidung nur bei den Juden. Jeder Andersgläubige, der sie angewendet hätte, wäre bestraft worden. Aus Julius Paulus ersehen wir, daß gegen die Aerzte die Todesstrafe ausgesprochen, Verbannung und Güterconfiskation aber über alle römischen Bürger verhängt wurde, welche die Beschneidung an sich selbst oder an ihren Sclaven vornehmen lassen würden. Kam es aber vor, daß Juden einen ihrer Sclaven beschneiden ließen, dann wurden sie verbannt oder manchmal sogar enthauptet**). So groß mußte die Härte des Gesetzes gegen dieses „hartnäckige Volk" sein.

Wenn wir auf den Haß der Synagoge gegen das Christenthum zurückkommen, so sehen wir bei der Schilderung des Märtyrerthums des hl. Polykarpus, welch lebhaften Antheil die Juden daran nahmen. Mitten unter der Menge von Heiden vertheilt, begehrten sie unter großem Geschrei den Tod des Heiligen, und nach seiner Verurtheilung zum Flammentode sah man sie, ihrer Gewohnheit getreu, bei der Vollbringung des Opfers mitwirken. Als sie hierauf die Verehrung sahen, welche die Christen den geweihten Ueberresten des heil. Märtyrers darbrachten, da drangen sie auf das Giftigste in den Präfekten, daß der Körper des Märtyrers nun ja nicht an einen der Gläubigen ausgeliefert werde***).

Zu jener Zeit fanden im ganzen Reiche die von der Synagoge ersonnenen und bereits besprochenen Verläumdungen vielen Glauben. Da die Betrügerei der Pharisäer unter den Völkern so viele rohe und leichtgläubige Gemüther antraf, so streute sie allenthalben diese Lügen mit Erfolg aus. Der schon mehrmals erwähnte hl. Justinus, Milito, Athenagoras, Theophilus, Apollonius, Miltiades, Apollonius, der Verfasser des von den Christen

---

*) Lib. VI, Regularum ad legem Corneliam de sicariis.
**) Lib. V, Tit. De seditiosis.
***) Lib. V, Tit. De seditiosis.

zu Lyon und Vienne an ihre Brüder in Asien geschriebenen Briefes*) und Andere haben uns erzählt, welche böse Vorurtheile durch die Verläumdungen der Juden erzeugt worden waren, und wie wenig man geneigt war, an die göttliche Sendung Jesu Christi und an die Sittenreinheit seiner Jünger zu glauben. Der Epikuräer Celsus (jener Gottlose, gegen den Origenes schrieb), ein eben so abgesagter Feind Jesu Christi und der Christen, als getreuer Schrifterklärer der Synagoge, verzeichnete in seinen Schriften nicht nur die seit langer Zeit von den Juden ausgestreuten Schmähungen, um die Geburt und das Leben des Erlösers zu entehren, sondern auch die Anschuldigungen der Gebräuche, welche die Christen bei ihren kirchlichen Versammlungen befolgten. Was die Person des Heilandes selbst betrifft, zirkulirte damals unter dem Volke ein schändlicher Brief, der von der Synagoge in Umlauf gesetzt wurde, um den Fortschritt des Christenthums zu hindern und es verhaßt zu machen. In Mitte dieser Umtriebe forderte der heil. Justinus die Juden (unter dem Namen Tryphon) zur Bekehrung auf mit den Worten: „Ich verlange von euch Folgendes: Lästert nicht den Sohn Gottes. Gebet euren Pharisäern kein so williges Gehör, daß ihr sogar mit ironischem Gelächter über den König Israels spottet, wie ihr dieß alltäglich nach den gemeinschaftlichen Gebeten thuet, und wie es euch die Häupter eurer Synagoge gelehrt haben**)".

In Bezug auf diese damals von der Synagoge verbreiteten Vorurtheile, welche endlich förmlich traditionell und unter die Lehrsätze des Talmud aufgenommen wurden, wo sie stets gegen den wahren Geist der mosaischen Gesetzgebung ankämpften, wird es nicht unnütz sein, hier einer Stelle aus einem Briefe zu erwähnen, welcher dem heil. Justinus zugeschrieben wird. Der Heilige warf darin den Juden seiner Zeit den unter ihnen vorherrschenden Gebrauch, mehrere Frauen zu besitzen, vor. Er sagte ihnen: „Sie wären darin sehr abgewichen von den Vorschriften des mosaischen Gesetzes, indem sie nach Gefallen Frauen wählten, und die Ersteren nach Gefallen wieder beseitigten." Ferner erklärt der heil.

---

*) Eusebius, Kirchengeschichte, Buch V, Cap. 2.
**) Dialog. cum Tryphone, Cap. CXLI.

Märthrer, daß die Patriarchen, welche mehrere Frauen gehabt hatten, und deren Beispiele man nachzuahmen vorgibt, deßhalb nicht der Hurerei und des Ehebruches beschuldigt werden könnten, und er fügt noch hinzu, daß es in den alten Zeiten auch nicht erlaubter als damals war, nach Willkür eine Frau zu nehmen und deren so viele zu haben, als man wollte, wie es die Juden seiner Zeit in allen Ländern thaten*).

Gehen wir zur Epoche des Kaisers Severus über. Elius Spartianus, der uns eine Geschichte von ihm geliefert, thut darin auch der Juden Erwähnung. Stets von ihrer thörichten Hoffnung auf politische Wiederherstellung beseelt, verschworen sie sich in Syrien mit den Samaritanern gegen die Herrschaft der Römer; sie verschlimmerten nur ihre Knechtschaft. Severus, welcher in der Beschneidung ein Zeichen der Empörung und des Ungehorsams sah, verhängte über Jeden, der ein Jude würde, strenge Strafen. Tertullian, ein Zeuge des elenden Zustandes, in welchen die Synagoge zu seiner Zeit versunken war, schrieb in seiner Apologetik: „Wie sehr sich die Juden verirrt haben durch ihren Hochmuth, durch ihr eitles Vertrauen, durch die profane Auslegung ihrer Glaubenslehren, das werden sie zwar nicht gestehen, aber die jetzigen Vorgänge beweisen es nur zu sehr. Zerstreut, unstät, entfernt von dem Boden und dem Himmel ihrer Heimath, irren sie ohne Oberhaupt, ohne Gott, ohne König auf der Erde herum, und es ist ihnen nicht gestattet, ein Mal das Land ihrer Ahnen flüchtig zu begrüßen und es als Wanderer zu durchziehen." Etwas später vergleicht Origenes den Zustand, in welchem er das Judenvolk sah, mit dem früheren während seines religiösen und bürgerlichen Bestehens, und bricht in die Worte aus: „Und nun sehet, in welche Schmach sie versunken sind, ohne Tempel und Altar, ohne Propheten und ohne Verbindung mit dem Himmel; zerstreut über die ganze Erde führen sie ein unstätes, mit Schande getränktes Leben." Ist es heutzutage vorurtheilsfreien Christen möglich, wenn sie ermessen, was die Synagoge nach Tertullian's und des Origines Aeußerung, und was sie auch wirklich war, diesem elenden

---

*) Epist. ad Diognet., Cap. IV.

Zustande einen anderen Grund beizumessen, als die Besorgniß und Unzufriedenheit, welche die Juden überall einflößten, wo sie sich nur zeigten? Daran war ihr Stolz auf ihre Religion, ihr unruhiger Geist und ihr Traum von einer Weltherrschaft Schuld. Wird man vernünftiger Weise die Unduldsamkeit der Christen deß= falls beschuldigen können, welche selbst von den Heiden so viel zu erdulden hatten, welche auf so viel Widerstand und Feindseligkeit stießen, die folglich außer Stande waren, den geringsten der Syna= goge nachtheiligen Einfluß auszuüben, mit der sie das Joch der Unterdrückung zugleich trugen?

Im Laufe des Jahres 256 gelangten Valerian und Gallienus zur Macht. Eusebius und Nicephorus bemerken nach dem Zeugnisse des Dionysius*), welche Freiheit nun dem christlichen Cultus gewährt wurde. Auch bewundern sie, wie sanft und willfährig sich die Kirche gegen diejenigen bezeigte, welche zu ihr hielten, so zwar, daß ihre Bekenner offen und frei den kaiserlichen Palast besuchten, der eher einem Versammlungsorte von Christen, als von Höf= lingen glich. Das dauerte bis zu der Zeit, wo es einem falschen Propheten, das heißt, einem Betrüger, dem Haupt der Synagoge von Alexandrien, durch eine Unzahl von Ränken und Kniffen aller Art gelungen war, sich des Geistes Valerians zu bemächtigen und seine Gesinnungen in Betreff der Christen dergestalt umzuwan= deln, daß er einer der wüthendsten Feinde und einer der eifrigsten Verfolger der Kirche wurde. Wenn man will, so suche man einen anderen Grund für die Leiden, welche dann die Christen zu er= dulden hatten. Man nenne uns ihre Fehler, oder vielmehr ihre Verbrechen, welche die Todesstrafen rechtfertigen könnten, mit denen sie heimgesucht wurden!

Der Anfang des vierten Jahrhunderts schien der Kirche eine viel länger andauernde Aera der Ruhe und des Friedens zu ver= sprechen. Durch ihre Heiligkeit, ihr Wissen und ihren Glaubens= eifer hervorragende Männer widmeten ihre Anstrengungen der Ver= breitung des Evangeliums. Da schleuderte der Erzfeind alles Gu= ten einerseits die Brandfakel der Zwietracht unter die Gläu=

---

*) Euseb., Hist. Eccles., l. VII, c. 9. Niceph., l. VI, c. 70.

bigen und andererseits die Gunst der Machthaber wieder er=
ringend, bewog er in Kürze die Kaiser zur Erneuerung der alten
Verordnungen, um die Kirchen niederreißen zu lassen und mit Ver=
bannung, Gütereinziehung, Folter und Tod gegen Christi Beken=
ner zu wüthen. Obschon Eusebius dießmals den Juden keine Mit=
wirkung an den neuen Proscriptionsmaßregeln gegen die Christen
zuschreibt, so hat man jedoch hinlänglich Grund anzunehmen, daß
sie durch ihre gewöhnlichen Mittel dazu beigetragen haben. Es
war dieß die Veröffentlichung von Schmähschriften, wodurch die
Geburt und der Lebenslauf des Erlösers, so wie die religiösen
Gebräuche seiner Anhänger der Schmach und Verachtung preis=
gegeben wurden. Eines dieser Bücher, von dem, als einem Werke
der Synagoge wir schon gesprochen, wurde auf kaiserlichen Befehl
in allen Provinzen verbreitet. Auf denselben Befehl mußten die
Kinder mit diesem Buche bekannt gemacht, und sein Inhalt ihrem
Gemüthe tüchtig eingeprägt werden, um ihnen schon frühzeitig einen
heftigen Abscheu vor dem Evangelium einzuflößen*). Wie hätten
sich übrigens die Heiden eine so falsche und verächtliche Vorstel=
lung von dem Leben des Erlösers machen können, wenn die Ju=
den nicht die Veranlassung dazu durch ihre feindseligen Betrüge=
reien gegeben hätten. In diesem Punkte waren sie nur zu getreu
den Traditionen der Pharisäer, ihrer Vorfahren, aus denen sie
die Verwünschung des Namens und der Lehre des Nazareners ge=
lernt hatten. In der Mitte jenes Jahrhunderts gab der hl. Märthrer
Pioricus gegen die Juden in ihrer Gegenwart das Zeugniß ab,
daß er von frühester Jugend an gewußt habe, was sie über Je=
sus Christus den Heiden vorsagten, um sie der Wahrheit ferne
zu halten und sie zur Verfolgung der Bekenner Christi aufzuhe=
tzen**). Dieß Alles zusammen genommen, mußte natürlich eini=
ges Gewicht im Geiste des Maximinus und der anderen Kaiser
haben, welche nur nach Vorwänden zur Unterdrückung der Kirche
suchten.

Nach drei Jahrhunderten voll harter Prüfungen fand endlich
die christliche Kirche in dem Oberhaupte des römischen Reiches

---
*) Surius Acta, SS., die I. Febr.
**) Euseb. Hist. eccl., l. IX, c. 3.

etwas anderes als Haß und Feindseligkeit: sie sah in ihm einen Anhänger, einen Beschützer und eifrigen Vertheidiger ihrer ewigen Wahrheit. Als die Juden sahen, welchen Weg Constantin zu wandeln entschlossen sei, wendeten sie sich an seine Mutter. Sie bewogen sie, an ihren Sohn zu schreiben, um ihm wegen seines Entschlusses, den Götzendienst zu verlassen, Lob zu spenden. Doch theilte sie ihm zugleich ihr Bedauern mit, daß er sich herbeigelassen, die Religion des Nazareners, eine in der Welt ganz neue Religion anzunehmen. Doch ließ sich Constantin hiedurch nicht irre führen. Er war von nun an fest überzeugt, daß das Christenthum die einzige wahre Religion sei, nachdem er eine zahllose Menge Christen den größten Martern preisgegeben gesehen, die deßhalb nicht minder Christi Namen mit bewunderungswürdiger und unerschütterlicher Standhaftigkeit bekannten.

In ihrer Hoffnung getäuscht und in der Meinung, eine günstigere Gelegenheit zu finden, empörten sich die Juden abermals. Constantin war gezwungen zu den Waffen zu greifen, um sie zum Gehorsam zurückzuführen. In der festen Ueberzeugung, daß sie ihren Hang zur Empörung gegen die bestehende Regierung noch immer nicht abgelegt, ließ er ihnen den Theil eines Ohres abschneiden, damit sie zerstreut im ganzen Reiche, allenthalben das Brandmal ihrer Rebellion zur Schau trügen und es ihnen minder leicht würde, sich dem Gehorsame zu entziehen und die öffentliche Ruhe und Ordnung zu stören*). In seinem Eifer für die Ehre des christlichen Namens verbot er den Juden, sich einen Christen als Sklaven zu halten. Er sagte, er könne es nicht zugeben, daß die, welche die Propheten und den Erlöser selbst getödtet hatten, jene Menschen in Erniedrigung und Knechtschaft hielten, welche der Heiland mit seinem Blute erlöste. Sank ein Christ in diesen Zustand herab, so mußte er augenblicklich wieder in Freiheit gesetzt werden und der Jude wurde strenge bestraft**).

Als der Kaiser auch die unversöhnliche Verfolgung wahrgenommen, welche sie gegen diejenigen aus ihrer Mitte ausübten,

---
*) Joan. Chrysost. Serm. II, contra Jud.
**) Euseb. lib. IV. De vita Constantini.

die den christlichen Glauben annahmen (wovon man ein Beispiel im heiligen Epiphanius*) finden kann), erließ er eine neue Verordnung, worin gesagt wurde: „Unser Wille ist, man gebe den Juden und ihren Obrigkeiten kund und zu wissen, daß wenn von dem Augenblick des Erscheinens dieser Verordnung angefangen, Einer von ihnen sich erlaubte (wie mir zur Kenntniß gekommen, daß sie thun), Frevelthaten zu begehen, welche das Leben gefährden, entweder durch das Werfen von Steinen, oder durch was immer für andere Gewaltthätigkeiten an denjenigen, welche diese verruchte Secte verlassen und sich zur Religion Gottes bekennen, der wird zugleich mit seinen Mitschuldigen zum Flammentode verurtheilt werden. Wenn irgend einer aus dem Volke Neigung für diese verbrecherische Secte faßt und ihren verdächtigen Zusammenkünften beiwohnt, wird er derselben Strafe unterliegen." Zu jener Zeit wurde die Beschneidung vor den römischen Obrigkeiten als das angesehen, was sie schon seit langer Zeit war, nicht mehr als ein religiöses Sinnbild, sondern vielmehr als eine Verbindlichkeit zur Auflehnung gegen die gesetzliche Macht.

Aber alle diese Maßregeln, welche Constantin ergriff, konnten ihre Wirkung doch nicht bis nach Persien erstrecken. Nach dem Berichte des Sozomenes**) wußten dort die Juden im Vereine mit den Magiern den König dermaßen zu berücken und der christlichen Religion feindselig zu machen, daß es ihnen gelang, die Zerstörung aller Kirchen zu bewirken, und gegen die Bekenner des Heilandes eine lange heftige Verfolgung zu erregen, in welcher 16,000 zu Grunde gingen. Und was konnten die Beschwerden der Juden gegen die Christen in diesem Lande der Ungläubigen anders sein, als das Bekennen des Evangeliums, welches sich mit reißender Schnelligkeit über alle Provinzen verbreitete? Evodius Assemani und Cassiodor***) sprechen in ihren, nach den griechischen Denkmalen verfaßten Urkunden über das Märtyrthum des heiligen Simeon, des Bischofes dieses Landes, von der Betheiligung und der rastlosen Thätigkeit der Synagoge in der Aus-

---
*) Epiph. Haeres. XXX, XII, et sequ.
**) Hist. eccl. l. II, c. 9.
***) Monolog. Graecorum t. I, p. I, p. 52. Cassiod. hist. tripart. l. III.

streuung von Verläumbungen gegen den heiligen Bischof. Diese Verläumbungen bekräftigten die Juden noch mit schändlichen Eidschwüren, um seinen martervollen Tod zu beschleunigen. Unter anderen gegen ihn ausgesprengten Lügen beschuldigte man ihn auch einer Verschwörung mit dem römischen Kaiser zum Umsturze des Thrones und der persischen Königsdynastie. Noch nicht zufrieden mit dem Erfolge dieser verbrecherischen Umtriebe, schmiedeten die Juden schon wieder ein neues Complott gegen das Leben der beiden Schwestern des heiligen Simeon. Auch dieses gelang ihnen, wie wir bald sehen werden.

Erinnern wir uns, daß die Kirche zur Zeit, von der wir sprechen, den Schmerz hatte, aus ihrem eigenen Schooße die Secte des Arianismus entstehen zu sehen. Hierüber müssen wir sogleich bemerken, daß diese verworfene und spitzfindige Secte, welche die Göttlichkeit Jesu Christi angriff, am Judenthum eine feste Stütze und thätige Leistungen fand. Die Synagoge begehrte nicht mehr als das Feuer des Arianismus anzufachen, zuerst weil sie in ihm eine gewisse Uebereinstimmung mit ihren eigenen religiösen Ansichten sah und weil sie ferner hoffte, daß die im Christenthum bewirkte Spaltung dessen Ende selbst beschleunigen werde. Besonders hatte die Kirche zu Alexandrien von den Umtrieben der Secte zu leiden und ganz besonders sah man die Juden mit den Arianern gemeinschaftliche Sache machen. Als ein Theil dieser Ketzer, Anhänger des Melecius, sich die Katholiken vom Halse schaffen wollten, halfen die Juden gewaltig durch ihre Verläumbung des heiligen Bischofs Macarius. Die Arianer beschuldigten ihn gewaltthätiger Handlungen, die er an einem Priester während der Feier der göttlichen Mysterien, am Altare sogar und an den heiligen Gefäßen begangen haben sollte. Die Juden unterstützten diese Anklagen auf das kräftigste und erhärteten sie durch ihre Eidschwüre.*) Da sich Philagrus, der Präfekt von Egypten, gleichfalls dieser Verschwörung angeschlossen hatte, so entstand hieraus eine heftige Verfolgung gegen die Katholiken und ihre Kirchen. Der heilige Athanasius, dem wir die Kenntniß dieser

---

*) S. Athanas. Apol. cont. Arianos.

Thatsachen verdanken, erließ ein Rundschreiben an die Bischöfe, in welchem er die Frevelthaten erwähnt, welche die Heiden, Juden und schlechten Christen an der rechtgläubigen Kirche begangen. Er drückt sich folgendermaßen aus: „O der Greuel! bald sah man die gottesmörderischen Juden, die Gottesleugner und die Heiden kühn in die heilige Taufkapelle eintreten: dort überließen sie sich den schändlichsten Handlungen, sie entledigten sich aller ihrer Kleider bis auf das letzte, und fingen nun an derartig unflätige Worte zu sprechen, daß die Scham uns verbietet, sie zu berühren. Einige dieser Unglücklichen, noch gottloser als die Andern, erinnerten an die Greuelscenen der Verfolgungen. Sie schleppten mit Gewalt Jungfrauen und tugendhafte Frauen mit sich und zwangen sie Christum zu lästern und zu verleugnen. Weigerten sie sich, so wurden sie wieder geschlagen und mit Füßen getreten. Nun kam der Arianer Gregorius hinzu. Er billigte Alles, was die Heiden, Juden und alle die Urheber dieser entsetzlichen Scene gethan und belohnte sie für ihren Eifer damit, daß er ihnen die Kirche zur Plünderung überließ. Sie machten sich auch unverweilt ans Werk; sie raubten, zerbrachen und verstreuten all' das Kostbarste und Verehrteste darinnen und gaben die erhabenen Mysterien unserer heiligen Religion dem Spotte und dem Gelächter preis." An einer anderen Stelle vergleicht der nämliche Heilige[*] die Ansichten der Juden und der Arianer mit einander, und fand, daß sie an Gottlosigkeit und Gewaltthätigkeit mit einander wetteiferten, wenn es sich um Bekämpfung der Katholiken handelte. Das gab ihm Veranlassung die Letzteren zum Aufgeben der Ketzerei zu ermahnen, um nicht auch in die traurige Prärogative der verstoßenen Synagoge verwickelt zu werden.

Während die Synagoge eines Theils gegen das Christenthum ankämpfte und sich dessen Vernichtung zur Aufgabe machte, ließ sie dennoch anderer Seits keine einzige Gelegenheit außer Acht, sich gegen die politische Ordnung aufzulehnen, denn stets war sie beseelt von einem und demselben Geiste der Unabhängigkeit und dem Streben nach Herrschaft. Zur Zeit als Constantius die Herr-

---

[*] Sermo III. num. 27. 28. Maurinerausgabe.

schaft über das Reich mit Gallus theilte, nämlich im Jahre 357, nach der Chronik des heiligen Hieronymus, empörten sich die Juden im Orient und massakrirten eine römische Besatzung. Da ließ sie denn Gallus, fest entschlossen, sie zur Unterwürfigkeit zurückzuführen, zu Tausenden hinschlachten, ohne selbst das zarteste Alter zu verschonen. Mehrere ihrer Städte, wie Diocesarea, Tiberias, verschiedene Flecken und Schlösser wurden den Flammen preisgegeben. Wer kann sagen, wie viele unschuldige und dem Aufstande ganz fremde Menschen durch diese unselige Empörung der Juden ihr Leben verloren?

Die höchste Gewalt geht nun auf jenen Julian über, den der Geist der Gottlosigkeit zum Apostaten und Beschützer aller jener gemacht, die seine Leidenschaft und seinen Haß gegen Christi Kreuz theilen. Obwohl er bei Beginn seiner Regierung Mäßigung des Charakters und Duldsamkeit gegen alle Glaubenslehren zur Schau trug, so sah man in ihm doch bald den Feind und Verfolger der Christen, den Beschützer der Juden und Heiden. Bei solchen Anlagen war es der Synagoge leicht, sich seiner zu bemächtigen. Bald erließ er ein Dekret, worin er verbot, den Bekennern des Evangeliums in Zukunft den Namen Christen zu geben. Sie mußten von nun an mit dem Namen Galiläer belegt werden, gleich wie ihnen die Juden den Namen Nazarener gaben, um den niederen Stand, aus welchem Jesus hervorgegangen, besser zu bezeichnen. Desselben Namens bediente sich der Philosoph Celsus aus gleichem Grunde, und folgte darin der Anleitung, welche er von einem jüdischen Lehrer erhalten hatte. „Vor allem Bösen, welches Julian der christlichen Kirche zuzufügen trachtete," sagt der heilige Gregorius von Nazianz*), „muß man die Plackereien anführen, zu denen er die Juden gegen uns aufhetzte. Der beständig unruhige Geist dieses Volkes und der glühende Haß, den es beständig gegen uns gehegt, dienten dem Julian zur Ausführung seiner hinterlistigen Anschläge." Auch Sokrates sagt, daß zu jener Zeit die Juden den Gläubigen (Christen) die größten Besorgnisse einflößten. Die Juden behandelten die Christen bei

---

*) Orat. IV. contra Julian.

jedem Zusammentreffen auf die schimpflichste Weise, sie drohten ihnen, dem Christenthum viel mehr Schaden zuzufügen, als ihnen (den Juden) einst die Römer gethan*). Der heilige Ambrosius berichtet in einem seiner Briefe an den Kaiser Theodosius auf das Genaueste über die Erbitterung der Juden, und wie sie sich, aufgehetzt und beschützt von Julian, die äußersten Gewaltthaten gegen die Christen erlaubten. Sie verbrannten die Kirchen, zwei zu Damascus, andere in Gaza, Askalon, Beyrut und vorzugsweise die reiche und berühmte Basilika zu Alexandrien.**) Und noch einmal, welcher Beweggrund trieb die Juden zu allen diesen Drohungen und Feindseligkeiten gegen die Christen an, wenn nicht die traditionelle Intoleranz ihrer Nation, und jener glühende Haß gegen Jesum Christum und seine Anbeter? Und wer sieht nicht endlich in diesen Thatsachen den neuerdings und von Zeit zu Zeit gefällten, auch stets zur Vollziehung bereiten Urtheilsspruch jenes unseligen Cherem, welcher seit der Ankunft des Erlösers auf die Vernichtung und Ausrottung des christlichen Namens hinausgeht?

Es erzählt Theodoretus***), da er von Magnus spricht, der das Werkzeug und ein eifriger Begünstiger des Arianismus, und folglich auch der Verfolger der katholischen Kirche geworden, daß er den Versuch machte, durch heftige Foltern neunzehn Priester und Diakonen zur Annahme der arianischen Lehre zu bewegen. Da er sie aber unerschütterlich in ihrem Glauben fand, ließ er sie an das Ufer des Meeres führen, wo eine Menge Heiden und Juden versammelt waren, welche ihrer Gewohnheit nach, sogleich unter heftigem Geschrei den Tod der Bekenner verlangten.

Will man aber erfahren, welche Sittenlosigkeit und Frechheit, welche religiöse Vorurtheile oder vielmehr Gotteslästerungen damals bei jenen, mitten unter Christen lebenden Juden herrschten, so ziehe man deßhalb das Zeugniß der gleichzeitigen Schriftsteller zu Rathe. Der heilige Athanasius führt als sprüchwörtlich die Betrügereien der Juden an, welche in der Regel nur solchen Wein

---

*) Socrates, Hist. eccl. l. III, c. 17.
**) S. Ambr. Epist. edit. Maur. XL.
***) Hist. eccl. lib. IV, c. 20.

verkauften, den sie früher mit Wasser vermischt hatten. Der hl. Ambrosius*) ermahnt die Christen, jeden Umgang mit den Juden zu meiden, deren Sprache allein für den Menschen eine Besudelung ist, und er schildert sie als unruhige, schamlose und verwegene Leute. Man sieht aus einem Erlasse des Kaisers Arcadius, wie weit ihre Verstellungskunst und Heuchelei ging. Wenn sie damals Schulden= oder Verbrechen halber von der Obrigkeit verfolgt wurden, dann suchten sie unter lebhaften Frömmigkeits= bezeugungen und Anrufungen Christi bei den Christen Zuflucht. Hierauf verbot der Kaiser, durch Erfahrung belehrt, ihre Aufnahme unter die Christen, bevor sie nicht der Gerechtigkeit Genüge geleistet; nachher könne man sich überzeugen, ob ihre Bekehrung wirklich oder nur scheinbar wäre.

Endlich werden wir hier, und zwar etwas umständlicher, an eine besondere Thatsache erinnern, die einen Begriff von jener Intoleranz der Juden geben wird, welche die Geduld der Christen erschöpfen, und traurige, manchmal aber erklärliche Repressalien herbeiführen mußte. Wir wollen die Denkschrift zu Rathe ziehen, welche im Jahre 388 der heilige Ambrosius dem Kaiser Theodosius überreichte. Dieser hatte Kraft des julianischen Gesetzes gegen die Brandleger, den Bischof von Castrum callinicum zum Wiederaufbau einer Synagoge und eines heidnischen Tempels verhalten wollen, welche Synagoge und Tempel von den Christen in Brand gesteckt wurden. Zugleich wird man ersehen, welcher Feuereifer, welcher Geist der Frömmigkeit und evangelischer Freiheit den hl. Ambrosius belebte, und wie er über die Juden dachte. Nach dem von dem Statthalter des Orientes an den Kaiser erstatteten Berichte, mußte der Bischof als der eigentliche Urheber zweier Feuersbrünste angesehen werden. Der hl. Ambros, welcher die bei dieser ganzen Angelegenheit im Spiele gewesenen Leidenschaften, besonders aber die Niederträchtigkeit der Juden besser erkannt hatte, sandte an den Kaiser eine Denkschrift, wo er die Gründe so gut auseinander setzte, welche die Christen bewogen hatten, so zu handeln, wie sie gethan, daß der Erlaß widerrufen wurde. Der Hei=

---

*) Serm. XI. In die Cirumcis.

lige erinnert zuerst an den Haß der Juden gegen die christliche Religion. Unterstützt und ermuthigt von den Anhängern Valentins, hatten sie schon mehrere Mönche öffentlich insultirt, welche nach ihrem Gebrauche in Procession und Psalmen singend, zur Feier der heil. Makkabäer gekommen waren. Sie versperrten ihnen sogar den Weg und verhinderten sie so bei den Ceremonien zu erscheinen. Ueber eine solche Frechheit erzürnt, ließen sich die Christen von ihrem Glaubenseifer hinreißen, und rächten sich dadurch, daß sie die Synagoge und den Tempel der Valentinianer in Brand steckten. Die Juden wendeten sich hierauf, um Genugthuung zu erhalten, an den Statthalter und dieser hatte ihnen, wie bereits bemerkt, Recht zugesprochen.

Zwar billiget der heilige Ambrosius die Handlungsweise der Christen nicht, aber er stellt dem Kaiser die ganze Bosheit der Juden vor, und welche Schmach er der Kirche anthun würde, wenn er so offen, wie durch seinen Erlaß die Synagoge in Schutz nehme. In Folge des Hasses, den sie gegen Jesum Christum und seine Bekenner hegten, verfluchten sie Christum alltäglich in dem nämlichen Raume, der die Beute der Flammen geworden, und ihren Flüchen fügten sie noch Beschimpfung der christlichen Kirchengebräuche hinzu. Er sagte, wollte er nach dem Völkerrechte urtheilen, so gebühre den Juden gar kein Schadenersatz, da sie in früheren Jahren unter Julian, dem Apostaten, viele christliche Kirchen ungestraft verbrannt hätten, ohne anderen Grund, als aus ihrer großen Abneigung gegen den christlichen Namen, und für all den durch sie angerichteten Schaden wurde keine Vergütung von ihnen verlangt. „Der Kirche wurde keine Genugthuung, sagte er, aber der Synagoge soll eine werden! Die Juden konnten die christlichen Kirchen verbrennen, und sie hatten keine Entschädigung zu zahlen, es wurde auch keine von ihnen gefordert." Ferner macht er ersichtlich, daß der Bischof nur fälschlich als Urheber des Brandes dargestellt, und daher auch ungerechter Weise als solcher verurtheilt wurde. Auch war es Verläumdung, als man den Christen nachsagte, sie hätten aus der Synagoge werthvolle Gegenstände entwendet, da sich derlei Gegenstände in der That gar nicht vorfanden, und hätten sie wirklich existirt, so hätte man die stets rege Wachsamkeit der Juden nicht täuschen können. Nach Anführung noch mehrerer schlagender Beweisgründe, gibt er dem Feuereifer, welchen ihm die christliche Wahrheit einflößt, nach, und er bricht in die Worte aus: „Wie können wir denn auf Christi Beistand rechnen, die wir für die Juden gegen Christum streiten?" — Was für Verläumdungen lassen sich nicht von Leuten erwarten, welche sogar Jesum Christum verdächtigten, und falsche Zeugen gegen ihn angestiftet? Welche Lügen werden sich die Leute nicht erlauben, welche selbst in göttlichen Dingen lügen? Wen werden sie nicht als Aufruhrstifter oder dessen Mitschuldige darstellen? Auf was werden sie nicht verfallen, wenn für sie die Möglichkeit vorhanden, eine Menge Christen in Ketten geschmiedet, zu Sclaven gemacht, in die Kerker geworfen, unter dem Schwerte des Henkers zu bluten, dem Flammentode preisgegeben oder als zu einer längern Todesqual, zu den Bergwerken verurtheilt zu sehen? Wirst du, o Kaiser, den Juden diesen Sieg über die katholische Kirche, diesen Triumph über das Christenvolk gönnen? Wirst du der jüdischen Tücke diese Freude, dem Hochmuth der Synagoge eine solche Nahrung verschaffen? Wirst du der Kirche eine solche Betrübniß verursachen?"

Der hl. Ambrosius geht noch weiter. Er weist nach, daß die Christen, welche die Synagoge zu sehr begünstigten, den Schutz Jesu Christi verloren haben. Er sagt: „Wissen wir nicht, wie es dem Maximinus ergangen, welcher wenige Tage vor seinem Auszuge in das Feld ein Edikt in Bezug auf eine in Rom eingeäscherte Synagoge erscheinen ließ, worin er sie als ein öffentliches Gebäude, und sich als ihr Beschützer erklärte. Da riefen die Christen: Dieser Mann hat nichts Gutes zu erwarten. Durch die Vertheidigung eines solchen Hauses ist er selbst ein Jude geworden. So hörten wir von ihm sprechen. Und wenn das Volk gleich Anfangs so darüber dachte, was wird es zu dem Folgenden sagen: Maximinus wurde unverweilt von den Franken, von den Sachsen, in Sizilien, in anderen Provinzen des Reiches, kurz überall, wo er Krieg führte, besiegt. Welche Gemeinschaft besteht also zwischen Religion und Hinterlist? Man muß nicht nur den Gottlosen, sondern auch die Sinnbilder der Gottlosigkeit beseitigen. Warum hätte auch der Herr sein Gericht nicht zeigen sollen an dem Wiederhersteller jener Synagoge, welche Christum verwirft? War diese nämliche Synagoge, mit Hintansetzung von Religion und Gerechtigkeit wieder neu errichtet, nicht ein Zeugniß von der Gottlosigkeit des Maximinus, und hatten sie nicht zu Christum um Gerechtigkeit und Vergeltung geschrieen? Das hieß doch recht eigentlich den Sitz der jüdischen Hinterlist auf Kosten der Kirche wieder herstellen, und so kam es, daß das von den Christen für den Dienst Christi erworbene Besitzthum Abtrünnigen diente. Füglich hätten daher die Juden über dem Eingange in ihre Synagoge folgende Worte schreiben können: Templum impietatis factum de manibus christianorum*)".

Der heilige Johannes Chrysostomus verweilt in seinen Predigten gegen die Juden ganz vorzugsweise bei ihrer Immoralität, ihrer Betrügerei und bei ihrem Hange zu Ränken, Umtrieben und Empörung. Er sagt, die Synagogen waren zu seiner Zeit Oerter der Ausschweifung, wohin sich schamlose Weiber und sittenlose Männer begaben. Er spricht von ihrer Anmaßung, für geschickte Aerzte gelten zu wollen; aber er bemerkt, ihr ärztliches Wissen war nichts als Betrug, und bestand aus Zauberformeln, Talismanen und anderen der Magie entlehnten Gebräuchen; damit hintergingen sie die Leute, ohne wirkliche Resultate zu erzielen. Auch spricht er von ihrem Reichthum. Das Ergebniß ihrer unter einander gezahlten Geldbeiträge bildete einen ansehnlichen Schatz, den ihr Patriarch in Verwahrung hatte, und dessen Zweck die Förderung der Unternehmungen dieses kecken, unverschämten, zänkischen, tollkühnen und aufrührerischen Volkes war. Ungefähr um diese Zeit schrieb der heidnische Dichter Rutilius, so weit es ihm bekannt war, über den außerordentlichen Geiz der Juden, welche, zerstreut über die ganze Erde, die Mittel fanden, alle anderen Völker zu brandschatzen, die Christen und Heiden zu ihrem Dienste zu zwingen, und unmerklich ihren ganzen Reichthum in ihre Hände zu bekommen; er schrieb:

---

*) Tempel der Gottlosigkeit von Christenhänden erbaut. S. Ambros., Epist. II. C. Epist. XL, edit Maur.

„Wäre doch Judäa nicht durch die Kriege des Pompejus und die Heere des Titus unterworfen worden! Die Pest, welche man auszurotten meinte, dehnt ihre Verwüstungen aller Orten aus und das besiegte Volk unterdrückt seine Besieger."

„Atque utinam numquam Judaea subacta fuisset
Pompeii bellis imperioque Titi!
Latius excisae pestis contagia serpunt,
Victoresque suos natio victa premit."

Der heilige Hieronymus, welcher den Charakter der Synagoge in nächster Nähe beobachten konnte, sagte: „Wenn es erlaubt ist, Menschen zu hassen und irgend ein Volk zu verabscheuen, so hasse und verabscheue ich auf das heftigste die Beschnittenen, weil die Juden bis jetzt unsern Herrn Jesum Christum in ihren teuflischen Synagogen lästern." Und der Bischof von Hippo sagt ferner: „Soll man die Ketzer der Irrthümer wegen verbannen, welche sie über die Kirche verbreiten, so soll man das mit weit größerem Rechte mit den Juden thun, welche stets und bei jeder Gelegenheit den Namen unsers Erlösers lästern und die da behaupten, daß man nichts von ihm glauben soll, als daß er todt ist."

Angesichts dieser Thatsachen und Dokumente, welche heidnische Schriftsteller und katholische Kirchenlehrer liefern, können die neueren Vertheidiger der Synagoge die Schwierigkeit ihrer sich gestellten Aufgabe ersehen. Besitzen sie dennoch den Muth, gegen solche Beweisgründe anzukämpfen, so ist das letzte Wort noch nicht gesprochen, denn wir sind mit der Auseinandersetzung unserer Gründe noch nicht zu Ende.

Im Jahre 408 erließ der Kaiser Theodosius II. eine Verordnung, die nur zeigt, wie weit der Haß der Juden gegen den Namen Jesu ging. Da sie ihre Abneigung nicht öffentlich zeigen konnten, so gaben sie dem Gegenstande ihres Hasses einen anderen Namen. Während sie also Verwünschungen über den Namen Aman ausstießen, welcher einst ein Todfeind ihres Volkes gewesen, überließen sie sich Ausbrüchen der Wuth gegen das Bild des Gekreuzigten und warfen es in die Flammen. In diesem Erlasse heißt es: „Die Statthalter der Provinzen haben den Juden das Verbrennen des heiligen Kreuzes an den Tagen zu verbieten, welche sie der Gedächtnißfeier an die Hinrichtung Aman's widmen, denn das ist ein Act der Verachtung gegen die christliche Religion, und dieser Act zeigt eine gotteslästerliche Absicht an. Sie haben in ihren Versammlungen das Zeichen unseres Glaubens nicht in Anwendung zu bringen, sondern sie sollen ihre ceremoniellen Gebräuche ohne Beschimpfung des Christenthums ausüben, und mögen fest überzeugt sein, daß sie ihre bisher erhaltenen Privilegien nur verlieren könnten, wenn sie noch ferner unerlaubte Handlungen begehen." Diese gottlosen Gebräuche, welche den intoleranten Charakter der Juden bezeugen, finden wir auch noch in den späteren Jahrhunderten in Anwendung, und verschiedene Stellen in ihren Andachtsbüchern enthalten unverholene Anspielungen darauf. Mehrmalen sagten dieß Leute aus ihrer Mitte, die sich bekehrt hatten, vor den Gerichtshöfen der Christen aus.

Der Geschichtschreiber Socrates berichtet, daß um das Jahr 415*) zu Alexandrien bei Gelegenheit einer öffentlichen Vorstellung, welche ein Tänzer am Sabbath im Theater gab, ein Streit ausbrach: „weil, sagt der Geschichtschreiber, die Juden an diesem Tage der Ruhe pflegen, nicht um die Worte des mosaischen Gesetzes zu hören, sondern um die Freuden des Theaters vollständiger zu genießen. Der Präfekt der Stadt schickte sich an, den Tumult beizulegen, aber in ihrem Hasse gegen den christlichen Namen warteten die Juden nur auf den Augenblick, um über die Christen herzufallen und sie abzuschlachten. Indessen war im Inneren des Theaters ein Edikt angeschlagen worden, und ein gewisser Hierax war hinzugetreten, um es zu lesen. Als dieß die Juden sahen, fingen sogleich eine Menge von ihnen zu schreien an, er sei nur gekommen, das Volk zum Aufstande aufzuhetzen. Auf diese, obschon falsche Beschuldigung, ließ der Präfekt den Hierax ergreifen und öffentlich mit Schlägen bestrafen. Als dies der Bischof Cyrillus erfahren, berief er die Vornehmsten der Juden zu sich und erklärte ihnen, daß, wenn sie von ihrem Lärmschlagen gegen die Christen nicht ablassen würden, sie die Verantwortlichkeit dafür tragen müßten. Diese Maßregel erbitterte die Juden

---

*) Hist. eccl., l. VII, c. 13.

nur noch mehr, so zwar, daß sie beschlossen, gleich in der folgenden Nacht die Kirche anzuzünden, was sie auch unter dem Schutze der Finsterniß thaten. Hievon benachrichtigt, eilten eine Menge Christen herbei, um das heilige Gebäude zu retten, aber gleichzeitig fielen die schon in Bereitschaft stehenden Juden über sie her und machten Alles, was auf der Straße war, nieder. Als es Tag geworden und die Christen dieses Ereigniß erfuhren, versammelten sie sich in großer Anzahl und schritten zum Angriffe auf die Synagogen. Die Juden wurden aus der Stadt gejagt, und das Volk konnte ihr Eigenthum ungestört plündern." Man wird finden, daß die Christen hierin zu weit gingen, aber wir fragen, wer waren die eigentlichen Angreifer, und auf welcher Seite war das größere Unrecht?

Ferner erinnere man sich an die Grausamkeit, welche die Juden an einem Christenkinde in der Nähe von Antiochien in Syrien verübt. Sie hatten es geschlagen und gekreuzigt. Es ist dieß eine allgemein bekannte Thatsache, auf die wir noch später zurückkommen werden. In Bezug auf diese gewohnte, als unzweifelhaft bewiesene Barbarei der Juden, macht der Kaiser Theodosius in einem Schreiben an den Präfekten Aurelianus unter Anderem die Bemerkung, daß so oft sich er und seine Vorgänger gegen die Juden gefällig zeigen wollte, sie stets nur Undank von ihnen erfuhren. Aus diesem Schreiben, welches sich ganz und gar auf die jüdische Verworfenheit bezieht, finden wir dem Gamaliel den Titel eines Ehrenpräfekten entzogen; das Verbot, die Christen von was immer für einer Sekte zu beschneiden, oder sie als Sclaven zu halten; den Befehl, die an abgelegenen Orten gelegenen Synagogen niederzureißen, wenn es ohne einen Tumult oder Aufruhr zu erregen, geschehen kann. Dieser Befehl hatte seinen Grund in der früher erwähnten Thatsache, da die einsamen und abgelegenen Orte den Juden größere Freiheit gestatteten, sich Ausbrüchen des Hasses gegen das Christenthum zu überlassen.

Baronius hat in seinen Annalen ein Schreiben des Bischofs Severus von Minorka, einer der balearischen Inseln, datirt vom Jahre 418, veröffentlicht. Aus diesem Schreiben ersieht man die elende Lage der Christen in Mitte der Juden, welche in großer

Anzahl auf dieser Insel wohnten. Tagtäglich hatten sie an ihrer Religion, oder an ihrem Eigenthum von diesen Feinden Christi etwas zu leiden. Einst, als ein Streit zwischen den Juden und den Christen dem Ausbruche nahe war, kam in diesem Augenblicke ein Priester an, welcher von Jerusalem zurückkam, und die Reliquien vom heiligen Märtyrer Stephan mit sich brachte. Hier will nun Severus, welcher das Faktum erzählt, den durch den heil. Märtyrer erhaltenen himmlischen Schutz besonders hervorheben, und erzählt, daß sich die Christen, während sie den heil. Stephan um Hülfe und Beistand anriefen, zum Handgemenge mit den Juden bereit machten, mit dem festen Vorsatze jedoch, nur ihr eigenes Leben zu vertheidigen, nicht aber ihren Gegnern es zu nehmen. So geschah es auch in der That, und viele Juden öffneten die Augen dem Lichte des Evangeliums. Durch die demüthige Unterwerfung des störrigen Judengeistes unter die heil. Milde des Christenthums verschafften sie dem wahren Glauben einen jener Triumphe, nach welchen er über Alles strebt. Zeugen dieses Sieges, legten eine Anzahl Christen, entflammt von einem mehr glühenden, als lobenswerthen Eifer, Feuer an die Synagoge, in der Hoffnung, die noch übrigen Juden zur Reue und Bekehrung zu bewegen, und sie in Zukunft zu verhindern, wie bisher den Frieden der Kirche zu stören. Dieses Beispiel fand Nachahmung bei den Christen anderer Provinzen, welche sich ebenfalls günstige Resultate davon versprachen. Die Kaiser glaubten diesen Mißbräuchen ein Ende machen zu müssen, und erließen verschiedene Verordnungen, welche jeden Akt der Gewaltthätigkeit verboten, als der Lehre Jesu Christi unwürdig, welche von den Menschen nur freiwillige Opfer verlangt, und sie nicht wider ihren Willen zum Glauben zwingt. Wenn die christlichen Obrigkeiten zuweilen in Folge besonderer und drängender Umstände die Ausübung der jüdischen Religion sogar gänzlich untersagten, dann geschah es nur dann, wann die Juden, hingerissen durch traditionelle, auch der politischen Ordnung gefährliche Vorurtheile, hie und da Aufstände anzuzetteln versucht hatten, wie wir es bisher schon erzählt, und es uns die Geschichte noch ferner zeigen wird.

Die folgende Thatsache kann eine Vorstellung von den Illusionen geben, in denen die damalige Synagoge lebte, und von ihren Hoffnungen auf die Ankunft des Messias und die Rückkehr der Juden nach Jerusalem. Man findet darin zugleich ein schönes Beispiel der Milde, welche die Christen an den Juden ausübten, trotz der Bemühungen der Letzteren, ihnen zu schaden. Ein Jude von Creta, den uns der Geschichtschreiber Socrates als Fanatiker schildert, gab sich für Moses, den Abgesandten Gottes, zur Rettung Israels aus. Er durchzog in einem Jahre die ganze Insel, überredete alle seine Glaubensgenossen ihm zu folgen, und versprach ihnen, sie über das Meer zur Eroberung Judäa's zu führen. An dem bestimmten Tage verlassen die Juden, welche Vertrauen in seine Worte gesetzt hatten, all' ihr Besitzthum, nehmen ihre Weiber und Kinder mit sich, und folgen ihm bis zu einem Vorgebirge, wo er ihnen befiehlt, sich in das Meer zu stürzen. Die Ersten gehorchen dem Befehle des Betrügers, stürzen sich sogleich hinab, und eine beträchtliche Anzahl von ihnen finden den Tod durch Ertrinken, oder durch Zerschellung an den Klippen. Es wären jedoch noch viel mehr zu Grunde gegangen, wenn nicht Fischer und christliche Kaufleute, die sich gerade in der Nähe befanden, herbeigeeilt wären, und die Einen aus den Wellen gerettet, und die Andern abgehalten hätten, sich gleich den Ersten einem sicheren Tode auszusetzen. In der festen Ueberzeugung, von diesem Betrüger, der sich bei Zeiten auf die Flucht begeben hatte, schändlich hintergangen worden zu sein, gaben Viele dieser armen Betrogenen die vergebliche Hoffnung auf das dereinstige Kommen eines Messias auf und traten zum Christenthum über.

Der Verfasser der Annalen der Könige von Persien, Wilhelm Schickard, spricht von einem Aufstande, welchen die in diesem Reiche wohnenden Juden im fünften Jahrhundert erregten. „Ein Fanatiker aus diesem Volke, sagt er, gab vor, ihm sei der göttliche Beistand zu Theil geworden, und er sei der zur Rettung des hebräischen Volkes von Gott gesendete Messias. Er gewann bald eine solche Gewalt über die Gemüther seiner Glaubensgenossen, daß sie endlich dem rechtmäßigen Herrscher Firouz allen Gehorsam verweigerten. Stark durch ihre Anzahl und ihren Fanatismus, erhielten sie eine Zeit lang die ganze Monarchie in

Verwirrung und Aufregung, und suchten auch die andern Unterthanen zur Empörung zu bewegen. Allein am Ende wurde der rebellische Fanatiker besiegt, alle seine Anhänger zerstreuten sich und der übrige Theil des Volkes wurde einer harten Knechtschaft unterworfen."

Welches Recht, wohl erwogen, konnten sich aber die Juden über das Königreich Persien anmaßen, wo sie nach ihrer Verbannung aus Judäa gastfreundliche Aufnahme und eine Freistätte gefunden hatten? Was ist daraus Anderes zu ersehen, als jene Perfidie, welche sie beherrschte, und sie antrieb Allem zu schaden, was ihnen fremd war? Trotz der augenfälligen Ungerechtigkeit, deren sich die Anhänger der Synagoge durch diese Empörung schuldig machten, haben sie doch die Erinnerung in den Jahrbüchern ihrer Geschichte verzeichnet und aufbewahrt, und nur mit der größten Ehrfurcht sprechen sie von dem Betrüger, als von einem großen Fürsten und einem außerordentlichen Mann. Ein neuer Beweis von dem aufrührerischen Geiste, welcher die Synagoge belebt.

Sechstes Jahrhundert.

Da sich der feindselige Geist gegen den christlichen Namen und die kirchliche Hierarchie im Schooße der Synagoge vom Vater auf den Sohn fort pflanzte, so fanden die Juden allenthalben, wo sie lebten, stets eine Gelegenheit, um die christliche Religion anzugreifen und zu beschimpfen. Dadurch waren die Kirche und die Fürsten gezwungen, dieses unglückselige Volk besonders strenge zu überwachen. Im Anfange des sechsten Jahrhunderts ertheilte Theodorich auf ein Ansuchen der Juden zu Genua um Erlaubniß zur Ausbesserung ihrer Synagoge seine Zustimmung, bezeichnete aber zugleich durch seinen Bescheid ihre damaligen Pläne und Ansprüche. „Wisset jedoch, sagte er ihnen*), daß ihr noch immer der Strenge der alten Gesetze unterworfen seid, wenn ihr euch nicht enthaltet zu thun, was euch verboten ist. Zwar gewähren wir euch eure Bitte, aber es ist unsere Pflicht,

---

*) Cassiod. Epist., lib. II, Ep. 27.

die Wünsche irregeleiteter Menschen zu vereiteln und zu tadeln."
In der Chronik von Mailand finden wir noch einen zweiten Erlaß Theodorichs, welcher den Juden dieser Stadt einschärft, sich durch ihre Kleidung und gewisse andere äußere Abzeichen von den Christen zu unterscheiden, woraus hervorgeht, daß ihr Benehmen etwas Verdächtiges und Tadelnswerthes an sich haben mußte*).

Baronius, der im Jahr 508 die Thaten des heil. Cesarius, des Bischofs von Arles, erzählt, gibt uns einen Begriff von dem, was sich die jüdische Hinterlist zum Schaden des heil. Bischofes und seiner bischöflichen Stadt erlauben konnte. Als die Franken und Burgunder diese von den Gothen besetzte Stadt belagerten, geschah es, daß ein junger Geistlicher die Stadt verlassen wollte, indem er sich von den Mauern an einem Stricke hinabließ. Die Gothen bemerkten es und hielten ihn an. Hierauf erregten die Ketzer, und besonders die Juden, einen großen Tumult. Sie schrieen, der Bischof habe diesen Geistlichen heimlich in das Lager der Feinde abgeschickt, um ihnen zur Einnahme der Stadt zu verhelfen, und ohne dem Bischofe Zeit zu lassen, seine Unschuld zu erweisen, reißen sie ihn gewaltsam aus seiner Kirche heraus und werfen ihn in einen finsteren Kerker, in welchem er sein Verdammungsurtheil erwarten sollte. Während sich dieses zutrug, und die Juden auf die Mittel sannen, den Bischof, als des Verrathes schuldig, zu verderben, band Einer der ihrigen, der als Schildwache auf der Mauer stand, einen Brief an einen Stein und warf ihn so weit er konnte von der Stadt weg, überzeugt, daß er bis in das feindliche Lager fliegen werde. In diesem Briefe sagte er, welchem Glauben er angehöre, und ertheilte den Feinden den Rath, in der Nacht sich an jenem Theile der Stadtmauer einzufinden, dessen Bewachung den Juden anvertraut wäre. Für diesen dem Feinde erwiesenen Dienst wurde zur Bedingung gemacht, daß das Leben und das Eigenthum aller Juden geschont werden sollte. Am frühen Morgen fanden einige Gothen, welche sich furchtlos von den Mauern der Stadt entfernten, den Brief,

---

*) Muratori, Antiquit. medii ævi, t. I, p. 894.

laſen ihn, und die ganze Stadt erfuhr nun, welches die eigent=
lichen Verräther waren.

Um das Jahr 522 war es dem Araber Dhou=Nowâs gelun=
gen, die Herrſchaft über die Himyariten in Arabien an ſich zu
reißen. Nach ſeinem Uebertritt zum Judenthum, und in der Hoff=
nung, den Gedanken der Oberherrſchaft, nach welcher die Syna=
goge raſtlos ſtrebte, zu verwirklichen, auch von tödtlichem Haſſe
gegen die Chriſten beſeelt, ließ er ſich vor Allem als Sohn des
Moſes ausrufen, und begann nun die Verfolgung der Chriſten,
welche friedlich im Lande wohnten. Ihre Kirchen wurden geplün=
dert und zerſtört, ſie ſelbſt ohne Unterſchied des Alters und Ge=
ſchlechtes ermordet. Zu gleicher Zeit unternahm er an der Spitze
eines zahlreichen Heeres die Belagerung der Stadt Nadjran, die
er bis auf den Grund zu zerſtören drohte, wenn die Bewohner
nicht ſelbſt ein Kreuz niederreißen würden, welches auf einer die
Stadt beherrſchenden Höhe errichtet war. Da ſich die Chriſten
weigerten, dieß zu thun, ſo nahm der Jude zu Lüge und Verrath
ſeine Zuflucht. Er leiſtete das durch einen Schwur bekräftigte
Verſprechen, daß er, wenn ihm der Einzug in die Stadt geſtat=
tet werde, ſich darauf beſchränken wolle, ſie zu durchziehen und zu
bewundern, und verſprach, daß er ſich dann, ohne in der Stadt Je=
manden ein Leid zuzufügen, wieder zurückziehen werde*). Da öff=
neten die Chriſten ganz treuherzig ihrem erbittertſten und hinter=
liſtigſten Feinde die Thore. Mit Hintanſetzung aller Schwüre und
Verträge ſchlachtete er in einem entſetzlichen Blutbade alle Ein=
wohner hin, welche Jeſu Chriſto getreu blieben. Er zerſtörte die
Stadt und alle kirchlichen Denkmäler, und nicht zufrieden da=
mit, eine zu leichtgläubige Bevölkerung vernichtet zu haben, reizte
er auch noch den König von Perſien zur Verfolgung der in ſei=
nen Staaten lebenden Chriſten auf.

Bei dieſer Handlungsweiſe gehorchte der Betrüger nur dem
Fanatismus ſeiner Glaubensgenoſſen, welche von der Anſicht aus=
gingen, man müſſe gegen die Chriſten ganz ſo verfahren, wie es
Moſes den Kanaanitern gethan, nämlich ſie aller Orts ausrotten.

---

*) Niceph., Hist. Eccl., lib. XVII.

Das von Gott selbst über die Abkömmlinge Chams gefällte Urtheil war durch die Autorität der Synagoge auf die Anhänger Jesu Christi übertragen worden. Angesichts so vieler Greuelscenen schrieb daher der Kaiser Justinus an Elesbaas, König von Aethiopien, um ihn zur Bekriegung dieses Tyrannen zu bewegen, welcher auch wirklich besiegt und gestürzt wurde. Aber kaum war eine kurze Zeit verflossen, so hatten sich schon die im Lande lebenden Juden mit den Heiden in's Einvernehmen gesetzt, um die Christen der umliegenden Landstriche zu beunruhigen und zu belästigen. Der Nachfolger des Elesbaas sah darin die Veranlassung zu einem neuen Kriege. Da seine Landtruppen noch von einer ansehnlichen Flotte unterstützt wurden, so trug er einen vollständigen Sieg davon, und da er über die höchste Gewalt verfügen konnte, so verlieh er sie einem christlichen Fürsten.

Alles, was die christliche Kirche in Arabien von dem unversöhnlichen Hasse der Juden zu leiden hatte, das wiederholte sich zur selben Zeit in Palästina. Dort hatten sich die Samaritaner in Vereinigung mit den Juden gegen das Kaiserreich empört*), und hatten einen gewissen Julianus, der sich Messias heißen ließ, als ihren König ausgerufen. Unter seiner Anführung erklärten sie einen wüthenden Krieg den Christen, welche friedlich das Land und die Umgebungen bewohnten. Alle ihr Hab und Gut wurde der Plünderung und den Flammen preisgegeben, und überall ihr Leben bedroht. Baronius schildert uns in seinen über diesen Zeitraum angestellten Untersuchungen alles, was die Christen damals an Person und Eigenthum zu leiden hatten. Nicht einmal die Gebeine der heil. Märtyrer wurden geachtet und verschont. Man riß sie aus ihren Schreinen heraus und verbrannte sie öffentlich zusammt den frommen Christen, welchen die Obhut über sie anvertraut war, und die man entsetzlich verstümmelte; mit einem Worte, diese Wüthenden vergaßen auch nichts, was dem heiligen Namen Jesu Christi Hohn sprechen konnte.

Ungefähr 20 Jahre später empörten sich dieselben Juden und Samaritaner, deren Haß gegen das Christenthum unbezähmbar

---

*) Cedren., an 3. Justinian, et 530. J. Christi.

war, abermals zu Cesarea in Palästina, ermordeten eine große Anzahl von Christen, steckten die Kirchen in Brand, und ermordeten sogar den Statthalter des Kaisers in seinem Prätorialpalaste, nachdem sie ihn früher aller seiner Kleidungsstücke beraubt hatten. Doch blieben alle diese Grausamkeiten und Greuelthaten nicht ungestraft. Die Wittwe des unglücklichen Statthalters schrieb an den Kaiser, und theilte ihm das Vorgefallene mit. Es wurde ein Heer nach Palästina gesendet und Adamantius, der Befehlshaber desselben, hatte nicht sobald Kenntniß erhalten von den Gewaltthaten der Juden an den Christen, so verurtheilte er einen Theil der Schuldtragenden zum Tode am Kreuze, Andere wurden enthauptet, Andere endlich wurden des Landes verwiesen und ihres Eigenthums beraubt. Gegen das Ende des nämlichen Jahrhunderts, und zur Zeit des Kaisers Mauritius, wurden die Juden Persiens, erzählt uns Theophylactus Simocatta*), welche die Partei des Varames gehalten, von Mebodes strenge darob gestraft. „Daß die Juden, setzt dieser Geschichtschreiber hinzu, zur Usurpation des Varames sehr viel beigetragen, ist nicht zu verwundern, denn zu jener Zeit waren die persischen Juden sehr reich. Nach der Zerstörung der Stadt und des Tempels hatten sie Judäa verlassen, ihre Reichthümer mit sich genommen, deren sie sich bedienten, um Aufstände zu erregen, und bei den Persern eine Sucht nach Neuerungen zu nähren, welche sie zur Empörung bewog; denn dieses Judenvolk ist ein verworfenes und treuloses Volk, welches Tumult und Ränke liebt, und gerne tyrannisch verfährt. Es ist undankbar, neidisch und eifersüchtig, und hegt gegen uns einen unnennbaren und unversöhnlichen Haß."

Im Jahre 579 erzählt Sigebert in seinen Annalen, bekehrte sich ein Jude durch die Bemühungen des heil. Avitus von Auvergne, und wurde am Ostertage getauft. In dem Augenblicke, wo der Neubekehrte in Begleitung von Gläubigen die Stadt betrat, trieb ein gegen ihn erzürnter Jude die Frechheit so weit, daß er ihm schmutziges Oel an den Kopf spritzte. Jedermann war über diesen Schimpf entrüstet, jedoch hielt man, Dank dem

---

*) Historia Mauritii, l. V, c. 7.

Einschreiten und den beschwichtigenden Worten des Bischofes an sich. Aber einige Zeit darnach hatten die Juden den Christen abermals Ursache zum Mißvergnügen gegeben, und da stürmten denn diese massenweise in die Synagoge und zerstörten sie gänzlich. So groß war der Eindruck dieses Ereignisses auf die Juden, daß sie den Bischof sie zu taufen baten, und am Pfingsttag wurden sie in den Schooß der Kirche aufgenommen.

In Folge dieser Gewaltthätigkeiten von Seite der Juden und vieler anderer Handlungen, welche sie zum Schimpf der heiligen Kirchenmysterien bei den größten Feierlichkeiten, und vorzugsweise am Ostertage ausübten, sahen sich ihrer Seits die Bischöfe gezwungen, den Juden das Durchziehen der Straßen und Wege in der Charwoche, das heißt vom grünen Donnerstag angefangen bis einschlüssig dem Ostertage zu verbieten. Die Juden hatten die Gewohnheit, besonders an jenen Tagen die Christen und ihre Religionsgebräuche zu verspotten. Zu diesem Zwecke hatten sie eine eigene Schmähschrift verfaßt, und das Herablesen derselben begleiteten sie mit den schändlichsten, und für die Mysterien der Erlösung schimpflichsten Geberden und Bewegungen.

Die Kaiser Justinus und Justinianus verboten den Juden durch besondere, und den Wünschen des Clerus entsprechende Gesetze, Christen in ihren Dienst zu nehmen, sie zu beschneiden, sie vor ihre Richterstühle zu schleppen. Sie entzogen ihnen die Macht, über die Christen Recht zu sprechen, und erklärten sie des Waffentragens und der Steuereinhebung für unfähig. Diese, nach Justinian's Ausdrucke, von der Klugheit gebotenen Maßregeln hatten zum Zwecke, die Juden jedem Aufstande ferne zu halten und sie zu schützen vor den Einflüsterungen jener Brüder, die sie dazu anreizten. „Damit sie, sagt der Kaiser, nicht gegen Gott conspiriren, und damit sie nicht die Kühnheit haben, sich gegen die Macht des Kaisers aufzulehnen*)."

Wenn die modernen Philanthropen auf alle diese Thatsachen zurückzugehen belieben, denen die Kritik nichts entgegenzusetzen hat, werden sie dann auch noch das Christenthum beschuldigen können,

---

*) Codex Justiniani, De Haereticis et Manichaeis, et alibi.

daß es gegen die Juden unbillig oder übertrieben strenge gehandelt? Werden sie noch immer behaupten können, daß die Synagoge nichts der christlichen Gesellschaft Feindliches, nichts der öffentlichen Sicherheit Gefährliches an sich habe? Auf welcher Seite war bei allen diesen Fakten das Unrecht? Wo ist die Intoleranz? Wo sind die Herausforderer? Wo ist nicht nur Härte, sondern Barbarei? Es scheint uns bei Erwägung der Verbrechen und Strafen, als müsse man die letzteren für leicht und dem sanften Geiste des Christenthums entsprechend finden, obwohl der rebellische und halsstarrige Charakter des Judenvolkes gewiß eine noch viel strengere Gesetzgebung gerechtfertigt hätte. Und dessen ungeachtet hütete sich der heil. Papst Gregor der Große, eben so treu der evangelischen Sanftmuth, als den Eingebungen der Klugheit folgend, wohl, die Juden zu unterdrücken, obschon er gegen sie jene Maßregeln ergriff, welche ihm sein Gewissen und sein Religionseifer geboten. Er verlangte von ihnen nie andere als freiwillige Opfer, und gab sich Mühe, ihnen die Wege zu bahnen, welche sie von ihrer Verirrung zurückführen könnten. Zugleich wachte er aber auch über die Ehre und Rechtfertigung der Kirche dadurch, daß er zeigte, wie viel Heimtücke, Aberglauben und Hang zum Bösen in diesem Volke liege. In einem Schreiben an den Bischof von Terracina tadelt er ihn über das Verjagen der Juden von einem Orte, wo sie sich versammelten, um ihre Ceremonien und Gebete abzuhalten. In einem zweiten Schreiben an die Bischöfe von Arles und Marseille mißbilligt er das Vorhaben, welches man in einer jeden dieser Diözesen hatte, die Juden zur Annahme des Christenthums zu zwingen. Eben so, als er erfahren hatte, daß in der Nähe von Agrigent ein Neubekehrter, unterstützt von einigen Individuen, die eben so wenig über die wahre Handlungsweise sich klar waren, als er, mittelst Errichtung des Kreuzes und Aufhängen des Muttergottesbildes eine Synagoge in eine christliche Kirche umgewandelt hatte, befahl er die Beseitigung dieser Zeichen, und die Zurückgabe der Synagoge an die Juden.

Handelte es sich aber darum, die gekränkte Ehre gegen den Stolz und den Aberglauben des Judenthums zu schützen, und an ihnen zu strafen, dann legt der heilige Oberpriester einen Eifer und eine Freisinnigkeit an den Tag, die über jeden weltlichen Tadel und Widerspruch weit erhaben sind. In einem Schreiben an Libertinus, den Statthalter von Sicilien, erinnert er ihn zuerst daran, daß ihn Gott zu dieser Stelle erhoben, um seine Sache zu vertheidigen, und dann wirft er ihm die übertriebene Duldung vor, welche er gegen einen gottlosen Juden ausübt. Dieser, der auf den Einfall gerathen war, die Gebräuche der Christen und den jüdischen Aberglauben zu verschmelzen, hatte viele Christen verführt, und mehrere aus ihnen zu seinen Sklaven gemacht. „Während man, sagt der Heilige, solche Verbrechen hätte strenge bestrafen sollen, unterließ es Justinus, vom Geize verlockt, die Gott angethane Schmach und Beleidigung zu rächen." Dann fordert er den Libertinus auf, sich eine genaue Kenntniß der Thatsachen zu verschaffen, den Schuldigen zu verfolgen und ihn zur Freilassung der Christensklaven zu zwingen*).

Im Vorbeigehen müssen wir von dem Mittel sprechen, welches der Jude zur Bestechung des Justinus gebrauchte. Dieses Mittel leistete von jeher in Verdeckung der Ränke und Missethaten der Synagoge die ersprießlichsten Dienste. In dieser Beziehung spricht sich der Diakon Johannes in dem Leben des Papstes folgendermaßen aus: „Während die jüdische Hinterlist gewöhnlich das Gold verwendete, um den Eifer der Christen zu hemmen oder zu nichte zu machen, nahm Gregor nicht nur niemal etwas von ihnen an, sondern er sah ihre Geschenke als verabscheuungswürdig an."

In seinem Schreiben an Recaredes, König der Westgothen, belobt ihn Gregor außerordentlich über all das, was er für die Verherrlichung Gottes gethan, besonders wegen der Gesetze, die er gegen die heimtückischen Umtriebe der Juden gegeben, und ob der Uneigennützigkeit, womit er das Anerbieten einer ansehnlichen Geldsumme ausschlug, welches sie ihm in der Hoffnung machten, die Richtigkeit seiner Beurtheilung dadurch irre zu leiten. Da er vor Allem dem allmächtigen Richter wohlgefällig zu sein trach-

---

*) Gregor. Epist., l. III. Ep. 38. Ed. Maur.

tete, blieb er, schrieb er ihm, lieber schuldlos und rein, als daß er sich bereicherte. Der Verfasser des Lebens des heiligen Gregor fügt noch hinzu: „Diese Traditionen unserer Vorfahren haben sich bis auf uns erhalten, und wir haben den Beweis davon vor unseren Augen. Trotz der reichen Geschenke, welche diese abergläubischen Männer anboten, konnten sie doch nie mit den Päpsten in besondere Beziehungen treten, noch irgend ein Zeichen der Achtung von ihnen erhalten."

Siebentes Jahrhundert.

Stets ihren Hoffnungen hingegeben, stets gleich thätig, Alles anzuwenden, um ihren alten Ruhm wiederherzustellen, um das Judenvolk auf den Trümmern der Reiche und Religionen, und besonders auf den Ruinen des Christenthums wieder aufzubauen, lauerte die Synagoge fortwährend auf irgend eine günstige Gelegenheit zur Empörung und zur Stillung ihres alten Hasses gegen Christus und seine Gläubigen. Im Jahre 609, erzählen Nicephorus und andere Geschichtschreiber, brach ein sehr heftiger Aufstand zu Antiochien aus. Noch einmal wollten es die Juden versuchen, die Herrschaft der Christen abzuschütteln, und da es eine von ihnen im Voraus angelegte Bewegung war, so hatten sie Anfangs die Oberhand, und eine Menge Christen kamen durchs Feuer und Schwert um. Unter ausgezeichneten Personen hatte man bei dieser Gelegenheit den Tod des Bischofs Anastasius zu beklagen. Die Juden schlangen ihm einen Strick um die Füße und schleppten ihn durch die Stadt, bis er unter Schmerzen, Schmach und Schande seinen Geist aufgab, dann wurde sein Körper den Flammen preisgegeben. Der Kaiser Phocas bestrafte diese Grausamkeiten strenge, und jagte die Juden aus der Stadt. Kein Geschichtschreiber sagt uns, daß dieser unselige Aufstand auf irgend eine Weise durch die Christen hervorgerufen worden wäre.

Ein anderes für die Kirche nicht minder beklagenswerthes Ereigniß, das auch die ganzen Heimtücke der Juden beweist, wird uns in der Geschichte des Chosroës berichtet, und auch von Zonaras*), Schickhard und Baronius bestätiget im Jahre 614. Chosroë fiel an der Spitze eines zahlreichen Heeres in Syrien ein, drang bis Jerusalem vor, machte alle Christen, die nicht nach Aegypten entflohen waren, zu Sklaven, und verkaufte sie an die Juden. Diese kauften die Christen, die man ihnen als Sklaven verkaufte, gleich Verbrechern, welche den Tod verwirkt hatten, und sie ermordeten deren 90,000 aus Haß gegen den christlichen Namen, dann zerstörten sie alle Kirchen, wobei die heiligen Gefässe ins Feuer geworfen oder mit Füßen getreten wurden. Wer erblickt in diesem Abschlachten der Christen, in diesem Zerstören ihrer Gotteshäuser nicht abermals das Ausrottungsurtheil, welches die Synagoge über die Kirche Jesu Christi, wie einst über die Amalekiter und die Kanaaniter gesprochen hatte?

Ohne Zweifel ist diesen Grausamkeiten, welche die Juden im Orient begingen, die Strenge des von Sisebut in Spanien erlassenen Dekretes zuzuschreiben. Dieses zwang alle Juden zur Taufe, bei Strafe heftiger Geißelung, Landesverweisung und Gütereinziehung, bis sie Zeichen der Reue von sich gaben.

In Frankreich wurde ein ziemlich ähnliches Gesetz vom Könige Dagobert erlassen, welcher den Geist der Unduldsamkeit wohl kannte, von dem die Juden gegen die Christen beseelt waren. Diese Gehässigkeit wurde von den Rabbinern beständig genährt, ja noch immer geschürt, doch wurde die Ausführung dieser Beschlüsse durch den Einfluß der Kirche vielfach gemildert. So verordnete das fünfte Concilium zu Paris, den Juden die Gewissensfreiheit zu lassen, verbot aber, daß man Kriegsdienste von ihnen verlange, oder daß ihnen irgend eine äußere Autorität über die Christen anvertraut werde. Was Spanien betrifft, so hob die vierte Kirchenversammlung von Toledo, welche aus 62 Bischöfen bestand, den moralischen Zwang auf, welchen der Erlaß Sisebut's den Juden auferlegt hatte. „Was die Juden anbelangt, sagt dieses Concilium im 57. Canon und den nächstfolgenden, verbietet die heilige Synode, daß man sie in Hinkunft nicht mehr mit Gewalt zum Glauben zwinge: Cui enim vult Deus miseretur, et quem

---

*) Annales Regum Syriae, t. II, p. 83.

vult indurat. Um billig und gerecht mit ihnen zu verfahren, muß man es so veranstalten, daß sie freiwillig und nicht gezwungen den Weg des Heils betreten. Denn da sich der Mensch dadurch in's Verderben gestürzt, daß er aus freiem Antriebe der Schlange gehorchte, so wird nur derjenige Mensch durch den Glauben gerettet, welcher der Eingebung der Gnade nachgibt und seine innersten Gesinnungen ändert. Daher muß man sie zur Bekehrung aus ihrem eigenen freien Antriebe auffordern, und sie nicht zwingen, der Gewalt zu weichen." Dessenungeachtet fordern die Väter des Conciliums, daß die, welche sich bereits der Kirche unterworfen, zur Einhaltung der evangelischen Lehre so viel wie möglich verhalten, und ihnen eingeschärft werde, sich der Gebräuche der Synagoge zu enthalten. Das Concilium erinnert sodann an die alte Kirchenregel über das Verhalten der Christen den Juden gegenüber, und bedroht diejenigen als Gotteslästerer mit dem Bannfluch, welche, dem Golde und den Geschenken der Juden nachgebend, diesem hinterlistigen Volke zu seinem ungerechten Vorhaben irgend welchen Beistand leisten würden. Im 65. Canon erklärt das Concilium auf die Anfrage des Königs Ferdinand, daß die Juden als Candidaten für öffentliche Unterrichte nicht zugelassen werden könnten, weil eine solche Anmaßung nur eine den Christen angethane Beleidigung ist. Es sollen daher die Richter in den Provinzen, im Einverständnisse mit den Geistlichen, die Amtsentsetzung allen Juden verkünden, welche zu einem solchen durch Einschiebung zugelassen wurden, und es nicht dulden, daß sie öffentliche Aemter bekleiden. Der dagegen Handelnde wird als Ketzer in den Bann gethan werden. Ferner verordnet das Concilium, daß sich die Juden nicht von Christen bedienen lassen, sie auch nicht als Sklaven kaufen dürfen, denn es ist ein Verbrechen, daß die Anhänger Jesu Christi denen des Antichrist dienen*).

Verlassen wir nun den Occident, und betrachten wir den Orient, wo Muhamed eine neue Lehre predigte, allen menschlichen Leidenschaften schmeichelte, und mit der Ueberredungskunst noch die Gewalt der Waffen verband, um die Welt zu erobern. Abermals

---

*) Concil. Tolet., IV, an. 633.

hofften die Juden aus diesen neuen Zwistigkeiten Nutzen zu ziehen, wie sie es von allen vorherigen gehofft hatten, und da sie in der Einbildung lebten, der Betrüger werde, nachdem er der christlichen Kirche den Krieg erklärt, die Synagoge in ihrer alten Macht und Herrlichkeit wiederherstellen, so bewegen sie sich eben so geschäftig und leidenschaftlich als je. Marracci berichtet*) folgende Aeußerung eines Juden Namens Toba über Muhamed: „Ich behaupte von ihm, er wird der Gesandte Gottes, des Schöpfers der Geister sein. Dauert mein Leben so lange wie das seinige, so werde ich ihm als Rathgeber, als Sohn dienen, und ich werde den Scharachin (Christen, Anbeter der Dreifaltigkeit) harte Qualen anthun, und ich werde sie tränken mit dem Kelche des Schreckens und der Betrübniß**)." Das war der Beistand und die Stütze, welche Muhamed bei seinem ersten Auftreten fand, und den ihm die Juden so lange gewährten, bis sie sahen, welch' geringen Werth er auf die mosaischen Gesetze legte, daß er über sie hinausging und sie mit den Ideen und Institutionen des Evangeliums vermengen wollte. Da verließen sie ihn, wurden seine Feinde und legten ihm Fallen. Kaum hatte sich Muhamed vor den jüdischen Heimtücken Caabs, eines ihrer Oberhäupter, überzeugt, so verjagte er in drei Tagen alle Juden aus dem Gebiete Medina's. Im Jahre 5 der Hedschra unternahm er es, sich die karaitischen Juden vom Halse zu schaffen. Nachdem sie 25 Tage Widerstand geleistet, waren sie genöthiget, sich dem Muhamed zu ergeben, der sie der Willkür Saad's, Sohnes Moad's, eines Juden gleich ihnen überließ. Dieser, um sich dem neuen Sectirer gefällig zu erweisen, sprach das Urtheil, daß alle Männer ermordet, und die Frauen sammt den Kindern als Sclaven verkauft werden sollten. Was ihr Hab und Gut betraf, so wurde es unter Muhameds Soldaten vertheilt, damit ihnen für die Zukunft die Mittel zur Empörung benommen wären. Muhamed heirathete später selbst eine Jüdin, die in Folge dieser Ereignisse ihn zu vergiften suchte, um das Unglück und den Tod ihrer Glaubensgenossen an ihm zu rächen. Endlich gelangte er zur Ueberzeugung,

---
*) Refut. Corani, p. IV, p. 253.
**) Abermalige Anwendung des Cherem.

daß ein Jude Namens Jazir die Einwohner Golfans zur Empörung gegen ihn aufzureizen suchte, und von diesem Augenblicke an verfolgte er dieses unglückliche Volk mit einer solchen Erbitterung, daß nach den Worten eines Geschichtschreibers*) bald kein Jude mehr in Arabien existirte. Das war gewöhnlich das Schicksal eines Volkes, welches in seinem Bestreben, ein Volk von Heiligen zu vernichten, stets die göttliche Zuchtruthe, welche seiner Niederträchtigkeit gebührte, über sich selbst herabbeschwor. Aber dießmal war noch das Eigenthümliche an der Sache, daß die Juden an Muhamed nicht jene Gesinnungen der Menschlichkeit fanden, welche der Geist des Evangeliums stets den Christen eingeflößt hatte.

Trotz des elenden Zustandes, in den sie nun versetzt waren, ließen sie doch sorgsam keine Gelegenheit außer Acht, wo sie den Christen ein Leid zufügen konnten. Im Jahre 634, wie es Theophanes in seiner Chronographia berichtet, forderten sie den Chalifen Omar auf, das christliche Kreuz von dem Oelberge und von vielen anderen Orten zu entfernen, welche die Christen der Verehrung dieses Zeichens des Heiles geweiht hatten. In seinen Annalen der Herzoge von Brabant, berichtet Franz Harée unter der Jahreszahl 653, daß Moawia, ein Sarazenenfürst, die Insel Rhodus verwüstete, und den berühmten Coloß aus Erz, welcher Apollo vorstellte, an einen Juden verkaufte. Diese ungeheure Statue, schon lange umgestürzt und zerbrochen, wurde in Stücke zerschlagen, und lieferte nun die Ladung für 900 Kameele. Man ersieht aus diesem Umstande abermals die schon damals bestehende Gewohnheit der Juden, Kriege, Aufstände und andere öffentliche Unglücksfälle zu benützen, um ihre Geldgier zum Schaden der anderen Völker zu befriedigen, wie sie es noch fortwährend thun.

Gegen den Ausgang des siebenten Jahrhunderts hatten in Spanien Kirche und Staat von dem religiösen und politischen Fanatismus der Synagoge viel zu fürchten. In der beständigen Ueberzeugung, sie würden einst noch über alle Völker erhoben, und würden das Christenthum besiegt sehen durch einen angeblichen Messias, dem Stamme Davids entsprossen, und Herr der Erde, hegten die

---

*) Celius, Aug. Curio, Historia Sarrac, lib. I.

spanischen Juden nicht den leisesten Zweifel, daß unter ihnen dieser Messias erscheinen müsse, weil sie sich für die echten Nachkommen des Stammes Juda und des Zweiges Jesse hielten. Ihre Commentare der Propheten, welche wir an einem anderen Orte zu untersuchen haben, werden zeigen, wie eingewurzelt dieser Gedanke unter ihnen war. Von ihren Lehrern in diesen Täuschungen erhalten, in ihrem Stolze durch die Hoffnung einstiger Herrschaft geschmeichelt, öffneten diese Unglücklichen ihre Augen nicht nur nicht dem Lichte des Evangeliums, sondern sie zogen diejenigen ihrer Glaubensgenossen, welche sich zu jener Zeit in ziemlich großer Anzahl hatten taufen lassen, abermals in den Irrthum hinab. Viele von diesen, in der Lehre und Moral des Christenthums unterrichtet, durch oberste Machtvollkommenheit zu den öffentlichen Aemtern, ja sogar zu Hofchargen zugelassen, blieben dessenungeachtet in ihrem Innern ihrem alten Aberglauben treu. Indem sie die Ausübung des Judenthums mit der des Christenthums vermengten, zu dem sie sich äußerlich bekannten, um die kirchlichen und weltlichen Behörden zu täuschen, bewahrten sie innerlich und in ihren heimlichen Zusammenkünften die ganze Strenge der mosaischen Gesetze und der pharisäischen Traditionen bei. Mit diesem Allem war ziemlich natürlich eine wenig moralische, der Natur zuwiderlaufende Lebensweise verbunden, welche ganz geeignet war, die Kirche und das spanische Volk zu entehren. Diese Sachlage konnte dem Monarchen und dem Episcopat nicht lange verborgen bleiben. Nach gründlicher Untersuchung der Thatsachen berief der König Egiza zu Toledo im Jahre 693 ein Concil zusammen, bei welchem sich 59 Bischöfe einfanden. Gleich bei der ersten Versammlung hielt er eine Rede, und sprach darin mit einer wahrhaft christlichen Beredtsamkeit zu den Vätern des Conciliums, denen er den Hauptzweck der Versammlung mit folgenden beredten Worten auseinandersetzte: „Den Bischöfen muß hauptsächlich daran liegen, endlich einmal der Heimtücke der Juden beiderlei Geschlechtes ein Ende zu machen. Zu diesem Zwecke muß den schon früher gegen ihre Verderbtheit erlassenen, und erst kürzlich wieder erneuerten Gesetze eine volle und scharfe Ausführung werden, es ist nothwendig, daß eine neuerliche Sanctionirung dieser Gesetze den Uebergriffen der jüdischen Bosheit Einhalt thue. Daher sei von nun an beschlossen, daß jene Juden, welche in ihrer Halsstarrigkeit verharren, vor keinem Gerichtshofe erscheinen dürfen, um was immer für ein Geschäft zu verhandeln, auch dürfen sie mit den Christen kein gemeinschaftliches Interesse haben." Nachdem er nun gewisse Vortheile für die, welche sich aufrichtig bekehren, aufgezählt, und ihnen noch weitere Auszeichnungen in Aussicht gestellt, setzt er hinzu: „Wir verordnen, daß der Gesammtbetrag des den Juden unserer Staaten auferlegten Tributes denjenigen von ihnen zur Last falle, welche auf ihrem Unglauben und auf ihrer Anhänglichkeit an die traditionellen Vorurtheile beharren. Unter anderen Punkten, die wir verordnet, ist es unser Wille, daß unter ihnen das schamlose Verbrechen der Sodomiterei gänzlich beseitigt werde. Denn das ist eine schändliche Handlungsweise, welche jedem rechtlichen Lebenswandel Hohn spricht und verdirbt, und den göttlichen Zorn des höchsten Richters herausfordert. Und da der größte Theil dieser Treulosen, welche Gott nicht, sondern nur ihrem Hochmuth gehorchen, sich durch einen Ehrgeiz auszeichnet, welcher den Thron bedroht, so soll ein jeder von ihnen, welcher den Rang und die Ehrenstelle mißbraucht, die er am Hofe erhalten, zum Untergange des Gothenlandes und seines Volkes conspirirt, oder im Inneren Spaniens Unruhen anzuzetteln sucht, für sich und seine Nachkommenschaft jede Stelle am Hofe verwirkt haben. Er sammt den Seinigen sei auf immerwährende Zeiten zum Dienen verurtheilt, sein Eigenthum wird ihm genommen, und von dem Landesfürsten nach Willkür verschenkt werden." Hierauf folgt in den Akten des Conciliums der erste Canon, welcher ungefähr dieselben Gedanken ausspricht. Allein wie billig und religiös die Anordnungen dieses Gesetzes auch waren, und obschon es der Art war, das Verhalten der Juden zu den Christen und der weltlichen Behörde glücklich zu modifiziren, so geht dennoch aus einem Erlasse des darauf folgenden Jahres 694 hervor, daß es bei den Juden im Lande eine noch größere Feindschaft als die frühere gegen Kirche und Thron, noch mehr Aufregung und Haß gegen den Namen Jesus erregt hatte. Das abermals unter dem Schutze und dem Vorsitze des nämlichen Monarchen in Toledo zusammengetretene Concilium erhielt den unumstößlichen Beweis von einer Verschwörung, welche die Juden in Spanien und ihre Glaubensgenossen in Afrika gegen die ganze Nation und die Kirche angesponnen hatten. Die Schuldigen wurden zu immerwährender Knechtschaft verurtheilt. Als nach der Eröffnung des Conciliums der König die Gründe der Zusammenberufung angeführt hatte, verordneten die Bischöfe das im 8. Canon Folgende, das wir seinem Inhalte nach anführen wollen, damit sich der Leser einen Begriff von dem damaligen Geiste der Juden mache:

„Gleich wie Recht und Billigkeit bei den Rechtgläubigen ein Anrecht auf Anerkennung und Belohnung haben, eben so muß die Verruchtheit der Ungläubigen von dem Schwerte der Gerechtigkeit strenge verfolgt werden; denn es ist billig, die Gläubigen in demselben Maße zu erheben, als ihre Widersacher erniedrigt werden, so zwar, daß die Ersteren unter dem göttlichen Schutze an Wohlfahrt beständig zunehmen, und die Anderen vor der Oberherrschaft Gottes immer mehr und mehr verschwinden. Seitdem sich nun das unglückliche Judenvolk durch seine Gottvergessenheit selbst gebrandmarkt, seitdem das Blut Christi über sein Haupt gekommen, und durch seine zahlreichen Verbrechen oftmals den Namen meineidig verdient, mußte es der Strafe gewärtig sein für die Handlungen, deren es sich schuldig gemacht. So sah man nicht allein, wie es sich nun bestrebte, Verwirrung in der Kirche herbeizuführen, sondern man sah auch, wie es sich mit frecher Kühnheit anstrengte, über das Land und das ganze Volk das größte Unglück heraufzubeschwören, das heißt, es glaubte sich auf dem Punkte der Wiederherstellung seiner Macht angelangt, und unternahm die Vertilgung aller Katholiken. So strafbare und seltsame Täuschungen mußten mit Strenge entfernt werden, und daher wurden strenge Maßregeln zur Bestrafung eines jeden, gesetzlich erwiesenen Verbrechens ergriffen. So wurden wir in dieser heiligen Synode Versammelten, während wir unser ganzes Augenmerk anderen Gegenständen zulenkten, plötzlich von einer Verschwörung in Kenntniß gesetzt, welche von der Hinterlist dieser nämlichen Menschen angesponnen worden. Nicht genug, daß sie mit Hintansetzung der gemachten Zusagen durch Ausübung ihrer traditionellen Religionsgebräuche das Kleid des Glaubens, womit die Kirche sie angethan, als sie das Wasser der heiligen Taufe über sie goß, verunreinigten, wagten sie es sogar auch, wie schon gesagt, eine Verschwörung anzustiften, um sich des Thrones zu bemächtigen. Aus ihren eigenen Geständnissen schöpfte unsere Versammlung die genaue und vollständige Kenntniß dieses strafbaren Unternehmens, und darum haben wir einstimmig beschlossen, daß sie unwiderruflichen Strafen unterworfen werden müssen. In Folge dessen, und im Auftrage unseres sehr gläubigen und sehr frommen Fürsten Egiza, — welcher, entbrannt in Eifer für den Herrn, und voll des heiligen Strebens für unsern heil. Glauben, nicht nur die dem Kreuze Jesu Christi angethane Schmach rächen will, sondern der sich nur vornimmt, den Schuldigen alle Mittel zu benehmen, die sie zum Verderben des Landes und seines Volkes anwenden könnten, — verordnen wir, daß sie ihrer gesammten Habe verlustig sein, ihre Reichthümer dem Staatsschatze abtreten sollen, und in allen Provinzen Spaniens zerstreut, Sclaven derjenigen sein und bleiben sollen, denen zu gehorchen ihnen befohlen werden wird. Und so lange sie in ihrer Verstocktheit verharren werden, sollen sie unter keiner Bedingung wieder die Freiheit erlangen können, denn sie sind einer Menge von Verbrechen überwiesen worden."

Will man noch einen anderen Beweis von dem strafbaren Unternehmen der Juden, so wird man ihn in folgender Stelle des II. Buches, Tit. V., des Codex der Westgothen finden: „Quod et temporibus nostris detectum facimus, manifestis eorum (Hebræorum) confessionibus retinetur, qui gloriam vestram conati sunt aut gladio interimere, aut mortifera veneni potione decipere." Gewiß würde man den so eben angeführten Erlaß mit Recht übertrieben strenge finden, hätten nicht ganz besondere Gründe obgewaltet, die Religion und den Thron gegen die Juden zu vertheidigen. Es handelte sich in Wirklichkeit darum, einen Feind unschädlich zu machen, der keine seinem Volke fremde Regierung leiden konnte, und jede andere Religion als die seinige und das Christenthum über Alles haßte. Endlich muß man noch den verschiedenen Verhältnissen und Um=

ständen Rechnung tragen. Die Juden waren nämlich sehr zahlreich in allen Provinzen der Monarchie, sie hingen mit aller Kraft an dem unter ihnen erblichen Gedanken, ihr Volk sei zur Ausübung einer großen Oberherrschaft auf der Welt berufen; sie waren ferner reich und hatten dadurch einen großen Einfluß auf eine Menge Menschen, denen es an Vermögen und Charakterstärke fehlte; endlich standen sie in fortwährender Verbindung mit ihren Glaubensbrüdern in Afrika und in den an das Königreich angrenzenden Provinzen. Findet sich übrigens der Zweck dieser Verbindung und dieses Einflusses nicht in den Prinzipien und Lehren, welche wir gleich Anfangs anführten, und denen das Volk einen blinden Glauben schenkte?

Achtes Jahrhundert.

Nachdem die Juden aus vielen Ländern verwiesen, in anderen unterdrückt waren, sollte man meinen, ihr Einfluß an Höfen sei ganz und gar zu Nichte geworden. Unter der allgemeinen Anklage, die Synagoge conspirire gegen die Throne, mußte diese Synagoge natürlich über ihre Absichten und Handlungen mit Aengstlichkeit wachen. In Niedrigkeit und Schmach gesunken, ein Gegenstand des Argwohns und der Verachtung, hatte sie das größte Interesse an einer Reform ihrer Lehrer und Moral, um den Völkern nicht den leisesten Grund zum Glauben an ihren Geist des Aufruhrs und der Empörung zu lassen. Aber sie schien eine Blende vor den Augen zu haben, „ut videntes non videant." Die Juden trugen vor den Regierungen Redlichkeit und demüthige Unterwürfigkeit zur Schau; sie erwiesen ihnen scheinbar große Dienste durch ihre finanziellen Operationen, und so gewannen sie nach und nach unmerklich wieder Ansehen, und durch ihre rechtzeitig angewendeten Schätze wußten sie die Höflinge und die Fürsten wieder für sich zu gewinnen.

Im Anfange des 8. Jahrhunderts saß auf dem Throne Spaniens Witiza, dessen Gesinnungen, denen seiner Vorgänger nur zu wenig entsprechend, von den Juden sogleich durchschaut und ausgebeutet wurden. Sie erhielten von ihm durch Schlauheit und

andere in Anwendung gebrachte Mittel, nicht nur ausgedehnte
Privilegien, sondern sie bewirkten sogar die Zurückberufung ihrer
verwiesenen Glaubensgenossen, welche sich bald kräftig genug fühl=
ten, um dem Gedeihen der christlichen Bevölkerung einen beträcht=
lichen Eintrag zu thun. Sie überließen sich allen Lastern, such=
ten alle katholischen Kirchengesetze unwirksam zu machen, verletzten
die christlichen Ehegesetze, entfremdeten das Volk dem Gehorsam
gegen den Papst, verfolgten sogar die Bischöfe und beschimpften sie
um jener Handlungen willen, welche sie zur Ehre des Evangeliums
und der Kirche unternahmen, Alles zum großen Aergerniß der
Gläubigen, welche beständig Zeugen dieser Schmähungen waren.
Endlich entschlossen sich die Spanier, die ihnen von diesem treu=
losen Volke angethane Schmach nicht länger zu ertragen, und
nur ihrem Glaubenseifer Gehör gebend, entthronten sie Witiza,
und dieser Judenprotektor verlor mit seiner Krone auch sein Leben.

Im Jahre 714 bestand die Bevölkerung der Stadt Toledo
in Spanien aus Arabern, Juden und Christen. Am Palmsonn=
tage, zur Zeit, als die Letzteren außerhalb der Stadt mit der Darstel=
lung des Einzugs in Jerusalem beschäftigt waren, verschlossen die
Juden, im Einverständnisse mit den Arabern, eiligst einen Theil der
Stadtthore, drangen durch die andern heraus und überfielen die Chri=
sten, welche überrascht und wehrlos, alle ohne Unterschied niedergemacht
wurden. Ihr Eigenthum wurde hierauf die Beute ihrer Mörder.

Einige Jahre später, das heißt im Jahre 723, verhieß ein
fanatischer Jude, der nur nach dem Verderben der christlichen Reli=
gion trachtete, dem Yezid den vierzigjährigen Besitz der obersten
Gewalt über die Araber, unter der Bedingung, die christlichen
Kirchen niederzureißen und die Bilder Jesu Christi und der Hei=
ligen zu vernichten. Durch diese Verheißung verführt und ge=
schmeichelt, erließ Yezid eiligst ein dem angezeigten Zwecke entspre=
chendes Dekret. Die Christen versuchten die Ausführung dessel=
ben zu verhindern, allein die Juden leisteten den Arabern ge=
waltsamen Beistand, die heiligen Bilder verschwanden theilweise
unter dem Kalke, andere wurden verbrannt, andere wurden mit
Füßen getreten und zerschlagen.

Um dieselbe Zeit dekretirte der Kaiser Leo der Isaurier, eben so umgarnt von den Schmeicheleien und Ränken dieses unseligen Volkes, gleichfalls in allen seinen Staaten die Entfernung der heiligen Bilder und bedrohte die Widersetzlichen mit strengen Strafen. Germanus, Nicetas, Theophanes und Baronius sprechen übereinstimmend von den angestrengten Bemühungen der Juden, den Kaiser Leo dahin zu vermögen, die gegen die Bilder der Heiligen dekretirten Maßregeln auch auf die Abbildungen Jesu Christi auszudehnen.

Neuntes Jahrhundert.

In seiner Geschichte der Normandie erzählt Dumoulin, daß im Jahre 802 die Juden, stets bereit die Christen zu verrathen, von denen sie aufgenommen und geduldet worden, die Stadt Bourges den Feinden überlieferten. In Folge dessen wurde sie verwüstet und verbrannt. Dasselbe Schicksal erlitt die Stadt Perigueux. Durch einen ähnlichen Verrath bemächtigen sich im Jahre 848 die Feinde der Stadt Bordeaux und steckten sie in Brand. Derselbe Beistand der Juden wurde den Mauren zu Theil, welche 852 Barcellona belagerten. Es gelang ihnen dadurch die Stadt zu überwältigen. Sie wurde hierauf der Plünderung preisgegeben, und beinahe alle in ihr wohnenden Christen wurden ermordet*).

Zu dieser Zeit machte Agobard, Bischof von Lyon, in Gemeinschaft mit mehreren seiner Amtsgenossen, dem Monarchen Vorstellungen über das Aergerniß, welches für Religion und Moral durch die Ceremonien entstehe, welche die unter den Christen lebenden Juden ausübten. Die Prälaten hoben überdieß den schändlichen und nicht zu duldenden Schacher hervor, welche die Juden sogar mit den Leibern der Christen trieben. Diese wurden plötzlich ihren Familien entrissen und den Barbaren in Afrika ausgeliefert. Man erfuhr von Männern und Weibern, welche den Ketten der Knechtschaft entronnen waren, all' die Grausamkeiten und Schändlichkeiten, welche sie von den Juden hatten erdulden müssen.

In seinen Jahrbüchern Frankreichs sagt Aimoin, bei Er-

---

*) Annales Bertiniani e scriptor. rer. gallic., t. VII, p. 65.

zählung des Todes Karls des Kahlen, daß dieser Fürst, um vom Fieber zu genesen, ein Pulver einnahm, das ihm ein jüdischer Arzt geschickt hatte, der bei ihm in großem Vertrauen stand. Allein es war Gift für ihn, das ihn nach eilf Tagen hinwegraffte. Dieses Faktum wird von Mauclerus und Calvisius ebenfalls bestätiget; der einzige Basnage glaubte es in Zweifel ziehen zu können, ohne zu bedenken, daß ein Jahrhundert früher ein Chalife durch das nämliche Heilmittel hinweggerafft worden, welches ihm ebenfalls von einem jüdischen Arzte verschrieben worden war.

Zehntes Jahrhundert.

Die folgenden Jahrhunderte zeigen uns die Synagoge, wie sie denselben Zweck verfolgt, stets von demselben Geiste beseelt, wie sie stets dem Christenthum in seiner bürgerlichen und religiösen Existenz zu schaden suchte. Die Kirchengesetze und die gleichzeitige Geschichte beweisen die Verderbtheit der jüdischen Sitten und Gebräuche, und das große Aergerniß, welches daraus für die Christen entstand, in deren Mitte den Juden zu leben gestattet war. Es ist daraus ferner all' die der christlichen Religion angethane Schmach und Schande und der Schade ersichtlich, den die Gesellschaft durch die wucherischen Verträge, durch die unbilligen Uebereinkünfte und durch den mannigfaltigen Betrug erlitten, was Alles zwar von der Moral des Evangeliums verworfen wird, aber seine volle Billigung und Rechtfertigung in den Doktrinen des Talmud findet, wie wir dieß zu Anfang des Werkes dargethan haben.

Gegen die Mitte des 10. Jahrhunderts, wurde die Stadt Sparta von einer pestartigen Krankheit heimgesucht und die Häupter derselben wendeten sich an den heiligen Nicon, mit der flehentlichen Bitte, in ihre Mitte zu kommen und Gott um das Aufhören dieser Geißel zu bitten. Der Heilige versprach zu kommen, versicherte aber zugleich, das Uebel werde sogleich aufhören, sobald man die Juden aus der Stadt ausgetrieben haben werde, und sobald sie das Land mit ihren Abscheulichkeiten und Gotteslästerungen nicht mehr verunreinigen würden. Die Vorstände der

Stadt befolgten den Rath des Heiligen, und die Vertreibung der Juden führte wirklich das Aufhören dieser Landplage herbei*).

Elftes Jahrhundert.

Im Jahre 1009 sendeten die Juden in Folge einer zu Arles abgehaltenen, unrechtmäßigen Versammlung der Geistlichkeit Briefe an den regierenden Fürsten nach Babylon, um ihn zur Zerstörung einer zu Jerusalem erbauten, und dem Erlöser geweihten Kirche zu bewegen. Zur Unterstützung dieser Rathschläge wurden die Christen in Palästina verleumdet, denn man legte ihnen zur Last, gegen den Landesfürsten zu conspiriren. Die Kirche wurde in der That gänzlich zerstört, und mit ihr zugleich eine andere Kirche in der Nähe, welche dem heil. Märtyrer Georg geweiht war. Aber einige Zeit darnach gelang es den Christen, die Beweise der Bosheit der Juden gegen sie zu entdecken, und die Christen ließen sie die Strafe dafür empfinden**).

Fünf Jahre später, im Jahr 1014 unter dem Pontifikat Benedikt VIII., ließen sich die Juden in Rom schändliche Beschimpfungen des erhabenen Zeichens unserer Erlösung zu Schulden kommen. Sie wiederholten daselbst an einem Kruzifixe alle jene Schändlichkeiten, welche ihre Vorfahren gegen Jesus Christus selbst in Wort und That ausgeübt hatten. Ein Jude zeigte sie an, und nach den gegen sie beigebrachten Beweisen wurden die Verbrecher zum Tode verurtheilt***).

Der Tod Eberhards, Bischofs von Trient, der sich im Jahr 1066 ereignete, war die Folge von der Rache der Juden, welche sein Verderben beschlossen hatten, weil der ehrwürdige Prälat von seiner Macht Gebrauch gemacht und alle Juden aus der Stadt verwies, welche durch schlechte und schändliche Handlungen für die Christen eine Ursache geistigen oder körperlichen Ruins waren †).

Gregor VII. der Heilige, betrübt über die Demüthigung,

---

*) Edmond Martène, Vie de S. Nicon, t. VI, p. 859.
**) Annales Bertiniani e scriptorum rerum gallic., t. VII, p. 68.
***) Labbe, Glaber. lib. III, cap. VIII.
†) Dionys. Sammarthani, Gallia christ., an. 1066.

worin sich die Kirche in Spanien in folgender zu großer Freiheit befand, welche der König Alfons den Juden gewährte, schrieb er an diesen Fürsten: „Gestattet nicht, daß in den von Euch beherrschten Ländern die Christen unter der Botmäßigkeit der Juden stehen, noch daß die Letzteren irgend eine Gewalt über sie ausüben. Denn wenn die Christen unter die Botmäßigkeit der Juden gestellt und gezwungen werden, diese als Richter über sie zu erkennen, heißt das nicht die Kirche Gottes unterdrücken und die Synagoge Satans erheben? Ist es nicht ein der Person Christi selbst angethaner Schimpf, wenn man den Feinden Christi wohlgefällig sein will? Hütet Euch daher, o mein Sohn, an Euerm Herrn und Schöpfer so zu handeln, wie Ihr Euere Diener nicht ungestraft an Euch handeln lassen würdet. Erinnert Euch, daß Ihr der Güte und Barmherzigkeit Christi die Ehre und den Ruhm verdanket, den Ihr vor allen Königen Spaniens genießet, u. s. f.*).

Die Annalen der Benediktiner erzählen bei Besprechung der Verworfenheit des Grafen Johann von Soissons, daß seine Mutter, von Ehrgeiz und dem Streben nach Macht angetrieben, mit Hülfe eines Juden ihren eigenen Bruder um's Leben gebracht hatte. Derlei Thatsachen, die man so häufig den Juden zur Last legte, geben einem Jeden Stoff zum ernsten Nachdenken, welcher die Geschichte dieses unseligen Volkes studieren will.

Zwölftes Jahrhundert.

Jean Brompton erzählt in seiner Chronik, daß die Juden, welche in Syracus wohnten, am Charfreitage des Jahres 1113 einen lebendigen Bock an ein Kreuz banden, um auf diese Art den Tod des Heilandes und die christlichen Religionsgebräuche zu verhöhnen. Sie wurden von einer Frau Namens Apis angeklagt und vor dem Richterstuhle des Fürsten Tancred von Sizilien dieser scheußlichen Gotteslästerung überwiesen. Die Schuldigen wurden zum Tode verurtheilt.

---

*) Baronius, an. 1080.

Uebrigens, wie man bisher gesehen, und in der Folge noch ersehen wird, waltet kein Zweifel ob, daß die Juden darauf hielten, die Erinnerung an die Todesstrafe Jesu Christi unter sich stets aufzufrischen, und auf ihre Nachkommen zu übertragen. Um ihn beständig zu verhöhnen, sah man, daß sie das heil. Abendmahl beschimpften, sich zu Wuthausbrüchen an dem Bilde des Gekreuzigten hinreißen ließen, daß sie das Leiden des Heilandes und das Hinopfern und Schlachten schuldloser Christen erneuerten, oder daß sie sich barbarische und lästerliche Spöttereien, die gehässigsten Thaten, endlich Flüche und Blasphemien erlaubten.

Sie zeigten dadurch der Welt beständig, welche tiefe Abneigung, welchen Haß sie gegen Jesus von Nazareth hegten.

Otto aus Friesland sagt, daß im Jahr 1146 die Juden in Deutschland und Frankreich verfolgt wurden, daß eine große Anzahl der ihrigen viel auszustehen hatten. Wenn man die Thatsachen bis in's Einzelne untersucht, dann wird man in Wahrheit unter diesen Unglücklichen viele Leute finden, welche ungerechter Weise angeklagt und gestraft wurden, aber eben so gewiß ist es auch, daß damals eine Menge besonderer Thatsachen den Juden mit Recht zur Last gelegt wurden, welche die Geduld der Christen mit diesem ungerechten und grausamen Volke erschöpft hatten. Die Folge wird dieses aufklären.

Will man unterdessen einen Begriff bekommen, welches Elend, und welche Schmach die Juden gegen die Mitte des zwölften Jahrhunderts auf den Christen lasten ließen, so werfe man einen Blick auf den Brief, welchen Peter, Abt von Clugny, an Ludwig VII, König von Frankreich, in dem Augenblicke schrieb, wo sich dieser Fürst zum Kriege gegen die Sarazenen rüstete. In diesem Briefe bringt Peter mit ganz apostolischem Freimuth vor den Fuß des Thrones seine Klagen und seine gerechte Einsprache gegen die Ueberschreitung der Freiheit und des Schutzes, welche den Juden zu jener Zeit und schon seit lange gewährt worden, so zwar, daß es ihnen durch lauter Wucher, Monopole und Betrügereien gelungen war, alle Schätze Frankreichs in ihren Händen zu concentriren*).

---

*) Duchêne, t. IV.

„Was wird es denn nützen, sagte er, wenn in fremden und fernen Ländern die Feinde der christlichen Hoffnung bekämpft werden, wenn bei uns und in unserer Mitte die verruchten und gotteslästerischen Juden weit strafbarer als die Sarazenen, wie sie schon gethan, Jesum Christum und seine heiligsten Mysterien ungehindert und fortwährend verfluchen, beschimpfen und mit Füßen treten können? Müssen wir die Sarazenen verabscheuen, welche doch mit uns zugeben, daß Jesus Christus von einer Jungfrau geboren wurde, aber in anderen Punkten von uns abweichen, welche Abneigung, und welchen Abscheu sollen wir dann nicht vor den Juden haben, welche in Nichts, was Christum betrifft, mit uns übereinstimmen, welche keine einzige von unseren Glaubenslehren besitzen, und welche sogar die jungfräuliche Mutterschaft, und alle Mysterien der göttlichen Menschwerdung und des Wertes der Erlösung verwerfen, lästern und in's Lächerliche ziehen?

Ich will damit ganz und gar nicht sagen, daß sie getödtet werden sollen, sondern mein Begehr gehet dahin, daß sie nach Maßgabe ihrer Niederträchtigkeit bestraft werden sollen. Und welche Strafart ist angemessener als die, welche eine Verdammung der Niederträchtigkeit und eine der christlichen Liebe ertheilte Befriedigung zugleich ist? Was kann billiger sein, als daß man ihnen alles durch Betrug Angehäufte abnimmt? Sie haben gleich Dieben geraubt und gestohlen und was noch mehr ist, gleich Dieben, welche bis auf den heutigen Tag vor jeder Strafe sicher waren. Meine Worte sind offenkundig. Denn nicht durch die einfachen Arbeiten des Ackerbaues, nicht durch regelmäßigen Dienst im Heere, nicht durch den Betrieb ehrsamer und nutzbringender Gewerbe brachten sie es dahin, daß ihre Magazine von Getreide, ihre Keller von Wein, ihre Beutel von Geld, ihre Kisten von Gold und Silber strotzten. Was häuften sie nicht Alles auf durch das, was sie durch List den Christen abnahmen, was sie verstohlener Weise und zu niedrigem Preise den Dieben abkauften, durch welche viele Gegenstände, die uns am theuersten sind, in ihre Hände geriethen. Wenn es einem Diebe gelingt, in der Nacht geweihte Rauchfässer, Kreuze, Kelche zu stehlen, so entgeht er der Verfolgung der Christen durch seine Flucht zu den Juden.

Dadurch aber, daß er unter ihnen eine für uns schlimme Sicherheit findet, bereitet er sich nicht nur zu neuen Uebelthaten vor, sondern er liefert der teuflischen Synagoge alles aus unseren Kirchen gestohlene Geweihte in die Hände.

„Und was diese geweihten, den Beschimpfungen der Juden preisgegebenen Gefässe nicht empfinden, das fühlt Jesus Christus in ihnen. Denn, wie wir es oft von unbescholtenen Männern erfahren, die Verruchtheit der Juden läßt diese heiligen Gefässe zu Zwecken verwenden, welche für uns und Jesus Christus selbst eine Schmach sind: Der Gedanke daran ist entsetzlich, und man sollte ihn gar nie aussprechen! Damit ein so strafbarer Handel zwischen den Juden und den Dieben in voller Sicherheit betrieben werden konnte, bestand noch überdies ein eben so altes als teuflisches Gesetz, das jedoch von christlichen Fürsten erlassen worden. Wenn irgend ein geweihter Gegenstand im Besitze der Juden gefunden wurde, oder wenn sie irgend einen Kirchenraub verheimlicht hatten, so war in Folge dieses Gesetzes der Eigenthümer weder zur Ausfolgung noch zur Angabe des Diebes verpflichtet, der ihm den Gegenstand verkauft hatte. Man läßt also bei dem Juden eine abscheuliche Gotteslästerung ungestraft, die man den Christen mit der entsetzlichen Strafe des Stranges büßen läßt."

Wenn wir von den Galliern nach England gehen, so werden uns die dortigen Verfasser der Chroniken eben so die Lage der Christen zeigen, welche durch die Plackereien der unter dem Schutze der Fürsten stehenden Juden eine höchst unglückliche geworden. Wir werden aus dieser Thatsache die traurigsten Ereignisse hervorgehen sehen. Walter Hermingford erzählt in seiner Chronik des Jahres 1189 die Krönung Richards I., Königs von England. Dieser Ceremonie hatten die Juden, trotz des ihnen ausdrücklich ertheilten Verbotes, beigewohnt und von diesem Augenblicke fing man an, sie hart zu behandeln. Nach seiner Erzählung hatten die Juden in York am meisten zu leiden, denn dort war es ihnen gelungen, alle Christen durch ihre wucherischen Darlehen von sich abhängig zu machen. Alles Eigenthum der Christen, sogar die Kirchengefässe waren am Ende den Juden in die Hände gerathen. Und das hatten sie alles dem besonderen Schutze der Könige zu verdanken, welche in ihren Geldnöthen zu den Schätzen der Juden ihre Zuflucht nahmen, ihnen aber erlaubten, zum Schaden und Verderben der armen und schuldlosen Christen betrügerischen Handel zu treiben.

Wilhelm von Newbridge stellt sich gleichfalls bei Gelegenheit der Krönung Richards die Frage um die Ursache der außerordentlich strengen Maßregeln gegen die Juden. Er weiß nicht, sagt er, ob sie nicht ihren Grund hatten in der Furcht vor gewissen magischen Operationen, auf welche sich die Juden damals verlegt, und auch in der gehegten Besorgniß, sie möchten sich noch immer mehr des königlichen Schatzes zum Nachtheile der Christen versichern. Gewiß ist, daß sie im damaligen Genusse dieses Schutzes, den sie übrigens schon seit langer Zeit besessen, ihre Monopole mit unumschränkter Freiheit betrieben und durch eine schändliche Verkehrtheit der Ordnung, sich von größerem Ansehen und Vortheilen umgeben sahen, als die anderen Unterthanen. Stolz auf diese Stellung hoben sie von den Christen die schwersten Tribute ein und spendeten Christo die schmählichsten Schimpfworte im reichsten Maße. Trivet erzählt noch, daß ihre Habsucht sie sogar zur Entstellung und Beschneidung der Münzen bewog. Wegen dieses Verbrechens wurden Mehrere der ihrigen von dem Jahr 1170 an gestraft, dieses Verbrechen geht aber auf eine viel frühere Zeit zurück.

Hören wir nun denselben Wilhelm, wie er uns die Folgen des Schutzes erzählt, welchen Richard den Juden gewährte: „Zu Linna, sagt er, wo viele solche Leute wohnten, und wo sie pochend auf ihre Anzahl, auf ihren unermeßlichen Reichthum und auf den Schutz, welchen sie genossen, übermüthig und grausam geworden waren, bildete sich eine Bewegung gegen sie, und zwar bei folgender Gelegenheit. Einer der ihrigen war zum Christenthum übergetreten, und nun sahen sie ihn ihm nichts als einen von den Gesetzen ihres Volkes abtrünnigen Ueberläufer. Nach seinem Blute dürstend, suchten sie nur nach einer Gelegenheit, um ihre Wuth an ihm auszulassen. Endlich bewaffneten sie sich eines Tages und fielen in dem Augenblick als er vorüber ging, über ihn her. Um der Gefahr zu entgehen, flüchtete sich der gute Neophyt in eine nahe Kirche. Doch das war kein Hinderniß für die Wuth seiner Verfolger. Sie fielen wüthend die Pforten der Kirche an, sprengten sie in Stücke, und entrissen den Neophyten seinem Asyle. In diesem Augenblicke erhob sich ein allgemeines Schreien unter den Christen, welche anwesend waren und um Hilfe riefen. Dieses Geschrei wurde bis in die Ferne vernommen. Bald erfuhr man die Ursache desselben, und man eilte bewaffnet und in der größten Aufregung zur Befreiung des bedrängten Christen herbei. Die Bewohner des Ortes welche des Königs Zorn fürchteten, handelten mit einer gewissen Zurückhaltung, aber viele junge, fremde Leute, welche in Handelsgeschäften hieher gekommen waren, gingen mit mehr Entschlossenheit zu Werke und schonten die unverschämten Feinde des Christenthums nicht im Geringsten, so zwar, daß diese den Kampf aufgaben und die Flucht ergriffen." Auf welcher Seite ist das Unrecht? Wo sind abermals die Urheber?

Doch das sind nicht die einzigen Uebel, welche dieses unselige Volk zur selben Zeitepoche der christlichen Gesellschaft zufügte. Es war fortwährend von dem Geiste des Hochmuthes und der Empörung beherrscht. Von diesem Geiste inspirirt fand sich immer noch irgend ein exaltirterer und verworfener Jude, um sich mitten unter den Völkern für den erwarteten Messias auszugeben, bestimmt, das Judenvolk über alle anderen Völker zu erheben, ihm eine gränzenlose Herrschaft zu verschaffen, und besonders aber das Reich des Christenthums zu vernichten. Im Jahre 1137 tauchte unter den Juden in Frankreich ein Betrüger auf, welcher sich den Namen Messias beilegte. Der König Ludwig das Kind, als er die Menge sah, welche dieser Betrüger um sich sammelte und die gegründete Furcht vor Aufständen, welche Jedermann empfand, ließ die Synagoge niederreißen, um alle Versammlungen zu verhindern. Bald darauf wurde der Ruhestörer und seine vorzüglichsten Mitschuldigen ergriffen und zum Tode verurtheilt*).

---

*) Christof Wagenseil, Tela ignea Satanæ, t. 1, p. 238.

Im darauf folgenden Jahre wiegelte ein anderer Fanatiker, Namens David Almuffar, die Juden Persiens gegen die Staatsgewalt auf, indem er sich gleichfalls für den Messias ausgab. Er sammelte sogar ein imposantes Heer, womit er den Marsch nach der Hauptstadt wagte. Es kostete große Mühe, diese Masse von Empörern zur Pflicht und Ordnung zurückzuführen. Es wurde ihnen dann ein schwerer Tribut auferlegt und überdies wurden sie noch gezwungen, ein Zeichen ihrer Empörung allezeit an sich zu tragen.

Zu Cordova gelang es im Jahre 1157 einem anderen Betrüger, der sich denselben Titel beilegte, die Juden Spaniens mit sich zu reißen. Ihre kühnen Pläne, welche auf nichts Geringeres, als auf den Umsturz der Staatsgewalt hinaus gingen, zogen diesen Unglücklichen strenge, aber nur zu wohl verdiente Strafe zu. Zehn Jahre nachher erneuerten sie dieselben Versuche, so zwar, daß die Christen zum Ergreifen der Waffen gezwungen waren, um diese aufständischen Bewegungen zu unterdrücken. Diese abermalige Erhebung scheint hervorgerufen worden zu sein von einem andern fanatischen Juden Arabinus, welcher ausgab, sich im Besitze eines Geheimnisses zu befinden, durch welches er außerordentliche Dinge verrichten könne. Mit dieser Angabe hinterging er seine Glaubensgenossen und eine große Anzahl Araber, welche er zur Empörung verleitete. Es bedurfte der bewaffneten Macht, um die Aufständischen zu bewältigen und obwohl ihr Anführer später zum Tode verurtheilt und hingerichtet wurde, war doch der Aberglaube seiner Anhänger so groß, daß sie behaupteten, er sei noch am Leben und wieder auferstanden.

Im Jahre 1174 zwang in Persien ein anderer Jude, welcher dieselben Absichten zur Schau trug, den König die Waffen zu ergreifen, um ähnliche Bewegungen zu unterdrücken. Es war dieses Jahrhundert noch nicht abgelaufen, als die Juden ihre Unternehmungen wieder erneuerten, so zwar, daß sie das persische Volk eine lange Zeit hindurch in Aufregung erhielten.

Alle diese Thatsachen werden nicht nur von den gleichzeitigen Schriftstellern, welche verschiedenen Völkern angehören, nicht bestritten, sondern sie werden noch bestätigt von den Häuptern der

Synagoge selbst, von denen die Einen sich darauf beschränken, das unglückliche Ende aller dieser Fanatiker und den unglücklichen Ausgang ihrer Unternehmungen zu beklagen, während die Anderen ihrem Andenken Lobreden halten und ihre Namen nur mit Verehrung nennen. Der Rabbi Maimonides, in einem an die Juden in Marseille geschriebenen Briefe, Salomon ben Sevet und andere Rabbiner sprechen ein Langes und Breites von diesen Fanatikern und von den einzelnen Thaten eines jeden von ihnen. Nun fragen wir die Lobredner der Synagoge: war es in Frankreich, in Spanien, in Persien, in Arabien eine gerechte oder eine gewaltthätige Handlung von Seite der Staatsgewalt, die kühnen Forderungen der empörten Juden zu unterdrücken? Auf welches Recht waren alle ihre in der Mitte der fremden Völker bewirkten Empörungen gegründet? Welches Recht hatten sie in Ländern, wo sie zum Nachtheile und Verderben der Gesellschaft und Religion nur geduldet wurden, nach dem Umsturze der gesetzlichen Gewalt zu streben?

Man bedenke überdieß, daß es nicht etwa die zu erduldende Unterdrückung zur Empörung reizte, sondern daß es ihr blindes und hartnäckiges Vertrauen auf den erwarteten Messias war, der sie jeden Augenblick gegen den Staat bewaffnete, was auch immer ihre Lage inmitten der Völker war. Denn in ihren Augen war es nicht nur eine gute und rechtliche Sache, sondern sogar eine fromme Handlung, sich in ihrer Messiashoffnung gegen die Staatsgewalt aufzulehnen und sie umzustürzen, es war die Folge des in ihrem Gemüthe eingewurzelten Aberglaubens, daß sie einst über die ganze Erde herrschen, und das Christenthum gänzlich ausrotten würden. Bei allen diesen verschiedenen Aufständen konnte man sehen, daß der Erfolg der Juden unter der Leitung jener Fanatiker, die sich zu ihren Anführern aufgeworfen, größer oder kleiner war, im Verhältnisse zur größeren oder geringeren Wachsamkeit und Kraft der Regierungen, gegen welche sie sich empörten. Denn oftmals, und wir haben es in der ganzen bisher durchgegangenen Geschichte deutlich gesehen, wußte man bei Zeiten die Leiden und Plagen, von denen die christlichen Völker bedroht wurden, abzuwenden, während andere Male das schon in früheren Zeiten bestandene Uebergewicht der Juden auf dem Punkte war, die schon verarmten und unterdrückten Christen in das tiefste Elend zu stürzen.

Anderer Seits bedenke man auch, daß sich die Juden nicht nur unter den christlichen Völkern und in Europa, sondern auch bei den Muselmännern Asiens gegen die rechtmäßige Staatsgewalt empörten und sich auf die nächste beste Aufforderung eines Betrügers hinreißen ließen. Die Folge davon war, daß sie von den muhammedanischen Fürsten aus allen ihren Ländern fortgejagt wurden. Im elften Jahrhundert wurden sie aus Babylon verjagt, im nächstfolgenden wurden sie aus dem ganzen Sarazenen-Reiche ausgewiesen. Victor de Cobden macht die sehr richtige Bemerkung, daß damals die Juden mitten unter den Sarazenen nach ihrem eigenen Geständnisse in dem elendesten Zustande schmachteten und der größten Verachtung preisgegeben waren. Die Ursache davon waren ihre lüsternen und hoffärtigen Leidenschaften, welche sie bewogen, die Leute, mit denen sie zu thun hatten, zu betrügen und allenthalben, wo sie in hinlänglicher Anzahl waren, die Ruhe zu stören. Um ihre Vertheidiger noch vollends zu enttäuschen, werden wir noch bemerken, daß es augenscheinlich nicht der Haß, die Selbstsucht und Unduldsamkeit der Christen war, von denen die Juden in den muhammedanischen Ländern Asiens und Afrikas zu leiden hatten, sondern einzig und allein, weil die jüdischen Heimtücke aller Orten allgemeine Verwünschung über dieses unselige Volk heraufbeschwor.

Das dreizehnte Jahrhundert liefert uns gleich dem vorhergehenden Beispiele von jener Grausamkeit, mit welcher die Juden Christenkinder ihrem Hasse gegen Jesum Christum opferten und sich ihrer zu ihrer abergläubischen Magie bedienten. Wir werden diesen Gegenstand in einem besonderen Capitel abhandeln, und hier nur noch bemerken, daß, wenn wir von der schlechten Behandlung, welche die Juden im Laufe dieses Jahrhunderts zu erdulden hatten, nur wenig sprechen, die Ursache dieser Behandlung jenen abscheulichen Verbrechen zuzuschreiben ist, deren sie sich in verschiedenen Ländern Europas schuldig gemacht, wie wir das bis zur Augenscheinlichkeit beweisen werden.

Dreizehntes Jahrhundert.

Betrachten wir nun die Jahrbücher dieses Volkes in einer anderen Beziehung, und erinnern wir uns an die Rede des Hrn. Peel, worin er des wahrhaft unmenschlichen Verfahrens Johannes des Ersten, Königs von England, gegen einen Juden von Bristol erwähnt, dem auf seinen Befehl täglich ein Backenzahn ausgerissen wurde, bis zur geleisteten Zahlung einer Summe von 10,000 Mark Silber. Die Thatsache ist unbestreitbar, so wie sich auch nicht bestreiten läßt, daß dieser grausame König, von gehässigen Rathschlägen geleitet, sich nicht bloß auf die Verfolgung der in seinen Staaten lebenden Juden und auf Gelderpressungen von ihnen beschränkte, sondern daß er seine Tyrannei auch an Christen ausübte, und vorzugsweise an Dienern Gottes. Er beraubte sie ihres Eigenthums, ließ sie sogar auf die Folter spannen, und mehrere von ihnen erlitten den Märtyrertod unter einem Fürsten, welcher nur wenig unterschieden war von jenen römischen Kaisern, die in den ersten Jahrhunderten der Kirche so viele Grausamkeiten an den Anhängern Jesu Christi übten*). Doch sollte Herr Robert Peel auch Alles das anführen, was damals die Juden gethan, welche noch thätiger und grausamer gegen die Christen als Johann der Erste waren, und nebenbei wird hier die Geschichte Herrn Robert Peel zur Rechenschaft ziehen ob eines Irrthums, welcher entweder Böswilligkeit oder bodenlose Unwissenheit verräth. Ist das Letztere der Fall, so möge er in Geduld den Sachverhalt vernehmen, wir wollen ihm selben auseinandersetzen.

Ungefähr in derselben Zeit erließ Philipp August, König von Frankreich, strenge Verordnungen gegen den Wucher und den Betrug, die sich die Juden in ihren Handelsgeschäften mit den Christen erlaubten. Da aber Philipps Anordnungen ihren Zweck nicht hinlänglich erreicht hatten, so erließ sein Nachfolger, der hl. Ludwig, neue Verordnungen und befahl vor Allem, daß die Juden beständig und aller Orten ein deutliches Abzeichen tragen sollen,

---

*) Matthieu Paris. an. 1210.

an dem sie kenntlich sind. Um sich der Ausführung seiner Verordnungen gegen den Wucher zu versichern, zwang er alle Großen seines Reiches einen Eid zu leisten, daß sie die genaue Beobachtung derselben überwachen und keine Verletzung derselben ungeahnt lassen würden. Endlich knüpfte er die Duldung der Juden im Lande an gewisse Bedingungen. Sie mußten nämlich entweder Kaufleute oder Handwerker werden, oder gleich den anderen Unterthanen ihren Lebensunterhalt mit irgend einem ehrlichen Gewerbe verdienen. Diese Anordnungen, welche Henry Sauval sehr klug und weise nennt, wurden so sehr respektirt, daß ein jeder Jude, wenn er einen wucherischen Gewinn gemacht hatte, nicht nur verhalten war, alles ungebührlich Erhaltene zurückzugeben, sondern auch überdieß strenge bestraft wurde. Doch fehlte es im Rathe des Königs nicht an Männern, welche ihm vorstellten, es sei das Darleihen auf Zins der Lebensnerv des Handels, durch seine Aufhebung würde das Volk zu Grunde gerichtet, es würden den Bauern dadurch die Mittel benommen, ihre Aecker zu bebauen, und den Kaufleuten die Mittel zum Betrieb ihres Handels entzogen, doch der heil. Ludwig verwarf alle diese Gründe; während seiner Regierung sollte dieser Mißbrauch, welchen seine Vorgänger aus Habsucht geduldet, gänzlich aufhören. Ferner trug er Sorge, seinen Kindern die Uebelstände zu zeigen, welche für die Gesellschaft daraus erstehen, so zwar, daß seine Vorschriften auch nach seinem Tode noch in Wirksamkeit blieben*).

Man ersieht aus der Geschichte Deutschlands, daß die Juden des Abendlandes im Jahre 1222 aufstanden auf das Gerücht, ein persisches Heer, begleitet von ihren Brüdern aus dem Morgenlande, sei gegen unsere Länder im Anmarsche. Sie waren der festen Meinung, es sei das für sie ein Heer von Befreiern, und sie hatten dem Anführer desselben den Titel Sohn Davids gegeben.

In der zu Barcellona abgehaltenen Generalversammlung verkündete Jakob der Erste, König von Arragonien, eine Staatsver-

---

*) Edmund Martene, Collect. veterum Monumentor., t. I. Henry Sauval, t. II. Histoire de Paris, liv. X.

fassung, worin er, nach Peter von Marca*) entschlossen war, dem von den Juden betriebenen Wucher eine billige Grenze dadurch zu setzen, daß er ihnen verbot, mehr als 20 Prozent jährliches Interesse zu nehmen, was damals vermuthlich für ein sehr mäßiger Gewinn angesehen wurde. Aus dem läßt sich schließen, wie weit der Geiz der Juden ging. Ueberdieß verordnete er, daß man in Zukunft den von den Juden geschworenen Eiden (man erinnere sich an ihre Lehrsätze in diesem Punkte) keinen Glauben zu schenken habe; er wollte auch, daß man fernerhin sie zu keinem mehr verhalte und man als Beweise gegen ihre Schuldner nur regelmäßige Titel oder gesetzliche Zeugenschaften, oder endlich Pfänder und Hypotheken zulasse. Endlich erklärte man sie für unfähig zur Ausübung öffentlicher Aemter, und es wurde ihnen verboten, Christen in ihre Dienste zu nehmen. Trotz dieser Anordnungen war der König zwölf Jahre später gezwungen, neue Maßregeln der Strenge gegen die unersättliche Habsucht und grausame Härte der Juden zu ergreifen, welche stets tausenderlei Mittel fanden, das Geld der Christen zu erpressen, was diese Letzteren oft in die Gefahr des Abfalls vom Glauben brachte. Doch schüchterte alles das die Juden so wenig ein, daß es ein Jahr darauf Einem der ihrigen gelang, einen Christen mit solcher Geschicklichkeit zu hintergehen, daß sich dieser in einer schwer zu beseitigenden Verlegenheit befand.

Will man anderer Seits den Geist der Geduld und Sanftmuth der Kirche der Verruchtheit der Juden gegenüber ersehen, so ziehe man die in ihren Concilien erlassenen Vorschriften zu Rathe. Man wird dort bemerken, mit welcher Sorgfalt das Episcopat bestrebt war, von dem christlichen Namen jeden Vorwurf der Grausamkeit ferne zu halten und den Gläubigen Achtung und Duldung für das Judenvolk einzuschärfen. Wir werden uns begnügen, dasjenige anzuführen, was im Jahre 1236 die Kirchenversammlung von Tours gegen jene Kreuzfahrer verordnete, welche sich, in dem Augenblicke die Ungläubigen zu bekriegen, an dem Eigenthum oder der Person der Juden vergriffen, da diese in

---

*) Marca Hispanic., lib. IV, an. 1228.

ihren Augen mit den Feinden des christlichen Namens gemein=
schaftliche Sache machten. Im 4. Capitel sagt das Concilium:
„Nos autem districtius inhibemus ne cruce signati, vel alii
Christiani Judæos occidere, seu verberare, vel bona eorum invadere, vel auferre, vel quascunque injurias eisdem
inferre præsumant, cum Ecclesia eos sustineat, quæ non
vult mortem peccatoris, sed magis ut convertatur et vi-
vat, scituri quod si contra præsumpserint, ultionem cano-
num non evadent*)" u. s. f. Die Synagoge zeige uns ihrer
Seits die Vorschriften und Erlasse, die sie gegen ihre Bekenner
veröffentlichte, als diese Christen mordeten, ihnen Fallen legten,
sie verriethen, ihnen so viel sie konnten ihr Eigenthum raubten,
und endlich kein Mittel zum Sturze und gänzlichen Untergang
der Kirche unversucht ließen.

In seinen Untersuchungen und Beobachtungen über die Ju=
den führt Schudt den Fall eines Zusammenstoßes an, der sich
zu Frankfurt im Jahr 1240 ereignete. Die Juden wohnten
dort vermischt unter den Christen. Einer der ihrigen wollte sich
taufen lassen, wurde aber von seinen Glaubensgenossen nicht nur
mit Worten davon abgehalten, sondern von seinen Verwandten
und Freunden auch thatsächlich daran verhindert, was den Zu=
sammenstoß zwischen den Juden und Christen herbeiführte, von
dem wir reden. Aus einem verfänglichen Wortwechsel kam es
bald zu Schlägereien, in denen zwar einige Christen umkamen,
doch verlor eine viel größere Anzahl von Juden dabei das Leben,
theils durch das Schwert, theils durch eine Feuersbrunst, welche
diese Unholde zu ihrem eigenen Verderben, so wie zu dem der
Christen anlegten und die einen großen Theil der Stadt in Asche
legte**). Daraus läßt sich auf den Haß und die Unduldsamkeit
schließen, welche im Schooße der Synagoge gegen den christlichen
Namen genährt wurde, weil sogar der Trieb der Selbsterhaltung
bei den Juden zuweilen der blinden Begierde, dem Christenthum
zu schaden, nachstand.

---

*) Labbæi Concil. Turonense, an. 1236.
**) Scudtius, De origine et incremento Judæorum, p. 521.

Nach dem Zeugnisse des Mathias Pâris, erzählt Poggiati, ein gleichzeitiger Schriftsteller, die Versuche der Juden im Jahre 1241, um Deutschland und mehrere andere Länder in die Gewalt der Tartaren und Cumanen zu liefern. Sie nannten diese Völker Brüder, als Abkömmlinge jener Juden, welche Alexander der Große in die Berge Asiens verpflanzt hatte.

„In einer geheimen Versammlung faßten sie folgenden Beschluß: Seitdem es Gott zugelassen, daß wir unter der christlichen Botmäßigkeit zu leiden hätten, ist nun der Moment gekommen, wo es jetzt an uns ist, durch ein zweites Gottesurtheil von der Knechtschaft erlöst, das Christenthum zu unterdrücken. Denn siehe da! unsere Brüder haben ihre Heimat verlassen, um die ganze Welt ihrer Herrschaft und der unsrigen zu unterwerfen. So lange und grausam unsere Knechtschaft gewesen, ebenso groß wird die Herrlichkeit sein, die uns erwartet. Laßt uns daher ihnen entgegenziehen, und ihnen Wein, Waffen und Weizen bringen." Um ihr Vorhaben auszuführen, hintergingen die Juden die Christen, indem sie vorgaben, die Tartaren ihres Glaubens tränken nur selbst erzeugten Wein, und auf diese Weise erreichten sie die Erlaubniß zur Zuführung dieses Getränkes, das aber in der Folge den Tartaren selbst verderblich wurde, wegen des damit vermengten Giftes. Die Christen in ihrer zu großen Leichtgläubigkeit ließen die Juden frei und ungehindert bis an die Grenzen Deutschlands ziehen, wo die Betrügerei von den Grenzwächtern entdeckt wurde. Unter den Transportgegenständen wurden allerlei Waffen gefunden, welche die Juden ihren Brüdern zuführen wollten. Die Schuldigen wurden nach Recht und Gebühr bestraft. Einige wurden zu lebenslänglicher Gefängnißstrafe verurtheilt, die Anderen mit ihren eigenen Waffen hingerichtet. Wen kann man hier beschuldigen? und hat der Geschichtschreiber nicht das Recht auszurufen, wie er es auch thut: „Unerhörter Verrath!" „Und ein solches Volk sollen wir in unserer Mitte dulden?"

In der Geschichte der Erzbischöfe von Trier, welche Edmund Martene herausgegeben, wird auf dieses Faktum hingedeutet und auf die thörichten Hoffnungen, welche bei den Juden wieder rege geworden. Sie glaubten sich damals auf dem Punkte, ihren

Messias ankommen, ihr Reich wieder erstehen zu sehen und sich auf den Ruinen des Christenthums ausbreiten zu können. Trotz der Gefahr, welche der Kirche von solchen Feinden drohte, schloß sie dennoch die Augen über ihre Treulosigkeit, erwartete ihre Rückkehr in ihren Schoß und ließ sie friedlich inmitten ihrer Kinder leben.

Will man jetzt eine kurze Uebersicht über die Nachtheile haben, welche die Verderbtheit der Juden der christlichen Gesellschaft in Deutschland zu der Zeit brachte, von der wir sprechen, so werfe man einen Blick auf den Brief, welchen der Papst Gregor der Neunte an die deutschen Bischöfe in Betreff der Herabwürdigung schrieb, in welcher die Christen lebten. Die Ursache war, daß die Juden zu den Staatsämtern emporgestiegen waren, und besonders, daß sie Rechtgläubige beiderlei Geschlechtes in ihrem Dienste hatten, an denen sie allerlei Grausamkeiten und Schändlichkeiten ausübten, ja sie sogar zur Beschneidung zwangen. In dieser Beziehung erließ der Papst die dringende Aufforderung an die Bischöfe, sich des Beistandes der weltlichen Gerechtigkeit zu bedienen, um die Schmach der christlichen Kirche zu beseitigen. Zu gleicher Zeit wendete er sich auch an den König von Ungarn, durch Vermittlung seines Legaten, des Cardinals Jakob, Bischof von Palästina, und beschwor ihn, die Frechheit der Juden in seinen Staaten zu zügeln. Endlich befahl das Concilium von Vienne im Jahr 1267 den Christen, jeden längeren Umgang und alles gemeinschaftliche Leben mit den Juden zu vermeiden, aus der gegründeten Besorgniß, durch sie vergiftet zu werden. Es wurde ihnen ferner Enthaltung von allen Handelsgeschäften mit ihnen anempfohlen, weil entweder die Unredlichkeit des Gewinnes das Gewissen des Christen beschweren konnte, oder die Betrügerei des Juden, des Vertrauens des Christen spottend, ihn zu seinem Opfer machte. Es wurde den Juden ferner der Besuch der kranken Christen und die Ausübung der Heilkunst an ihnen verboten, aus Furcht, sie möchten ihnen schädliche Substanzen unter dem Vorwande von Heilmitteln reichen, oder sie möchten durch Künste der Magie und durch Vorspiegelung, ihre Gesundheit wieder zu erlangen, die Schwachen zum Abfall vom Christenthum bewegen. Auch wurde ihnen das Verweilen auf den Straßen verboten, wenn das heilige Sakrament des Altars vorbeigetragen wurde, weil sie daraus Anlaß nahmen, den heiligen Namen Jesus zu lästern und die anwesenden Leute zu beschimpfen und zu verhöhnen*).

Während uns nun die Geschichte dergestalt in den Thatsachen den Beweis der Verworfenheit der Juden und ihrer niederträchtigen Handlungsweise an der christlichen Kirche liefert, schrieb in demselben Jahrhundert der Rabbiner Moses Maimonides seine Commentare der mosaischen Gesetze, in denen er seinem Hasse gegen die christliche Gesellschaft Luft machte und die Hoffnung ausdrückte, womit er sich und den Seinigen schmeichelte, den baldigen Untergang des Christenthums zu sehen.

Wenn wir auf die Hauptursachen des Verjagens der Juden aus England am Ende dieses Jahrhunderts zurückkommen, so werden wir vor Allem sehen, daß es die Grausamkeit war, welche sie zum Kindermorde bewog, einem Verbrechen, von dem wir noch ferner sprechen werden und das allein schon genügt hätte, sie in die Wüsteneien Libyens zu verjagen, und ferner die Hinterlist, womit sie in allen ihren Beziehungen mit den Christen zu Werke gingen, und die auch aus ihren eigenen Geständnissen hervorgeht. Die englischen Geschichtschreiber stimmen alle darin überein, daß ihre Nation durch diese Berührung mit den Juden ungemein verloren hat. Mathäus Paris bemerkt unter der Jahreszahl 1250, daß es den Juden gelungen war, durch Anwendung von Heuchelei und Ränken, die Gunst des Landesfürsten zu erlangen, gewisse obrigkeitliche Personen bei ihm zu verdächtigen und ihre Absetzung zu bewirken. Derselbe Schriftsteller erzählt die Bekehrung einiger Juden im Jahre 1259 mit folgenden Worten: „Der Jude Elias, mit zweien der Seinigen getauft, entgeht auf diese Weise den Schlingen des Teufels und der Strafe ob einer lasterhaften Handlung, welche er einst begangen. Denn man erzählte sich, daß in seinem Hause der Gifttrank zubereitet worden, welcher einer großen Anzahl englischer Edelleute das Leben nahm. Und diese Thatsache wurde durch sein Geständniß bestätigt. Aber als er so handelte,

---

*) Vid. Canis. sub hoc anno et Bartolocci, Bibliot. rabbin., t. IV.

war er nur ein Teufel, jetzt ist er in einen Christen umgewandelt." Viele andere ähnliche Thatsachen werden in unumstößlicher Weise begründen, was zu verschiedenen Zeiten viele Leute in Zweifel ziehen zu können glaubten.

Anderswo spricht derselbe Autor von einem anderen Juden, welcher einen ganz besonderen Abscheu vor dem Namen der Allerheiligsten Jungfrau hatte. Er hatte ihr Bildniß an einem unreinen Orte angebracht und gefiel sich darin, es mit Worten und den schamlosesten Handlungen zu beschimpfen. Er vergaß sich soweit, daß er sogar sein Weib erwürgte, weil sie, geleitet von Schamgefühl und Recht, mehr Achtung vor diesem Bildnisse gezeigt und den Unflath beseitigt hatte, womit es ihr Mann Tag für Tag besudelte*).

Nach der Entdeckung dieses abscheulichen Verbrechens und der Beweggründe, welche dasselbe herbeigeführt, wurde der Missethäter in die Kerker des Tower zu London geworfen. Um nun der nur zu wohl verdienten Todesstrafe zu entgehen, machte sich der Gefangene anheischig, Geständnisse zu machen, welche beweisen würden, daß alle Juden Englands Verräther der schlimmsten Gattung wären. (Das läßt sich recht leicht annehmen, wenn man erwägt, auf was sie es mitten in der Gesellschaft abgesehen hatten.) Da seine Glaubensgenossen um jeden Preis die Aufnahme dieser Anklage verhindern wollten, so setzten sie alles daran, seine Verurtheilung zum Tode zu erwirken. Aber der Graf Richard verwendete sich zu seinen Gunsten. Hierauf beschuldigten ihn die Juden anderer Verbrechen, worunter auch das Beschneiden der Münzen war, und sie trugen dem Grafen eine Summe von 1000 Mark an, wenn er zum Tode verurtheilt würde. Man frage sich im Vorbeigehen, was heut zu Tage ein unbescholtener Richter von solchen Ränken urtheilen würde? Welche Meinung werden denn aber diejenigen davon hegen, die sich jetzt zu Beschützern und Lobrednern des Judenthums aufwerfen?

Gleichfalls um diese Zeit hatte Heinrich III. einigen verläßlichen Männern den Auftrag ertheilt, eine Untersuchung der

---

*) Paris, Hist. Anglic., p. 753.

in den Händen der Juden befindlichen Reichthümer anzustellen. Er ordnete ihnen einen Juden selbst bei, welcher der Ankläger seiner Glaubensgenossen wurde und den Christen alle die heimlichen Niederträchtigkeiten entdeckte, welche sie zu ihrem Schaden anwendeten. Die Wachsamkeit der Obrigkeit wurde dadurch nur noch größer und strenger. Zugegeben auch, daß bei den Enthüllungen dieses Juden einige Uebertreibungen mitunterliefen — mußte man doch erkennen, daß diese im zugegebenen Falle nur sehr geringe sein konnten, denn die Thatsachen legten hinlängliches Zeugniß für die Betrügerei der Synagoge ab. Mathias Paris sagt, daß zu seiner Zeit alle Juden ein elendes Aussehen hatten, fügt aber hinzu, daß keiner von ihnen wirklich im Elende ist, denn sie bilden sich Existenzmittel durch das Beschneiden der Münzen, durch Verfälschung der Siegel, Dokumente. Mehrmals wurden einige von ihnen dieser Verbrechen wegen eingezogen, und wenn sie schuldig befunden, zum Tode verurtheilt. Knyghton sagt dasselbe und erzählt uns, welche Strafen mehrere von ihnen unter der Regierung Eduards im Jahre 1277 erlitten. Die Chronik des Thomas Wiches spricht noch deutlicher. Man liest daselbst: „Nachdem das englische Parlament Gelegenheit gehabt, sich von den Betrügereien zu überzeugen, deren sich die Juden gegen viele Christen bedient, um sie in den mit ihnen geschlossenen Verträgen zu hintergehen, zwang es die Ersteren zur Herausgabe aller Papiere, die sie besaßen, und alle von den Christen zu Gunsten der Juden eingegangenen Verbindlichkeiten wurden für ungültig erklärt. Sechs Jahre darnach, da die Juden ihr altes Wuchersystem fortsetzten, verbot ihnen eine Verordnung das Ausleihen ihres Geldes auf Zinsen und zwang sie somit, ihre Existenzmittel im Handel und in der Arbeit ihrer Hände zu suchen. Aber obschon diese Anordnungen, denen man die Juden unterwarf, nicht erfolglos waren, so genügte es doch nicht, ihrer Habsucht einen Zaum anzulegen. Stets zum Betruge geneigt, verlegten sie sich auf das Beschneiden und Verfälschen von Münzen, so zwar, daß die Kaufleute des Festlandes die Küsten und Märkte Englands nicht ferner besuchten, daher der Preis ihrer Waaren im Königreiche das Gewöhnliche weit überstieg.

Da auf Befehl alle Juden zugleich ergriffen und gefangen gesetzt wurden, wurde ihr Prozeß eingeleitet, und es fand sich, daß nur wenige von ihnen schuldlos waren. Die Schuldigsten wurden sammt einigen Christen, welche Theil an ihrem Verbrechen genommen, zum Tode verurtheilt."

In Anbetracht der Intoleranz des Judenvolkes in allen bürgerlichen oder religiösen Beziehungen anderen Glaubensgenossen gegenüber, in Anbetracht der Lästerungen und Beschimpfungen des Mysteriums der Erlösung, in Anbetracht der Diebereien und Betrügereien, welche sie zum größten Schaden und Nachtheil der Christen ausübten, dergestalt, daß sich viele Familien in das tiefste Elend versunken sahen, erläßt endlich im Jahre 1289 der königliche und Kirchenrath eine Verordnung, welche dieses Volk für immer aus dem Lande verbannt. Noch müssen wir über die Ausführung dieser Maßregeln eine Bemerkung machen. Während der Ueberführung auf das Festland wurden Juden von einigen Matrosen bestohlen, diese wurden entdeckt und vom königlichen Gerichtshofe strenge bestraft. De Larey bespricht diese Angelegenheit der Austreibung der Juden aus England, und kann nicht umhin, die kluge Langsamkeit zu bewundern, welche die Regierung der allgemeinen Ungeduld des englischen Volkes entgegensetzte. Auch fügt er hinzu, „daß übrigens das Judenvolk die schlaue Sorgfalt hatte, stets Summen zur Verfügung des Landesfürsten in Bereitschaft zu halten, während sie sich durch unerlaubte Mittel bereicherten, wodurch die Familien zu Grunde gerichtet wurden und der Staat verarmte. Bisher hatte man sich vergebens über sie beschwert, und wenn auch Einige unter den früheren Regierungen zur Strafe gezogen worden, so hätten die Anderen genug Schlauheit oder Ansehen besessen, um die Strenge der Gesetze und die Abneigung der Parlamente zu vereiteln. Heinrich III. und seine Vorgänger hatten von den Juden zu große Hülfe erhalten, um sich zu ihrer Verbannung zu entschließen."

Wir wollen hier nicht in noch mehr Einzelnheiten eingehen über die Thaten, welche die Juden in diesem Jahrhundert an den Mysterien des Christenthums begingen, und über die Schmähungen, die sie sich besonders in der Charwoche erlaubten, womit sie manchmal sogar die Kühnheit verbanden, die Christen öffentlich, mitten in der frommen Ausübung ihrer Religionsgebräuche zu insultiren. Die von den Kirchenversammlungen erlassenen Vorschriften und die von den Päpsten erlassenen Verordnungen sind schlagende Beweise von dem, was geschah und was geschehen mußte. Die Chroniken aller Länder enthalten mannigfache Schändungen des heiligsten Sakramentes durch die Juden. Es wäre lächerlich, diesen Consensus der Geschichte als eitle Erfindung darstellen zu wollen.

Im Jahre 1299, erzählt der Priester Sigfrid, ein gleichzeitiger Schriftsteller, verstand sich ein Jude aus der Stadt Rotingen in Frankreich mit dem Kirchenaufseher, welcher in der heil. Osternacht einige geweihte Gegenstände aus der Kirche entwenden ließ. Diese Gegenstände wurden hierauf unter die Juden der herumliegenden Städte und Flecken vertheilt, um in ihren Händen als ein Gegenstand des Spottes und Hohnes zu dienen, denen sich einst das Judenvolk gegen die Person des Heilandes überlassen hatte. Der Geschichtschreiber setzt hinzu*), daß es in dem darauf folgenden Processe gegen den Hauptschuldigen nach der Juden eigenem Geständnisse erwiesen wurde, daß zu verschiedenen Zeiten und an verschiedenen Orten ähnliche Gotteslästerungen begangen worden, was eben die Entrüstung des Christenvolkes gegen das jüdische erregte. Wie sollte man also von nun an noch erstaunen über die Abneigung, welche sich überall gegen ein Volk kund gab, auf dem so viele Verbrechen lasteten?

Bei Gelegenheit der „Zauberkunst", von welcher bei dem einen der vorher erzählten Ereignisse die Sprache war, und welche die damals lebenden Juden betrieben, indem sie sich auf allerlei Zaubereien und schändliche Handlungen verlegten, werden wir bemerken, daß Hrch. Sauval, als berühmt in diesem Genre, den Rabbi Ezechiel zitirt. Die Juden gaben ihm den Namen eines Heiligen, und die Christen den eines Magiers wegen der ganz besonderen Mittel, die er besaß, um den Gelehrten und den Dummköpfen zu imponiren**). Ihrem instinktmäßigen Aberglauben und den Ein-

---
*) Sigfridus presbyter, Epitom., lib. II.
**) Henri Sauval, Histoire de Paris, t. II.

gebungen jenes Geistes der Verworfenheit preisgegeben, welcher der geschworene Feind aller Tugend und Heiligkeit ist, sahen die Juden nichts Schimpflicheres für die erhabenen Mysterien unserer Religion, als die Entheiligung des heil. Abendmahles mit ihren abscheulichen Praktiken und dem Cultus des Teufels zu vermengen. Eine Menge von Ereignissen, die in den Jahrbüchern aller Länder vorkommen, liefern dafür den unumstößlichen Beweis. So zum Beispiele erwähnt die belgische Chronik für das Jahr 1306, bei Auseinandersetzung der verschiedenen Gründe, aus denen die Juden aus Frankreichs Boden verwiesen wurden, des Schimpfes, den sie einer geweihten Hostie angethan. Sie hatten sie durch lebhaftes Zureden von einem Christenweibe erhalten, unter der Bedingung, ihr eine Geldsumme, die sie einem von ihnen schuldete, zu erlassen.

Vierzehntes Jahrhundert.

Je mehr man in der Geschichte dieses Volkes vorschreitet, findet man es trotz der Lasten und Demüthigungen, von denen man es gedrückt sieht, zur Vergeltung seiner Feindseligkeit und seiner mannigfaltigen Angriffe auf das Christenthum, doch stets wieder bereit, abermals anmaßend und angreifend aufzutreten, und zwar bei jeder Gelegenheit und an jedem Orte, so sehr wurde es von dem Hasse des christlichen Namens beherrscht. Nach dem Jahre 1319, wie aus einer Kundmachung Philipps des Langen, Königs von Frankreich, ersichtlich, erst vier Jahre nachdem sie in das Land zugelassen worden, ergingen sich die Juden zu Lunel öffentlich am Ostertage in Schmähworten und gotteslästerlichem Hohne gegen das Mysterium unserer Erlösung. Sie trugen ein Kreuz durch die Straßen der Stadt, das sie mit Unrath bewarfen und schlugen die Träger desselben, die ihnen die Person des Heilandes vorstellten*). Konnten die Christen solchen Attentaten gegenüber ruhig und gleichgültig bleiben? Und mußte die Kirche die dem erhabenen Gegenstande ihrer innigen Verehrung angethane Schmach nicht bitter empfinden?

---

*) Bénédict. de Saint-Maur, Hist. du Languedoc, t. IV, p. 161.

Doch gehen wir auf eine andere Frage über, die von nicht geringerer Wichtigkeit und bisher ganz zum Vortheile der Juden und zur Schande der Christen erörtert worden zu sein scheint. Es handelt sich um die Versuche der Juden, im Jahre 1321 sich der Christen durch ihre Vergiftung zu entledigen. Diese Versuche, heißt es, sind nicht hinreichend constatirt und die Verfolgung der Juden sei ein Unrecht gewesen. Die Pest, welche damals im Süden und Westen Europas herrschte, gab den Einen zur Behauptung Veranlassung, die Juden seien ganz schuldlos an diesen Anschuldigungen, und den Anderen zu dem Glauben, diese Pest hätte nur ihren Anschlägen gedient und ihre Frevelthaten bemäntelt. Um uns einen Leitfaden zur Würdigung der Ereignisse zu geben, haben wir vor Augen ein aus den Sammlern der Jahrbücher Böhmens*) entlehntes Dokument. Die Erzählung der Thatsachen bildet den Anhang zu dem Briefe De Leprosis des Papstes Johann XXI. In diesem Briefe, welcher von dem Jahre 1321 selbst herrührt, wird vom Papst ein Bericht angeführt, welchen Philipp, Graf von Anjou an ihn gemacht hatte, und der von den verschiedenen Mitteln spricht, welche die Juden anwendeten, um den Christen zu schaden. „Am folgenden Tage endlich, sagt Philipp, brachen die Leute unserer Grafschaft in die Häuser der Juden ein, wegen der Getränke (impotationes), die sie eigens zum Gebrauche der Christen zubereitet hatten. In Folge der genauesten Nachforschungen wurde in einem Hause, welches dem Juden Bananias gehörte, an einem dunklen Orte in einer kleinen Kiste, worin sich auch seine Kostbarkeiten und andere geheime Dinge befanden, eine Schafhaut oder Pergament gefunden, welches auf beiden Seiten mit Schriftzügen bedeckt war. Das Siegel, welches von Gold und 19 Gulden schwer war, hing an einer rothseidenen Schnur. Auf dem Siegel war das Cruzifix abgebildet, vor welchem ein Jude in einer so schmählichen und unanständigen Stellung angebracht war, daß ich mich schäme, sie zu beschreiben. Die Unsern hätten sich um den Inhalt dieses Schriftstückes nicht gekümmert, wenn ihnen nicht plötzlich und durch Zufall die Länge und Breite die-

---

*) Von Marquand Treher herausgegeben.

ses Siegels aufgefallen wäre. Neubekehrte Juden übersetzten den Text. Bananias selbst und sechs andere hinlänglich unterrichtete Juden machten die nämliche Uebersetzung, zwar nicht aus eigenem Antriebe, sondern aus Furcht und mit Gewalt dazu gezwungen. Nachdem sie hierauf getrennt und auf die Folter gespannt worden, beharrten Bananias und seine Gefährten auf der nämlichen Uebersetzung. Drei in der Theologie und in der hebräischen Sprache wohl bewanderte Geistliche übersetzten die Schrift endlich ins Lateinische."

Das Schreiben war an den Sarazenenfürsten gerichtet, als Gebieter über den Orient und Palästina, den Sitz des jüdischen Volkes, dessen Herrschaft sich bis nach Granada in Spanien erstreckte. Es wurde darin ein Bündniß zwischen Juden und Sarazenen angetragen, und da zugleich die Hoffnung ausgesprochen wurde, die beiden Völker einst in einem und demselben Glauben vereinigt zu sehen, so wurde der Fürst um Zurückgabe des Landes ihrer Vorfahren an die Juden gebeten. Es war darin zu lesen: „Das Christenvolk gehorcht dem Sohne eines gemeinen und armen Weibes aus unserem Volke. Es hat ungerechter Weise unser Erbe und das unserer Väter an sich gerissen. Wenn wir einst dieses Volk für immer unter das Joch unserer Botmäßigkeit gebeugt haben, dann werdet Ihr uns wieder in den Besitz unserer großen Stadt Jerusalem, Jericho's und Ais setzen, wo die heilige Arche ruhet. Und wir können Euern Thron über diesem Königreiche und der großen Stadt Paris errichten, wenn Ihr uns, um zu diesem Ziele zu kommen, Euern Beistand leistet. Unterdessen, und wie Ihr Euch durch Euern Vicekönig in Granada überzeugen könnet, sind wir bei diesem Werke schon thätig gewesen. Wir warfen auf geschickte Weise vergiftete Substanzen und Pulver aus bitteren und schädlichen Kräutern zubereitet, in ihre Getränke, wir warfen giftige, kriechende Thiere in das Wasser, in die Schöpfbrunnen, in die Cisternen, in die Springbrunnen, und in alle Wasserleitungen, damit die Christen allmälig und je nach ihrer Leibesbeschaffenheit, durch Wirkung der von diesen Giften ausströmenden schädlichen Dünste umkommen. Es ist uns dieser Anschlag vorzüglich durch die Austheilung nam=

hafter Summen an einige arme Leute ihres Glaubens gelungen, welche Aussätzige genannt werden. Aber diese Elenden haben plötzlich gegen uns Partei ergriffen. Denn, als sie sich von den anderen Christen ertappt sahen, klagten sie uns an und entdeckten den ganzen Hergang der Sache. Nichtsdestoweniger bleibt es für uns eine rühmliche Sache, daß diese Christen ihre eigenen Mitbrüder vergifteten, und es ist dies ein deutlicher Beweis ihrer Uneinigkeit und Auflösung. Zwar wurden wir auf die Anklage dieser Aussätzigen hin schmachvoll behandelt und grausam eingekerkert, doch ertrugen wir diese Qualen und Martern mit Geduld und wir dulden sie noch Tag für Tag von den Christen, weil wir hoffen, Gott wird uns im künftigen Leben eigentliche Vergeltung dafür ertheilen. Wir zweifeln nicht an unserer gänzlichen Vertilgung, wenn unsere unermeßlichen Schätze nicht ihre Habsucht gereizt hätten. So hat uns denn unser Gold und Silber und das Eurige losgekauft, wie Ihr es von Eurem Vicekönig von Granada erfahren könnet. Lasset uns daher abermals Gold und Silber zukommen, damit wir, nachdem wir einige Zeit haben verfließen lassen, noch Größeres wirken können. Diese Getränke, welche bisher noch nicht die gehoffte Wirkung machen konnten, werden sie schon hoffentlich in der Folge machen. Wir werden Euch genau von Allem in Kenntniß erhalten. Bald werdet Ihr mit Hülfe Gottes über das Meer setzen, Euch nach Granada begeben und über die überlebenden Christen Euern prächtigen Säbel mit mächtiger Hand und unbezwinglichem Arm schwingen können. Und dann werdet Ihr in Paris thronen, und zur selben Zeit werden wir nach Wiedererlangung unserer Freiheit das Land unserer Väter besitzen, welches Gott uns verheißen, und wir werden in Eintracht unter einem einzigen Gesetze und einem einzigen Gotte leben. Von dieser Zeit an wird keine Noth und kein Kummer mehr existiren, denn Salomon hat gesagt: Der, welcher Hand in Hand mit einem einzigen Gott geht, der wird mit ihm nur einen Willen haben. Und David setzt hinzu: O! wie gut, wie süß ist es, gleich Brüdern beisammen zu wohnen! Unser heiliger Prophet hat von den Christen prophezeit: Ihr Herz ist getheilt und darum werden sie zu Grunde gehen. Wir übergeben

Euer durchlauchtigen königlichen Majestät dieses offene und von uns gefertigte Schreiben, durch Sadoc, den Oberpriester der Hebräer, und Leon, den in der Kenntniß unseres Gesetzes best bewanderten Mann, die Euch noch besser die ganze Sache mündlich darstellen werden".

Heinrich Sauval*) erwähnt zweier an die Juden gerichteter Schreiben, das eine von dem Könige von Tunis, das andere von dem Könige von Granada, in Betreff der Vergiftung des Wassers, und der anzuwendenden Mittel zur Erreichung des Zweckes. Man findet darin Ausdrücke, welche mehr oder weniger mit denen in dem Berichte Philipps von Anjou übereinstimmen. Die Geschichte der Frevelthat der Juden ist durch dieses Alles bestätigt. Ungeachtet solcher Beweise nach einer so langen Zeit verweilte Sauval bei kleinen und unwichtigen Abweichungen in diesen Briefen, und macht folgende Schlußfolgerung: „Darin liegt viel Abgeschmacktheit und Irrthum. Ich bin sehr erstaunt, daß Pierre de Pui, ein sonst so behutsamer Mann in Betreff populärer Meinungen und in der Geschichte so wohl bewandert, in dem „Tresor des Chartes" diese beiden Briefe aufnahm, die von Irrthümern und Entstellungen wimmeln, ohne Datum, und deren Originale nicht vorhanden sind. Es ist zwar nicht nöthig erst nachzuweisen, daß sie von den Feinden der Juden untergeschoben wurden, das erkennt man leicht und deutlich, theils aus den Ausdrücken, theils aus den Umständen, theils aus den von mir gelieferten Beweisen."

Vor Allem kommt mir nicht vor, daß der Abgang des Originals und Datums ein so starker Beweis gegen die Aechtheit dieser Briefe sei. Das weiter vorne citirte Schreiben enthält für sich allein alle nothwendigen Elemente, um den Beweis herzustellen, daß es von den Juden geschrieben worden, und dessen ganzer Inhalt ist wahrscheinlich. Wer nur ein wenig mit den Wendungen und der Ausdrucksweise des Hebräischen vertraut ist, der kann nicht die Behauptung aufstellen, daß das Original dieses Briefes nicht in hebräischer Sprache geschrieben war. Man müßte

---

*) Histoire de Paris, t. II., l. X., p. 517.

deßhalb annehmen, daß es wenigstens ein Neubekehrter commentirt hat. Aber alle in dem Berichte des Grafen von Anjou angeführten Umstände schließen eine solche Vermuthung gänzlich aus. Uebrigens müßte man nicht nur die beiden Briefe bezüglich der Vergiftung, wovon Sauval spricht, sondern auch den früher angeführten, worin sich die Juden mit dem nämlichen Gegenstande beschäftigen, für Erfindungen der Christen halten. Dieser Brief hat die größte Aehnlichkeit mit den zwei anderen und beweist die hochmüthige Verachtung, womit die Juden von der Person Jesu Christi zu sprechen gewöhnt sind. Nun kann man nicht vermuthen, daß dieses von einem Christen herrühre. Wie kann es Sauval befremden, daß die Araber jener Zeit auf einen Einfall in christliche Länder sannen, und sich zum Gelingen ihres Vorhabens der Hinterlist der Juden bedienten, jenes Volkes, welches keine Heimat anerkennt, das sich in die fremden Länder ergießt, um seinen Handel zu treiben, und stets bereit ist, das nämliche Volk, bei dem es gastfreundliche Aufnahme gefunden, zu verrathen, sobald es seinen Vortheil dabei findet? Es eilet dahin, wo es etwas zu gewinnen findet, es sieht die Erde von einem Pole zum andern als sein Erbtheil an, es freut sich über alle Zwistigkeiten, über alle Kriege zwischen den Völkern, zwischen den Fürsten und ihren Unterthanen und zwischen den Religionssekten. Es schleudert endlich die Brandfackel des Aufruhres unter die Völker, in der Ueberzeugung, seine eigene Lage dadurch zu verbessern, und findet sein Glück in der Störung des Friedens der christlichen Kirche, des Gegenstandes seines glühendsten Hasses.

Labbe hat einen starken Beweis für die Aechtheit und Glaubwürdigkeit des Berichtes des Grafen von Anjou durch Anführung des Briefes geliefert, den Papst Johann XXI. an alle Rechtgläubigen gerichtet, um sie zum Kriege gegen die Sarazenen aufzufordern. Denn der Papst erinnert sie darin wirklich an die Frevelthat, wovon der Bericht redet*). Paul Emil, ein gleichzeitiger Schriftsteller, berichtet, daß die Juden bei ihrer Rückkehr nach Frankreich, nachdem sie von den Königen und Häuptern der Tür-

---

*) Labbei, t. XV, p. 149. Venetianer-Ausgabe, Epist. 2, Joan. Papæ XXI, vulgo XXII.

ten und Sarazenen Geld erhalten hatten, die Aussätzigen, welche von Almosen lebten und von Land zu Land wanderten, aufforderten, Gift in die Brunnen zu werfen. Eine große Anzahl von ihnen wurden dabei ertappt, es wurde ihnen der Prozeß gemacht, und auf ihr Geständniß wurden sie zum Tode verurtheilt. In Folge dessen wurden die Juden gefänglich eingezogen, und nachdem sie einzeln vernommen worden, gestanden sie das Verbrechen. Der Verfasser der Chronik von Böhmen sagt bei Anführung des Briefes der Aussätzigen: „In diesem nämlichen Jahre (1321) bereisete ich einen großen Theil des Rheingaues und Frankreichs, und ich sah alle Behausungen der Aussätzigen niedergebrannt, und zugleich wurden auch alle jene Elenden verbrannt, deren man habhaft werden konnte. Es hatte sich in der That das Gerücht verbreitet, die Aussätzigen, bestochen vom Golde der Juden und Sarazenen, hätten Gift in das Wasser, in die Spring- und Schöpfbrunnen geworfen. Daher habe ich in verschiedenen Gegenden Frankreichs viele Schöpfbrunnen gesperrt, und viele Springbrunnen mit Erde zugedeckt gesehen. Der Brief des Papstes, in welchem Alles auf diese Angelegenheit Bezügliche enthalten ist, kam mir zu aus dem Kloster zu Movimond, durch Vermittlung eines Mannes, der mich versicherte, ihn von der römischen Curie erhalten zu haben, und ich habe ihn eigenhändig abgeschrieben."

Guillaume de Nangis, zitirt von Spondanus in seiner Fortsetzung der Annalen des Baronius, erwähnt bei diesem Datum der von den Juden eingeleiteten Frevelthat*).

Auf dem Concil zu Rheims wurde eigens das Verbot gemacht, Getränke von den Juden anzunehmen, weil sie erst in diesem Jahre Gifttränke bereitet hätten, was die Ausweisung aller aus Frankreich zur Folge hatte. Es wurden viele Aussätzige zum Scheiter-

---

*) Mehrere Chronisten jener Zeit geben auch verschiedene Substanzen an, aus welchen das Gift bestanden hätte. Selbstverständlich handelt es sich bei dieser Angelegenheit zunächst um Constatirung der Thatsache: daß von den Juden ein solches Attentat gegen die Christen auszuführen versucht worden sei. Wurde dabei auch die abergläubische Magie und die verwunderliche Chemie jener Zeit in's Mitleid gezogen, so kann dieses der Absicht als Thatsache keinen Abbruch thun.

haufen verurtheilt, deren sich die Juden bedient hatten, um diese Gifttränke in den Handel und Verkehr zu bringen. Die Chronik des heiligen Evrould und anderer Schriftsteller bestätigen dieselbe Thatsache.

Es erscheint vielleicht als sonderbar, daß die Juden durch dieses Mittel das christliche Königreich Frankreich zu vernichten versucht haben sollten, um ihr eigenes Volk wieder emporzuheben. Aber entspricht das nicht der Idee ihres Cherem oder Bannfluches, den sie über die Christen, ihre Erzfeinde, aussprechen, wie ich es schon mehr als einmal bemerkte? Auch ist nichts einem solchen Zwecke Entsprechenderes, als die Anwendung des Beistandes der Sarazenen. Zur Bekräftigung des Vorausgegangenen befindet sich in einer hebräischen Handschrift, worin die eigenthümlichen Gebete der Mainzer-Synagoge zu lesen sind, eine Stelle, welche mit jener Zeit und jenen Begebenheiten, wovon wir sprechen, in engster Beziehung steht: „Man sieht, daß in dem Trübsal, worin die Ismaeliten leben, Gott, den wir preisen, das Königreich der Ismaeliten ihnen zu Hülfe rufen wird, und sie werden gerettet werden aus der Macht und Gewalt der Idumeneer, das heißt der Christen" *).

Um endlich jede Zweideutigkeit zu vermeiden, muß man diesen Vergiftungsversuch der Juden nicht mit dem verwechseln, welcher in den Jahren 1346 oder 1348 stattfand, zu einer Zeit, wo eine höchst verheerende Pestkrankheit ausbrach und fast ganz Europa verheerte. Schöpflin**) sagt hierüber, daß die Juden im Elsaß damals unschuldig verfolgt und in der Anzahl von 2000 ermordet wurden. Aber zugleich trägt die Geschichte Sorge, zu bemerken, daß damals die Bürger aller Klassen die Schuldner der Juden waren, in Folge des Monopols und des Wuchers, welchen diese an den Christen ausübten. Ein großer religiöser und moralischer Nachtheil wurde auf diese Weise dem Christenthum zugefügt, wegen des Einflusses, den das Geld der Juden ihnen auf die christliche Gesellschaft in die Hände lieferte.

---

*) De Rossi, Bibliotheca rabbinica anti-christiana.
**) Alsatia germanica illustrata, t. II.

Albert Krantz erzählt ungefähr um das Jahr 1323, daß sich die Juden, welche das kleine Dorf Cracov bewohnten, nachdem sie die Pforten einer Kirche erbrochen, des heil. Ciboriums bemächtigten und die darin aufbewahrten geweihten Hostien zerbrachen, mit Füßen traten und in den Straßen herumstreuten, so zwar, daß die Christen selbst, ohne es zu wissen, auf den heil. Hostien herumgingen. Die Priester, welche zuerst die Schandthat entdeckten, wußten nicht, auf wen sie ihren Verdacht werfen sollten. Die Sache wurde vor das Kapitel von Güstrow gebracht, welches die Juden als die Urheber vermuthete. Sie wurden vor das Gericht zitirt, gestanden ihr Verbrechen und verriethen ihre Mitschuldigen, welche in den Provinzen gefangen gesetzt und zum Tode verurtheilt wurden*). Wer könnte Angesichts dieser Kirchen- und Religionsschändungen und ihrer häufigen Wiederholung den teuflischen Abscheu und die Gesinnungen der Intoleranz der Juden vor den Mysterien unserer heiligen Religion in Abrede stellen? Diese Gesinnungen müssen principiell und allgewaltig gewesen sein, weil Züchtigungen, selbst die Todesstrafe die Juden nicht hinderten, die Wiederholung ihrer Frevelthaten durch Worte und Handlungen zu versuchen. Und wenn das Christenvolk zuweilen gegen diese Schänder aufgestanden ist, von welcher Seite ist die Initiative hiezu ausgegangen?

Florien erzählt, gestützt auf Sebastian Frank, den Einfall der Flagellanten in die deutschen Lande im Jahre 1346 und sagt, daß sie bei ihrer Ankunft in Frankreich über die Häuser der Juden herfielen, und daß in dem daraus entstandenen Conflikte viele Juden um's Leben kamen. Die christlichen Bürger ergriffen die Waffen gegen die Horden, auf ihre große Gefahr, zu ihrem eigenen Schaden, und es gelang ihnen endlich, den Juden Ruhe zu verschaffen. Diese aber, in dem Glauben, Andere könnten gegen sie nicht anders handeln, wie sie selbst, wenn sie unumschränkte Freiheit zum Handeln hätten, legten den ihnen von den Christen erwiesenen Dienst schlecht aus und glaubten, man habe ihnen in Wirklichkeit schaden wollen. Um Rache zu nehmen, zündeten sie

---

*) Albert Krantz, Historia Wandaliæ, lib. VIII.

das Haus an, in dem sich der Rath versammelte. Das Haus brannte nieder und die Feuersbrunst erstreckte sich auf die nächststehenden Gebäude. Als die Christen die Urheber des Unglücks entdeckten, geriethen sie in einen leicht begreiflichen Zorn. Es entstand eine Judenhetze und Alle, die dem früheren Blutbad entronnen waren, wurden getödtet*).

Zur selben Zeit beklagte der Geschichtschreiber Dlugoß die dem Christenthum in Polen angethane Schmach und Schande, nachdem sich der König Kasimir eine Jüdin zur Beischläferin genommen hatte. Ihre Bitten bewogen ihn, den Juden sehr große Privilegien zu ertheilen, und setzt der Historiker hinzu, es bleibt von daher noch bis jetzt ein häßlicher Gestank zurück**).

Albert von Argentina (Straßburg) sagt in seiner Lebensbeschreibung Bertholds, des Bischofes dieser Stadt, in Betreff des schrecklichen Zustandes, in welchem sich die Juden in der Mitte des vierzehnten Jahrhunderts befanden: „Es wurde erst kürzlich in Spanien der Juden wegen eine Rathsversammlung gehalten: sie wurden schuldig befunden der Zauberei, des Kindermordes, der Verfälschung von Papieren, der Verschlechterung der Münzen und noch vieler anderer die Majestät Gottes verletzender Verbrechen." Zur selben Zeit jagte sie Ludwig der Erste, König von Ungarn, erkennend, daß das von den Juden noch betriebene Monopol der Christenheit sehr schädlich sei, aus dem Lande, ohne sich an ihrem Vermögen im Mindesten zu vergreifen.

Mariana führt in seiner Geschichte Spaniens, an das Jahr 1360 gekommen, wo er die Handlungen des Königs von Kastilien erzählt, welcher seine Völker mit Härte regierte, an, daß ein Jude Namens Samuel von diesem Monarchen, dessen despotische Maßregeln er unterstützte, an die Spitze der Finanzen gestellt wurde. Samuel begann diese Finanzen nach seiner Willkür zu verwalten, und erwarb so unermeßlichen Reichthum, welcher auch die Ursache seines Sturzes ward. Er wurde wegen seiner Vergeudung der Staatsgelder zur Verantwortung gezogen, verurtheilt und alle seine Güter eingezogen. Man fand in seinem Hause

---

*) Schudt, De origine et incremento Judaeorum, p. 480.
**) Dlugoss, Hist. polonica, lib. IX.

400,000 Goldthaler, Hausrath und Kleidungsstücke von großem Werthe, mit einem Worte, einen so großen Reichthum, daß es wunderbar erschien, wie ein einziger Jude auf unsere Kosten sich so bereichern gekonnt. Ab uno disce omnes.

Wir sprachen mehr als einmal von den Verwünschungen, welche die Juden tagtäglich gegen Jesum Christum und seine Anbeter ausstoßen. Wir sahen, daß sie in diesem gottlosen Gebrauche fortwährend verharrten und ihren Kindern den Abscheu einflößten, welchen sie vor dem christlichen Namen hegen. Im Jahre 1374 verbot ihnen der König Alphons von Spanien bei Androhung der strengsten Strafen das Ausstoßen solcher Verwünschungen, obschon sie sich dem Geständnisse mehrerer Neubekehrter entgegen bemühten, glauben zu machen, diese Verwünschungen gälten Anderen als den Christen. Trotz dieser Ausrede setzten sie ihre Verwünschungen in anderer Form und Benennung fort, wie dieß bestätiget ist durch das Buch 56 der in hebräisch-spanischen Buchstaben geschriebenen Tephilla, welche der früher zitirte de Rossi aufbewahrt hat. Im Jahre 1380 wurden die Juden aus Frankreich verjagt wegen der von ihnen angewandten Mittel, alles baare Geld an sich zu ziehen, und des Wuchers wegen, den sie an den Christen ausübten, welche ihre Geldhülfe in Anspruch genommen. Die Christen, erbittert bis zur Ungerechtigkeit, standen an mehreren Orten auf, tödteten eine große Anzahl, bemächtigten sich ihres Eigenthums, und besonders der Schuldverschreibungen. Wir sind weit entfernt, diese Handlungen zu billigen, allein es ist nicht zu verkennen, daß sie nur durch die Habsucht der Juden hervorgerufen wurden.

Man liest in der von Johann Georg Eckard zitirten Chronik von Böhmen, daß im Jahr 1388 oder 1389 in Prag an dem Tage, wo die Juden ihre Ostern und das Gedächtniß ihres Zuges durch das rothe Meer feiern, ein Priester an ihrem Stadtviertel vorbeiging, um einem Kranken das heilige Abendmahl zu bringen. Sogleich rotteten sich eine Menge junger Juden, angetrieben von ihrem Hasse gegen Jesum Christum und aufgehetzt von ihren anwesenden Vätern, zusammen, hoben Koth und Steine von der Straße auf und bewarfen damit das allerheiligste Sakrament. Dieser Frevel empörte die Christen, sie fielen über die Juden her, tödteten eine große Anzahl von ihnen, plünderten hernach ihre Häuser und steckten sie in Brand*). Krantz macht in Bezug auf dieses Ereigniß folgende Bemerkung: „Man lebte damals unter einem trägen und feigen Könige, dem nichts heilig war. Die Christen konnten die Beschimpfungen der Juden nicht länger ertragen, sie erhoben sich allesammt gegen sie und steckten ihre Häuser in Brand." Welcher Christ, durchdrungen von Liebe für seinen Glauben, hätte sich übrigens zurückhalten können bei dem Anblicke der Ruchlosigkeiten und der Intoleranz eines solchen Volkes? Wer waren die Herausforderer?

Im Jahre 1390 wurde in Paris ein Dekret erlassen, welches den Juden die Ausübung der Arzneikunde verbot, aus Furcht, sie möchten den Kranken Arzneien geben, die für ihre Heilung eher schädlich, als zuträglich wären **). Im folgenden Jahre erinnert Abraham Zacut, Verfasser des Juchasin, an die wunderbare Bekehrung von 200,000 Juden, welche dem heiligen Vincenz Ferrier in den Königreichen Katalonien, Arragonien und Kastilien gelang, und erzählt bei dieser Gelegenheit, daß ein Rabbiner, Namens Juda ben Ascher sein Weib und seine Schwiegermutter grausam ermordete, aus Furcht vor ihrem Uebertritte zum Christenthum. Dieser Rabbiner entleibte sich dann selbst ***).

Fünfzehntes Jahrhundert.

Es kommt das 15. Jahrhundert und der Haß und die Unduldsamkeit der Juden gegen die Mysterien unserer heiligen Religion, vorzugsweise gegen das Abendmahl erscheinen noch immer in derselben Heftigkeit. Es scheint, daß der Geist des Bösen diesen Haß nur noch immer mehr aufstachelte und besonders an Orten, wo sich die Christen durch einen innigeren Glauben auszeichnen, dort, wo sich die heilsamen Früchte der Erlösung in der Frömmigkeit der Gläubigen im reichsten Maße zeigen. Die Chro-

---

*) Jean-Georges Eckard, t. I, p. 1139, et Krantz, Hist Wandaliæ.
**) Bénédictins de Saint-Maur., Hist. de Paris.
***) Bartolocci. Biblioth. rabbin., t. III., p. 17.

niken von Schlesien erzählen, daß mehrere Juden zum Flammentode verurtheilt wurden, weil sie das Sakrament des Abendmahls gelästert hatten. In der Hauptkirche zu Glogau ist eine Inschrift zu sehen, welche die Lästerung bestätiget. Die That fällt in das Jahr 1401 und im Jahre 1404 wiederholten die Juden in Salzburg die nämliche Lästerung*).

Zur selben Zeit hatte, auf das Zeugniß des früher angeführten Geschichtschreibers Dlugoß hin, die Freiheit, welche die polnischen Juden unter der Regierung des Königs Kasimir genossen, ihnen unermeßlichen Reichthum verschafft. Es war dies das Ergebniß ihres Wuchers und dadurch war ihr Uebermuth und ihre Frechheit auf das Höchste gestiegen. Ihre Verbrechen blieben ungestraft, in Folge der Nachsicht einer Staatsgewalt, welche sich wenig darum kümmerte, Gerechtigkeit am Volke zu üben. Doch die göttliche Rache behielt es sich vor, selbst Verbrechen zu bestrafen, denen die weltliche Macht Straflosigkeit zugesichert. Am 27. März, am Osterdienstage, theilte Meister Rudeck, Canonicus von Wislichi, den Inspirationen eines mehr feurigen als klugen Eifers folgend, beim Herabsteigen von der Kanzel, dem versammelten Volke mit, er habe einen wichtigen Brief erhalten. Er wurde gebeten, ihn vorzulesen. Es wurde ihm darin mitgetheilt, daß die Juden in Krakau in der verflossenen Nacht ein Christenkind ermordet, sein Blut zu scheußlichen Religionsgebräuchen verwendet und daß sie mit Steinen nach einem Priester geworfen, welcher einem Kranken das heilige Abendmahl brachte. Diese Erzählung empörte das Volk gegen die Juden, welche grausame Mißhandlungen auszustehen hatten, trotz der Bemühungen der Obrigkeit, welche sich vergeblich bemühte, solchen Auftritten Einhalt zu thun, welche in ihren Folgen den Christen wie den Juden nachtheilig waren.

Ungefähr im Jahre 1420**) forderten die Juden in Asien welche gegen die Christen und ihre Religion noch immer so feindselig waren, die Türken zur Besetzung des Grabes Davids auf, unter der falschen Vorspiegelung, daß daselbst große Schätze ver-

---

*) Marci Hansisii, Germania sacra, t. I.
**) Gianonne: Storia di Napoli.

borgen seien. Allein ihre eigentliche Absicht ging darauf hin, die Zerstörung einer chriftlichen Kirche zu bewerkstelligen, welche der Grabstätte unseres Erlösers zu Ehren erbaut worden. Auch erreichten sie wirklich ihren Wunsch zum großen Schaden der Christen. Deßhalb wendete sich Martin V. an die Königin von Neapel, Johanna II., welche den Juden Kalabriens eine ansehnliche Geldstrafe auflegte, zum Ersatze des Schadens, welchen die Christen erlitten.

Ungefähr um dieselbe Zeit schrieb der Chronist Albert Krantz: „Da die Juden, dieses heimtückische Volk, überführt worden, den böhmischen Ketzern, welche die Katholiken bekriegten, Waffen und Geld geliefert zu haben, ließ sie der Herzog Friedrich von Baiern in der ganzen Ausdehnung seiner Lande gefangen setzen und verurtheilte sie zu schweren Geldstrafen. Dieses Volk verdient wirklich aus den christlichen Ländern entfernt zu werden, denn es thut alles Mögliche, um Christum zu beschimpfen und seine Anbeter zu vernichten."

In den von Pez geschriebenen österreichischen Jahrbüchern*) liest man, daß beiläufig im Jahre 1421 die Juden einige Stückchen Hostie von einem Christenweibe erhielten. Diese theilten sie unter einander, um an ihnen dieselben Mißhandlungen auszuüben, die sie einst unserem Heilande in seiner Passion angethan hatten. Auf das eigene Geständniß dieses Weibes wurde diese That entdeckt und die Juden wurden zur Strafe gezogen. Diese ruchlose Handlung, welche zur österlichen Zeit begangen worden, beweist, daß die Juden, da sie gerade kein Christenkind bekommen konnten, um es aus Haß gegen Jesus Christus zu schlachten, ihren Haß wenigstens an dem heiligen Abendmahl kühlen wollten.

In der Geschichte Schlesiens findet man die Erzählung einer im Jahre 1453 begangenen ähnlichen Frevelthat. Curcus, ein Protestant, zieht dieses Faktum in Zweifel, und tadelt die strengen Maßregeln, welche man gegen die Juden anwendete. Allein er findet diese Maßregeln nur deßhalb so strenge, weil er in seiner

---

*) Pez, Script. Rer. Aust. T. II., p. 851.

Eigenschaft als Protestant wenig Werth auf das hochwürdigste Altarssakrament und auf die leibhaftige Gegenwart Jesu Christi in den heiligen Hostien legt. Daher war er auch der Meinung, die Juden hätten keine so strengen Strafen verdient. Aber er selbst weist später nach, man hätte den Juden den Zutritt ins Reich gar nicht gestatten sollen, um sie nach ihrer Zulassung wieder fortzujagen.

Als die Türken um die Mitte desselben Jahrhunderts mit großer Grausamkeit die Christen in Orient anfielen, da freuten sich die Juden darüber, und stachelten den wilden Eroberer nur noch mehr auf, mit der Hoffnung, er würde ihr Messias werden, die Synagoge wiederherstellen und die christliche Kirche vernichten*).

Um dieselbe Zeit lebte der heilige Antoninus, Erzbischof von Florenz. Wo er in seiner Abhandlung De summo Pontifice von den Juden spricht, erinnert er an die canonischen Gesetze in den alten Jahrhunderten, welche es der christlichen Obrigkeit dringend empfahlen, dieses Volk von der Verwaltung der öffentlichen Geschäfte ferne zu halten. Ferner legt es der heilige Antoninus den Bischöfen und christlichen Fürsten an's Herz, die Juden des Müssigganges und der Faulheit durch die Verpflichtung zu entwöhnen, sich ehrlichem Geschäfte oder einem Handwerke zu widmen, damit sie keine Veranlassung fänden, ihre Existenzmittel auf andere Art, nämlich durch Wucher und andere schändliche Mittel sich zu verschaffen. Diese dringende Bitte des heiligen Erzbischofes und diese Vorschriften der vorigen Jahrhunderte, welche die Juden zur Arbeit zwangen, setzen die Bosheit dieser Menschen in ihr ganzes Licht. Denn sie brachten ihr ganzes Leben in Müssigang und Trägheit hin, und trachteten nur von dem Schweiße und dem Eigenthum der Christen zu leben, welches sie durch Wucher, durch den Alleinhandel, welchen sie betrieben und durch offenen Raub an sich brachten. Diese Unordnung erzeugte noch tausend andere Uebelstände für Kirche und Staat. Auch scheint uns, daß heutzutage Niemand ein System gutheißen kann, wie es die Synagoge in Mitte der christlichen Völker verfolgte. Wer würde daher

---

*) Ugolino, Thesaurus antiquit., t. XXIII, p. 1066.

die Maßregeln tadeln, welche das Episcopat gegen dieses Volk ergriff?

Uebrigens genügt es, das Verhalten der Kirche gegen die Juden zu erwägen, wie es der heilige Erzbischof von Florenz bemerklich macht und an die Sorgfalt zu denken, welche sie anwendete, um ihnen ihren Müßiggang und alle jene lächerlichen und barbarischen Vorurtheile zu benehmen, die sie aus dem Talmud und den Auslegungen ihrer Rabbiner schöpften. Es genügt ferner, an die wiederholten Bemühungen des christlichen Episcopates zu denken, um so viele unselige Grundsätze aus ihrem Gemüthe zu beseitigen und allen den schlechten Erfolg derselben, um zu ersehen, daß der Verfall der Juden zu jener Zeit einzig und allein ihr eigenes Werk war. Es war dieß die nothwendige Folge ihrer Gehässigkeit und ihres Uebelwollens und nicht im Mindesten die Wirkung der Intoleranz, welche die weltliche oder geistliche, christliche Obrigkeit gegen sie ausübte, weil gerade sie alles aufbot, dieses unglückselige Volk seiner Unwissenheit, seinen Irrthümern und seiner Trägheit zu entreißen.

Das denkwürdigste Ereigniß des 15. Jahrhunderts in Bezug auf die Juden ist ihre Austreibung aus Spanien, unter der Regierung Ferdinands und Isabellas im Jahre 1492. Dieses Verfahren der katholischen Könige hat den Vertheidigern der Sache der Juden einen Vorwand gegeben, um über Grausamkeit zu schreien. Bevor man aber so aburtheilt, wäre es nicht angemessen, die Angelegenheit von ihren verschiedenen religiösen und politischen Gesichtspunkten aus zu betrachten, auf die Aussagen der Neubekehrten besondere Aufmerksamkeit zu verwenden, und noch mehr auf die der Rabbiner selbst, ohne von den Dokumenten zu sprechen, welche die christlichen Geschichtschreiber über diesen Akt der Vorsicht liefern werden, deren Gegenstand die Juden gewesen?

Alphons Spina, oder wer auch immer der Verfasser der Geschichte der Juden in Spanien sein mag — ohne Zweifel ist es ein spanischer Neophyt — erzählt im dritten Buche De bello judaico, daß im Dorfe Tavara, dem Ludwig von Almanza angehörig, im Königreiche Kastilien ein jüdischer Schmied, dessen Sohn vom Gerichte zum Tode verurtheilt wurde, sich verrückt stellte und unter unaufhörlichem, fürchterlichem Geschrei durch das Dorf zog. Man ließ ihn gewähren, weil man es seiner Narrheit zuschrieb. Doch dieß war nur Verstellung, und der Verräther schmiedete in's Geheim mit seinen andern Kindern Eisenstangen, die an gewissen Stellen durchlöchert waren. Sie sollten dazu dienen, in der Nacht alle Hausthüren zu versperren und zu vernageln. Er hatte auch Eisenspitzen verfertiget, welche in Spanien „abrojos" heißen. Ihrer bedienen sich die Verbrecher gewöhnlich, um Menschen und Pferde, welche die Orte passiren, wo sie aufgestellt sind, an den Füßen zu verletzen. Nach Beendigung aller dieser listigen Anschläge ging er in einer Nacht, durch die Dunkelheit begünstigt, an's Werk. Er vernagelte die Hausthüren und streute allenthalben seine Eisenspitzen aus, um die, welchen es allenfalls gelänge, aus ihren Häusern zu entkommen, damit zu verwunden. Nachdem alle diese Vorbereitungen, ohne Zweifel mit Hülfe mehrerer anderer Juden geschehen, welche gleich ihm die Ausrottung aller Christen im Dorfe wünschten, legte er Feuer an die Häuser und begab sich auf die Flucht. Durch das Feuer und den Rauch aus dem Schlafe geweckt, verließen die Dorfbewohner eiligst ihre Schlafstätten. Um dem Verbrennen zu entgehen, wollen sie ihre Thüren öffnen, allein dieß gelang ihnen nicht und sie kamen in großer Anzahl um. Die, welche auf die Straßen konnten, traten in die Eisenspitzen, die ihnen die Füße verletzten. Als der König diese Begebenheit erfuhr, ließ er alle im Dorfe vorfindlichen Juden hinrichten. Gedenken wir hier, als Bestätigung des Erzählten, und des in der Folge noch zu Erzählenden, eines höchst wichtigen historischen Dokumentes, nämlich der Bulle des Gegenpapstes Benedikt XIII. Sie wurde im Jahre 1415 in Spanien gegen den Talmud und seine Lehrsätze erlassen, welche in religiöser und moralischer Beziehung als intolerant und der menschlichen Vernunft zuwiderlaufend erklärt werden. Aus dieser Bulle geht deutlich der Schade hervor, welcher der christlichen Gesellschaft aus den Handelskniffen der Juden in ihrem Verkehr mit den Christen erwuchs, und das verstockte Verharren dieses Volkes in seiner Verschmitztheit, trotz der Drohungen, deren Gegenstand sie waren.

Der zuvor zitirte Verfasser theilt uns eine andere Begeben=

heit mit. Unter der Regierung Johann II. in Kastilien und
während der Regentschaft seiner Mutter Katharina kaufte ein jü=
discher Arzt um einen sehr hohen Preis eine geweihte Hostie, welche
er im Verein mit mehreren Mitschuldigen in siedendes Wasser
warf. Einige von ihnen, entsetzt ob dieser gräulichen Frevelthat,
nahmen die Hostie heraus und trugen sie zurück in das Kloster
des heil. Kreuzes, dem Predigerorden angehörig, um der Strafe
zu entgehen, wenn der Frevel entdeckt würde. Der Prior des Klo=
sters theilte die Begebenheit dem Bischof von Segovia, Johann
von Oxerdesillas mit. Auch der Regentin, welche damals in dieser
Stadt war, kam die Sache zu Ohren. Es wurden strenge Un=
tersuchungen angestellt, die Schuldigen aufgefunden, und unter
ihnen Don Mair, der jüdische Arzt, von dem wir so eben ge=
sprochen haben, welcher Arzt des Königs Heinrich gewesen war.
Auf die Folter gespannt, gestand er nicht nur den dem heiligen
Sakramente angethanen Schimpf, sondern er bekannte sich auch
als den Urheber des Todes des Königs Heinrich. Er wurde sammt
seinen Mitschuldigen zum Tode verurtheilt. Diese Entdeckung be=
wog den Bischof zu noch strengeren Nachforschungen über die Misse=
thaten der Juden. Diese gewannen aus Furcht vor Entdeckung
mit schwerem Gelde den Haushofmeister des Bischofs, um sich
diesen wachsamen Prälaten vom Halse zu schaffen. Der Haus=
hofmeister erhielt das Geld, und einen Augenblick der Abwesen=
heit benützend, warf er das Gift in ein mit Brühe gefülltes Ge=
fäß, dann richtete er wieder den Tisch seines Herrn her. Als der
Koch zurückgekommen, fuhr er in seiner Arbeit fort, allein wie
war er erstaunt, als ihm einige Tropfen der vergifteten Brühe
auf die Hand fielen und er fast sogleich eine sehr schmerzliche Ent=
zündung verspürte. Er entnahm daraus, daß die Brühe vergiftet
sei und setzte den Bischof von dem Geschehenen in Kenntniß. Man
forschte nach dem Urheber des Verbrechens. Bald fiel der Ver=
dacht auf den Thäter, welcher am Ende sein Verbrechen gestand
und sammt einigen Juden zum Tode verurtheilt wurde. Die an=
deren Schuldigen ergriffen die Flucht.

Fügen wir zu diesem Allem noch die seltsamen Geständnisse
hinzu, welche der Jude Salomon ben Sevet in einer Unterredung

mit dem Könige Alphons gemacht, in Betreff der Immoralität der Synagoge in ihrem Verkehr mit den Juden zur selben Zeit, mit der wir uns beschäftigen. Ben Sevet vergleicht die Christen mit den Juden in ihren Gebeten und Gebräuchen, sagt, daß die Letzteren mehr als die Christen beten*), und fügt hinzu: „Die Christen, um ihre Vorschriften zu respektiren, enthalten sich vom Raub, Betrug, Wucher und anderen ähnlichen Dingen. — Die Juden hingegen sind nicht gewöhnt, sich des Diebstahls, Betrugs und Raubes zu enthalten." Und ferner: „Die Juden, mit der ihnen eigenthümlichen List und Schlauheit, kennen besser als die Christen die Mittel des Geldgewinnes, so zwar, daß sie sich durch ihren niederträchtigen Wucher großen Reichthum erwarben. Wer sich von der Wahrheit überzeugen will, der wird finden, daß der dritte Theil vom Grund und Boden Spaniens durch den außerordentlichen Wucher der Juden in den Besitz derselben gekommen ist." Unser Autor fährt fort, und zählt nun die Hauptursachen der den Juden unter den Christen zugestoßenen Unglücksfälle auf**): „1) Die schweren Sünden ihrer Vorfahren. 2) Das geringe Anrecht auf Wohlwollen, welches sie haben. 3. Der Tod Jesu von Nazareth. Die vierte Ursache bezieht sich auf die Anhänglichkeit an das Gesetz, die Weiber und den Reichthum. Darin verhalten sich die Juden wie die anderen Völker. Schon seit geraumer Zeit haben die Juden angefangen, die jungen Christenmädchen zu lieben, in Folge der zu großen Vertraulichkeit, worin sie mit ihnen lebten. Es gibt deren, welche sich nicht fürchten, offen und laut zu behaupten, es sei nur ein leichtes Vergehen, Christenfrauen zu lieben, weil den Uebertretern des Gesetzes in diesem Falle nur eine leichte Strafe, nämlich Stockstreiche auferlegt war; doch vergessen sie, daß ihnen die von ihren Nebenbuhlern gelegten Fallen oft das Leben kosten. Auch urtheilen die Kabbalisten, daß diese Menschen zu ewigen Strafen werden verurtheilt werden. Das Strafbarste an der Sache ist aber, daß ein solcher Umgang die Zahl der Götzendiener (der Christen) vermehrt. Die Sucht nach Reichthum hat die Juden auch bewogen, die Geschäfts-

---

*) Res Judæorum a Georgio Genteo editæ, p. 76, 329, etc.
**) P. 339.

und industrielle Ernte der Christen mit ihrer Sense abzumähen, daher entstand das so große Uebel des Diebstahls und Raubes, dem sie sich überlassen. — Die sechste Ursache ist der Meineid, den sie ohne allen Rückhalt begehen. Die siebente ist der Stolz und Ehrgeiz, von dem sich einige der Unsrigen so weit hinreißen ließen, daß sie über die Christen und über alle Völker herrschen wollten u. s. f."

Ein solches Geständniß aus dem Munde eines Juden ist gewiß kostbar und der Aufbewahrung werth. Die, welche das religiöse Prinzip des Christenthums begreifen, welche Ordnung, Sittlichkeit und ihr Vaterland lieben, sollen nun noch sagen, ob die Austreibung der Juden aus Spanien nicht gerechtfertigt ist. Und was werden sie von dieser Maßregel denken, wenn wir hinzufügen, daß die Juden behaupten, sie hätten ganz besonders Rechte auf die Herrschaft über Spanien, weil nach einer ihrer Traditionen (es ist derselbe Ben Sevet, der sich ebenfalls zu dieser Tradition bekennt) in diesem Lande Nachkommen aus den Stämmen Juda und Benjamin leben, aus deren einem der verheißene Messias geboren werden soll? Dieser traditionelle Glaube vergrößerte den Eifer und das Bestreben der Synagoge, die Herrschaft der Christen in diesem Lande noch früher als in den anderen umzustoßen. In diesem Glauben wurden sie noch bestärkt, da sie in dem Propheten Abdias das Wort Sepharad lasen, welches ihre Rabbiner mit dem Worte Spanien übersetzen, und sie bildeten sich daher ein, sie würden unter der Anführung des Messias die Herren Spaniens werden.

Simon Luzzato, einer der Meister der Synagoge, tadelt zwar die Dekrete Ferdinands in Bezug auf die Ausweisung der Juden, gesteht aber offen und frei, daß die größte Anzahl der spanischen Juden, die er auf eine Million angibt, leicht der Vermuthung Raum lasse: es möge unter ihnen viele revolutionäre Elemente geben, woraus sich der Argwohn des Königs von Spanien erklären läßt.

Nimmt man hiezu die Furcht vor den Mauren jenseits des Meeres, mit denen die Juden beinahe immer im Einvernehmen waren, so wird man die gegen sie ergriffene Maßregel noch besser begreifen. Endlich gesteht derselbe Rabbiner, daß eine Menge Mordthaten und Diebstähle von den Juden, seinen Brüdern, zum Nachtheile der Christen begangen worden, was bei dem Entschlusse des Königs von keinem geringen Gewichte sein mochte. Blanca*) führt unter diesen Frevelthaten die Ermordung des Inquisitors Pedro Arbuesio an. Dieses Verbrechen wurde von den Juden angezettelt, welche zwei Christen bestachen, um ihren entsetzlichen Plan auszuführen. Der besagte Meuchelmord fällt in das Jahr 1485. Nun bringe man noch die beständige Mißachtung in Anschlag, die sie gegen die Mysterien unsers heiligen Glaubens, besonders aber gegen die heiligste Eucharistie an den Tag legten. Letztere war der Gegenstand ihres besonderen Hasses, sie suchten sich consecrirte Hostien durch Diebstahl oder Geldbestechung zu verschaffen, um mit Worten und Werken ihren ganzen Abscheu dagegen zu bezeugen. Alle diese Thatsachen sind durch die Enthüllungen des Neophyten Alphons Spina bekannt geworden.

Uebrigens dürfen wir noch andere große Scandale nicht mit Stillschweigen übergehen, wodurch die spanische Kirche in Trauer und Betrübniß versetzt wurde. Schuld daran waren die damals üblichen magischen Künste, die Zauberformeln und Beschwörungen, welche die Juden in ihrem Verkehr mit den Christen anwandten. Man sieht daraus, wie unheilbringend derlei Praktiken für die christliche Religion und Moral sind. Die vom Kardinal-Erzbischof von Toledo mit Hülfe Ferdinands eingeführten Reformen beweisen, bis zu welchem Grade das Uebel angewachsen war. Hieronymus Paolo, Rechtsgelehrter von Barcellona, schrieb zu jener Zeit an Paolo Pompilio und entwarf eine genaue Schilderung der Lage von Barcellona: „Unsere Stadt ist vor allen anderen lobenswerth, weil es den Juden unmöglich gemacht wurde, dort zu leben, da es ein schmutziges, liederliches, unzüchtiges, hoffärtiges und verabscheuungswürdiges Volk ist, wenn es nicht durch das Joch der Knechtschaft im Zaum gehalten wird. Es ist ein Geschlecht, auf Wucher und allerlei schamlosen Gewinn bedacht,

---

*) Hieronymus Blanca, Commentat. rerum Aragon.

das nur dahin trachtet, in Folge des besonderen Hasses gegen die Christen sie auf alle Weise zu hintergehen."

Nach Aufzählung aller dieser Thatsachen, von denen sich die meisten auf das Zeugniß der Juden selbst stützen, kommt es uns vor, als müßten die Vertheidiger der Synagoge etwas ablassen von ihren Illusionen, wenn sie in dem von Ferdinand gefaßten Austreibungsbeschlusse die größte Ungerechtigkeit finden, womit man gegen die Juden zu Werke gegangen. Alle Staatsmänner, ohne Ausnahme, haben die Austreibung der Mauren gebilliget, warum sollten sie die Vertreibung der Juden mißbilligen, die auf den nämlichen Gründen beruhet? Mußte nicht Jedermann einsehen, daß noch wichtigere Gründe zum Ergreifen der Maßregel bestanden, unter der die Juden litten, weil diese sich fortwährend mit den Mauren verständigten und die Unternehmungen dieser Völker gegen die Christen aus allen ihren Kräften unterstützten, so groß ist ihr Haß gegen den Namen Christus und seine Verehrer? Ist es in Wahrheit nicht auch erwiesen, daß ihr Streben stets auf Entehrung dieses Namens und auf die Vertilgung seiner Verehrer hinausging? Gewiß verdienten die Mauren, welche im Punkte der Religion toleranter, im Punkte der Moral minder verderbt waren, eine nachsichtigere Behandlung als die Juden. Denn dieses Volk bewies sich mehr als jedes andere als gefährlich und unheilbringend für die Gesellschaft. Der größte Theil dieses Volkes hatte, vor drei Jahrhunderten seiner Missethaten wegen verjagt, in Folge der Nachsicht der Fürsten in Spanien eine Zuflucht gefunden, machte sich aber durch seinen Undank der ihm erwiesenen Gastfreundschaft fortwährend unwürdig.

Um endlich den perfiden Charakter dieses Volkes ganz zu erfassen, einen dem Geiste der Pharisäer ganz entsprechenden Charakter, nach deren Lehre und Beispiel sich die Juden allzeit richteten, genügt es, die an Karl den Fünften, den Nachfolger Ferdinands, von einigen Juden gerichteten Vorstellungen zu lesen. Dieselben waren zum Christenthum übergetreten, um der Verbannung zu entgehen. Diese Juden, welche insgeheim noch immer die Gebräuche der Synagoge befolgten, hatten eine günstige Gelegenheit zur Aeußerung ihrer Perfidie gefunden und schickten Ab geordnete an Karl den Fünften, um ihm vorzustellen: „sie wären gegen ihren Willen zum Christenthum übergetreten, wobei sie hinzusetzten, daß sie in Ehren ihren Handel trieben und die nützlichsten, ja vielleicht die treuesten Unterthanen seines Reiches seien. Sie hegten daher die Hoffnung, man werde ihnen die Freiheit lassen, zu ihrem alten Glauben zurückzukehren. Ferner versprachen sie zu den Bedürfnissen des Staates beizutragen und boten aus Dankbarkeit für diese Wohlthat 800,000 Goldthaler an." Bemerken wir flüchtig die Schamlosigkeit dieser Menschen, welche es wagen, sich für die besten Unterthanen des Reiches auszugeben, nachdem ihre kirchlichen Oberhäupter selbst alle Verbrechen der Juden und allen Schaden, den sie der Gesellschaft und der christlichen Religion zugefügt, eingestanden haben. Schlagen wir das Evangelium auf und wir werden die wunderbare Uebereinstimmung dieser Verstellungen mit ihrem Charakter sehen: „Ich danke dir, mein Gott, daß ich nicht bin, wie die anderen Menschen, Räuber, Ungerechte, Ehebrecher und wie dieser Zöllner," sagte der Pharisäer im Tempel. Unser Heiland, Jesus Christus, sprach über sie das treffend bezeichnende Urtheil: „Dieß Volk ehret mich mit den Lippen, aber ihr Herz ist weit von mir" (Matth. XV. 8.). Man höre nur in dieser Beziehung das offenherzige Geständniß eines Juden an, welcher auf einer Reise, die er in Kastilien machte, mit einem Christen zusammengekommen war und der bei der Trennung von ihm also zu ihm sprach: „Du weißt, wie viele Zeichen des Wohlwollens wir uns auf dieser Reise gegenseitig gaben, und daß wir uns wie Brüder gegen einander benahmen. Wisse jedoch, daß trotz der dir gegebenen Zeichen des Wohlwollens der Haß, den ich in meinem Inneren hege, deßhalb nicht kleiner war. Zum Lohne für die Dienste, welche du mir erwiesen, will ich dir folgenden Rath geben: Traue niemals einem Juden, wie groß auch die Freundschaft sei, die er gegen dich bezeugt*)."

So war in der That das System, welches die Vorsteher der Synagoge zu jener Zeit angenommen und in Anwendung gebracht hatten: Es bestand in der Kunst, ihre Worte und Werke in den

---

*) Itinéraire du P. Philippe a SS. Trinitate, lib. VI, c. VIII.

dichtesten Schleier der Heuchelei zu hüllen, um einfältige Menschen dadurch zu täuschen. Nach einer aufmerksamen Untersuchung der Schriften Abrabanels, den die Juden als das Orakel der Synagoge ansehen, macht der gelehrte Bartolocci folgende Schlußbemerkung*): „Er war der größte Feind der Christen. Aber das Abscheulichste an ihm ist, daß er zur selben Zeit, wo er seine Bücher mit Verwünschungen gegen die Verehrer Jesu Christi anfüllte, den christlichsten Fürsten schmeichelte. Er vermied die Gesellschaft der Christen nicht, im Gegentheil, er schien ein Vergnügen in einem freundschaftlichen und vertraulichen Gespräche mit ihnen zu finden. Zuweilen sprach er sogar Ansichten und Gesinnungen aus, wornach man ihn für einen vollkommenen Christen hätte halten können. Und dennoch bewahrte er in seinem Herzen das Gift des Hasses gegen das Christenthum, womit er auch seine Schriften schwängerte, denn in allen, besonders aber in seinen Erläuterungen der heiligen Schrift, brachte er Lästerungen gegen Jesum Christum, gegen seine Kirche, gegen den Papst, gegen die Bischöfe und den Clerus und gegen alle römisch-katholischen Christen an. Es ist schwer, eine Seite von seiner Erklärung der Propheten aufzufinden, welche nicht irgend eine dieser gefährlichen Ideen enthält." Wenn die Lehre und die Handlungsweise eines der achtbarsten Gelehrten der spanischen Synagoge von dieser Art waren, was wird man von den Schülern halten müssen, welche von ihnen Unterricht erhielten?

Es scheint uns, in Anbetracht aller dieser Thatsachen, daß wenn man Ursache zu Vorwürfen gegen das Inquisitionsgericht in Spanien zu haben glaubt, dieß sicherlich nicht der Strenge wegen geschieht, die sie an der Synagoge ausgeübt. Denn die einzige Absicht derselben ging dahin, die Dogmen des Evangeliums zu bekämpfen und dessen Moral umzustoßen. Man müßte die Kraft und Stärke des christlichen Princips nicht empfinden, von seiner Wahrheit und Heiligkeit nicht gerührt und kein Freund der socialen Ordnung sein, um das Benehmen der Juden in Spanien nicht offenkundig zu verabscheuen. Doch wir wollen die Reihenfolge der Ereignisse wieder aufnehmen.

*) Bibliotheca rabb., t. III, p. 875.

Viele aus Spanien verjagte Juden flüchteten sich nach Portugal. Ueber diesen Umstand hielt der König Emanuel mit den vornehmsten Herren seines Hofes eine Rathsversammlung*). Vor Allem kam man darin überein, daß die Juden eine dem Staate und der Gesellschaft schädliche Secte bildeten, besonders in christlichen Ländern, und es wurde nun erwogen, was bei diesem Umstande am besten zu thun sei. Die Majorität verwarf die Ansicht derjenigen, welche in ihrem Reichthum einen Vortheil für den Staat sehen wollten. „Nicht ohne Grund, bemerkte man, wurde dieses Volk aus Frankreich, aus mehreren Provinzen Deutschlands und aus den Königreichen Arragonien und Kastilien ausgetrieben. Und die Fürsten handelten deßhalb so, weil sie den reichlichen Tribut, der den Juden auferlegt war, weniger in Anschlag brachten, als die Integrität (Lauterkeit) ihres Glaubens. Denn man war zu der Ueberzeugung gelangt, daß es die Juden auf den Glauben des ungelehrten Volkes abgesehen hatten, daß sie den geheiligten Namen Jesu beschimpften, daß durch ihre Reden in viele Gemüther unselige Irrthümer ausgestreuet und solchergestalt der Untergang der am wenigsten unterrichteten Menschen herbeigeführt würde. Uebrigens war es nicht klug, den Feinden des christlichen Namens zu vertrauen, welche von keiner Religionsvorschrift gehindert werden konnten, den Fremden die etwa entdeckten Geheimnisse zu verrathen und uns um Geld zu verkaufen. Was den Vortheil anbelangt, den sie bringen können, ist es gewiß besser, diese ihrer Betrügereien wegen berüchtigten Menschen sammt ihrer gesammten Habe abzuweisen, als sie erst dann wieder fortzujagen, wenn sie schon den ganzen Reichthum des Königreiches in ihre Säckel gesteckt haben. Im jetzigen Falle können sie doch nur das in Spanien Erworbene mit fortschleppen. Blieben sie längere Zeit im Lande, dann müßte man gewärtig sein und sehen, wie sie sich auf Kosten der Christen bereichern, Dank ihrer Schlauheit und Verschmitztheit, worin sie ausgemachte Meister sind." Emanuel, auf welchen diese Bemerkungen ihren Eindruck nicht verfehlt hatten, veröffentlichte im

---

*) Hieronymi Osorii De rebus Emanuelis, regis Lusitaniae, l. I.

Jahre 1496 das Dekret, welches alle Juden und Mauren aus seinem Reiche verwies.

Nachdem wir die wichtigen Beweggründe und die Thatsachen mitgetheilt, durch welche die Könige von Spanien und Portugal zur Entfernung des Judenvolkes aus ihren Staaten bewogen wurden, halten wir es aber auch nöthig zu bemerken, daß wir weit entfernt sind und stets weit entfernt sein werden, das Benehmen der Christen oder anderer Leute zu billigen, welche vielerlei Grausamkeiten und Gewaltthätigkeiten ausübten, um die von dem Gesetze gestraften Unglücklichen außer Land zu schaffen. Auch wurden diese Grausamkeiten und Gewaltthätigkeiten von den Fürsten ganz und gar nicht gebilligt und sie laufen auch der Gerechtigkeit und den Grundsätzen des Christenthums schnurstracks zuwider. Die Geschichte dieser Verbannung, welche eine ziemlich große Anzahl von Juden nach Genua führte, erinnert uns, daß Tanarega in den Jahrbüchern dieser Stadt von einem alten Gesetze erzählt, durch welches einem jeden Juden verboten war, sich länger als drei Tage dort aufzuhalten, nach deren Verlauf er die Stadt verlassen mußte*). Muß man nicht vermuthen, daß irgend ein vorgekommenes Verbrechen den Senat von Genua zu dieser so strengen Verordnung bewogen haben mußte?

Wir haben jetzt die Handlungen der Synagoge in den andern Ländern, in demselben Jahrhundert zu untersuchen. In seinem Werke über die Alterthümer Padua's schreibt Scardeoni folgendes: „Als im Jahre 1491 das Leihhaus in dieser Stadt errichtet wurde, um die Christen aus den wucherischen Händen der Juden zu befreien, welche für ihre Darlehen 20 Procent begehrten, wurden 22 Banken, die von Juden gehalten wurden und ihnen ein Jahreseinkommen von 20,000 Goldthalern abwarfen, aufgehoben. Zugleich wurden sie mit einer großen Geldstrafe bedroht, falls sie ihre Geschäfte fortsetzen sollten."

Es ist gewiß, daß unter den mancherlei Verbrechen, welche die Juden in diesem Jahrhundert begiengen, viele sind, deren Gegenstand das heilige Altarsakrament war, ohne von der früheren

---

*) Tanarega, Storia di Genova, bei Muratori, Annali d'Italia, t. XXIV, p. 531.

und von den späteren ähnlichen Begebenheiten zu sprechen. Ich weiß wohl, daß die Akatholiken Alles anwenden, um die Wahrheit der Wunder zu bestreiten, welche sich bei mehreren dieser Freveltaten zutrugen, und sie suchen so Zweifel auf die Thatsachen selbst zu werfen, bei deren Gelegenheit die Wunder gewirkt wurden. Wir werden dagegen folgende Betrachtungen unterbreiten. Die Verachtung und der Abscheu, welchen die Juden vor den Mysterien des Christenthums hegen, werden stets als unbestreitbare Thatsachen dastehen, selbst wenn man die Anwesenheit Jesu Christi im heiligen Abendmahle läugnen sollte. Die große Zahl solcher Thatsachen, die in der Kirchengeschichte zu lesen sind, Thatsachen, die sich zu verschiedenen Zeiten an verschiedenen Orten ereigneten, schließt den Gedanken an eine Erfindung oder absichtliche Fälschung, die man den Geschichtschreibern vorwerfen könnte, aus. Nun werden aber solche Handlungen stets eine sehr große Beleidigung des Christenthums sein. Sie werden stets ein deutliches Zeichen der Intoleranz der Juden gegen die Religion Jesu Christi sein. Diese Intoleranz bewog nothwendig die christlichen Regierungen zum Ergreifen strenger Maßregeln gegen die Religionsschänder. Wir fragen, was geschehen würde, wenn heutzutage, zum Beispiele, ein Jude in die Paulskirche in London gehen und es wagen würde, für die christliche Religion schimpfliche Handlungen zu begehen?

Sechszehntes Jahrhundert.

Das sechszehnte Jahrhundert unterscheidet sich in nichts von den früheren. Es liefert uns eben so viele Beispiele von der Verworfenheit der Juden. Um besser ersichtlich zu machen, mit welcher Gerechtigkeit die weltliche und geistliche Macht sich bestrebten, die daraus entstehenden Uebelstände von der Gesellschaft ferne zu halten, werde ich mit der Zeugenschaft zweier jüdischer Schriftsteller beginnen, welche sich nach ihrem Abfalle vom Judenthum in den Schooß der Kirche begaben. Der Erstere ist Viktor von Cobden, der letztere Pfefferkorn. Dieser fiel zwar in der Folge vom Glauben wieder ab und kehrte zu seinem alten Aberglauben zurück, doch schwächt das die Aechtheit seiner Zeugnisse nicht. Cobden entdeckte offen die Bosheit und Verderbtheit der Synagoge. Er behauptet unumwunden, daß es kein treuloseres und halsstarrigeres Volk gibt, als das jüdische. Unter anderen bemerkenswerthen Dingen zeigt er auch, mit welcher Schlauheit sich der Jude an Orten einzuschleichen versteht, wo er nicht bekannt ist, wobei er alle möglichen Mittel anwendet, die Fremden irrezuleiten. Er weiß den Einwohnern geschickt zu schmeicheln und zeigt die größte Achtung vor ihnen. Er hebt den Nutzen hervor, den er dem Handel durch sein Geld bringen könnte. Er macht eine Menge Versprechungen und so insinuirt er sich anfänglich in das Gemüth der Menschen. Aber das ist noch nichts; das jetzt Folgende ist so außerordentlich, daß man es nicht ohne Staunen lesen kann: „Es existirt noch eine andere Art von Schlechtigkeit, sagt Cobden, welche diesen jüdischen Unholden erlaubt, sich zu bereichern, und ich werde sie ohne Rückhalt mittheilen, um vor ihrer Niederträchtigkeit zu warnen und zu zeigen, daß man ihnen nicht das geringste Vertrauen schenken darf. An einigen Orten verleihen sie auf ihre Rechnungsbücher und gegen Privatunterschrift Geld, ohne Wucherprocente, doch darf man diesem Scheine nicht trauen, denn sie verstehen die Urkunden perfekt zu verfälschen. Sie machen die Unterschriften nach, oder verfälschen sie, sie machen Zusätze oder entfernen ganze Stellen, sie machen nach ihrem Belieben Veränderungen, sie fertigen sogar neue Schuldverschreibungen an, kurz sie betrügen auf jede Weise, wie dieß schon oft erwiesen wurde. Deßhalb strafte der Kaiser Maximilian die Schuldigen in mehreren Provinzen seines Reiches, in Oesterreich, Steiermark und Kärnthen, und ließ die Juden sogleich aus manchen Orten ausweisen, sobald er von diesen Fälschungen überzeugt war. Daraus ist leicht zu ersehen, wie schädlich die Betrügereien der Juden der Wohlfahrt und dem Gedeihen der Christen sind."

An einem anderen Orte enthüllt derselbe Autor die rohe Unduldsamkeit der Juden gegen die Christen und führt dafür mehrere Beispiele an. Im 21. Kapitel erzählt er Folgendes: „Ein durch Geburt und Reichthum respektabler Jude, von der Falschheit seines Glaubens überzeugt, trat zum Christenthum über. Seine früheren Glaubensgenossen geriethen darüber in eine solche Wuth, daß sie ihm auf die strafbarste und verbrecherischeste Weise nach dem Leben trachteten. Da sie aber ihren Anschlag nicht ausführen konnten, weil er auf seiner Hut war und ihren Schlingen auswich, so nahmen sie ihre Zuflucht zu zwei schlechten Christen, die sich von ihnen mit Gold ködern ließen. Diesen gelang es nach längerer Zeit, sich in die Freundschaft des Neubekehrten einzuschleichen; sie benützten das Vertrauen, welches er in sie setzte, um ihn an einen abgelegenen Ort zu führen, wo sie ihn in die Hände seiner Feinde lieferten, die ihn grausam ermordeten." Und nun ein zweites von Cobden angeführtes Beispiel: „Ein Judenkind war zufällig mit Christenkindern gleichen Alters beisammen. Es ging mit ihnen in eine Kirche und als es nach Hause kam, erzählte es das dort Gesehene seinen Eltern. Diese machten dem Kinde heftige Vorwürfe darüber, die es aber nicht hinderten, dieselbe Kirche mit seinen Kameraden noch mehrmals zu besuchen. Darüber wurde die Mutter, welche voll des glühendsten Eifers für das Judenthum war, so erzürnt, daß sie beschloß, ihr eigenes Kind heimlich zu tödten, aus Furcht, es möchte am Ende zum Christenthum übertreten, und sie führte ihr entsetzliches Vorhaben auch aus."

Die Schilderung der Juden durch Pfefferkorn weicht von der vorigen in nichts ab. Der Jude, schreibt er, ist stets zu Lug und Trug aufgelegt. Bei seinen Geschäften mit den Christen hat er stets die Absicht zu betrügen. Er nimmt ohne Bedenken das Ergebniß der kirchenschänderischen Diebstähle der Anderen zu sich und er selbst lehrt den Anderen die Kunst zu stehlen. Es gibt ohne Zweifel viele Ketzereien und viele verschiedene Religionen auf der Welt, aber es besteht keine gefährlichere, betrügerischere und den Christen schädliche Secte, als die schmutzige Secte der Juden. Tag und Nacht sind diese Menschen nur damit beschäftiget, Mittel zu ersinnen, um die Macht der Christen umzustoßen und zu vernichten. Und finden sie keine anderen, so wenden sie den Wucher und alle nur möglichen Arten des Betrugs an und schmeicheln sich allenthalben ein unter allen anscheinenden Zeichen des Wohlwollens, der Freundschaft und eines sehr anziehenden Umgangs*).

---

*) Pfefferkorn, part. II.

Unser Autor geht weiter und erwähnt des Eifers, den die Juden anwenden, gleich als handle es sich um eine fromme Handlung, um die heiligsten Mysterien des Christenthums fortwährend zu lästern, was nach seinem Ermessen der Lehre des Moses ganz zuwider ist. Aber die Juden mißachten die Vorschriften des Moses und richten sich lieber nach den verdorbenen Lehren des Talmud. Auch haben sie als Feinde Gottes und der übrigen Menschen dem Rechte und der Wahrheit den Krieg erklärt. Ihrer halsstarrigen Bosheit widerstehen, mit Rath und That und durch die Staatsbehörde gegen sie einschreiten, heißt sich also Jesu Christo in Wahrheit getreu bezeigen, so wie es zum größten Wohl der Gesellschaft gehandelt ist, wenn sie, als dem Gemeinwohl schädliche Menschen, von des Reiches Grenze ferne gehalten werden. Das ist das Bild, welches uns dieser Schriftsteller von der Synagoge entwirft.

Thatsachen bestätigen die Wahrheit dieser Zeugnisse. Schlagen wir die byzantinische Geschichte*) um das Jahr 1522 auf. Bevor der Sultan Soliman die Zügel des türkischen Reiches ergriff, suchte ihn ein jüdischer Magier auf und prophezeite ihm, daß er zur Regierung gelangen werde. Nachdem Soliman den Thron wirklich bestiegen hatte, so fragte er den Magier um die Ereignisse während seiner Regierung. Darauf antwortete der Jude: „So lange die Christen in den Städten bleiben, werden sie Alles versuchen, um Aufstände zu erregen, und werden den zum Kaiser ausrufen, der sich an die Spitze des Aufruhrs stellt. Ihr müsset also, großer Sultan, diese Menschen verjagen und vernichten, bevor sie noch dieses Verbrechen begehen." Der Sultan berief hierüber eine Rathsversammlung und hätte alle Christen niedermachen lassen, wenn sich nicht Piri-Pascha einem so grausamen Vorhaben widersetzt hätte. Wer erkennt nicht in diesem Rathe, den der Jude dem Sultan Soliman gab, den Cherem, das heißt den Vernichtungsfluch über die Christen, welchen die jüdische Ruchlosigkeit beständig im Sinne hat? Ohne des Paschas Einsprache

---

*) Chronicon historiæ byzantinæ Ducæ Michaelis Nepotis.

hätte man eine Erneuerung der Gräuelscenen aus dem fünften und sechsten Jahrhundert gesehen.

Paul Jove sagt in der Schrift: De legatione Basilii Magni, principis Moscoviæ ad Clementem VII, indem er von den Sitten und Gebräuchen der Moskowiter spricht, Folgendes: „Die Moskowiter haben einen solchen Abscheu vor den Juden, daß sie bei dem bloßen Gedanken an sie zittern und beben und sie nicht in ihr Land aufnehmen wollen, weil sie sie für ruchlose und lasterhafte Menschen ansehen."

Im Jahre 1555 sprach der Kaiser Karl der Fünfte über einen fanatischen Juden, der sich für den Messias ausgab, die Todesstrafe aus. Dieser Jude hatte eine große Anzahl seiner Mitbrüder durch Zauberkünste irregeleitet. Sie hielten ihn wirklich für den Wiederhersteller des Reiches Israel und erregten an mehreren Punkten des Reiches Aufstände. War es eine Handlung der Vorsicht oder der Gerechtigkeit, die Empörung dieser irregeleiteten Leute zu unterdrücken?

Flamianus Strada*) erzählt, daß sich ein gewisser Michez, ein unruhiger und ehrgeiziger Mensch, welcher sich aus Spanien geflüchtet und in Antwerpen niedergelassen hatte, wo er sich für einen Christen ausgab, die Gunst der Königin Marie und der vornehmsten Hofherren erwarb. Er benützte diese Gunst und entführte ein Edelfräulein, mit welcher er nach Venedig ging. Von da ging er nach Konstantinopel, wo er eine sehr reiche jüdische Dame heirathete. In der Folge wird er in Cilicien gesehen, wo er in freundschaftliche Beziehungen zu Selim, dem Sohne Solimans tritt, dessen Wünsche er alle befriediget und dessen schamlosesten Leidenschaften er fröhnt. Als Selim seinem Vater nachfolgte, wurde Michez sein Rathgeber in auf den Krieg bezüglichen Geschäften. Durch seinen Einfluß und seine perfiden Umtriebe brachen die grausamsten Drangsale über Venedig, die Insel Cipern und noch andere Länder herein. Die Annalen dieser Länder thaten mehr als einmal bittere Erwähnung davon.

Es ist hier an der Zeit und am Orte, an eine Stelle in einer

---

*) De bello belgico, decas I, lib. V.

Bulle des heiligen Papstes Pius V, welche im Jahre 1569 erlassen wurde, zu erinnern. Diese Bulle verordnet die Ausweisung der Juden aus einigen Provinzen des Kirchenstaates. Der glaubenseifrige Papst wußte, welchen Schaden den Christen ihr täglicher Umgang mit den Juden machte: „Da, sagte er, die Ruchlosigkeit der Juden durch allerlei verworfene Kunstgriffe verdeckt, so weit ging, so wurde es nothwendig, zum Heile der Unsrigen bei der Heftigkeit eines so großen Uebels eine schnelle Abhülfe zu treffen. In der That, ohne von den verschiedenen Gattungen des Wuchers zu sprechen, mit dessen Hülfe die Juden allenthalben die armen Christen ihres Besitzthums beraubten, halten wir es für sattsam erwiesen, daß sie Hehler und Theilnehmer aller Arten von Diebstählen sind, die an heiligen oder profanen Orten verübt werden. Die also gestohlenen Gegenstände wissen sie entweder geschickt zu verbergen, oder sie bringen sie außer Land, oder sie schmelzen sie ein oder gestalten sie um, damit sie unkenntlich werden. Eine große Anzahl von ihnen besuchen unter dem Vorwande, über Geschäfte zu verhandeln, welche sich auf ihren Handel beziehen, die Häuser ehrbarer Frauen und verleiten sie durch die schändlichsten Lockspeisen zum Bösen. Doch das Verderblichste ist, daß sie durch Anreizungen und abergläubische Künste, denen sie sich hingeben, schwache oder tollkühne Gemüther irre leiten und sie überreden, man könne die Zukunft vorhersehen, gestohlene Gegenstände wieder auffinden, Schätze und andere verborgene Dinge entdecken, lauter Sachen, deren Erforschung den Menschen verboten ist. Endlich ist es hinlänglich bekannt, mit welcher Verachtung diese verworfene Secte den ehrwürdigen Namen Jesu Christi ausspricht u. s. w."

Führen wir hier noch an, daß Pius der Fünfte, der Heilige, bei Beginn seines Pontifikates den Rabbiner Elias Carcassio, Präsidenten der Synagoge zu Rom, an sein Versprechen erinnerte, welches ihm dieser, als er noch Cardinal war, gegeben hatte, daß er ein Christ werden wolle, wenn der Cardinal Papst würde. Elias hielt sein Versprechen und belehrte sich nebst noch mehreren anderen Mitgliedern der Synagoge, welche die ausgezeichnetsten Rabbiner jener Zeit waren. Der Papst wurde also von ihnen ohne Zweifel in Kenntniß gesetzt von allen Uebelständen und Scandalen, unter denen das Christenthum durch die Juden litt. Die Geschichte zeigt uns mehr als einmal, daß die Neubekehrten direkt oder indirekt zu den Beschlüssen der weltlichen oder geistlichen Behörden in Betreff der Juden beitrugen. Sie gestanden aufrichtig die Vergehen der Synagoge und die Uebelstände, welche für die Christen aus dem Umgange mit den Juden entstehen würden. Die Ursache dieser Uebelstände läge in der Strenge der christlichen Moral und in der totalen Erschlaffung des Gewissens der Juden, woraus eine bodenlose Kluft zwischen der Moral der beiden Religionen entstand und Veranlassung zu großem Aergerniß für schwache und schwankende Gewissen gegeben wurde.

Was die Magie anbelangt, macht Georg Godelmann, welcher zu jener Zeit schrieb, der Synagoge den Mißbrauch zum Vorwurf, den sie mit den von den alten Propheten ausgesprochenen heil. Orakelsprüchen trieb und die Ausübung der Schwarzkunst, welche der Religion und der Moral so schädlich und für sie so schimpflich sind, wozu sie nur das Studium der Kabbala gebracht hatte. Er bricht in den Ausruf aus: „Es ist wirklich zum Erstaunen, daß es, während das Evangelium in so hellem Glanze schimmert, Fürsten, Staaten und Gemeinwesen gibt, welche die Blasphemien und Zaubereien dieses Volkes dulden und in Schutz nehmen. Deßhalb verwarf der Herzog Christoph von Würtemberg den Rath derjenigen, welche unter dem Vorwande eines besonderen Nutzens die Zulassung der Juden in das Land verlangten. Man kann daher nicht genug das Verfahren der Könige von Dänemark und Schweden, der Churfürsten, der Fürsten und Städte Sachsens loben, welche ein so gottloses Volk nicht bei sich aufnehmen*).“

Die Muselmänner, welche eine große religiöse Achtung vor Jesus, dem Sohne Mariens, haben, haben strenge Strafen über diejenigen verhängt, welche ihm fluchen. Dennoch ereignete es sich, wie Gerlach, welcher der kaiserlichen Gesandtschaft bei der ottomanischen Pforte beigegeben war, erzählt, daß ein Christ und ein Jude in Konstantinopel miteinander in Streit geriethen, wobei der Jude Jesum Mamzer nannte, was so viel heißt als Bastard.

---

*) Georg Godelmann, De Veneficis et Magis, p. 52.

Der Sultan wurde von der Sache in Kenntniß gesetzt. Er fragte den Mufti, welche Strafe derjenige verdiene, welcher Isai ben Mariam, Jesus, den Sohn Mariens, gelästert habe. Es wurde ihm geantwortet, nach der Meinung einiger alter Schriftgelehrten müßte er zum Scheiterhaufen, nach Anderen zu lebenslänglichem Gefängniß, nach Anderen endlich 40 Tage lang der Bastonnade unterzogen werden*).

Luther, welcher die Hartnäckigkeit der Juden in Beibehaltung ihrer Satzungen und den Haß kannte, den sie gegen den christlichen Namen hegen, hat folgende Zeilen geschrieben: „Sie hätten weit eher zehn Heilande und Gott selbst sammt allen Engeln gekreuzigt und alle rechtschaffenen Wesen vernichtet, als daß sie zugegeben hätten, daß wir die Erben des wahren Messias und der Verheißungen der Patriarchen seien, wir, sage ich, die von denselben unaufhörlich verwünscht und verflucht werden. Sie allein wollen den Messias haben, sie erwarten von ihm die Herrschaft über die ganze Welt und die Christen müssen dann ihre Sclaven sein, das Gold und Silber der Christen wird ihnen übergeben werden und sie selbst werden ihren Launen gleich Lastthieren unterworfen werden."

In seiner Geschichte Genfs, um das Jahr 1582, berichtet Spon die Erörterung, zu der es über die Zulassung der Juden in diese Stadt kam. Der Herr de Candole brachte bei seiner Rückkehr aus Deutschland ein Bittgesuch der Juden mit, welche in der Furcht, aus diesem Lande verjagt zu werden, um ihre Zulassung in Genf baten. Sie stellten das Anerbieten, sich in der Zahl von 1000 — 10,000 gegen St. Johann oder St. Victor niederzulassen, und diese Quartiere mit Mauern zu umfangen, wo dann die Republik Besatzung einlegen solle. Sie versprachen ferner, daß sie die Ersten sein wollten, die zum Schutze des Freistaates zu den Waffen griffen, wenn man sie dazu verwenden wolle, sie erboten sich, einen jährlichen Tribut zu entrichten und sich allen Gesetzen, die man ihnen vorschreiben würde, zu unterziehen. Sie wollten sich begnügen, diesen Ort als Zufluchtsstätte

---

*) Wilhelm Schickard, Annalen der Könige von Persien. Proemium, p. 82.

zu haben und mit Wallis und Piemont Handel treiben zu können. Einige Rathsherren waren der Meinung sie aufzunehmen, und machten die großen Reichthümer geltend, welche die Juden in's Land bringen würden, daß sie gute Soldaten sein würden, die nichts kosteten, daß der Handel der Stadt durch sie bedeutend gehoben werden würde, daß endlich Niemand der Stadt Genf ihre Aufnahme zum Vorwurf machen könnte, da sie in ganz Italien geduldet würden. Andere Rathsherren waren entgegengesetzter Meinung. Sie machten die Vorstellung und wiesen nach, daß die protestantischen Staaten bei ihrer Duldung der Juden schlecht gefahren waren; man könne unter den jetzigen Umständen diesem Volke nicht trauen; ihre Zulassung würde eine große Vertheuerung der Lebensmittel zur Folge haben, weil sie sie mittelst ihrer wucherischen Umtriebe aufkaufen würden, denn das sei ja der Grund, weßhalb man sie aus Frankreich verjagt und damit umgehe, sie auch aus Deutschland zu entfernen. Die letztere Meinung drang durch und das Ansuchen der Juden wurde zurückgewiesen.

Ungefähr um dieselbe Zeit, erzählt Lorenzo Soranzo, wie die Juden im Einverständnisse mit den Türken in die Geheimnisse der europäischen Kabinette einzudringen versuchten, um sie dann den Ottomanen mitzutheilen. Unter dieser Art von Spionen zeichnete sich ein gewisser Jean Lopez aus, welcher in die Fußstapfen des Juden Michez trat, von dem wir weiter vorne gesprochen und dem es gelang, in die geheimen Pläne des Papstes Sixtus des Fünften einzudringen, die er dann dem Sultan Amurath mittheilte.

Derselbe Soranzo erzählt eine That, welche die Hinterlist und Grausamkeit der Juden noch deutlicher beweist: „Einige Zeit vor dem Tode Amuraths, sagt er, waren die Christen in Konstantinopel einer großen Gefahr für ihr Leben ausgesetzt, weil man sie beschuldigte, an verschiedenen Orten der Stadt Feuer gelegt zu haben. Amurath hatte in Folge dessen den Janitscharen befohlen, alle Christen, ohne Unterschied der Person, niederzumetzeln. Doch der Aga widersetzte sich diesem Befehle des Sultans und wies darauf hin, wie gefährlich die Vollziehung desselben bei der großen Anzahl von Christen sei und der Schaden, welcher daraus durch die Verminderung des Tributes entstände und daß dadurch das Völkerrecht verletzt wäre. Das Endresultat war dann dem erwarteten ganz entgegengesetzt, denn einige Judenfrauen, welche dem Sultan Amurath diesen Rath ertheilt hatten, wurden zum Tode verurtheilt." Besteht zwischen dieser Beschuldigung, welche durch den Haß auf den Namen Jesu Christi eingegeben wurde, und dem zu Nero's Zeit in Rom Geschehenen nicht einige Aehnlichkeit? Gleichfalls durch Einflüsterung der Juden gerieth Nero auf den Gedanken, den Christen die Schuld der Einäscherung Roms zuzuschreiben. Man sieht daraus die Standhaftigkeit der Juden in der Wiederholung ihrer alten Verläumdung der Christen. Das ist's, was schon der heilige Märtyrer Justinus beklagte, und was er dem Juden Tryphon und der gesammten Synagoge vorwarf, daß sie nämlich, unfähig durch sich selbst die Christen zu beseitigen, durch fortwährende Verläumdung die römischen Obrigkeiten zur Verfolgung und Vernichtung der entstehenden Kirche Jesu Christi aufstacheln.

Wir haben gesehen, wie gefährlich es in den früheren Jahrhunderten für die Christen war, in ihren Krankheiten die ärztliche Hülfe der Juden in Anspruch zu nehmen. Voet liefert uns Beispiele, welche beweisen, daß diese Gefahr nicht minder im sechszehnten Jahrhundert bestand*).

Im Jahre 1512 starb der türkische Sultan Bajazet in Folge des Verbrechens seines Arztes, der ein Jude war und der ihm ein Medicament reichte, an dem er auf der Stelle verschied. Der Kurfürst Joachim von Brandenburg erlitt dasselbe Schicksal von Seite eines jüdischen Arztes. Wenn wir uns hier an die Worte des Abbé Gioberti erinnern, welcher die Synagoge über die Maßen preiset für die wichtigen Dienste, welche sie im Mittelalter durch Ausübung der Heilkunde geleistet, so sehen wir, daß dieser Schriftsteller auch die Verordnungen der Bischöfe und Concilien ganz vergessen hat. In diesen wurde gerade zu jener Zeit den Christen verboten, in ihren Krankheiten jüdische Aerzte zu nehmen, aus der wohlgegründeten Besorgniß, sie möchten den Kranken statt

---

*) Voetius, ex auctoritate episcopi Senensis.

der Heilmittel schädliche Medicamente reichen, die sie durch Erfahrung kennen gelernt hatten. Der anonyme Neophyt stellt es in seinem Fortalitium fidei contra Judæos u. s. w. als eine erwiesene Sache hin, daß sich bei ihren feierlichen Versammlungen die jüdischen Aerzte um die Wette rühmten und ein jeder wollte eine größere Anzahl Christen ums Leben gebracht haben.

Um zu sehen, wie unheilbringend die damaligen Juden der christlichen Gesellschaft in ihrem Verkehr mit derselben gewesen sind, genügt es, sich an das zu erinnern, was im Jahre 1527 bei der Umgestaltung des florentinischen Freistaates beschlossen wurde. Es wurde den Juden verboten, einem Bürger auf Wucherzins zu borgen. Ferner wurde ihnen verboten, sich in den Städten und Ortschaften des Landes bleibend niederzulassen, sie durften sich nicht länger als vierzehn Tage an einem Orte aufhalten. Im Elsaß war es durch die Landesgesetze in den Jahren 1532 bis 1548 den Juden ausdrücklich verboten: sich mit den Bürgern von Straßburg in irgend ein Geschäft einzulassen. Diesem Verbote fügte Maximilian II. noch die Strafe des Verlustes von allem durch solche Contrakte Erworbenen hinzu, mit Ausnahme Desjenigen, was zum Lebensunterhalte nothwendig erfordert wurde.

Die christliche Liebe suchte, wie schon gesagt, nach einem Heilmittel für diese Uebelstände, welche man mit allen bisher angewendeten Mitteln nicht hatte heilen können. Die Magistrate kamen endlich auf den Gedanken, Leihhäuser zu errichten, zu denen die Bürger ihre Zuflucht nehmen konnten, wenn sie Geld zur Bestreitung ihrer Lebensbedürfnisse brauchten, und auf diese Art schützte man sie vor dem Wucher und der Raubgier der Juden. Eine Inschrift, welche auf dem Hauptplatze in Treviso zu lesen ist, bezeugt den Schaden, welcher den Bewohnern dieser Stadt, besonders den Armen aus dem von ihnen betriebenen Monopol und ihren anderen Bereicherungsmethoden erwuchs. Die Republik befolgte endlich das Beispiel anderer Städte, dekretirte die Austreibung dieses Volkes und errichtete ein Leihhaus, um den Dürftigen Hülfe zu leisten.

Wir wollen hier ein für allemal sagen, daß man unter die Ursachen des Bösen, das die Synagoge zu allen Zeiten und vorzugsweise im Mittelalter dem Christenthum zugefügt, die Faulheit und den Müssiggang zählen muß, dem die Juden ausschließlich ergeben waren. Da sie jede Anstrengung, sei es bei der zum Ackerbau, oder bei irgend einem Zweige der Industrie oder des Handwerkes erforderliche Arbeit flohen, brachten sie ihr Leben in eitler Gewinnsucherei zu, und überließen sich ganz und gar einem schändlichen Schacher, bei dem sie nur auf Betrug ausgingen. Das kann man genau aus jenen Vorschriften entnehmen, welche von den geistlichen und weltlichen Behörden so oft wiederholt wurden, um den für die christliche Gesellschaft traurigen Folgen der Trägheit dieses Volkes vorzubeugen.

Wir werden unsere Bemerkungen über das sechszehnte Jahrhundert schließen, indem wir die Bulle des Papstes Clemens VIII. vom Jahre 1593 der Aufmerksamkeit des Lesers empfehlen. In dieser Bulle erinnert der Papst an die Erlasse seiner Vorfahren Gregor IX., Innocenz IV., Clemens IV., Honorius IV., Johann XXII., Julius III., Paulus IV. und Gregor XIII. und wiederholt das Verbot des Lesens des Talmud und der anderen Bücher (Schriften) der Synagoge, als in jeder Beziehung verabscheuungswürdig: Perpetuo prohibemus quosvis libros et codices talmudicos, impios, saepe damnatos, vanissimos, cabalisticos, atque alios nefarios a praedecessoribus nostris condemnatos, etc." War eine solche Verdammung nicht gerecht? In diesen Schriften werden die Lehrsätze der christlichen Kirche beschimpft und mit Füßen getreten, die öffentliche Moral wird nicht minder mit Schmach überhäuft; daraus entspringen natürlich alle bürgerlichen und kirchlichen Störungen und schwer dürfte es sein, anderswo für die Gesellschaft und Religion gefährlichere Grundsätze zu finden!

Siebzehntes Jahrhundert.

Die Synagoge hegte noch fortwährend mit größter Beharrlichkeit denselben Haß gegen den Namen Jesus Christus und seine Verehrer, wie in den vorigen Jahrhunderten. Dieser Haß, mit der Muttermilch eingesogen, kann nur schwer beseitigt werden.

Zugleich sind die Juden stets bereit, des Vertrauens der Christen zu spotten, daher sie Sorge tragen, ihr Benehmen nach den verschiedenen Umständen einzurichten und sich so zu zeigen, wie es ihr Vortheil erheischt. Sie verbergen daher ihre schlimmen Anschläge hinter dem heuchlerischen äußeren Anscheine, wie es auch in dem bezeichnenden Charakter ihrer Vorfahren, der Pharisäer, gelegen war.

Im Jahre 1648 stahl in Wien ein Jude aus Böhmen in der Synagoge ein silbernes Gefäß. Um der Rache seiner Glaubensgenossen zu entgehen, entschloß er sich, ein Christ zu werden*). Er erwarb die Gunst Ferdinands III. und lebte am Hofe. Aber nach Verlauf einiger Zeit entwendete er in Gesellschaft zweier anderer Juden aus der kaiserlichen Schatzkammer Gegenstände von großem Werthe. Er wurde entdeckt und zum Tode verurtheilt. Bei seiner Ausführung auf den Richtplatz bewies er, daß seine Bekehrung nichts als Verstellung gewesen. Er warf das ihm in die Hände gegebene Kruzifix zu Boden und sprach laut und deutlich folgenden Protest: „Ich bekenne, daß ich nur mit dem Munde und nicht vom Herzen Theil an Eurem schmählichen Götzendienst und an Eurem Brode nehme." Nach Vollzug des Urtheils bewahrte die Obrigkeit durch eine Inschrift die Erinnerung an diesen elenden Menschen der Nachwelt auf. Buxtorf, einer der gelehrtesten Hebräer jener Zeit, der so weit als nur möglich in den Geist der Synagoge eingedrungen war, und der die Grundsätze und antisocialen Tendenzen, zu denen sie sich bekennt und die in ihren Schriften gesammelt sind, genau kannte, Buxtorf sagt: „In Folge der eitlen Ideen von Macht und Herrschaft, an denen sie, wie an eben so vielen göttlichen Verheißungen hängt, gibt es auf der Welt kein blutdürstigeres und rachsüchtigeres Volk als das jüdische. Sie halten sich für das auserwählte Volk Gottes, das dazu bestimmt ist, mit Feuer und Schwert alle anderen Völker auszurotten, und das ist die größte Wohlthat, die sie von ihrem Messias erwarten."

Der Jude Leon von Modena, welcher zu jener Zeit in Ita-

---

*) Wagenseil, Tela ignea Satanæ, t. I, p. 189.

lien lebte, war von diesem jüdischen Hasse gegen das Christenthum
dergestalt durchdrungen, daß er Jesum Christum öffentlich lästerte,
indem er die für seine göttliche Eigenschaft beleidigendsten und
schimpflichsten Worte hervorbrachte. Selbst der berühmte Crom=
well, der doch den Handel, diese Grundlage der Wohlfahrt und
des Reichthums Englands, so eifrig begünstigte, bemerkte, als man
ihm von der Zulassung der Juden in England sagte, daß es we=
der politisch noch christlich wäre, einer solchen Race den Zutritt in
das Land zu gewähren. Den Abgeordneten der Juden antwor=
tete er, er rühme sammt dem ganzen England denjenigen anzu=
beten, welchen ihre Vorfahren an's Kreuz geschlagen und dessen
Göttlichkeit sie selbst noch läugneten, er wolle daher mit den un=
versöhnlichen Feinden seines Glaubens keine Gemeinschaft haben
und gab ihnen den Befehl, Großbritannien unverzüglich zu verlassen.

Im Jahre 1663 feierten die Türken zu Adrianopel den Jah=
restag der Einnahme dieser Stadt*). Unter anderen Dingen gab
man dem Volke auch das Schauspiel der Erstürmung einer christ=
lichen Stadt. Es kamen aber bei der Vorstellung so viele Be=
schimpfungen der christlichen Religion vor, daß den Sultan die
Sache anekelte und er einige Juden, welche dieses Schauspiel ver=
anstaltet hatten, durchprügeln ließ. Das ist der Jude im Stande
der Freiheit, und so groß ist seine Intoleranz gegen die Christen,
daß er selbst den Abscheu der Muselmänner durch seine Frechheit
und Schamlosigkeit erregt.

Spinoza, dieser berühmte Atheist des 17. Jahrhunderts, war,
wie bekannt, von Geburt ein Jude. Das Studium des Talmud
erregte in ihm Zweifel an der Wahrheit der Lehren, welche dieses
Buch enthält. Er theilte seine Zweifel seinen Glaubensgenossen
mit, welche über die Einwendungen, die er machte und die sie
nicht widerlegen konnten, in Zorn geriethen, so zwar, daß Spi=
noza beim Hinausgehen aus der Synagoge von einem von ihnen
einen Dolchstich erhielt. Ueber ein solches Verbrechen entrüstet,
fiel Spinoza ganz und gar vom Judenthum ab und verfiel in
der Folge in gänzlichen Unglauben.

---

*) C. Nani, Storia Veneta, lib. IX.

Nach der Erzählung Voets trat in Hamburg ein Vorstand der Synagoge, welcher in der Person des Sabathai-Sevi (von dem wir später sprechen werden) den Messias zu erkennen geglaubt, später zum Christenthum über. Ueber diese Bekehrung entflammte der rohe Glaubenseifer seiner Glaubensgenossen. Sie hetzten einige Männer aus der Hefe des Volkes gegen ihn auf und er wurde von ihnen dergestalt mißhandelt, daß er kurz darauf starb. Derselbe Schriftsteller setzt noch hinzu, daß ein Jude, Namens Lazarus, als er erfuhr, daß sein Sohn die Taufe verlangt, ihn von der Hand eines anderen Juden tödten ließ. Das Ereigniß soll sich im Jahre 1694 zugetragen haben. Die folgende Thatsache, welche Johann Benedikt Karpzov*) erzählt, ist noch erstaunlicher: „Vor sechs Jahren, schreibt er, kam ein Jude von der Secte der Karaiten aus dem Orient hieher nach Frankfurt. Nicht genug, daß ihn unsere Juden in ihre Synagoge nicht zuließen, jagten sie ihn sogar aus ihrem Quartier und Groß und Klein verfolgte, beschimpfte ihn, und bewarf ihn mit Koth und Steinen, so zwar, daß der Unglückliche sich gezwungen sah, in das Haus des Patriziers Ludolf zu flüchten, der ihn gütig aufnahm, ihn mit Geld beschenkte und zur Stadt hinausbrachte." Wenn man an dieses Faktum denkt, dann staunt man wirklich über die Kühnheit der Juden, welche ohne Umstände ihren Haß gegen die Samaritaner und Karaiten gestehen und vorgeben, gegen die Christen keinen zu hegen, obschon sie behaupten, daß Jesus Christus die Ursache an all' ihrem Unglücke gewesen und noch ist.

Als der Kaiser gegen die Türken zog, welche sich Ofens bemächtiget hatten, fand er, daß die Juden mit seinen Feinden einverstanden waren und traf daher auf einen lebhaften Widerstand. Dieser Umstand fachte auf's Neue den Haß der Deutschen gegen diese Leute an, welche ohne Rücksicht auf ihr Geburtsland es an den nächsten Besten verrathen, wenn sie dabei nur ihren Vortheil und den Ruin des Christenthums ersehen.

Schudt schreibt im Jahre 1699: „In dem gegen die berüchtigten Räuber im Herzogthum Luxemburg eingeleiteten Kriminal-

---

*) Theologia judaica, Cap. III.

prozesse wurde es nach den übereinstimmenden Aussagen der Schuldigen erwiesen, daß kein Diebstahl von Bedeutung ohne Theilnahme der Juden ausgeführt wurde, welche entweder Urheber, oder Beförderer, oder Rathgeber, oder Theilnehmer desselben waren."

Aber die merkwürdigste Thatsache dieses Jahrhunderts ist die Geschichte mit dem Juden Sabathai-Sevi, aus welcher zu ersehen ist, wie lebhaft im Gemüthe dieses Volkes, zugleich als Hauptgrundsatz seiner Religion, der Glaube an die Ankunft eines Messias wurzelt, den es erwartet, um das ihm von den anderen Völkern auferlegte Joch abzuschütteln, die Throne umzustürzen und den Namen Jesu Christi mit Füßen zu treten. Um die Mitte des 17. Jahrhunderts faßte Sabathai den Entschluß, der Befreier des Judenvolkes in Kleinasien, im Orient und in der ganzen Welt zu werden. Zum Gelingen seines Vorhabens fand dieser Fanatiker ein günstiges Mittel in den kabbalistischen Auslegungen einer Stelle aus den Prophezeiungen Daniels, nach denen der Messias im Jahre 1675 erscheinen sollte. Ein zweiter Fanatiker, der mit ihm einverstanden war und sich für seinen Vorläufer ausgab, behauptete, Sabathai sei der zum Umsturze des türkischen Kaiserreiches bestimmte Messias. Viele Rabbiner widersetzten sich diesem Vorhaben, aber mehrere Andere und eine Menge Leute aus dem Volke schlossen sich an Sabathai an und riefen ihn zum Könige Israels aus. Er setzte sich gegen Konstantinopel in Marsch. Der Großherr, von diesen Ereignissen in Kenntniß gesetzt, ließ ihn festnehmen und ihm die Bastonnade geben. Aber das flößte den Juden nur eine noch größere Ueberzeugung von der Ankunft des Messias ein und auch eine noch größere Ehrfurcht vor Sabathai. Da befahl der Sultan, ihm den Kopf abzuschlagen, um zu sehen, ob er unverwundbar sei. Der erschreckte Sabathai bat um Gnade und wurde ein Muselmann. Doch wurde er nach einiger Zeit abermals zum Tode verurtheilt wegen den Unruhen, die er wieder erregte und erlitt seine Strafe. Das konnte noch nicht allen Fanatikern die Augen öffnen. Hochepied, damaliger Consul zu Smyrna, erzählt in einem vom Jahre 1703 datirten Briefe, daß ein anderer fanatischer Jude behauptete, Sabathai lebe an einem unterirdischen Orte verborgen und werde nach Verlauf von 45

Jahren wieder zum Vorschein kommen. Unterdessen verbreitete er das Gerücht von mehreren Wundern, um die Prophezeiung von dem künftigen Wiedererstehen Sabathai's glaubwürdiger zu machen.

Achtzehntes Jahrhundert.

Einige Rabbiner des Abendlandes, von diesem Fanatiker irregeleitet und in der festen Meinung, er sei der Messias, begannen seine Lobpreisung. Als sie später enttäuscht wurden, verließen sie die Synagoge und wurden Christen*). Es ist wichtig anzuführen, daß dieser Betrüger nicht nur in Kleinasien, sondern sogar in Deutschland, Polen, Baiern, Italien, Siebenbürgen, besonders aber in Persien den größten Enthusiasmus zu erregen wußte. In letzterem Lande wohnten viele Juden, welche schon früher aus anderen Gründen Aufstandsversuche gemacht hatten. Deßhalb berief der König von Persien, von der Treulosigkeit dieses Volkes immer mehr und mehr überzeugt, die Vornehmsten seines Reiches zu einer Versammlung und es wurde beschlossen, ein Volk aus dem Lande zu entfernen, das so viele Verbrechen und Betrügereien ausübe und sich einzig und allein die Unterdrückung des Menschengeschlechtes zum Ziele gesetzt habe. Von dieser Zeit an saßten die Perser die größte Abneigung vor den Juden. Selbst noch heutzutage sind die Juden, welche in diesem Lande wohnen, elend und verachtet, wie aus den Erzählungen neuerer Reisenden hervorgeht. Wer ist denn die Schuld an dieser elenden Lage der Juden in Persien? Ist es die persische Obrigkeit oder die Verderbtheit der Synagoge? Kann man bei diesem Umstande die Christen der Intoleranz anklagen? Ist es nicht augenscheinlich, daß die Juden diese Maßregeln ihrer Verworfenheit verdanken, Maßregeln, zu denen eine muselmännische Regierung durch die Noth gezwungen wurde!

Spanheim, ein Schriftsteller jener Zeit, der den Charakter dieses Volkes aus der Geschichte sattsam kennen gelernt hatte, sagte, daß sein unterscheidender Charakter ein außerordentlicher Geiz und

---

*) Christoph. Græfii, In Notis epistolæ Maimonidis de falso Messia.

eine unersättliche Gier nach Aufhäufung von Reichthümern sei, und daß es sich deßhalb allenthalben, wo es wohnt, von den äußersten Grenzen des Orients bis zu den Ländern Afrika's auf Wucher, Raub und Zauberei verlegt. Voet setzt noch hinzu, daß das ganze Studium der Synagoge in einer abschenlichen Heuchelei besteht und daß alle ihre Werke, selbst die, welche man ihre guten Werke nennt, nichts als wahrhafte Fehler sind, weil das ganze System ihres Glaubens, ihrer Religion und ihrer Frömmigkeit nichts als eine Maske ist, deren sie sich bedienen, um ihre Niederträchtigkeit zu verdecken, wie dieß ihre Lehrmeister, die Pharisäer, thaten.

Bei Beginn des 18. Jahrhunderts erinnert Heinrich Jakob Bathuysen an das gebräuchliche Sprichwort, welches sagt, ein Christ soll sich wohl hüten, vor Gericht zu erscheinen, um sich mit einem Juden zu streiten, wegen der Treulosigkeit und Schlauheit dieses Volkes und wegen seiner Beharrlichkeit im Betrügen des Gegners und des Richters. Er macht ferner die Bemerkung, „daß die Juden das Geld, so wie das Blut aussaugen, und daß sie einander Glück wünschen, wenn es ihnen gelungen ist, einen Christen zu Grunde zu richten, wie es von Schudt und Gerson bereits hinlänglich erwiesen ist."

Als im Jahre 1751 der Papst Benedikt XIV. an die polnischen Bischöfe schrieb, ermahnte er sie, die Christen vom Dienen abzuhalten*), weil es, abgerechnet, daß dieß ein Schimpf für das Christenthum ist, auch eine harte und peinliche Sache sei, ohne

---

*) Wie im Talmud selbst die glänzendste Rechtfertigung dieses kirchlichen Gebotes enthalten ist, mag aus folgender Stelle zu ersehen sein. (Talmud, Brachoth, 2. Capitel, Hajah Kore, 7. Mischna. Gemara des hierosolomitanischen Talmud). § 1. Als Rabbi Eliosoos Wiagd gestorben war und seine Schüler ihm nach hineingingen, ihn zu trösten, nahm er es nicht an, sondern ging hinein in den Vorhof. Als sie ihm dahin nachfolgten, ging er in das Haus, und da sie auch dahin kamen, sagte er: „Ich habe vermeint, ihr würdet es empfinden, wenn ich euch mit laulichtem Wasser begöße und ihr fühlet das heiße nicht. Man nimmt über Sclaven keine Trauerklage an, indem sie wie das Vieh geachtet werden.

„Läßt man sich das Leid über freie Leute, die uns nicht angehören,

von der großen Gefahr zu reden, welcher die Männer und Weiber ausgesetzt werden, welche solchergestalt den Launen ihrer Gebieter preisgegeben sind. Zugleich machte der Papst auf das bevorstehende Elend der Christen aufmerksam, als das Resultat des Wuchers, des Monopols, der List und des Betrugs der Juden, welche in den Glücksgütern große Umwälzungen hervorgebracht hatten. Und gerade 11 Jahre früher (wie von Muratori in seinen Annalen vom Jahre 1740 versichert wird) hatten die Juden ihre Aufnahme in Neapel durchgesetzt, noch obendrein mit dem Genusse gewisser Vorrechte. Sie versprachen für den Staat illusorische Vortheile, die aus ihrem Handel für ihn entspringen würden, in Folge des geheimen Einflusses, den sie aller Orten auf die Geschäfte hatten. Das neapolitanische Volk, welches die Austreibung der Juden im Jahre 1540 nicht vergessen hatte, weil sie das Land durch Diebstahl, Wucher und alle nur erdenklichen Erpressungen*) dergestalt in Noth und Armuth stürzten, daß die aufgebrachten Bürger bei dem Vizekönige lebhafte Vorstellungen machten; das Volk, sagen wir, sah augenblicklich ein, welch ein Schaden aus der Zulassung der Juden für es entspringen würde und vereinigte sich in diesem Punkte mit der Geistlichkeit, welche vollkommen im Stande war, die Gefahren zu beurtheilen, von denen dadurch Religion und Moral bedroht wurden. Die Aeußerung ihrer Unzufriedenheit zwang die Juden allmälig zum Rückzug.

---

nicht klagen, viel weniger über Sclaven. Wenn also Jemanden ein Sclave oder ein Vieh gestorben ist, so sagt man: Gott ersetze deinen Verlust."

Daß diese Ansicht nicht nur in der Theorie existirte, sondern in der Praxis allgemein im Schwunge war, geht aus Brachoth 3. Cap., Mischemeth 4, Mischna § 2 hervor, wo ein Jude eine Magd schänden will und zu ihr sagt, da sie sich dessen weigert: „ob sie denn nicht wisse, daß sie als ein Vieh anzusehen sei?" Die Sclavin, mit dem Gesetze der Juden nicht unbekannt, antwortete: „ob er (der Jude) denn nicht wisse, daß wer mit einem Vieh zu schaffen haben wolle, gesteinigt werden solle?" — Das Gesetz, welches den Juden verwehrt, christliche Dienstboten zu halten, ist also kein Gesetz der Aggression, des Angriffes, sondern ein Gesetz der Defension, der Nothwehr!

*) Giannone, Storia di Napoli, Buch 32, Cap 1.

Ein deutsches Journal, welches sich mit den Juden jenes Landes befaßt, schreibt wie folgt: „Es ist erwiesen, daß es nie eine Nation gegeben, welche für die fruchtbaren Länder, die dem Hause Oesterreich angehören, unheilvoller und verderblicher gewesen, als das jüdische Volk. Ganz besonderen Schaden fügten sie zu seit dem Jahre 1796, in welchem sie Papiergeld und gemünztes Geld verfälschten, alles Baargeld verschwinden machten, und jene entsetzliche und allgemeine Geldnoth erzeugten, in welcher nur sie allein unermeßliche Summen gewannen."

Wenn wir von Deutschland auf Frankreich kommen, und vorzugsweise auf den Elsaß, so vernehmen wir darüber, wie sich das Journal „La Quotidienne" zu einer von der soeben angezeigten nicht sehr entfernten Zeit also äußerte: „Es finden sich also allenthalben Menschen, deren zweideutige Hülfe der Untergang derjenigen ist, welche so schwach sind, sie anzusprechen. Aber nirgends weiß man, wie es im Elsaß zugeht, wo ein Theil der Bevölkerung einzig und allein dem Geldschacher obliegt und nur darauf ausgeht, dem Vertrauen, der Leichtgläubigkeit, der Unerfahrenheit alle nur erdenklichen Schlingen zu legen. Man könnte einem großen Theile der erzählten Thatsachen gar keinen Glauben schenken, wenn man nicht die gegründeten Klagen und Vorstellungen der Rathsversammlung der beiden Departements, welche diese Provinz bilden, und das Zeugniß ihrer Deputirten als Garantie hätte. Aus diesen Thatsachen geht dem ungeachtet hervor, daß im Elsaß allgemeine Umwälzung des Eigenthums eintreten würde, wenn alle Schuldforderungen der Juden einbringlich wären. Selbst die constituirende Versammlung erließ, trotz ihres liberalen Eifers, unter minder bringenden Verhältnissen und Umständen ein Decret, worin sie den Juden im Lande die Verpflichtung auferlegte, die Aechtheit und Richtigkeit ihrer Schuldverschreibungen nachzuweisen, damit der gesetzgebende Körper die gerechtesten Maßregeln zu ihrer billigen Liquidirung ergreifen könnte. Ein Dekret des Kaisers Napoleon vom Jahre 1808 erklärte einen Theil dieser Schuldbriefe für ungültig und suspendirte die Zahlung des anderen Theiles."

Neunzehntes Jahrhundert.

Hat die Insolenz der Juden gegen die Christen in dem Jahrhundert, worin wir leben, nachgelassen? Hat dieses Volk seinen Gewohnheiten und Vorurtheilen entsagt*)? Ein Ereigniß, das

---

*) Es ist von Interesse, die Anschauung der modernen Reformjuden über Mord und Martyrium kennen zu lernen. Das in Leipzig erscheinende „Jüdische Volksblatt" brachte 1855 einen rührenden Bericht: In Worms wurden jüdische Gräber aufgefunden. Man vermuthete: es seien die Gräber der zwölf jüdischen Martyrer. Es wollten nämlich einmal die Wormser Rathsherren gegen die Juden etwas unternehmen. Da gingen nun zwölf Juden her, stürmten mit Messern in den Rathssaal, überrumpelten die zwölf Rathsherren und schafften sie durch Meuchelmord aus dem Leben. In Verzweiflung über ihr Geschick nach diesem Morde, gingen die zwölf Juden nach dem Judenfriedhofe und hier stachen sie sich auf Verabredung gegenseitig todt. Diese zwölf Juden werden nun im jüdischen Volksblatt als „Martyrer" aufgestellt und verehrt. Nach der christlichen Moral heißen derlei Subjekte Mörder und Selbstmörder. Wer hat je von christlichen Martyrern vernommen, welche zuerst heidnische Prätoren und dann sich selbst um's Leben gebracht hätten. Offenbar beruht eine solche Moral auf **fürchterlichen Grundsätzen**.

Zu dieser auch unter modernen Juden herrschenden wunderlichen Ansicht von Moral Folgendes: Im Wiener Wertheim'schen Jahrbuch für Israeliten 1859—1860 bringt der Jude Letteris folgende Verklärung und Heiligsprechung einer jüdischen H... des Königs Sobiesky:

„Es wird sehr viel von einer jüdischen Geliebten Sobiesky's gesprochen, welche durch Wort und That dazu beigetragen haben soll, die Lage ihrer unterdrückten Glaubensbrüder in Polen zu verbessern und des Königs milden Sinn auf diese in tausendfacher Weise verfolgten Stiefkinder der großen Völkerfamilie zu lenken. Selbst in den Specialgeschichten Polens finden wir hiervon kaum genügende kurze Andeutungen, die noch dazu so sagenhaft klingen, daß für den Geschichtsforscher nur ein sehr geringer Gewinn daraus erwachsen kann. Glücklicherweise ist noch eine alte Geschichtstafel als Denkmal des angedeuteten Liebesverhältnisses zurückgeblieben, welche mit den wunderbaren Zungen der Wahrheit zu den Sterblichen zu sprechen pflegt.

„Auf dem alten jüdischen Gottesacker zu Lemberg ist uns nämlich diese Geschichtstafel in Stein gehauen aufbewahrt worden. In der Gräberreihe der Märtyrer ragt ein großer reichverzierter Grabstein hervor, welcher im hebräischen Lapidarstyl von der Geliebten des Königs Kunde gibt. Aus dieser Inschrift ersehen wir, welche Lichtspur (!!) diese edle Frau auf ihrem Erden=

sich zu Anfang dieses Jahrhunderts zu Reggio in Modena zutrug, beweist nebst mehreren anderen das Gegentheil. Ein Jude in dieser Stadt hatte eine Christin verführt. Als er sah, daß die Unglückliche das Kind, die Frucht ihres strafbaren Umganges, taufen wollte, ergriff er es bei den Füßen und schlug es mit dem Kopfe so heftig gegen einen Tisch, daß dem Kinde von der Hand dessen, der ihm das Leben gegeben, die Hirnschaale zerschmet-

gange zurückgelassen. Sie hieß Udil (Adele) und wird mit dem bedeutungsvollen Titel: Adele, die Heilige, bezeichnet; ein Epithet, welches man in allen Zeiten, namentlich auf Grabsteinen nur den Märtyrern, welche um des Glaubens willen umgekommen, beigelegt. Sehr sinnig und bezeichnend wird dieser edlen Frau die Benennung Märtyrin beigelegt; denn brachte sie auch nicht, wie ihre Nachbarn am Rande der Ewigkeit, deren Gräber an das ihrige grenzen, der heiligen Sache des Glaubens ihr Leben zum Opfer, so war es doch das nächst dem Leben theuerste Gut der Frauen, die schamhafte Sitte, die züchtige Weiblichkeit, welche sie aus Liebe zu ihrem Volke dem mächtigen Herrscher preisgegeben. — — —

„Noch leben im Munde des Volkes, wie in der stummberedten Sprache ihres Grabsteins, die sittliche Güte (!!), die religiöse Frömmigkeit dieser Esther des Nordens, besonders aber die Wohlthaten, welche sie durch ihr Ansehen beim König ihren damals innerlich und äußerlich sehr gesunkenen Glaubensgenossen thatkräftig zugewendet.

„Wie die damaligen orthodoxen Rabbiner in dem sehr bigotten Lemberg, welche ihre Rechtgläubigkeit nicht zum Aushängeschild ihres Hochmuths getragen — wie es in den späteren entarteten Zeiten leider nur zu oft geschah, — sondern bescheiden und liebevoll in des Herzens Tiefen bewahrten, dieses Liebesverhältniß aufgefaßt und beurtheilt haben, ist aus folgender Anekdote zu ersehen:

„Der König ließ sich bei seiner Freundin auf einen bestimmten Abend zum Besuche ansagen, welcher zufällig der Eingangsabend — von Jom Kipur war. Die fromme, gottesfürchtige Adele schickte bestürzt zum Lemberger Oberrabbiner, anzufragen, wie sie sich zu verhalten habe. Dieser ertheilte der modernen Esther (!!) die Erlaubniß, nicht nur den König zu empfangen, sondern auch, wenn nicht auszuweichen, trotz der strengen Fasten an dem ihm zu Ehren bereiteten Abendmahle Theil zu nehmen; und das alles, um nicht gegen des Königs Majestät zu verstoßen."

Die einfache Frage: was man denn von Menschen erwarten könne, die es wagen, offen solche Moralprincipe aufzustellen? — wird sich hier jedem Leser aufdrängen. Die Verhimmlung, Verheiligung und Krönung mit der Martyrerkrone einer . . . . . bedarf keines Commentars.

tert wurde. Einer von den Juden, welche während der spanischen Invasion unter Napoleon in der französischen Armee dienten, begegnete einem Priester, der das Bild des Gekreuzigten auf der Brust trug. Sogleich fühlte er in sich jenen Haß erglühen, welchen dieses Volk dem Erlöser geschworen, und die von den Umständen gebotene größere Freiheit benützend, sagte er zu dem Priester: „Sage deinem Gekreuzigten, daß ihn ein Jude an's Kreuz geschlagen*).“

Herr von Segur schreibt in seiner Geschichte Napoleons und der großen Armee im Jahre 1812 Folgendes: „Wir wollen hier die Grausamkeiten nicht berichten, welche die Juden an den Franzosen auf ihrem Rückzuge von Moskau im Jahre 1812 ausübten. Die Juden ermordeten die Franzosen heimlich, um sie ausrauben zu können. Sie lockten sie unter der Vorspiegelung gastfreundlicher Aufnahme in ihre Häuser, dann plünderten sie sie, und warfen sie splitternackt zu den Fenstern hinaus und ließen sie auf dem Schnee und dem Eise vor Kälte jämmerlich umkommen.“ Das war der Dank der Juden für all' das Gute, welches ihnen Napoleon in seinem Reiche erwiesen hatte. Es ist nur ein Beispiel mehr von dem Cherem, der im Gemüthe des Juden fortlebt und der stets zum Vorschein kommt, so oft sich die Gelegenheit darbietet, den Haß zu zeigen, den dieses Volk gegen Christum und seine Verehrer hegt.

Im Jahre 1824 verbot der Stadtrath in Frankfurt, in Besorgniß ob des entscheidenden Einflusses, den die Juden durch ihr Ansehen und ihren Reichthum erwarben, jede Theilnahme von ihrer Seite an den öffentlichen Angelegenheiten und zwang sie, sich auf ihre eigenen Geschäfte und auf die Ausübung ihrer Gewerbe zu beschränken.

Um diese lange Erzählung zu beendigen, erinnern wir an einen Artikel der Smyrnaer Zeitung l'Impartial (der Unparteiische), vom Monat November 1848 datirt. Der Verfasser dieses Artikels schreibt bei seiner Erforschung der Lage der Moldau und Walachei unter anderem: „Aber die Branntweinbrennereien ver-

---

*) Ségur, T. II, l. XII, p. 390.

schlingen die Cerealien des Landes. Der von ihnen erzeugte Alkohol wird sogleich an die Juden verkauft, die in Allem und Jedem spekuliren und dieses unglückselige Getränk gegen die Früchte, Hausthiere und Kleider der Bauern austauschen. Um dem auf den Dörfern durch diese Branntweinbrennereien erzeugten Uebel großen Theils zu begegnen, entzog die Regierung den Juden das Recht zum Halten von Wirthshäusern, denn damals hielten sie an jedem herrschaftlichen Orte mindestens eins. Aber auch hier erwies sich das Gesetz als ohnmächtig und es wurde mittelst falscher, ausgeliehener Namen umgangen. Es ist dies ein halsstarriges Geschlecht, das die einmal erfaßte Beute nicht leicht fahren läßt. Und doch hat dieses schmutzige Volk nicht immer Gold genug, um den Beamten, welche die Regierung zur Hintanhaltung ihrer Betrügereien aufstellt, die Augen zu verschließen." Dieser Schriftsteller macht durch diesen Passus nicht den Juden allein, sondern auch jenen angestellten Herren ein schönes Compliment.

Es liegt uns jetzt ein anderes Zeitungsblatt, der „Triester Beobachter" und zwar die Nummer vom 16. Februar 1849 vor, worin wir die vom Fürsten Windischgrätz gegen die Juden in Pesth erlassene Kundmachung lesen. Diese Juden leisteten den nach Debreczin geflüchteten Rebellen Hilfe und Beistand. Ungeachtet der Kundmachung des Fürsten wurde später eine ganze Schiffsladung von Kleidung und anderen militärischen Effekten aufgefangen, die sie nach dieser Stadt abgeschickt hatten.

Nach einem Berichte der Zeitung von Genua vom 20. Juni 1849 begünstigten die Juden die Unternehmungen der Empörer gegen den Papst. Sie bemühten sich aus Leibeskräften, die zur Wiedereinsetzung des Papstes bestimmten französischen Truppen möglichst lange aufzuhalten. Da sie übrigens die Gelegenheit günstig fanden, so häuften sie in ihrem Ghetto eine Unmasse von Gegenständen auf, welche aus den Kirchen und Privathäusern gestohlen waren. Alle diese Thatsachen beweisen den schnöden Undank, womit sie dem Papst Pius IX. für die außerordentliche Milde lohnten, die er an ihnen geübt.

Endlich an dem Ende unserer Geschichte angelangt, die wir,

so gut wir konnten, abgekürzt, glauben wir die Synagoge und ihre Lehrsätze in ihrem wahren Lichte dargestellt zu haben. Wir beleuchteten sie durch die Zeugenschaft der Thatsachen und sammelten die Angaben aus allen Jahrhunderten, welche seit Jesus Christus bis auf uns auf einander folgten. Nun stellen wir die Frage auf: Kann man mit Sir Robert Peel und mit denen, die gleich ihm denken, sagen: „Was das moralische Benehmen, die eifrige Ausübung der Barmherzigkeit und erprobter Redlichkeit anbelangt, verdienen die Israeliten dieselbe hohe Achtung, als irgend eine religiöse Sekte?" Kann man mit ihm in dem, was er an einem andern Orte hinzufügt, besser einverstanden sein: Ich fühle innig, daß, wenn es jemals eine Klasse unserer Nebenmenschen gab, denen alle Staaten Europas eine Vergeltung schuldig sind für Jahrhunderte der Ungerechtigkeit, der Verfolgung und des Unrechts, so ist es gewiß die der Israeliten? Können wir gleich der ihn umgebenden Menge den Schlußfolgerungen, die er aus seiner Rede ziehen zu können vorgab, unseren Beifall zollen? Sollen wir nicht viel mehr Mitleid haben ob so vieler Irrthümer, so vieler falschen Annahmen, womit er sie vollgepfropft?

Sollte es denn möglich sein, daß seit Jesus Christus bis auf unsere Tage alle Jene, welche durch die Thatsachen und aus der Erfahrung die Niederträchtigkeit der Synagoge, ihre antisocialen Lehrsätze und abergläubischen Gebräuche, ihre Unverträglichkeit mit den christlichen Regierungen und den absoluten Widerspruch ihrer religiösen, moralischen und politischen Grundsätze zu dem Christenthum sattsam erwiesen, sollte es möglich sein, sagen wir, daß alle diese Männer einer Täuschung anheim gefallen wären, und ihre Urtheile nur die Folge eines unglücklichen Selbsttruges wären? Ist es wohl möglich, daß alle Geschichtschreiber und Philosophen der abgelaufenen Jahrhunderte, daß die Fürsten und Obrigkeiten jedes Glaubens, Christen, Türken und Heiden, daß der gesammte katholische Klerus, die Bischöfe und Concilien sich nicht nur geirrt, sondern von Generation zu Generation durch einen Zeitraum von 18 Jahrhunderten sich mit einander verstanden hätten, und in einem und demselben übelwollenden Gedanken zusammengetroffen wären, um dieses Volk als perfid zu verschreien und zu verdammen, während es im Gegentheil nach den Versicherungen Sir Robert Peel's und einiger neuerer Philosophen und Reformatoren unschuldig, tadellos, der Menschheit nützlich und der allgemeinen Bewunderung würdig war?

Ist es wohl möglich, daß vom heil. Paulus bis auf uns alle vom Judenthum zum Christenthum übergetretenen Juden, welche von der Kraft der Wahrheit angetrieben, die Göttlichkeit Jesu Christi anerkannten und eine Lehre annahmen, welche die strengste Rechtlichkeit und Aufrichtigkeit in Worten und Werken zum unverbrüchlichen Gesetze macht, so viele Verdächtigungen gegen ihre Mitbrüder, und was noch mehr zum Staunen wäre, gegen sich selbst ersonnen hätten, als solche, die sich doch früher selbst zu solcher Niederträchtigkeit und Perfidie hergegeben hätten?

Ist es möglich, daß die Juden selbst zu ihrer eigenen Schmach und Schande ihre Verbrechen, Ausschreitungen, Grausamkeiten und Empörungen gegen ihre rechtmäßigen Obrigkeiten sammt allen jenen unseligen Folgen eingestanden, welche sie für die Christen gehabt, ja daß sie selbe sogar durch Aufzeichnung in ihren Gedenkbüchern zur Kenntniß der Nachwelt gebracht hätten, wenn diese Verbrechen in der That gar nicht begangen worden wären?

Ist es endlich möglich, daß sich Jesus Christus von allen zuerst getäuscht hätte, als er so laut und offen die pharisäische Heimtücke vom religiösen und bürgerlichen Gesichtspunkte aus verwarf, wie wir es im Evangelium sehen? Ist es möglich, anzunehmen, daß er die Synagoge mit ihren Schriftgelehrten, Schreibern und Pharisäern, deren wahre Nachkommen, mit Ausnahme der Koraiten, die jetzt in der Welt zerstreuten Juden sind, nur verdächtigen gewollt?

Ist es möglich, daß er sich getäuscht hat, als er den Pharisäern so viele verfehlte und verderbte Grundsätze vorwarf, die sie ihren Worten nach von ihren Vorfahren durch Tradition überkommen hatten und die ihre Nachkommen sorgfältig bewahrten, die sie in ihrer ganzen Unversehrtheit der Schrift anvertraut haben und die sie noch ihren Kindern und Schülern überliefern?

Ist es möglich, daß Jesus Christus gegen Vernunft und Recht erklärt hätte, die Schule der Pharisäer, welche die Grundlage der

jetzigen Synagoge und die Quelle ihrer Lehrsätze ist, sei nichts
als eine Schule des Hochmuthes, der Verstellung, des Geizes, der
Raubsucht, des Ehebruchs, der Unkeuschheit, des Meineides, der
Empörung, der Verfolgung und aller Niederträchtigkeit? Daß er
sie dargestellt habe als überfüllt mit Vorurtheilen gegen den Grund=
gedanken und die Weisheit der mosaischen Gesetzgebung? Es wird
Jedermann auf den ersten Blick einleuchten, daß wir bei Beginn
dieser Diskussion nur die Grundsätze der jüdischen Tradition, die
sich in den Schriften der Juden vorfinden, zu sammeln brauchten,
um nachzuweisen, daß es die nämlichen Grundsätze sind, deren zu
seiner Zeit Jesus Christus die Synagoge beschuldigte.

Jedoch das Faktum ist da: Man machte den Versuch, die
Synagoge wieder zu Ehre und Ansehen zu bringen und das be=
zweckte auch die neuere Philosophie. Sie sucht unter den verschie=
denen Religionen auf der Erde eine Gleichheit herzustellen, was
auf nichts Minderes hinausgeht, als Jesum Christum seines Alle
überragenden Standpunktes, seines himmlischen Thrones, den er
allein einnimmt, und den auch seine Kirche mit Ausschluß jedes
anderen Glaubens einnehmen soll, zu berauben. Auf diese Weise
stellt man seine Lehre mit allen anderen auf eine und dieselbe
Stufe und will ihm keine größere Ehre erweisen, als allen an=
deren Sectirern, welche vor oder nach seiner Menschwerdung in
der Welt aufgetaucht sind. Zugleich bemüht man sich, nachzuweisen,
daß alle Religionen moralische und bürgerliche Grundsätze besitzen,
welche, wenn nicht in den übersinnlichen Dogmen, doch wenigstens
in den allgemeinen Grundsätzen des geselligen Lebens miteinander
übereinstimmen. Daher war es nothwendig, die Secte der Pha=
risäer, oder vielmehr die von Gott verworfene Synagoge mit allen
anderen Secten gleichzustellen und sie gleich den anderen zu be=
handeln. Sie mußte daher der Erniedrigung entrissen werden, in
die sie seit so vielen Jahrhunderten versunken war, mit allgemeiner
Billigung jener Männer, welche ihre Grundsätze kannten und wuß=
ten, daß sie mit den anderen Religionslehren, besonders mit denen
des Christenthums, ihres erklärten Gegners, unverträglich sind.
Man fing daher an, zu ihren Gunsten zu sprechen, ganz laut ihre
Verdienste zu preisen, und wir hörten, wie Gioberti, ohne irgend

einen Unterschied in der Zeit, die Juden ein durch sein hohes Alter, seinen Charakter, seine Abkunft, durch eine Menge angeborner Vorzüge, welche die Natur übertroffen, ausgezeichnetes Volk nannte, das nun schon seit 15 Jahrhunderten in allen Theilen der christlichen Welt lebt*). Was wollte denn der berühmte Schriftsteller mit dieser Lobrede sagen? Er zeigte es damals sehr deutlich, als er in seinen verschiedenen Schriften alle Mittel anwandte, den Ruf jenes geistlichen Ordens, der sich um die katholische Kirche, um die wahre Kirche Jesu Christi, so verdient gemacht hat, zu beflecken und zu verdunkeln. Wurde er nicht gewahr, daß er die Völker an den Ruf gewöhnte: „Tolle hunc et dimitte nobis Barabbam," Luc. XXIII, 18, man kreuzige Jesum Christum und gebe uns Barabbas, oder mit anderen Worten: Fort mit Jesu und den Jesuiten und gebt uns die Juden; gebt sie dem Leben, der Ehre, der christlichen Gesellschaft wieder. Die Ersteren verdamme man als Verbrecher und Bösewichter, allein Barabbas und seine Nachahmer, Aufrührer und Verbrecher werden gerettet. Man erhebe sie bis in die Wolken, man erkläre sie für schuldlos, für Zierden der menschlichen Gesellschaft, des allgemeinen Beifalls würdig. Und das wurde auch erzweckt, wenn schon nicht überall, doch in mehr als einem Lande.

Gehen wir jetzt an eine genauere Untersuchung der Behauptungen Sir Robert Peels. In der bereits angeführten Rede beklagt er lebhaft die gräßlichen Schlächtereien, welche im Mittelalter von den Christen in verschiedenen Städten Englands, Frankreichs, Deutschlands und anderer Länder verübt wurden. Er sagt: „Wir können uns nur mit Mühe erklären, wie die Ueberreste eines so gewaltsam verfolgten Volkes bis auf unsere Zeit gelangen konnten. Ein einziger Umstand erklärt uns, wie sie einer vollständigen Vernichtung entgehen konnten. Es ist die außerordentliche Geduld und Ergebung, welche sie mitten unter den Verfolgungen an den Tag legten."

Wir wollen nicht Alles von diesen Behauptungen in Abrede stellen; wir wollen nicht läugnen, daß die Christen an diesem un=

---
*) Vincence Gioberti, Apologie du Jésuite moderne.

glücklichen Volke keine Exzesse begingen, wir können sie nur mißbilligen. Jedoch haben wir vor Allem das Recht, den edlen Baronet und seine Meinungsgenossen entweder einer unverzeihlichen Nachlässigkeit, oder einer unbilligen Parteilichkeit zu beschuldigen. Zwar hat Sir Robert Peel alle Exzesse, alle Grausamkeit, welche die Christen an den Juden verübten, sorgfältig notirt, er spricht aber kein Wort von den unerhörten Grausamkeiten, welche die Juden an den Christen durch einen Zeitraum von 10—11 Jahrhunderten verübten! In dieser Zeit zeigen uns Ereignisse, deren Wahrhaftigkeit von allen Historikern verbürgt ist, die elende Lage der Christen, welche dem ganzen Hasse der pharisäischen Secte ausgesetzt waren, und die entsetzlichen Christenschlächtereien, von den Juden herbeigeführt oder vollzogen, bloß weil ihre Schlachtopfer Anbeter des Nazareners waren, dessen Tod sie zur Zeit des Pontius Pilatus mit großem Geschrei verlangten.

Wenn Robert Peel und seine Anhänger unter so vielen Beispielen, die man anführen könnte, nur einen einfachen Blick auf die Geschichte Chosroes II., die wir früher geeigneten Ortes erzählt, geworfen hätten, würden sie nicht haben beben müssen vor Entsetzen, wenn sie die Niedermetzlung von 80,000 Gefangenen, größtentheils Christen, gelesen, welche dieser persische König nach seinem Einfalle in Palästina als Sclaven den Juden verkauft hatte, und gesehen hätten, daß die einzige Ursache dieser Schlächterei die Religion der unglücklichen Schlachtopfer war? Gewiß liefern alle von den Christen im Mittelalter an den Juden verübten Morde, selbst zusammengenommen, keine solche Anzahl von Opfern. Diese Thatsache allein, ohne uns mit so vielen anderen ähnlichen zu beschäftigen, genügt, die von unseren Gegnern über das Verfahren der Christen gegen die Synagoge im Mittelalter, in bescheidene Grenzen zurückzuweisen. Ist es noch nicht genug an dem, um allen Jenen, welche sich als Gönner des Judenthums und als Verläumder der christlichen Regierungen in ihren Beziehungen zu den Juden aufwerfen, ihren Irrthum oder ihre Ungerechtigkeit zu beweisen?

Ist es ferner möglich, daß im Mittelalter kein Grund, keine Ursache des Hasses der Christen, kurz gar Nichts vorhanden ge=

wesen, das sie gegen das jüdische Volk aufgereizt hätte? Ist es möglich, daß unter allen den von dem berühmten Redner erzählten Fakten, kein einziges nur den geringsten Grund des Aufstandes der Christen gegen die Juden ersehen läßt? Sollte es möglich sein, daß alle Juden schuldlos und alle Christen schuldig waren? Wäre es möglich, daß das Christenthum einen Haß einzuflößen fähig wäre, der zu solchen Ausschreitungen hinreißen kann, ohne irgend eine Herausforderung von Seite der Synagoge? Es wäre dieß schwer zu glauben, doch angesichts der Thatsachen bleiben wir vollkommen überzeugt, daß es nur wenige Fälle gibt, in denen die Christen nicht von den jüdischen Heimtücken und mehr noch von dem Haß der Juden gegen Jesus Christus und seine Anhänger durch ihre fortwährende Unehrerbietigkeit in Worten und Werken gegen die ehrwürdigen Mysterien unseres heiligen Glaubens und durch ihre an unschuldigen Geschöpfen verübten barbarischen Handlungen gereizt und herausgefordert wurden. Die vorausgegangene historische Skizze und das uns noch zu sagen Erübrigende, beweisen dieß mehr als zur Genüge.

Auch muß in Anbetracht kommen, daß die Herausforderung von den Juden und nicht von den Christen ausging. Jesus Christus war der erste Verfolgte und mit ihm alle seine Jünger und Anhänger. Die Schule der Pharisäer widersetzte sich aus allen Kräften dem Worte des Evangeliums, das doch durch außerordentliche Wunder und Zeichen bekräftiget war, und sie suchte alle Mittel hervor, sie wandte alle nur mögliche Bosheit an, um die Fortschritte der christlichen Religion zu hindern, ja sie scheute sich nicht, für den Erfolg ihrer Verschwörung zu Allem ihre Zuflucht zu nehmen. Drei Jahrhunderte hindurch wurde der Name Jesus gelästert, seine Kirche verfolgt, ohne daß ihre Bekenner nur einen Schatten von Vorwand dazu gegeben, ohne daß sie in irgend einer Weise weder mit Worten noch Werken, die Synagoge zum Zorne gereizt hätten.

Was die Zeiten anbelangt, welche von Konstantin bis auf unsere Tage verflossen, so muß man bemerken, daß die zwischen den Christen und Juden vorgefallenen Conflikte meistens durch entsetzliche Verbrechen, unter denen man den Kindermord anführen muß, hervorgerufen wurden. Sie übten daher nur Wiedervergeltung aus, wenn sie den Juden an Leib und Leben gingen oder ihnen ihr Besitzthum nahmen. Und dennoch fanden sie stets die christlichen Obrigkeiten, was sage ich! die Kirche selbst in der Person der Päpste, Bischöfe und anderer klugen und eifrigen Priester, welche sich bemühten, der Verfolgung, Gewaltthat und Ausschreitung aller Art, deren sich eine erbitterte Volksmenge überließ, Einhalt zu thun. Die Päpste nahmen sogar die verfolgten Juden in ihre Staaten auf, und diese, von der Hochherzigkeit und dem Geiste der Barmherzigkeit, welche das Oberhaupt der Kirche leiteten, fest überzeugt, wendeten sich in ihrer Bedrängniß an den Nachfolger Christi mit ihren Klagen, wie uns die Geschichte häufige Beispiele hievon liefert. So schreibt zum Beispiel der heil. Bernhard in seinem 322sten Briefe an den Bischof, den Klerus und das Volk von Speyer: „Audivimus et gaudemus ut in vobis ferveat zelus Dei. Sed oportet omnino temperamentum scientiæ non deesse. Non sunt persequendi Judæi, non sunt trucidandi, sed nec effugandi quidem etc." Nie finden wir, daß heilige Lehrer der Kirche zu einer Gewaltthat gegen die Juden gerathen, immer im Gegentheil, daß sie von gewaltthätigen Verfolgungen die Juden abgemahnt haben. Peter der Ehrwürdige, Abt von Clunh, hatte keine andere Meinung, und mit einem Worte, diese Gesinnungen waren nur die, wie sie der Kirche von dem Geiste des Evangeliums selbst eingeflößt werden.

Die Synagoge dachte und handelte auf ganz verschiedene Weise, denn sie konnte niemals Lehren dulden, die den ihrigen entgegen waren. Ganz anders dachten und handelten auch die Rabbiner und andere Mitglieder der Synagoge, die bestellten Richter, Häupter und Lehrer der Juden. Auf sie stößt man immer als Urheber und Aufreizer des Hasses im Gemüthe ihrer Glaubensgenossen, sie sieht man sich stets freuen bei irgend einer den Christen und ihrer Religion zuwideren Begebenheit. Waren sie nicht die Ersten, welche conspirirten zu einer Zeit, wo ihr Fanatismus die baldige Ankunft des Messias hoffte und die ihre Mitbrüder gegen die Christen und die anderen Völker aufhetzten! Betrachten sie es nicht als eine fromme und verdienstliche Handlung, das Chriſtenthum und die heiligen Gebräuche der Kirche zu beſchimpfen und die dem Dienſte Jeſu Chriſti geweihten Perſonen zu inſultiren? Dadurch glaubten ſie ein Gott wohlgefälliges Werk auszuüben, wie es der Heiland ſelbſt vorherſah. „Es kommt die Stunde, wo Jeder, der euch tödtet, Gott einen Dienſt zu thun vermeinen wird." (Joh. XVI, 2.)

Fügen wir dem noch hinzu, daß die Synagoge bei ihrem dergeſtaltigen Verfahren gegen das Chriſtenthum und bei dem Aufhetzen ihrer Anhänger zur Empörung gegen die chriſtlichen Regierungen nie ihre Unterdrückung zum Vorwand nehmen konnte, ſondern ſie handelte ſo, wie ſie es that, weil ſie die Feindin des Chriſtenthums und jeder anderen Religion iſt, und weil ſie beſtändig den Meſſias erwartet, deſſen künftiges Erſcheinen ſie in täuſchende Hoffnungen einwiegt. Es genügte, daß ein Fanatiker, daß der nächſte beſte Betrüger ſich für einen Abgeſandten Gottes ausgab, und ſie machte aus ihm ſchon einen Meſſias und einen Anführer, unter deſſen Anführung ſie ſich gegen die beſtehenden Regierungen auflehnte. Das ſah man beſonders in Perſien, wo im Mittelalter die Juden ſehr zahlreich waren, und wo ſie ſich in einem weit beſſeren Zuſtande befanden, als in anderen Ländern. Einer ihrer nationalen Hiſtoriker, Benjamin von Tudela, ſagt, daß ſie in dieſem Lande immer zahlreicher waren als in anderen; dieſer Umſtand erklärt auch ihre Verſuche zum Umſturze der perſiſchen Staatsgewalt. Ihre Empörungen waren mithin ganz eigentlich die Folge ihres Aberglaubens in Betreff des erwarteten Meſſias und nicht des geknechteten Zuſtandes, worin ſie lebten.

In der vorliegenden Frage läßt ſich eine noch wichtigere Bemerkung machen: ſie wird die Unduldſamkeit der Synagoge gegen die Chriſten zeigen und wird im Gegentheil die Bewunderung der Sanftmuth und Duldung der Chriſten gegen die Juden erregen. Es gibt keinen von den Rechtsgelehrten häufiger angenommenen allgemeinen Grundſatz als den: „Licet vim vi repellere." „Der Gewalt kann man Gewalt entgegenſetzen." Nun iſt der Cherem ein von der Synagoge ſanctionirtes Zerſtörungs- und Ausrottungsdekret gegen Jeſus Chriſtus und ſeine Bekenner.

Also könnten die Christen, mit Hinblick auf das soeben citirte Axiom mit demselben Rechte, als im Falle gesetzlicher und erlaubter Nothwehr, den Cherem oder die Vernichtungsformel über die Juden aussprechen. Wer könnte ihnen dieses Recht streitig machen? Wir berufen uns in diesem Punkte auf alle humanistischen Schriftsteller dieses Jahrhunderts.

Doch lassen wir uns die wahre Menschlichkeit, die ächte Barmherzigkeit der Christen erkennen. Es ist ein bewunderungswürdiger und außerordentlicher Beweis jener evangelischen Gesinnung, welche auffordert, sich für Anderer Heil dem Tode auszusetzen und verirrte Seelen auf den rechten Lebensweg zurückzuführen. Heißt es nicht in Wahrheit, von dem ächten Gefühle der Philanthropie bewegt sein, wenn man inmitten der christlichen Gesellschaft die nämlichen Menschen duldet, welche auf den Ruin und die Zerstörung derselben sinnen, welche beständig auf den Augenblick warten, den christlichen Glauben und seine Bekenner zu zermalmen, ganz auf dieselbe Weise, wie es der heilige Paulus gewünscht und gethan zu haben bekennt, wie wir in seiner Lebensgeschichte lesen, abundantius aemulator existens paternarum traditionum? Sie stürzte auf die zu, welche den Namen Jesu anriefen, und schleppte sie vor die pharisäischen Richter, um ihr Todesurtheil zu erwirken. In Folge dieser Ideen und Gesinnungen bat die Synagoge in ihren Gebeten am Purimfeste, welches zur Erinnerung an die Strafe Amans gefeiert wird, Gott, die Tage Esthers wieder kommen zu lassen, um eine allgemeine Niedermetzelung der Völker und besonders der Christen anzustellen, wie sie es einst mit ihren Feinden unter der Regierung des Königs Assuerus gethan hatten. Albert Fabricius, Wolf Grotius und Puffendorf geben zu, daß man gegen Deisten und Atheisten intolerant sein darf. Könnte man nicht mit weit größerem Recht gegen die Juden in doppelter, nämlich in bürgerlicher und kirchlicher Beziehung intolerant sein, wenn man die in ihren Schriften enthaltenen Grundsätze erwägt und ihr Verfahren die Jahrhunderte hindurch betrachtet? Diese Grundsätze und dieses Verfahren sind der Kirche, den Fürsten und dem Bestehen der Gesellschaft gleich unheilvoll. Das ist es, was in den Augen der Politik das Verfahren der Römer in den ersten Jahrhunderten der neuen Zeitrechnung rechtfertiget, als sie die Schliche der Synagoge bemerkt hatten. Denn, stets bereit auf den Ruf des nächsten besten Fanatikers sich gegen das Reich zu empören, erregte sie allenthalben Schrecken und störte die öffentliche Ruhe und Sicherheit. Die Regierung ergriff daher die geeignetsten Maßregeln zur Unterdrückung dieser Versuche. Ueberall, wo sie konnte, vernichtete sie den Stamm Davids, sie verbot bei schweren Strafen die Anwendung der Beschneidung außerhalb des israelitischen Volkes, sie untersagte die Sendung von Geldsammlungen nach Jerusalem und hielt die Juden so viel als möglich von einander getrennt, lauter Maßregeln, die ganz geeignet waren, ihnen ihre Hoffnungen auf eine nahe bevorstehende Wiederherstellung zu benehmen oder wenigstens zu schwächen.

Aus demselben Grunde hat man auch Ursache, die strengen Gesetze, welche von den Westgothen in Spanien und von Dagobert in Frankreich erlassen worden, zu entschuldigen, wenn nicht gar zu billigen. Durch diese Gesetze wurden die Juden gezwungen, ihren religiösen Grundsätzen zu entsagen und den christlichen Glauben anzunehmen oder ins Exil zu gehen. Die große Anzahl Juden, welche Spanien bewohnten, ihre engen Verbindungen mit den Völkern Afrikas, welche gemeinschaftlich den Sturz des Thrones und der Kirche anstrebten, zwangen ganz besonders die spanischen Herrscher zum Ergreifen von Ausnahmsmaßregeln, und zwar im Interesse ihres Reiches, des Lebens und der Freiheit ihrer Unterthanen und der Ehre ihrer Religion.

Zu den vorigen Beobachtungen kann man auch noch andere hinzufügen, welche nicht minder schlagend auf die Deklamationen der Neueren über die Strenge und Härte der soeben besprochenen Gesetze antworten. Sie verdammen nämlich diese Gesetze als ungerecht, unzweckmäßig und fruchtlos, weil dieß, ihrer Meinung nach, nicht die Art und Weise war, mit welcher man die Juden zu den heilsamen Grundsätzen der Religion und Moral zurückführen konnte.

Wirklich, wenn es sich um jedes andere Volk handelte, so würden wir uns geneigt zeigen, Concessionen zu machen. Handelt es sich aber um die Synagoge, dann muß man Ausnahmen machen, Ausnahmen, die wir um so begründeter halten, da sie von unserem Herrn und Heiland selbst gemacht worden, der uns warnen wollte vor den Fallstricken des Judenthums und besonders vor seiner Treulosigkeit. „Hütet euch vor dem Sauerteige der Pharisäer, welcher die Heuchelei ist*).“ Gedenken wir an dieser Stelle der Worte des berühmten Rabbiners Salomon ben Sevet, vor dem Könige Alphons gesprochen, nämlich, daß das Juden=thum eine unheilbare Krankheit ist. Ein kluger Arzt würde diesen Worten noch hinzusetzen, daß bei einer verzweifelten Krank=heit auch ein verzweifeltes Heilmittel angewendet werden muß. Und diese Antwort kann nur gebilligt werden, wenn man den Charakter der Synagoge in Erwägung zieht, welcher in Allem und allen Arten so abweichend ist von dem Charakter der an=deren Secten, welche in der Welt auftauchten und die Kirche Jesu Christi bekämpften.

Unter allen ihren anderen Meinungen, unter ihren anderen traurigen Vorurtheilen nährte die Synagoge besonders die glühende Hoffnung, durch die Ankunft des Messias wieder emporgehoben zu werden. Das war für sie das in den Fabeln der Alten so gerühmte goldene Zeitalter. In diesem Glauben betete sie Tag für Tag, und mehrere Male des Tags um die Ankunft dieser glückseligen Zeit. Das war ihr aber noch nicht genug. Sie hoffte auch durch ihre Wiederherstellung über alle andern Völker gestellt zu werden, und daß sie alle jene, welche sich und ihren Doktrinen widersetzen wollten, vertilgen würde.

Dieser Wunsch nach Herrschaft beseelte sie so innig, daß so oft sich ein günstiges Zeichen am politischen Horizonte zu zeigen schien, besonders so oft sie sich etwas freier fühlte, oder daß ihr einige Gunst erwiesen worden, sie gleich vermeinte, jetzt komme die Zeit ihrer Wiedergeburt. Dann belebte sich ihr Muth auf's Neue, sie hetzte ihre Anhänger auf und ihre Hoffnungen wurden noch bedeutend größer. Die natürliche Wirkung dieser Gesinnun=gen war der stets im Wachsen begriffene Haß gegen den Namen Christi und seiner Bekenner. In den kleinsten Ereignissen sah

---

*) Lucas XII, 1.

sie Anzeichen des nahen Triumphes ihrer Institutionen und Maximen und die Vorboten der Ankunft des Messias. Voll Vertrauen und im Vorgefühle ihres Sieges rief sie aus: „Siehe hier ist Christus, siehe dort ist er." Die ganze Geschichte der vergangenen Jahrhunderte gibt Zeugniß von diesen Gesinnungen.

Doch, stets eifrig versessen auf ihre Gebräuche, Praktiken und den Grundsätzen der christlichen Moral so zuwiderlaufende Maximen, bestärkte sie sich vorzüglich dann in ihrer Erwartung, wenn sie sah, daß die Behörde tolerant gegen sie zu Werke ging, wenn sie sich einmal wieder auf einem höheren Standpunkte unter den Völkern sah, wenn sie zur Theilnahme an den bürgerlichen und politischen Rechten zugelassen wurde: wenn sie solchergestalt selbst zur Richterin über die Christen ernannt wurde, dann fühlte sie, wie ihre Hoffnungen wuchsen, dann glaubte sie schon den Untergang der christlichen Kirche vor Augen zu sehen. Dann gerieth sie aber auch in eine desto größere Wuth, wenn eines ihrer Kinder sich von ihren Grundsätzen entfernte und ihre Lehren abschwor.

Indessen, durchdrungen von diesen hochfahrenden Hoffnungen, von jener Schlauheit Gebrauch machend, welche ein Christ nun und nimmer in einem so hohen Grade wird besitzen können, nach dem eigenen Ausspruche des Rabbiners ben Sevet und bedeckt mit jenem Mantel der Verstellung und Treulosigkeit, welche ihr unser Herr und Heiland so oft zum Vorwurf gemacht, drang sie in das Herz der christlichen Gesellschaft ein, sie fesselte sie durch ihre scheinbare Freundschaft, sie schmeichelte ihr, sie trug schwesterliche Gesinnungen, Vaterlandsliebe, Humanität, Uneigennützigkeit zur Schau, und sie zeigte sich als Freundin der Reformen mit um so größerer Leichtigkeit, da sie dabei stets ihren Vortheil gefunden und sie ihr die Hoffnung auf eine gedeihliche Zukunft in Aussicht stellen.

Wir glauben keinem besonderen Vorurtheile nachzugeben, wenn wir so sprechen. Die hier angestellten Reflexionen sind das Ergebniß eines ernsten Studiums der Grundsätze und der Geschichte der Juden. In diesem Studium sind uns Männer vorangegangen, ausgezeichnet durch ihr Wissen und geschickter als wir zu dem Eindringen in die Tiefe der pharisäischen Perfidie. Zuerst

Zuerst citiren wir den berühmten Voet, welcher offen und frei behauptete, was am meisten dazu beigetragen, die Juden in ihren gesellschaftfeindlichen Lehrsätzen zu bestärken, statt sie auf den geraden Weg der Gerechtigkeit zurückzuführen*): 1) die Pivilegien und Immunitäten, welche ihnen zuweilen zum Schaden der Christen ertheilt wurden; 2) die zu große Freiheit, die ihnen gelassen wurde, mitten unter den Christen zu leben und sie in ihre Dienste zu nehmen, lauter Dinge, welche auf das Aergerniß und die Beleidigung der christlichen Religion und Moral hinausgehen, und in Betreff deren der Rechtgläubige nicht gleichgültig sein kann. Auch darf man ja nicht etwa glauben, man thue dem Gewissen Gewalt an, wenn man durch Gesetze und Verordnungen der Verführung der Juden Einhalt thut und den rechtgläubigen Christen von ihnen ferne hält; denn auf diese Weise benimmt man den Ersteren die Mittel, den Namen Jesu Christi zu beschimpfen und zu entehren, gegen den sie einen solchen Haß bezeigen; 3) ihre Erhebung zu irgend einer Würde im Staate, wie zum Beispiele zu einer obrigkeitlichen Stellung in Handelsangelegenheiten, zur Ausübung der Heilkunde, zu akademischen Würden; 4) die Duldung der theoretischen und praktischen Kabbala, welche der Religion und Moral so zuwiderlaufend ist; — 5) die Erlaubniß zur Ehescheidung und Vielweiberei; 6) das Dulden maßlosen Wuchers, den sie mit Erlaubniß der christlichen Regierungen mitten unter den anderen Völkern betreiben. Das sind die Concessionen, welche Voet verwarf, als dem Christenthum und der Gesellschaft nachtheilig, und als den Juden die Mittel bietend, in ihren Vorurtheilen desto hartnäckiger zu verharren.

Der schon oft citirte Pfefferkorn spricht von der Geschicklichkeit der Juden im Hintergehen der Völker und ihrer Obrigkeiten. Er schildert sie als Leute, die sich stets die Gewogenheit der Fürsten mittelst reicher Geschenke zu erwerben suchten, um auf diese Weise den Klagen vorzubeugen und die Hindernisse zu beseitigen, die sich allenfalls bei ihrem schändlichen Handel mit den Christen ergeben könnten. Daraus entstanden große Nachtheile

---

*) Voetius, Dissertation. select., t. I, part. II, p. 109.

für die christliche Gesellschaft, welche der Unterdrückung dieser Christenfeinde mit Gewalt preisgegeben war. Nachdem er sich auf diesen Umstand gestützt, geht nun Pfefferkorn auf die Staatsbeamten über. Um ihnen den Irrthum zu benehmen, in dem sie leben, daß der Reichthum der Juden dem Staate vortheilhaft ist, sagt er: „O ihr thörichten und verblendeten Menschen, die Ihr, während Ihr die Juden unter dem Vorwande begünstiget, daß ihr unermeßlicher Reichthum dem Gemeinwesen nützlich ist, nicht bedenket, daß dieser Reichthum nichts Anderes ist, als das Eigenthum Eurer unglücklichen Mitbürger, das Eigenthum, welches ihnen durch den Wucher und den Alleinhandel der Juden genommen wurde. Gewiß habt Ihr und Eure Unterthanen ihnen mehr gegeben, als sie Euch ersetzt haben."

Schudt war mit diesen Schriftstellern der nämlichen Meinung. Er ging sogar noch weiter, und nannte jene Christen **Anhänger des Judenthums**, welche den Juden Privilegien ertheilten und ihnen freien Zutritt zu den öffentlichen Aemtern gestatteten, während die Letzteren, stets hoffärtig und eigensinnig in ihren Ideen, diese Gunstbezeugungen zur Bedrückung der unbemittelten Christen mißbrauchten und sich noch desto mehr in ihren abergläubischen Lehren bestärkten, da sie sich gerne überredeten, das seien eben so viele Wirkungen der göttlichen Gnade zu Gunsten ihrer Religion und Einrichtungen und daß sich Gott dergestalt kundgebe, da er die Christen zwinge, die Juden zu so hohen Würden zu erheben.

Die Vernunft, die Thatsachen und die Meinung der aufgeklärtesten Männer zeigen also, daß die Synagoge von allen anderen Secten unterschieden werden muß. Sie schließt solche Elemente in sich, daß sie geachtet, begünstiget und gepriesen, mehr als sich mit der evangelischen Barmherzigkeit verträgt, deren Richtschnur uns unser Heiland gegeben, als er von den Pharisäern sprach, keinem ihrer Irrthümer entsagte, die christlichen Gojim fortwährend als ihre Sclaven, ihre Habe und ihr Leben aber als Gegenstände ansah, worüber sie willkürlich verfügen konnte. So wurde sie immer mehr und mehr in dem Glauben bestärkt, sie sei der Gegenstand einer ganz besonderen göttlichen Vorsehung, welche ihr dadurch eine baldige Veränderung ihres Zustandes verheiße. Paul Ricci, ein getaufter Jude, führt in seinen Schriften als eine der Hauptursachen, welche die Juden von der Anerkennung des Messias in Jesu Christo abhielten, ihre Ruhmsucht und ihren Durst nach Herrschaft an. Das größte Hinderniß der Bekehrung der Juden besteht also in dieser Hoffnung auf Größe und Macht, die sie zu allen Zeiten zeigten.

Wenn also Sir Robert Peel sagte, daß Jerusalem das Ziel der fortwährenden sehnsüchtigen Wünsche der Synagoge sei, dann irrte er sich, wenn er annahm, daß diese Wünsche aus der erlittenen Verfolgung herrührten: die wahre Ursache davon lag in ihren Lehrsätzen selbst, denen sie nicht entsagen will. Alle Aufstände, Empörungen und Verräthereien der Juden in Asien, Afrika und in Europa, gingen direkt oder indirekt auf das von der Synagoge gepriesene Ziel hinaus. Handelte es sich um ihren Vortheil, dann nahm sie keine Rücksicht auf Land oder Volk, bei dem sie Aufnahme gefunden; sie sah die anderen Menschen nur als ihre Sclaven an, denn sie war dazu berufen, sie einst zu beherrschen. Auch konnten sie niemals einen ihr fremden Staat aufrichtig lieben, ihn vertheidigen, noch ihm dienen. Eine Probe von diesen Gesinnungen findet sich noch in der Wichtigkeit vor, welche sie auf die Beschneidung legt, die für ein Zeichen und Unterpfand unauflöslicher Verbrüderung und ein unterscheidendes Merkmal unter den anderen Völkern ist. Die Beschneidung ist für sie gleichsam ein Zeichen des Einverständnisses, gleichsam ein Losungswort; sie ist ein von Abrahams Zeiten an zwischen ihr und Gott dem Herrn bestehender Vertrag, welcher verheißt, daß die Nachkommenschaft dieses Patriarchen, so zahlreich wie der Sand am Meere und die Sterne am Himmel, vor allen Völkern der Erde gedeihen und über alle triumphiren wird. Das ist die Täuschung, welche die Juden verblendet.

Kann man sich sonach wundern, daß das jüdische Volk stets ein abgesondertes Volk geblieben, ein Staat im Staate, trotz seiner Vermischung mit den andern Völkern? Ihre Meinung in Betreff des Messias ist ganz abweichend von dem Glauben der Christen, welche Jesum Christum als solchen anbeten. Ihre Moral ist mit der Moral des Evangeliums unverträglich. Ihre Politik ist unvereinbar mit der Politik der anderen Völker. Der Grundsatz der Achtung vor der bürgerlichen Obrigkeit wird durch ihre Ansprüche auf Alleinherrschaft vernichtet. Vergebens setzte man die Juden in die bürgerlichen Rechte ein; vergebens übertrug man ihnen Ehrenstellen, Würden und Aemter, sie hielten darob nicht minder an ihren Ideen und Grundsätzen fest, sie waren deßhalb nicht minder geneigt, diesen Ideen und Grundsätzen gemäß zu handeln. Denn sie sind von ihnen dergestalt durchdrungen, daß man sie ihnen nicht aus dem Gemüthe reißen kann. Allenthalben und allezeit sind die Lehrsätze und das Verfahren der Synagoge dieselben.

Endlich müssen die Robert Peel, die Gioberti und der ganze Haufe von Journalisten, welche bei jeder Gelegenheit gegen die Strenge eifern, deren Gegenstand die Synagoge gewesen, endlich, sagen wir, müssen sich diese Menschen doch überzeugen, daß weder der Haß, noch die Verfolgungen von Seite der Christen Schuld an der Erniedrigung des Judenvolkes in den verflossenen Jahrhunderten sind, sondern im Gegentheile die barbarischen Vorurtheile, die es nährt. Der Müßiggang, die Faulheit, die Intoleranz, die Hinterlist, die Verschwörungen, die Grausamkeiten der Juden, die Herrschaft, nach der sie streben, das sind die Ursachen, die sie in diese Erniedrigung stürzten, deren man grundlos das Christenthum beschuldigen wollte. Ihre Heimtücke hat die Synagoge in den Augen der christlichen und aller anderen Völker entwürdiget, und sie hat besonders und vorzugsweise bei den nichtchristlichen Völkern ein allgemeines Gefühl der Abneigung gegen sie genährt. Nicht leicht kann man über irgend einen Punkt schlechter urtheilen, als in diesem Falle der englische Redner gethan.

Nicht minder schwer ist zu begreifen, wie man der katholischen Kirche die Verfolgungen zuschreiben konnte, welche im Mittelalter die Juden zu erleiden hatten, wenn man weiß, was die kirchlichen Behörden alles gethan, um diesen Verfolgungen Einhalt zu thun, und wenn man die sanfte und milde Verfahrungsweise der Päpste in ihren eigenen Staaten bedenkt. Dieses Zeugniß haben die Juden selbst den Päpsten gegeben. Sie haben bekannt, daß sie nirgends ruhiger gelebt und eines größeren Schutzes genossen, als in den römischen Staaten. Und das rührt einzig und allein von jener weisheitsvollen Staatskunst her, welche den Päpsten die nothwendige Festigkeit verlieh, damit sich die Juden unter ihrer Herrschaft nicht Mißbräuche und Uebergriffe erlauben konnten, welche eine furchtbare Reaktion gegen sie heraufbeschworen hätten. Dadurch, daß sie ihnen nicht zu viel Freiheit ließen, hinderten die Päpsten sie an dem Mißbrauch derselben, und sie sicherten ihnen ein ruhigeres Leben als irgendwo.

Noch müssen wir einen anderen Einwurf widerlegen. Er wird zwar nicht so oft gemacht, und das Vorausgeschickte würde zu seiner Widerlegung hinreichen, doch wird es vielleicht nicht nutzlos sein, einen Augenblick dabei zu verweilen. Man räumt die den Juden vorgeworfenen Verbrechen ein, man gibt zu, daß ihre Lehrsätze für das Christenthum gefährlich sind, man tadelt ihren Geiz und alle ihre anderen Fehltritte, welche die Geschichte auf ihren Blättern verzeichnet hat, aber man behauptet, daß die Christen nicht viel mehr werth sind, als die Juden, und daß es unbillig ist, alle Folgen ihrer Fehler den Juden aufzubürden.

Vor Allem geben wir zu, daß es unter den Christen unsittliche und schlechte Menschen geben kann. Wir sind alle frei, und Viele gibt es, welche ihre Freiheit mißbrauchen; aber man muß bedenken, daß der Jude, wenn er sich dem Geize, der Hinterlist, der Gewaltthätigkeit, dem Hochmuthe u. s. w. hingibt, ohne jeglichen Scrupel handelt und nichts den Grundsätzen seiner Religion Zuwiderlaufendes zu thun glaubt. Wenn die Christen dasselbe thun, dann wissen sie recht gut, daß sie den Vorschriften des Evangeliums entgegenhandeln und die Lehren der Kirche mit Füßen treten.

Es ist jetzt erwiesen und von Jedermann anerkannt, daß es schwer ist, außerhalb des Christenthums einen wirklich rechtschaffenen Mann zu finden, der seinem Versprechen getreu, verläßlich in seinen Verträgen, der Obrigkeit untergeben, billig in seinen Anforderungen, fest und doch bescheiden in seiner Sprache, tolerant für die Meinungen Anderer, wohlwollend gegen alle Menschen, mit einem Worte ein vollkommener Bürger ist. Nun hindern aber die Organisation der Synagoge, ihre Lehren, ihr Verfahren das Bilden eines solchen Bürgers, wie es die Thatsachen mehr als genügend bewiesen. Die christliche Moral verwirft alles, was der Gesellschaft schädlich ist, die Moral der Synagoge hingegen enthält eine große Anzahl von Grundsätzen, welche für jede christliche Gesellschaft nachtheilig sind. Wir haben viele schlimme Folgen, viele Scandale, viele Uebelstände angeführt, welche besonders aus dem Geize und der Habsucht der Juden in ihren Beziehungen zu den Christen entstehen.

Es ist eine Sache, die uns von nun an unbestreitbar scheint, daß die christlichen Regierungen dem Volke einen großen Dienst geleistet, vom religiösen, bürgerlichen und nationalen Standpunkte aus, so oft sie die Juden in den verflossenen Jahrhunderten aus ihren Staaten entfernt, oder durch irgend ein anderes Mittel den Hochmuth, den Geiz und die Intoleranz dieses Erzfeindes Jesu Christi unterdrückt haben. Das hieß in der That: aus der Mitte der Christen und Bürger viele Scandale, viele der Treuherzigkeit aufgerichtete Fallen ganz entfernen, oder mindestens dem beabsichtigten Verderben Einhalt zu thun. Das war gehandelt, wie der gute Hausvater im Evangelium, welcher vom Acker das Unkraut ausjäten ließ, damit es dem guten Weizen, den er gesäet, nicht schaden konnte. Wenn die christlichen Regierungen den Juden den Genuß der bürgerlichen Rechte entzogen, dann legten sie ihnen gar keine ungerechte Strafe auf, wie dieß Sir Robert Peel behauptet, sondern vielmehr eine wohlverdiente Strafe, denn ihre Lehrsätze und deren Ausführung bedrohten die Existenz der Völker, in deren Mitte sie lebten. Erinnern wir uns hier an die Worte der Alten, welche ebenso viele unumstößliche Wahrheiten sind: Felix respublica, in qua non est Abraham, Nimrod, Naaman, id est, in qua non Judæus, Tyrannus, Leprosus, und dieses andere:

    Et damno absque caper nunquam retinetur in horto,
      Sic nec Judæus sine damno in plebe fovetur*).

Es existirt ein anderes Sprüchwort, welches die Gelehrten der Synagoge selbst oft anführen: „Es gibt kein unverschämteres Fe-

---

*) Rabbin Simon ben-Tachis. Bartolocci, t. III, p. 414.

dervieh als der Hase, keinen unverschämteren Vierfüßler als der Hund und kein unverschämteres Volk, als das jüdische." Dieses Sprüchwort wird durch jenes andere bestätigt und erklärt: „Es gibt im Unglücke kein verworfeneres und im Glücke kein unverschämteres Volk, als das jüdische." Wenn man sich endlich mit den unterscheidenden Charakteren und den besonderen Eigenschaften der Völker beschäftiget, dann zählt man die Juden, und die Synagoge selbst thut es, unter die verschmitztesten und obstinatesten Menschen von der Welt*).

Wahrlich, wir bewundern die Vertheidiger der Juden, wenn sie sich auf die Worte Jesu Christi berufen, welcher ohne Unterschied die Nächstenliebe anempfiehlt. Die Barmherzigkeit und Bruderliebe, das sind die Tugenden, welche Herr Massimo d'Azeglio als heilige Grundsätze zur Grundlage seiner Rede annahm, um sein ganzes Raisonnement darauf zu stützen. Diese Worte, sagen wir unserer Seits, sind Wahrheiten und Jesus Christus hat sie mehr als einmal wiederholt, mehr als einmal dem Gemüthe seiner Jünger eingeprägt, welche sie verstanden und die Andern gelehrt haben. Er selbst hat am Kreuze für seine Mörder und Feinde gebetet. Darum findet kein Widerspruch statt, aber es sind im Evangelium noch andere Wahrheiten und man darf sie ebensowenig vergessen, wie die ersteren, wie es Herr Azeglio und seine Anhänger thun. Diese Herren hätten sie um so weniger vergessen sollen, als sie gerade mit dem Gegenstande, den sie behandeln, zusammenhängen. Nun sagte Jesus Christus von den Pharisäern, deren ganze Niederträchtigkeit und schlechte Lehrsätze er genau kannte, Folgendes: „Sehet zu und hütet Euch vor dem Sauerteige der Pharisäer und Saducäer, welcher die Heuchelei ist; hütet Euch vor den Schriftgelehrten, welche gerne in langen Kleidern einhergehen und gegrüßt sein wollen auf dem Markte, in der Synagoge gerne obenansitzen und bei Gastmahlen die ersten Plätze suchen, die der Wittwen Häuser verschlingen und lange Gebete dabei hersagen; seid klug wie die Schlangen und einfältig wie die Tauben; hütet Euch vor den Menschen, denn sie werden Euch den Gerichtsstellen übergeben und in der Synagoge Euch geißeln. Hütet Euch vor

---

*) Salomon ben-Sevet, ex Gentio, p. 436.

den falschen Propheten, die in Schafskleidern zu Euch kommen, inwendig aber reißende Wölfe sind." Das sind eben so viele Wahrheiten, welche den wahren Charakter der Synagoge mitten unter den Christen schildern, und welche zeigen, wie groß in den verflossenen Jahrhunderten die Klugheit des Christen sein mußte, welcher mit den Schülern dieser Schule zusammen lebte.

Wir werden in dieser Diskussion nicht weiter gehen; wir behalten es uns vor, an einem anderen Orte noch eindringlicher die Ungerechtigkeit der gegen das Mittelalter erhobenen Anschuldigungen zu erörtern. Diejenigen, welche die vergangenen Jahrhunderte verurtheilen, sollen überzeugt sein, daß sie sich geirrt haben, wenn sie den Christen ihre Vorurtheile vorwerfen, und daß sie die katholische Kirche verläumdet haben, wenn sie sie als von einem ungegründeten feindseligen Geiste belebt und als ungerechte Verfolgerin des jüdischen Volkes schildern. Auf welcher Seite sind denn die Vorurtheile? Auf Seite der Christen des Mittelalters, oder auf Seite der neueren Verfechter der jüdischen Sache? Nein, nicht Vorurtheile haben den Geist der Christen aller Jahrhunderte und besonders des Mittelalters beherrscht. Es waren sehr weise und sehr kluge Vorsichtsmaßregeln, welche ergriffen wurden gegen eine offenkundige Perfidie, gegen einen hartnäckigen und standhaft unterhaltenen Haß, dessen Ziel die Kirche Jesu Christi war, gegen die Ruchlosigkeit eines Volkes, das stets bereit war, das Leben, das Vermögen und die Regierungen der christlichen Völker zu zerstören. Die Thatsachen sprechen dafür und keine Raisonnements können die Thatsachen widerlegen.

Wir wiederholen es also, die Vorurtheile sind auf Seiten der Reformatoren dieses Jahrhunderts, welche sich auf eine Frage geworfen, ohne deren Elemente und Verzweigungen zu kennen, auf eine Thatsachenfrage, in der sie die Geschichte zu Rathe zu ziehen versäumten, was doch eine wesentliche Bedingung war, so zwar, daß sie der Parteigeist verblendet und sie gehindert hat, die Frage in ihrem wahren Lichte zu sehen. Oder vielleicht haben sie sich, was noch verwerflicher ist, vorgenommen, die Kirche vorsätzlich herabzuwürdigen, daß sie sie als ungerecht, gefühllos, selbstsüchtig und grausam in ihrem Benehmen gegen die Juden schildern.

Wir können den humanen Gesinnungen, welche sich in diesen letzten Zeiten zu Gunsten der Synagoge kund geben, nur unseren Beifall zollen. Aber wir können nicht aufhören zu wiederholen, daß die Grundsätze der Synagoge in totalem Widerspruch zu denen des Evangeliums sind. Die Moral der Juden ist eine sehr bequeme, wie ein Neubekehrter bemerkte, da er sagte, daß er darin das größte Hinderniß seiner Bekehrung gefunden, während die christliche Moral sehr strenge ist, denn sie verdammt nicht nur allein die sträflichen Worte und Handlungen, sondern sogar einen jeden Gedanken, der nicht im Einklange steht mit dem Willen Gottes. Was überhaupt und vorzugsweise die große Klippe ist, was die Synagoge vom Christenthum wie durch eine tiefe Kluft trennt, was die Juden in ihren Vorurtheilen am meisten bestärkt, das ist der Glaube, den sich die Rabbiner dem Geiste ihrer Glaubensgenossen einzuprägen bemüheten, ein Glaube, welcher der Vernunft nicht minder wie der Lehre Moses zuwiderläuft, der Glaube nämlich, daß es für die Juden keine Hölle gibt, daß sie nur für die Christen da ist, und daß den jüdischen Sünder in dem anderen Leben nur eine leichte Strafe erwartet, eine Strafe, die nicht ewig dauern darf. Es ist nicht nothwendig nachzuweisen, welche Nachlässigkeit in der Moral die Folge eines solchen Glaubens sein muß und mit welcher Leichtigkeit sich der Jude alle nur möglichen Niederträchtigkeiten gegen die Christen erlauben muß, wenn er der Straflosigkeit in diesem und in dem anderen Leben sicher sein zu können glaubt.

Diese Grundverschiedenheit wird die Verbindung Jesu Christi mit den Pharisäern, die Verbindung der Kirche mit der Synagoge stets verhindern. Um Einigkeit zu bewerkstelligen, muß die Eine oder die Andere ihren Grundsätzen entsagen.

Wir könnten hier unsere Arbeit füglich beendigen, aber es ist in den Ausfällen unserer Gegner ein Punkt, dessen Untersuchung uns am Herzen liegt, weil er die Ehre unserer Vorfahren, und besonders die Wahrheit und Heiligkeit der christlichen Kirche antastet. Wir fahren daher weiter fort.

Drittes Kapitel.

Christen und deren Kinder von den Juden ermordet aus Haß gegen Jesus Christus. — Ursachen dieser Grausamkeiten. — Aberglaube und Vertrauen auf Zauberkünste.

Dieses Kapitel, welches an Wichtigkeit keinem der vorhergegangenen nachsteht, wird eine Frage abhandeln, womit vorzüglich die Ehre, die Klugheit der Kirche verwickelt und folglich die den Verordnungen schuldige Achtung verknüpft sind, welche sie zu verschiedenen Zeiten gegen die Synagoge erlassen hat. Diese Frage ist daher auch für uns der Gegenstand eines besonderen Studiums gewesen, und zwar um so mehr, als seit vielen Jahren mündlich und schriftlich von jenen Kindesmorden verhandelt wurde, die man den Juden so oft zum Vorwurf gemacht hatte. Es wurde sogar der Versuch gemacht, ihre Erdichtung zu beweisen; man gab sich aber niemals die Mühe, in eine ernste Untersuchung der Thatsachen einzugehen und ihre Wirklichkeit gegen ihre Anfechter zu behaupten. Das Schweigen, welches von einer Seite Gegnern gegenüber eintrat, welche ohne Unterlaß damit beschäftiget waren, die römische Kirche zu beschimpfen, hat nothwendiger Weise große Zweifel im Geiste vieler Christen zurückgelassen und einige gingen sogar so weit, die in dieser Beziehung der Synagoge aufgebürdeten Verbrechen in Abrede zu stellen. Man sieht daher, welche Rechtlichkeit und Wahrheitsliebe erforderlich sind, wenn man in dieser Sache durchdringen und die Wahrheit endlich erfahren will.

Vor allem aber wünschen wir, man möge wohl verstehen, daß wir über die jetzige Synagoge keinerlei Rache, Vergeltung, Strafe oder Vorwürfe heraufbeschwören wollen.

Wir beten vielmehr zu Gott um Bekehrung und Leben ihrer Mitglieder und darum wollen wir, daß sie aufgeklärt werden. Unser einziger Zweck ist die Ehre und Rechtfertigung der, wie schon gesagt, in ihrer Weisheit und in ihrem Geiste der Sanftmuth angegriffenen Kirche. So viel es von uns abhängt, wird man am Ende ersehen, auf welcher Seite die Intoleranz und der Haß ist, ob auf Seite der Kirche oder der Synagoge.

Erinnern wir uns vor Allem an die Sprache unserer Gegner und beherzigen wir besonders die Worte eines Mannes, dessen Namen wir schon genannt haben, des Herrn Massimo d'Azeglio. „Die Beschuldigungen der Grausamkeit, der Kindesmorde, der Zauberei, in weniger civilisirten Zeiten gegen die Israeliten erhoben, sagt er, sind Fabeln, welche zu einer so aufgeklärten Zeit, wie die unsrige ist, keinen Glauben mehr finden können. Das traurige Ereigniß zu Damaskus im Jahre 1840, dessen wahrer Sachverhalt entdeckt und Gerechtigkeit erwirkt wurde durch Hrn. Moses Montefiore und den Rechtsgelehrten Cremieux, liefert den schlagenden Beweis, daß solche Extravaganzen nur in einer rohen und unwissenden Gesellschaft Glauben finden können." Auf Hrn. von Azeglio folgte Sir Robert Peel, welcher zweimal auf ein und dasselbe Wortgepränge zurückkommt und die Verleumdungen beklagt, welche man den Juden aufgebürdet, wenn man sie der grausamen Ermordung von Christenkindern beschuldigte. Und doch ist das keine Verleumdung, sondern eine Wahrheit. Es war dies eine von den natürlichen Folgen des perfiden Hasses, womit das Judenvolk seinen Gott und seinen Herrn verfolgt hatte. Bis dahin mußte es kommen, um der Welt die Verworfenheit noch besser zu zeigen, welche sie zur Empörung geführt hatte. Es mußte das Andenken an den schmachvollen Tod, welchen es Jesu Christo angethan, dadurch bewahren und erneuern, daß es fortwährend einige jener unschuldigen Geschöpfe hinschlachtete, welche er mit seinem Blute erlöset hatte.

Gleich Anfangs, in den ersten Zeiten des Christenthums, opferte die Synagoge, wie wir gesehen, eine Menge Christen dem Hasse, den sie gegen ihren Herrn und Meister gefaßt hatte. Sie verfolgte sie und mordete sie allenthalben, wo sie es ungestraft thun konnte, wie es der heilige Justinus in Bezug auf seine Zeit sagt*). Auch erregte die Synagoge gegen die Christen die Verachtung, den Haß und die Verfolgungen der Heiden, und wenn ihr alle diese Mittel fehlschlugen, so wollte sie wenigstens durch geheime Hinrichtungen einschüchtern, welche sie fortwährend an das erinnern sollten, was sie einst an ihrem Oberhaupte gethan und was sie hoffte, wie sie es noch immer hofft, an dem ganzen Christenthum zu thun.

Zur größeren Deutlichkeit werden wir trachten die chronologische Ordnung der Ereignisse so viel als möglich zu befolgen, wobei wir sie einer ernsten Kritik unterziehen und uns vorbehalten werden, hernach die Einwürfe zu widerlegen, welche man macht oder die man über das Gesammte machen könnte. Wir werden diesen Ereignissen nur das Unbestreitbare und allgemein Angenommene entnehmen, ohne in gewisse Nebenumstände einzugehen, welche von einigen Geschichtschreibern angeführt und von andern ausgelassen werden. Denn diese verschiedenen Umstände erhöhen nicht die Bedeutung der Thatsachen und die Kraft der aus ihnen nothwendiger Weise abzuleitenden Beweisgründe.

Möge der Leser mit uns die Erzählung jenes traurigen Ereignisses nachlesen, welches sich an einem Orte Namens Inmestar zugetragen, zwischen der Stadt Antiochia in Syrien und Chalcis gelegen. Sie wird erzählt von Socrates, Nicephorus und Theophanes, unter dem Jahre 415 der neueren Zeitrechnung, im siebenten Regierungsjahre Theodosius II. "Einige Zeit nachher, sagt Nicephorus**), im Monate März (und während der Fasten des nämlichen Jahres, fügt Theophanes hinzu, welcher auf ein früheres Ereigniß Anspielung macht, nämlich auf die Austreibung der Juden aus der Stadt Alexandrien ihrer Uebelthaten wegen), einige Zeit darnach, sage ich, hatten die Juden abermals ein abscheuliches Verbrechen an den Christen, in einem Orte Namens Inmestar, am Flusse Orontes, zwischen Chalcis und Antiochien

---
*) Apolog. I.
**) Niceph., Buch XIV, Cap. 16. Socr., Buch VII, Cap. 16. Kirchengeschichte, annot. par Valois.

in Syrien gelegen, begangen und erlitten nun die Strafe dafür. Sie überließen sich dort, nach ihrer Gewohnheit, der behaglichen Ruhe und allen möglichen Vergnügungen, sie trieben die Frechheit und den Uebermuth mitten in ihrer Trunkenheit über alle Grenzen hinaus, und fingen an, die Christen und den Erlöser selbst gröblich zu beschimpfen. Sie spotteten über diejenigen, welche ihre Hoffnung auf das Kreuz setzten, und in ihm das Werkzeug ihres Seelenheils anbeteten, und begingen nun eine Handlung von entsetzlicher Ruchlosigkeit. Sie bemächtigten sich eines Christenkindes, banden es an ein Kreuz, trieben mit ihm allen nur erdenklichen Spott, der aber bald der Wuth Platz machte, und dann schlugen sie das arme Kind so grausam, daß dieses unter ihren Streichen den Geist aufgab. In Folge dieser That erhoben sich zwischen den Juden und Christen blutige Schlägereien, in denen von beiden Seiten mehrere den Tod fanden. Als dies der Kaiser erfahren, trug er seinen Präfekten auf, strenge Rache an den Juden zu nehmen." Bemerken wir in diesem Ereignisse einen von dem Geschichtschreiber erzählten Umstand, nämlich, daß sich das Ganze während eines Festes der Synagoge zutrug, und wie aus dem Text hervorgeht, an einem jener Tage, wo die Juden Ostern feierten. Das wird uns später Stoff zu Betrachtungen von einigem Interesse liefern.

Zur selben Zeit berichtet die Chronik des Bischofs Palladius*) die an dem Abte Gaddanus verübte Frevelthat. Er lebte an einem abgelegenen Orte nahe am todten Meere; dort wurde er eines Tages von einigen Juden überfallen, welche ihn ermorden wollten aus keinem anderen Grunde, als aus ihrem Hasse gegen den christlichen Namen. Die Juden wurden an Verübung dieser Mordthat gehindert.

Im Jahre 1771 berichtet Robert Dumont (wie auch Niklaus Trivet in seinen Annalen), daß Thiebault, Graf von Chartres, mehrere Juden zum Scheiterhaufen verurtheilte, weil sie während ihres Osterfestes aus Haß gegen Jesus Christus ein Christenkind

---

*) Historia Lausiaca, Cap. CX.

gekreuziget hatten. Nach seinem Tode hatten sie seinen Leichnam in einen Sack gesteckt und in die Loire geworfen. Das Kind wurde aufgefunden und die des Verbrechens überwiesenen Juden litten den Feuertod mit Ausnahme derjenigen, welche sich bekehrten und den christlichen Glauben annahmen. Derselbe Schriftsteller spricht unter der Jahreszahl 1177, welche der Zeit angehört, in der er lebte, von dem Tode des heil. Wilhelm, welcher von den Juden am Ostertage ermordet wurde*). Am Tage des 25. März, nach den von den Bollandisten gesammelten Akten der Märtyrer, ehrt die Kirche das Andenken an den heil. Richard, welcher von den Juden zu Pontoise in Frankreich ermordet wurde. Wilhelm von Aquitanien, Kaplan des Königs Philipp August, in der Erzählung, welche er von den Ereignissen liefert, die sich im ersten Jahre dieser Regierung zugetragen, schreibt wie folgt: „In diesen nämlichen Tagen (zwischen 1179 und 1180) wurde der heil. Richard von den Juden gekreuzigt. Sein Körper ruht in der Kirche „Saints-Innocents" in Paris, an einem Orte Namens „Petits-Champs". Dieses Zeugniß wird unterstützt von dem Rigord's, einem gleichzeitigen Schriftsteller und Arzt Philipp Augusts. Er drückt sich in folgenden Worten aus: „Einige Tage nachdem der erst kürzlich gesalbte König wieder in Paris eingezogen war, schritt er zur Ausführung eines schon lange in seinem Inneren beschlossenen Vorhabens, das er aber aus Ehrfurcht vor der außerordentlichen Frömmigkeit seines Vaters verschoben hatte. Er hatte aus dem Munde der Prinzen, welche zugleich mit ihm am Hofe erzogen wurden, mehrmals gehört, und das blieb tief in seinem Gedächtnisse eingeprägt, daß die Juden in Paris alljährlich eine Art Opfer an unterirdischen Orten veranstalteten, indem sie aus Haß gegen die Religion Jesu Christi Christen ermordeten. Das geschah in der Charwoche und genau am Tage ihres Osterfestes. Da sie bei dieser teuflischen Uebung beständig verblieben, so wurden sie schon bei Lebzeiten seines Vaters ergriffen und gesetzlich zum Flammentode verurtheilt. Richard, dessen Leib in der Kirche „des Saints-Innocents des Petits-Champs"

---

*) Robert Dumont, Append. à la chronogr. de Sigebert.

in Paris ruht, wurde so von ihnen ermordet und an's Kreuz geschlagen." Unter der Jahreszahl 1181 spricht Gervais, ein gleichzeitiger englischer Schriftsteller, von einem Kinde, Namens Robert, welches am Ostertage gemartert und in der Kirche des heil. Edmund, in deren Nähe es gemordet worden, begraben wurde.

Im Jahre 1190 befand sich der französische König Philipp in der Nähe von Saint-Germain en Laye und hörte von dem schmählichen Tode reden, den die Juden einem Christen angethan hatten. Er begab sich sogleich ins Schloß, ließ es sorgfältig bewachen und 80 Juden wurden verhaftet, die er verbrennen ließ. Durch ihre Geschenke bestochen, hatte die Gräfin ihrer Willkür einen Christen überlassen, den sie fälschlich des Mordes und Diebstahls beschuldigten. Da sie nun ihren Haß ungehindert befriedigen konnten, banden sie diesem Unglücklichen die Hände auf den Rücken, krönten ihn mit Dornen, und nachdem sie ihn unter Beschimpfungen und Schlägen zur Schau durch's Dorf geführt hatten, banden sie ihn an ein Kreuz. Man kann diese That im Vincenz von Beauvais nachlesen*). Der Rabbiner Joseph, welcher auch davon spricht, setzt hinzu, daß der Rabbiner Jom-Tov mehrere seiner Glaubensgenossen ermorden ließ, weil er gewiß zu sein meinte, sie hätten die Taufe erhalten**). Also Grausamkeit über Grausamkeit! Und zwar durch Schriften von Rabbinern selbst bestätigt.

Albert von Straßburg, dessen Chronik von Trithemius und Urstitius fortgesetzt worden, erzählt, daß die Juden am Ostertage des Jahres 1236 fünf Kinder im Schlosse zu Fulda ermordeten. In diesem Jahre, sagt ein Zeitgenosse, der Verfasser eines historischen Fragmentes, welches mit der handschriftlichen Chronik Albert's von Straßburg oft zugleich vorfindlich ist, schlachteten die Juden in einer Mühle des Schlosses zu Fulda einige Christenkinder ab, um sich ihres Blutes zu bedienen. Nach Entdeckung der That wurden mehrere Juden von den Schloßleuten niedergemacht und andere wurden verbrannt. Die Leiber dieser als Märtyrer verehrten Kinder wurden dem Kaiser Friedrich überbracht, der damals in Hagenau war und ehrenvoll bestattet. Indessen ließ der Kaiser Nachforschungen

---

*) Lib. III. Speculi historialis, c. LIII.
**) Bartolocci, Bibliotheca Rabbinica, t. III, p. 716.

anstellen, um zu erfahren, ob die Juden zur Feier ihrer Ostern wirklich Christenblut brauchten. Da er aber nichts Gewisses hierüber erfahren konnte und von der Synagoge eine sehr beträchtliche Geldsumme erhalten hatte, so beschwichtigte er den bei dieser Gelegenheit gegen die Juden ausgebrochenen Tumult. Eine andere Chronik erzählt noch, daß der Kaiser Friedrich später den Abt des Klosters zu Fulda zu sich bescheiden ließ, nach den schlagenden Beweisen für das Verbrechen der Juden die Thatsache anerkannte und die ermordeten Kinder als Märtyrer verehrte. Was die dem Kaiser gegebene Antwort betrifft, daß über den Gebrauch der Juden, bei der Feier ihrer Ostern Christenblut zu verwenden, nichts Gewisses bekannt sei, und in welcher Antwort Herr Peel ein gewonnenes Spiel für seine Behauptung zu finden glaubt, so werden wir sie etwas später besprechen und wir werden das Gegentheil beweisen, was dem Kaiser Friedrich gesagt worden.

Der Mönch Matthieu Paris führt in seiner Geschichte Heinrichs III., Königs von England, ganz besonders ein entsetzliches Verbrechen an, welches im Jahre 1255 die Juden an einem Christenkinde aus Haß gegen den göttlichen Erlöser begingen. Vorläufig wolle man jedoch wohl bemerken, daß der genannte Historiker ein Zeitgenosse des Ereignisses ist, daß er von den Gelehrten allgemein geachtet ist seiner Genauigkeit, seiner Wissenschaft und seiner Treue wegen, mit der er die Ereignisse in dem Reiche, von dem er spricht, auf die Nachwelt überträgt, und daß endlich der Herausgeber das Pariser Manuscript selbst einsah. Uebrigens verleihen die Umstände, von denen das Ereigniß begleitet wurde, demselben einen ganz absonderlichen Charakter und eine reelle Wirklichkeit für die folgenden Thatsachen. „Zu jener Zeit, sagt der Geschichtschreiber, stahlen die Juden ein achtjähriges Kind, Namens Hugo, und sperrten es in ein wohlverborgenes kleines Stübchen ein, wo sie es mit Milch und anderen, seinem Alter angemessenen Nahrungsmitteln speiseten. Mittlerweile schrieben sie in die meisten Städte Englands, wo Juden wohnten, und sie luden deren einige nach Lincoln, um dort einem Opfer beizuwohnen, das sie zum Spott und aus Haß gegen Jesus Christus veranstalten. Zu diesem Behufe wurde das Kind, welches zur Kreuzigung bestimmt war, verborgen gehalten. Nachdem eine gewisse Anzahl in Lincoln versammelt war, wurde ein Richter ernannt, der die Stelle des Pilatus vertrat, und vor ihm in der Hauptversammlung wurde dieses Kind unterschiedlichen Martern unterzogen, geschlagen, mit Wunden bedeckt, mit Dornen gekrönt, verhöhnt und angespieen. Hierauf stach ihm jeder der Anwesenden mehr oder weniger tief in's Fleisch eine Art Messer, anelatii genannt; man überschüttete es mit Gift und Galle, man überfluthete es mit Schmach, Spott und Lästerungen, man nannte es mehrmals mit einer gewissen Wuth: „Jesus, du falscher Prophet!" Endlich, nachdem man es auf tausenderlei Art gepeinigt hatte, wurde es gekreuzigt und ihm die Seite mit einer Lanze durchbohrt. Nachdem es seinen letzten Seufzer ausgehaucht, wurde es vom Kreuze herabgenommen und man weiß nicht, warum sie ihm die Eingeweide aus dem Leibe rissen, allein es heißt, sie hätten zu gewissen Zaubereien dienen sollen."

(Diesen letzteren Punkt werden wir später berühren).

Die Mutter dieses unglücklichen Geschöpfes stellte einige Tage hindurch alle nur möglichen Nachforschungen an. Nachbarn sagten ihr, man hätte es zuletzt mit Judenkindern seines Alters spielen gesehen, und es sei zu einem von ihnen in's Haus gegangen. Sie begab sich sogleich in dieses Haus, wo sie nicht erwartet wurde, und entdeckte den Körper, welchen man in einen Brunnen geworfen hatte. Die städtischen Behörden, von ihr in Kenntniß gesetzt, ließen den Körper herausziehen und alsogleich wurde das bei diesem Schauspiele anwesende Volk von Abscheu und Entsetzen ergriffen. Zugleich erregten die Thränen, das Schluchzen und die Verzweiflung der Mutter das tiefste Mitleid mit ihr. Unter den Gerichtspersonen befand sich ein wegen seiner Klugheit und Weisheit allgemein bekannter Mann, Johann von Lexington, der sich nicht fürchtete zu sagen: „Es wurde zuweilen behauptet, daß die Juden sich so weit vergessen, solche Thaten zu begehen, um unseren gekreuzigten Herrn und Heiland Jesum Christum zu beschimpfen." Man ergriff den Juden, in dessen Haus das Kind gegangen, da er billiger Weise mehr als alle Anderen im Verdachte war, und dieser Mann sprach zu ihm: Unglücklicher, weißt du nicht, daß dir ein baldiger Tod bestimmt ist? Alles Gold Englands würde nicht hinreichen zu deiner Loskaufung. Dennoch will ich dir sagen, wie du, so unwürdig du dessen auch bist, deinen Kopf vor dem Todesstreiche, und deine Gliedmaßen vor jeder Verstümmlung retten kannst. Ich verspreche dir Schonung, wenn du dich entschließest, mir, ohne etwas zu verhehlen, Alles zu bekennen, was in einem solchen Falle von Euch vorgenommen wird." Dieser Jude, Namens Copin, in der Meinung, auf diese Art das Mittel gefunden zu haben, um der Todesstrafe zu entgehen, antwortete ihm: „Sir John, wenn Ihr thuet, wie Ihr mir gesagt, so werde ich Euch erstaunliche Dinge entdecken." Von dem Vertrauen, welches John ihm einzuflößen verstand, immer mehr und mehr aufgereizt, sagte er: „Was die Christen sagen, ist Wahrheit. Fast alljährlich kreuzigen die Juden ein Kind, um der Person und dem Ruhme Jesu Schmach anzuthun, doch findet man nicht jedes Jahr eines. Alles geschieht heimlich und an den verborgensten Orten. Dieses Kind, Namens Hugo, haben unsere Juden erbarmungslos gekreuzigt. Als es todt war und man seinen Leichnam verbergen wollte, da konnte man damit nicht recht zu Stande kommen; der Leichnam des unschuldigen Kindes wurde für die Wahrsagerei nicht geeignet befunden, denn deßhalb hatte man ihm die Eingeweide aus dem Leibe gerissen. Am Morgen glaubte man seinen Körper versteckt, doch die Erde hat ihn wieder ausgeworfen. Denn mehrmals ist er aus der Grube wieder hervorgekommen, was unter den Juden Schrecken verbreitete. Am Ende warf man ihn in einen Brunnen und selbst dort blieb er nicht verborgen. Die Mutter, welche dem Gerüchte zufolge Nachforschung anstellte, fand den Körper und entdeckte Alles den Behörden."

John behielt den Juden im Gefängniß und als die Domherren der Kathedrale zu Lincoln die Sache erfahren hatten, baten sie um die Uebergabe des Körpers des Kindes. Sie erhielten ihn, stellten ihn der Verehrung einer unermeßlichen Volksmenge aus und bestatteten ihn dann mit allen Ehren in ihrer Kirche, als einen Märtyrer, in dessen Besitz sie sich glücklich fühlten. Wohl hatten die Juden dieses Kind durch 10 Tage am Leben erhalten, wo es aber, mit Milch genährt, allerlei Qualen zu erleiden hatte. Als aber der König bei seiner Rückkehr aus den nördlichen Provinzen Englands von dem Ereignisse vollkommen in Kenntniß gesetzt worden, tadelte er John von Lexington darüber, daß er einem so großen Verbrecher Straflosigkeit verheißen habe und sagte, daß er in seiner Person einem Menschen nicht Straflosigkeit gewähren könnte, der die größten Strafen verdient hätte. Das Todesurtheil wurde unwiderruflich ausgesprochen und nahe vor dessen Vollziehung sagte der Verurtheilte: „Der Tod wartet meiner und Sir John vermag nichts mehr für mich. Jetzt werde ich Euch die Wahrheit sagen. Dieses Kind, dessen Ermordung die Juden beschuldiget sind, ist wirklich ermordet worden mit Zustimmung der anderen in England zerstreuten Brüder. In fast allen Städten des Reiches wurden einige von ihnen ausgewählt, um auf die an sie ergangene Aufforderung an dem Opfertode dieses Kindes wie an einem Ostercopfer Theil zu nehmen." Nachdem er dieses und noch viele andere entsetzliche Dinge ausgesagt hatte, wurde er an den Schweif eines Pferdes gebunden und zum Schaffott geschleppt, wo man einen Teufel an Leib und Seele zu sehen vermeinte. Die anderen Juden, welche an dem Verbrechen Theil genommen, wurden, 91 an der Zahl, in die Gefängnisse Londons abgeführt. Die Geständnisse des ersten Hingerichteten werden dadurch bestätigt, daß diese Unglücklichen, als sie sich im folgenden Jahre verurtheilt sahen, heimliche Botschaft an die Minoritenbrüder sandten, mit der flehentlichen Bitte, sich beim Hofe für ihre Rettung vor Gefängniß und Tod zu verwenden, wobei sie jedoch eingestanden, daß sie sich durch ihr Verbrechen jeder Begnadigung unwürdig gemacht hätten.

Ungeachtet aller dieser Beweise, welche auf handgreifliche Weise die Mitschuld der Synagoge an diesem entsetzlichen Verbrechen beweisen, behauptete Basnage*), man könne diesem ganzen Berichte keinen Glauben schenken wegen des ganz unwahrscheinlichen Umstandes, von dem Copin in Bezug auf den Körper dieses Kindes spricht, den man den Nachforschungen der Justiz nicht habe entziehen können. Man hat sehr Recht, scheint es uns, zu ant-

---

*) Hist. des Juifs, t. IX.

worten, daß dieser Umstand an und für sich zu unbedeutend ist, und übrigens noch erklärlich genug, als daß man deßhalb die ganze Aussage dieses Juden als falsch verwerfen könnte, welcher doch dadurch sich selbst und seinen Glaubensgenossen das Todesurtheil spricht, besonders nach den später den Minoritenbrüdern gemachten Geständnissen. Wir fragen jeden vorurtheilsfreien Menschen: läßt das einfache Lesen dieser Erzählung nur den geringsten Zweifel in die Wahrheit dieses Ereignisses zu?

Ferner „begreife ich nicht," fährt Basnage fort, „warum die Juden ein achtjähriges Kind mit Milch genährt haben sollten, um es für die Qualen der Kreuzigung empfindlicher zu machen." Hierauf antworteten wir, daß uns nichts berechtiget, dem Geschichtschreiber diesen Sinn unterzuschieben. Er hatte am Anfange gesagt, daß die Juden, nachdem sie das Kind an einem wohlverborgenen Orte eingesperrt hatten, es dort mit Milch und anderen, seinem Alter angemessenen Nahrungsmitteln speiseten und später wiederholt er beinahe diese Worte und schrieb: „Ut tot diebus pastus lacte tormenta vivus multiformia tolerabat." Diese Worte geben nicht im Entferntesten einen Sinn ähnlich demjenigen, den Basnage darin finden will, sie sind nur eine Wiederholung dessen, was uns schon gesagt worden und bedeuten, daß das Kind in Folge seiner mehrtägigen Nahrung durch Milch, die Kraft besaß, viele Qualen zu ertragen.

Bezüglich des von John von Lexington über die allgemeine Meinung Gesagten, welche die Juden ähnlicher Grausamkeiten gegen die Christen beschuldigte, berichtet derselbe Mathieu Pâris, daß im Jahre 1235 sieben Juden dem Könige in Westminster vorgeführt wurden, welche beschuldigt waren, in Norwich ein Christenkind gestohlen, beschnitten und verborgen zu haben, in der Absicht es an ihrem Osterfeste zu kreuzigen. Nachdem sie der That überwiesen waren, gestanden sie am Ende Alles in Gegenwart des Königs und wurden zu lebenslänglicher Kerkerhaft verurtheilt. Nach dem Berichte desselben Historikers beschnitten die Juden fünf Jahre später ein anderes Christenkind, gaben ihm den Namen Jurninus und sperrten es ein, um es aus Haß gegen Jesus Christus zu kreuzigen. Der Vater des Kindes, einzig und allein mit der Wiederauffindung seines Sohnes beschäftiget, entdeckte endlich, daß er von den Juden in geheimem Gewahrsam gehalten werde. Da dieses Verbrechen zur Kenntniß des Bischofs William de Rele und der Behörden gelangt war, wurden alle Juden der Stadt gefänglich eingezogen, bis man sich die Ueberzeugung verschaffen konnte: das an dem Christenthum begangene Verbrechen und die dem christlichen Namen und Charakter angethane Schmach an den wirklich Schuldigen strafen zu können. Da die Juden von den Civilgerichten gerichtet zu werden verlangten, machte der Bischof die Rechte des geistlichen Richterstuhls geltend, da es sich hier um eine religiöse Frage handelte. Vier der Angeklagten wurden überwiesen als Urheber oder Theilnehmer an dem Verbrechen und verurtheilt, nach damals üblicher Executionsform an dem Schweife eines Pferdes zur Richtstätte geschleppt und dann gehangen zu werden.

Thomas von Catimpre spricht von einer ähnlichen Frevelthat, welche die Juden im Jahre 1261 zu Pforzheim an einem achtjährigen Kinde begingen, das ihnen von einer Christenfrau in die Hände geliefert worden. Dieses arme Kind wurde an einen verborgenen Ort geführt, auf einige Betttücher ausgestreckt und nachdem ihm der Mund verstopft worden, durchstach man alle Gelenke des Körpers, um ihm all sein Blut zu entziehen und die Linnentücher, auf denen es hingestreckt lag, damit zu tränken. Nachdem es dieser gräßlichen Grausamkeit erlegen, warfen sie es in den Fluß, wo es drei oder vier Tage später von Fischern aufgefunden wurde. Bei dem Anblicke dieser Menge von kleinen Wunden, mit denen sein Körper bedeckt war, vermuthete man sogleich in den Juden die Urheber dieses Mordes. In Folge einiger Nachforschungen ergriff man das Weib, welches ihnen das Kind ausgeliefert hatte; es wurde durch die treuherzigen Geständnisse seines kleinen Mädchens überwiesen und auf diese Weise gelang es, die Urheber des Verbrechens ausfindig zu machen. Zwei von ihnen gaben sich selbst den Tod und die anderen wurden zum Tode verurtheilt. Diese Thatsachen, sagt der Verfasser, wurden mir erzählt von zwei Mönchen des Predigerordens, Rainier und Egidius, welche sich zu Pforzheim drei Tage nach dem Ereignisse befanden und mir die genaue Erzählung davon lieferten.

Uebrigens bemerke man, daß der Historiker nicht nur ein Zeitgenosse war, sondern daß er sich bei denen, welche nach ihm gekommen, einen großen Ruf der Wissenschaft und Genauigkeit erworben *).

Die Kirche verehrt als Märtyrer den seligen Werner, welcher im Jahre 1287 in der Diöcese Trier von den Juden ermordet wurde und sie feiert sein Namensfest am 19. April**). Die Sache wird unter folgenden Umständen erzählt. Der Knabe Werner war gewöhnt, alljährlich den Juden bei der Feier des Osterfestes zu helfen. Das war eine schickliche Gelegenheit für sie. Sie bemächtigten sich seiner, und da ihr Haß gegen die Christen oft bis zur Wuth sich steigerte, wie wir an den Ereignissen in Chalcis gesehen, so schoben sie ihm eine Bleikugel in den Mund, um ihn am Schreien zu hindern. Hierauf banden sie ihn und hingen ihn mit dem Kopfe nach unten an einer eigens dazu hergerichteten Säule auf. Hierauf begann die Geißelung und nach derselben machten sie ihm allenthalben Einschnitte, so zwar, daß das Blut von den Händen, vom Kopfe und Halse bis zu den Füßen herab rieselte und sich an seinem Körper kein Glied fand, das nicht in Blut gebadet war. Sie bedienten sich dabei eines Messers, das stets sorgsam aufbewahrt wurde. Man war grausam genug, seine Qualen durch drei Tage zu verlängern, wobei er bald aufgehangen, bald abgenommen wurde, bis er völlig erschöpft war. Allein in dem Hause, worin sich dieses zutrug, wohnte eine christliche Frau, welche unbemerkt Alles mit ansah. Es gelang ihr endlich, den Richter davon in Kenntniß zu setzen, welcher sich an Ort und Stelle begab, und bei dem Anblicke des Schauspiels, das sich seinen Augen darbot, von Staunen und Entsetzen ergriffen wurde. Dennoch gelang es den Juden, ihn durch große Geschenke zu bestechen, und die Sache blieb verschwiegen, bis eines Tages

---

*) Thomas Cantipratanus, De ratione vitae bene instituendae, l. II, cap. XXIX.

**) Die auf sein Grab gesetzte Inschrift und der Zusammenfluß der Gläubigen, welche durch seine Fürbitte für ihre Gebete Gehör zu finden hofften, sind verzeichnet in den Akten der Erzbischöfe von Trier, herausgegeben von Edmund Martene, Th. VI, S. 347.

der Leichnam des Knaben hinter einem Gebüsche entdeckt wurde, trotz aller Vorsichtsmaßregeln, welche getroffen worden, damit das Verbrechen für immer verborgen bleibe. Es wurde sogleich der Prozeß mit der größten Thätigkeit eingeleitet, und alle Umstände schienen sich zu vereinigen zur Begründung der Wahrheit, nämlich um die Juden als der Ermordung Werners für schuldig zu erklären. Allein das dem Könige Rudolph bis zur Summe von 20,000 Mark dargebotene Geld bestimmte ihn, die Juden für schuldlos zu erklären. Ja er wollte sogar, daß der Erzbischof von Mainz öffentlich verkündigte, die Juden seien von den Christen verleumdet worden. Fünfhundert Bewaffnete waren in Bereitschaft, über jedweden Christen herzufallen, der sich das Gegentheil zu sagen erlauben würde *).

Die Metropolitankirche zu Saragossa in Arragonien verehrt unter der Zahl ihrer Märtyrer den heiligen Dominik de Val, einen siebenjährigen Knaben, der im Jahre 1250 aus Haß gegen den Namen Jesu Christi und zum Gedächtnisse seiner Todesstrafe von den Juden gekreuziget wurde. Hieronymus Blancha erzählt die That in seiner Geschichte der Könige von Arragonien unter der angeführten Jahrzahl und sagt, daß das gottlose Judenvolk in seiner Gewohnheit, alle Arten von Schändlichkeiten zu begehen, so weit gegangen sei, diesen monströsen Glauben anzunehmen und zu befolgen, daß Jedermann, der ein Christenkind stiehlt und es ihnen zur Ermordung ausliefert, dadurch allein von allen Steuern und Abgaben befreit und aller seiner gemachten Schulden frei und ledig ist. In Folge dessen ahmte ein Jude, Namens Moses Albayhuzet, den Verräther Judas nach, bemächtigte sich des jungen Dominik, knebelte ihn und überlieferte ihn den Juden zur Kreuzigung. Doch kaum war das Verbrechen begangen, so wurde es schon von den Christen entdeckt. Uebrigens gestand Albayhuzet selbst, durchdrungen von Abscheu vor seinem Verbrechen, seine That und empfing die Taufe. Zugleich hat uns Joseph Dormero die Inschrift aufbewahrt, die er an dem Reliquienschrein gelesen, in dem die Gebeine des Heiligen ruheten. Folgendes ist der Text,

---

*) Bolland, 19. April. — Vergl. die Chronik von Engelhusius.

welcher den Antheil anzeigt, den die Synagoge an diesem Morde genommen: „Ossa divi Dominici infantis filii Sancti Val et Isabellæ uxoris suæ hujus claræ urbis civium qui Cæsaraugustæ Judæorum Synagogæ jubente uti summo supplicio afficeretur, clavis parieti affixus fuit; ac demum latere transfixo, illustrem martyrii coronam reportavit, pridie kalendas Augusti 1250."

In seinem Helvetia sancta betitelten Werke erzählt der Karthäuser Heinrich Murer, daß während des Pontifikates Honorius IV. unter der Regierung des Kaisers Rudolf I., im Jahre 1288 nach Jesus Christus und im hundertsten der Gründung der Stadt Bern, die dort zahlreich wohnenden Juden ihren Haß gegen den Namen Jesu Christi an einem Christenkinde, Namens Rudolf, ausließen, das sie heimlich entwendet hatten. Sie führten den Knaben in das Haus eines der Vornehmsten unter ihnen, brachten ihn an einen unterirdischen Ort und dort erwürgten sie ihn, nachdem sie ihn auf verschiedene Arten gefoltert hatten. Doch das unschuldig vergossene Blut rief um Rache zu Gott. Wie geheim auch das Verbrechen gehalten worden, so wurde es doch eines Tages entdeckt, denn der mit Wunden bedeckte Körper des Kindes wurde aufgefunden, was im Volke eine sehr große Aufregung hervorbrachte. Da die Priester und die wegen ihrer Weisheit bekanntesten Männer darin übereinstimmten, die Schuldlosigkeit des Kindes anzuerkennen und in ihm einen wahren Märtyrer Jesu Christi zu sehen, so wurde es in die Hauptkirche übertragen und nahe an dem Altare des heiligen Kreuzes begraben. Dieser Altar bekam später den Namen Altar des heiligen Rudolf. Die bis in's Einzelne gehende Geschichte wird von den Bollandisten erzählt und sie ist mit Dokumenten belegt, welche weder über das Faktum noch über seine Urheber den geringsten Zweifel zulassen. Man bemächtigte sich dieser Letzteren. Von dem Senate abgeurtheilt, erlitten sie den durch ihr Verbrechen verdienten Tod. Die anderen Juden, welche zum Mord ihre Zustimmung gegeben, wurden aus der Stadt gejagt und ein Erlaß der nämlichen Behörde, begründet durch diese That und viele frühere Ursachen, verordnete, daß in Zukunft kein Jude mehr in Bern wohnen dürfe.

In seiner Geschichte von Freisingen berichtet Meichelbeck, gestützt auf die Autorität mehrerer gleichzeitiger Schriftsteller*), daß im Jahre 1225 eine Frau in München sich durch das Geld der Juden bestechen ließ, ihrem Nachbar ein Kind heimlich entführte und es den Erzfeinden des christlichen Namens auslieferte. Mittelst Stichen und Einschnitten an seinen verschiedenen Körpertheilen zapften sie ihm sein ganzes Blut ab, um sich dessen zu verbrecherischen Handlungen zu bedienen. Nachdem sie dieses entsetzliche Verbrechen begangen, bestimmten sie dieselbe Frau mit Hülfe der nämlichen Verheißungen zum Stehlen eines zweiten Kindes. Schon war es ihr zum Theil gelungen und sie war auf dem Punkte, den Juden ein zweites Schlachtopfer zu liefern, als der Vater hinter den ganzen Vorgang kam. Verhaftet und vor Gericht gestellt, bekannte das unglückliche Weib Alles. Bald verbreitete sich die Kunde in der ganzen Stadt und da sich Alles bemühte, die Justiz in ihrer Handhabung zu unterstützen, so ergriff man 140 Juden, welche zum Flammentode verurtheilt wurden. Die Geschichte fügt hinzu, daß der Ort, wo das Verbrechen begangen wurde, im Volke die Gruft genannt, und daß später an dieser Stelle der heiligen Jungfrau eine Kirche errichtet wurde.

Am Ende des 18. Buches der Geschichte Böhmens, von Johann Dubraiv, lesen wir: „Im Jahre 1305, an einem Tage, wo sie sich zur Feier des Osterfestes vorbereiteten, verübten die Juden Handlungen der äußersten Grausamkeit an einem Christen, den seine Dürftigkeit dahin gebracht, ihnen zu dienen. Nachdem sie ihn an einen verborgenen Ort geschleppt hatten, zogen sie ihm alle Kleidungsstücke aus und banden ihn an ein Kreuz. Dann schlugen ihn die Einen mit Ruthen, die Anderen spieen ihm in's Gesicht, und dieß Alles, um auf die eine oder die andere Art daran zu erinnern, was einst Jesus Christus von diesem grausamen Volke zu leiden gehabt. Eine solche Barbarei, welche deutlich ersehen ließ, von welchem Hasse gegen die Christen sie beseelt waren, brachte die ganze Bevölkerung Prags in die größte Aufregung. Man fand, daß die gewöhnlichen Strafen nicht hinreichend wären, um das

---
*) T. II, p. 94.

Verbrechen der Schuldigen zu sühnen und es wurden neue und fühlbarere erfunden, um das unschuldige Blut zu rächen. Das Hab und Gut der Hingerichteten wurde zur Errichtung eines Denkmals für den neuen Märtyrer verwendet."

In der Geschichte der Landgrafen von Thüringen liest man (was ein gleichzeitiger lebender Priester, Namens Siegfried, in dem zweiten Buche seines Epitome bestätiget), daß ein Knabe, Konrad mit Namen, der Sohn eines Soldaten, von den Juden zu Wizzens vor dem Osterfeste ermordet wurde. Nachdem die Schuldtragenden entdeckt worden, machte das empörte Volk alle Juden nieder, und die dem Tode entrannen, waren gezwungen, das Land zu verlassen.

Denys de Saint-Martin*) berichtet, daß im Jahre 1321 die Juden auf ein Edikt Philipps V. aus Annecy verjagt wurden, weil sie einen jungen Geistlichen aus dieser Stadt ermordet hatten.

Johann Vitoduran sagt in seiner Chronik, daß im Jahre 1331 die Juden zu Ueberlingen einen Akt der Barbarei an einem Kinde begingen, das sie nach seiner Ermordung in einen Brunnen warfen. Einige Tage darnach wurde der Körper aufgefunden, das Gericht stellte Untersuchung an, und da man an dem Körper Einschnitte sah, welche zu anderen Indizien, die man schon hatte, hinzu kamen, so war man überzeugt, daß die Juden die Urheber dieser Mordthat waren. Dießmal warteten die Richter des Ortes die Zustimmung des Kaisers, der, wie man wußte, den Juden gewogen war, gar nicht ab und die Urheber eines so empörenden Verbrechens wurden unverweilt hingerichtet.

Derselbe Geschichtschreiber erzählt in seinen helvetischen Annalen, daß im Jahre 1338 ein Mann von edlem Stande, Bewohner des Frankenlandes, ein Opfer der schwärzesten Bosheit und größten Schurkerei, von den Juden auf schmachvolle Weise ermordet wurde. Als sein Bruder das Verbrechen entdeckt, forderte er alle seine Freunde zur Rache auf, so daß die Christen, von Zorn gegen die Juden entbrannt, alle Grenzen der Mäßigung und Gerechtigkeit überschritten und ein wahres Blutbad unter diesen Unglücklichen anrichteten.

*) Gallia christiana, t. II, p. 723.

Die kirchlichen Akten von Köln lieferten den Bollandisten die Erzählung von dem Märtyrerthum eines Knaben, Namens Johann. Er wurde auf dem Wege zur Schule von den Juden aufgegriffen, an einen Ort geschleppt, wo seine Henker nichts zu befürchten hatten, und so lange mit Messerstichen durchbohrt, bis er den letzten Seufzer ausstieß. Eines dieser Messer, in Gestalt einer Lanzette, wurde in der Kirche des heiligen Sigebert als ein Denkmal des Märtyrerthums gegen dessen Urheber aufbewahrt.

In den Annalen Schwabens, gesammelt von Martin Crusius, sehen wir im fünften Buche des dritten Theiles, daß im Jahre 1380 einige Juden im Dorfe Hagenbach heimlich ein Kind entwendeten. In dem Augenblicke, wo sie ihm die Todesqualen anthaten, wurden sie überrascht, sogleich vor Gericht gezogen und zum Flammentode verurtheilt.

Der Pater Raber schrieb eine Kirchengeschichte Baierns*) und erzählt uns, daß der selige Heinrich, von den Juden im Jahre 1348 ermordet, als Märtyrer verehrt wird.

Im Jahre 1410, oder nach Anderen im Jahre 1413, ließen die Markgrafen Friedrich und Wilhelm von Meißen alle Juden auf ihren Besitzungen einkerkern und confiscirten ihr ganzes Besitzthum. Diese Maßregeln, welche uns Albert Krantz und die Chronik des Hermann Corner mittheilen, wurden ergriffen, weil die Juden einem Bauer ein Christenkind in der Absicht abgekauft hatten, es zu ermorden. Was den Verkäufer betrifft, wurde er zur Strafe für sein Verbrechen zur Viertheilung verurtheilt. Es muß bemerkt werden, daß bei den meisten dieser Justizfälle auch mitschuldige Christen zum Tode verurtheilt wurden.

Im Jahre 1454 überfielen zwei Juden auf den Gütern des Ludwig von Almanfa, im Königreich Kastilien, ein Christenkind. Sie führten es an einen abseitigen Ort auf freiem Felde, ermordeten es, schnitten seinen Körper mitten auseinander und rissen ihm das Herz aus, dann gruben sie den Leichnam in Eile ein und entfernten sich. In der Nähe herumschleichende Hunde wurden von dem Geruche angezogen, sie scharrten mit ihren Pfoten

---

*) Bavaria sacra.

den Boden auf und zerrten den Körper des Kindes wieder hervor. Sie machten sich nun über ihn her, um ihn zu verzehren. Der Eine von ihnen erbeutete einen Arm und trug ihn fort, als ihm Hirten begegneten, und auf diese Weise erfuhr man den Tod des armen Kindes, das seine Eltern mehrere Tage vergebens suchten.

Mittlerweile verbrannten die Juden, welche insgeheim ihre Glaubensgenossen zusammenberufen hatten, das Herz, und warfen die Asche desselben in Wein, den sie in ihrer Versammlung gemeinschaftlich tranken. Das waren die durch die Nachforschungen festgestellten Thatsachen, deren Gewißheit dem Statthalter und dem Bischofe vollkommen erwiesen schien. Die Angelegenheit wurde dem königlichen Gerichtshofe zugewiesen, allein die ansehnlichen Geldsummen, welche die Juden, wie gewöhnlich, in reichem Maße spendeten, bewirkten ein so langsames Gerichtsverfahren, daß der gleichzeitige Schriftsteller, dem wir diese Erzählung verdanken, das Ende des Prozesses nicht erleben konnte*).

Derselbe Schriftsteller erzählt uns ein zweites Faktum derselben Art, das aber von so besonderen und schlagenden Umständen begleitet ist, daß man keinen Zweifel an der gehässigen Barbarei sehen kann, von der damals die Juden gegen die Christen beseelt waren. „Zu Ankona, wo ich im Kloster der Minoritenbrüder von Valesola war, suchte mich eines Tages ein Jude von Genua, Namens Emanuel, der Sohn eines großen Arztes in jener Stadt, auf. Es war dieß im Jahre des Herrn 1456. Er sagte in Demuth, er sähe jetzt ganz deutlich den Irrthum der jüdischen Secte ein und er wolle durch die Taufe Jesu Christi gereiniget werden. Ich befragte ihn über eine Menge Punkte; unter anderen Dingen forderte ich ihn so nebenbei auf, da er die Irrthümer seines Volkes einsähe und die Wahrheit des katholischen Glaubens zugäbe, mir zu sagen, ob es denn wirklich den Juden zum Gesetze gemacht sei, die Christenkinder, deren sie habhaft werden könnten, zu tödten. Ich fragte ihn, ob das gewiß sei, ob er es wirklich wisse, und ob er bei einem solchen Akte anwesend gewesen sei, damit die Christen größere Vorsichtsmaßregeln ergreifen könnten.

---

*) Alphons Spina, De bello Judæorum, lib. III, consid. 7.

Von seinem Gewissen und seiner aufrichtigen Liebe zum Christenthum angetrieben, erzählte er mir zwei der barbarischsten Fakta. Das eine wußte er von seinen Eltern und von vielen anderen Juden, das andere hatte er mit eigenen Augen gesehen. Bezüglich des ersten sagte er zu mir: „Oftmals habe ich von meinen Eltern und anderen Leuten unseres Volkes erzählen gehört, daß in Italien ein jüdischer Rabbiner, Namens Simon von Ankona, lebe. Er sei ein Arzt und sein Beruf führe ihn an allerlei Orte und zu vielen großen Herren. Er knüpfte eine ganz besondere und vertraute Verbindung mit einem schlechten Christen, einem der entartetsten Menschen, an. Dieser Mann stahl einst ein vierjähriges Kind, ein Raub, wie er damals bei vielen Kriegsleuten üblich war. Da aber das Kind zu schwach war, um die Beschwerden des Weges, den es machen sollte, zu ertragen, so überließ es ihm der Freund des Juden, ohne an die bösen Absichten, die dieser etwa haben könnte, zu denken, einzig und allein, damit das Kind in seinem Dienste sei. Der Jude, vor Freuden entzückt, nahm das Kind in Empfang und führte es mit sich nach Pavia, wo er seinen gewöhnlichen Aufenthalt hatte. Als er zu Hause angekommen war und Zeit und Stunde zur Ausführung seines unmenschlichen Vorhabens günstig fand, ergriff er das Kind, legte es auf einen Tisch und schnitt ihm den Kopf ab. Den ließ er auf dem Tische liegen und trug den Rumpf in ein anderes Zimmer, um sein Vorhaben zu vollenden. Mittlerweile kam ein großer Hund in das Zimmer geschlichen, wo der Kopf zurückgeblieben, er stürzte darüber her, packte ihn und sprang damit durch ein Fenster auf die Gasse. Bei seiner Rückkehr in das Zimmer entsetzte sich der Jude bei dem Gedanken einer möglichen Entdeckung. Er ging sogleich fort, vertheilte Geld bis an die untersten Diener der Gerechtigkeit, um leichter verborgen zu bleiben. Hierauf begab er sich heimlich an's Gestade des Meeres, wo sich gerade ein Schiff befand, das ihn in die Türkei führte und so entging er allen nach ihm angestellten Nachforschungen. Indessen hatten die Gerichtsleute in einem Gäßchen den fliehenden Hund getroffen. Sie bemerkten, daß er etwas mit sich trage und jagten ihm durch Geschrei und Drohungen Furcht ein, so zwar, daß er den Kopf fallen ließ, um sich schneller aus dem Staube zu machen. Sie erkannten mit Schaudern, daß es der Kopf eines Kindes sei, und von den Blutspuren geleitet, gelangten sie an des Juden Haus, wo sie die Ergebnisse seiner Barbarei sahen. Alles, was ich Euch da sage, habe ich von meinen Eltern erfahren.

„Hierauf erzählte mir derselbe Emanuel eine zweite grausame That, die sich in Savona zugetragen, die er mit eigenen Augen gesehen und die er mehrmals vor und nach seiner Bekehrung bestätigte, bekennend, daß er selbst von dem Blute des hingeschlachteten Kindes getrunken hätte. Er erzählte mir, sein Vater hätte ihn eines Tages in das Haus eines Juden in Savona geführt. Dort waren noch sieben andere Männer des Volkes versammelt und da verpflichteten sie sich gegenseitig durch einen Schwur, das, was sie nun beginnen würden, niemals zu entdecken und ihr Geheimniß bis in den Tod zu bewahren. Hierauf wurde ein zwei Jahre altes Christenkind in ihre Mitte geführt. Sie hielten es nackt über das Gefäß, in dem sie gewöhnlich das bei der Beschneidung ihrer Kinder vergossene Blut auffingen. Vier von ihnen nahmen solcher Gestalt Antheil an der gräßlichen Verrichtung. Der Eine hielt den rechten Arm des unschuldigen Geschöpfes ausgestreckt, ein Anderer den Linken, ein Dritter hielt den Kopf in die Höhe, um die Aehnlichkeit mit einem Kreuze hervorzubringen, und der Vierte stopfte Werg in den Mund des unglücklichen Kindes, um es am Schreien zu hindern. Hierauf ergriffen sie spitzige und ziemlich lange eiserne Instrumente, durchbohrten es nach allen Richtungen, vorzüglich in der Herzgegend, so zwar, daß ihm von allen Seiten das Blut herablief und in das Gefäß träufelte. Das war für mich ein Schauspiel, dessen Anblick ich nicht aushalten konnte, und ich entfernte mich so weit als möglich davon. Aber bald kam mein Vater auf mich zu und ließ mich schwören, daß ich über dieß Alles nie mit Jemanden sprechen wolle. Hierauf trat ich wieder näher zu den Anderen, doch sah ich nur noch den Leichnam des Kindes, welcher bald darauf in einen Abort des Hauses geworfen wurde. Nachdem dieß geschehen, schnitten die Juden verschiedenes Obst, Birnen, Nüsse, Mandeln u. s. f. in sehr kleine Stückchen und warfen sie in das Gefäß, in welchem das Blut aufgefangen worden. Alle genossen von dieser entsetzlichen Speise, ich genoß auch davon, was mir solche Ueblichkeiten zuzog, daß ich an diesem und am folgenden Tage keinerlei Nahrung zu mir nehmen konnte.

„Solches erzählte der Jude Emanuel vor mir und in Anwesenheit des hochwürdigen Pater Peter Pela, Quardian des Klosters von Villa Valesola. Mehrere Male, vor dem Empfang der Taufe und nach derselben, in der er den Namen Franz erhielt, machte er dieselben Aussagen in Gegenwart des Monsignor Gharsia, Bischofs von Lucentina, und mehrerer hochwürdiger Paters und Laien. Das Ganze wurde mit Hülfe und unter Beiziehung eines öffentlichen Notars zu Papier gebracht, und in demselben Minoritenkloster aufbewahrt, zum Andenken an jene abscheuliche That. Endlich sagte der Neubekehrte aus, daß das Verbrechen vier Jahre vor seiner Bekehrung, d. h. im Jahre 1252 begangen worden."

Unter Angabe des 12. Juli sprechen die Bollandisten von dem Tode des seligen Andreas, welcher im Jahre 1462 von den Juden in der Umgebung von Rin, einem kleinen Dorfe in der Grafschaft Tyrol, ermordet worden. Sie kauften dieses Kind um eine große Geldsumme, die sie seinem Pathen auszahlten und führten es in ein nahegelegenes Gehölz. Dort entkleideten sie es zuerst und beschnitten es, dann brachten sie ihm am ganzen Leibe eine Menge Wunden bei, um ihm das ganze Blut abzuzapfen, dann hingen sie es an einen Baum und begannen alle zusammen den heiligen Namen Jesu zu lästern.

Indessen hörte die über das Verschwinden ihres Sohnes trostlose Mutter nicht auf, in den Pathen mit Fragen zu bringen was aus ihm geworden. Anfangs that er, als wisse er es nicht, aber später, in der Meinung den Schmerz der Mutter zu lindern, zog er sie bei Seite und machte ihr den Antrag, die Summe zu theilen, um welche er das Kind an die Juden verkauft hatte.

In der Geschichte von Brescia wird erzählt, daß im Jahre 1477 ein siebenjähriger Knabe Namens Konrad von einem Juden Namens Salomon ermordet wurde, weil dieser Knabe dem seligen Jakob, gemeiniglich de la Marche genannt, ein Kind des Juden zugeführt hatte, um es im christlichen Glauben unterrichten zu lassen.

Nachdem wider alles Vermuthen das Verbrechen entdeckt worden, bekehrte sich der Mörder und erhielt sammt seinem anderen Sohn die Taufe*).

Benedikt XIV. erwähnt in der Bulle Beatus Andreas, nachdem er diese beiden Thatsachen angeführt, auch des Martyriums vom heiligen Lorenz, welcher bei Vicenza im Jahre 1485 ermordet wurde, und der heiligen Ursula, eines jungen Mädchens, das ebenfalls ein Opfer der Barbarei der Synagoge geworden. Die katholische Kirche hat in die Zahl ihrer Märtyrer den seligen Simoncino von Trient aufgenommen, der von den Juden im Jahre 1465 grausam umgebracht worden, und sie feiert dessen Namensfest am 23. März. Das eigene Geständniß der Juden, welche an diesem Mord Antheil nahmen, und das einen Theil des gegen sie eingeleiteten Gerichtsverfahrens bildet, stellt die Wahrheit der Thatsache in ihrem ganze Lichte und auf ganz genügende Weise fest**). Unter dem bereits angegebenen Tage und Jahre berichten die Bollandisten, daß die Urheber des Verbrechens sehr zahlreich waren, daß ein Greis, der grausamer als die anderen war, zuerst die Todesqual des Kindes begann, daß ihm hierauf ein Jeder ein Stück Fleisch vom Leibe riß, während einer der Henker das Blut des Märtyrers auffing. Man durchbohrte es ferner mit spitzigen Eisen, und die grausamen Handlungen wurden begleitet von gotteslästerischen und schändlichen Schmähworten: „Wie wir Jesum, den Gott der Christen, der nur ein Nichtswürdiger ist, geschlachtet haben, so sollen in alle Zukunft unsere Feinde zu Grunde gehen!" Johann Maria Tiberinus, ein Arzt und Gelehrter, theilt in einem Schreiben an den Senat von Brescia diesem die Einzelheiten dieser entsetzlichen Scene mit und beginnt wie

---

*) Bartolocci, Bibliotheca rabbinica, t. IV, p. 729. Ex auctoritate Octavii Rubii in historia Brixiensi.

**) Dr. Staffler, k. k. Gubernialrath, hat im Volksblatt für Tyrol und und Vorarlberg (6. Jahrgang 1853 in den Nummern 7, 8 und 9) diese Criminalgeschichte in Auszügen aus den Urkunden des Trienterarchivs herausgegeben. Veranlaßung hiezu gaben vom jüdischen Geist angehauchte Blätter, welche ganz frech den Mord des Simon von Trient als ein Märchen zu erklären suchten.

folgt: „Die entmenschten Juden beschränken sich nicht darauf, Hab und Gut der Christen durch ihren schändlichen Wucher zu verschlingen, sondern nach unserem Untergange lechzend, ergötzen sie sich an dem Blute unserer Kinder, welche sie auf die entsetzlichste Weise foltern und peinigen und die sie dann mit derselben Grausamkeit hinschlachten, welche sie Jesum Christum hinschlachten ließ." In diesem Prozesse wendeten die Juden alle möglichen Mittel an, wie wir dieß schon bei einer anderen Gelegenheit sahen, um ihre Glaubensgenossen der Schande zu entziehen. Allein der Mord wurde zuerst erwiesen durch das mit Blut gefüllte Gefäß, welches im Hause Samuels gefunden wurde. Dieses Gefäß wurde von seinem Weibe Brunette aufbewahrt und es wurde zum Gedächtnisse des Märtyrers bis auf den heutigen Tag erhalten. Er wurde aber auch durch das Geständniß der Schuldigen selbst erwiesen. Der Geschichtschreiber weiset auch darauf hin, daß die Synagoge, in der Absicht, der Bestrafung des Verbrechens zuvorzukommen, mit vielem Geld den Präfekten der Stadt und den Bischof Inderbach zu bestechen versuchte, allein alle ihre Versuche halfen ihnen nichts.

Der Pater Rader erzählt im dritten Bande seines Bavaria sacra betitelten Werkes, daß im Jahre 1486 in Regensburg sechs (Andere sagen acht) von den Juden ermordete Kinder gefunden wurden, deren Blut gesammelt worden, um zu Zauberkünsten zu dienen. Die mit der Untersuchung des Sachverhaltes beauftragten Gerichtspersonen, sagt der Geschichtschreiber, fanden in dem Hause eines Juden, Namens Josfol, ein unterirdisches Gelaß, dort waren noch Ueberreste der ermordeten Kinder, die auf die Prätur gebracht wurden. Man sah dort einen Stein in Gestalt einer Schale, der auf einer Art Altar angebracht war, und dort wurden die Gliedmaßen dieser unschuldigen Geschöpfe in Stücke gerissen. Der Stein trug noch Blutspuren an sich, doch damit man nichts bemerke, waren die Flecken mit Koth überdeckt worden, den man aber nur zu entfernen brauchte, um die nur zu sicheren Beweise von der Grausamkeit der Juden aufzufinden. Christof Ostrofrang, ein gleichzeitiger Schriftsteller, ergeht sich in einer ziemlich langen Erörterung in Bezug auf diejes unterirdische Gelaß. Im Laufe der Untersuchung erhielt man das Geständniß der Schuldigen, welche sich in der Zahl von 17 als solche bekannten. Mehrere Autoren, wie Christof Hoffmann, Johann Eck und Franz Grünwald haben uns ausführliche Erzählungen über diese ganze Angelegenheit hinterlassen.

Anton Bonfinius, ein wahrheitsliebender Geschichtschreiber, ein guter Philosoph und Redner, der vom König Wladislaw nach Ungarn berufen worden und von diesem Monarchen beauftragt wurde, die Geschichte des Landes zu schreiben, berichtet unter der Jahreszahl 1494, demselben Jahre, in dem er schrieb, Folgendes*): „In diesen letztverflossenen Monaten erlitten einige Juden von Tyrnau, welche sich barbarischer Grausamkeit schuldig gemacht, die wohlverdiente Strafe. Zwölf Männer und zwei Weiber hatten einen jungen Christen mit sich fortgeschleppt. Sie führten ihn in ein nahe gelegenes Haus, verstopften ihm den Mund, öffneten ihm die Blutadern und fingen das laufende Blut so lange sorgfältig auf, bis das Kind den letzten Seufzer aushauchte. Einen Theil dieses Blutes tranken sie selbst, den andern hoben sie für ihre Glaubensgenossen auf. Den Körper zerstückelten sie und vergruben ihn so. Lange blieben die Nachforschungen der Eltern fruchtlos, bis sie endlich in bestimmte Erfahrung brachten, es sei am vorigen Tage in der Judengasse gesehen worden und von diesem Augenblicke an sei es nicht wieder zum Vorschein gekommen. Nun fiel natürlich der Verdacht auf die Juden. Die Gerichtspersonen erhielten Befehl, in den verschiedenen Häusern Untersuchungen anzustellen und Blutflecken, die man in einem von ihnen entdeckte, hatten die Verhaftung des Eigenthümers und seiner Familie zur Folge. Zuerst wurden die Weiber verhört, denen die Furcht vor der Strafe bald ein vollkommenes Geständniß des Verbrechens sammt allen Nebenumständen erpreßte. Durch dieses Geständniß überwiesen, wurden die Schuldigsten vom Stadtvorstand zum Tode verurtheilt, die anderen wurden an ihrer Habe gestraft und hatten eine bedeutende Geldsumme zu entrichten."

In der neuen Pfalzgrafschaft Baiern wurde ein Knabe, Na-

---

*) Fasti Ungarici, l. III, dec. 5.

mens Michael, im Jahre 1540 von den Juden umgebracht. Der Pater Rader stützt sich auf die Autorität des gleichzeitigen Schriftstellers Johann Eck und erwähnt davon in dem citirten Werke*). Eck hatte sich eigens nach Eystadt begeben, um sich von der Wahrheit der Thatsache zu überzeugen, und er hat ihre Geschichte in einem Werkchen geschrieben, worin er die gehässige Grausamkeit der Juden besonders hervorhebt. Er erzählt dort zuerst, wie der Vater um sein Kind besorgt und eifrig bemüht war, es wieder aufzufinden, da es mit Juden im Dorfe Titing gesehen worden. Dann erfuhr er, daß ein Judenkind sehr deutliche Indicien dadurch geliefert habe, daß es anderen Kindern seines Alters nach der Verübung des Verbrechens erzählte, dieser Hund (so wurden die Christen von den Juden genannt), nachdem er drei Tage lang fortwährend geschrieen, habe zu heulen aufgehört. Die Nachbarn, welche etwas gehört hatten, hüteten sich wohl, eine Entdeckung zu machen und der Leichnam wurde in einen Wald geschleppt und daselbst verscharrt. Er trug noch die ganz deutlichen Spuren der Kreuze, der Beschneidung und der Wunden an sich, durch welche Male es der Grausamkeit der Juden gefiel, ihr Opfer zu martern.

Unterm 20. April, erzählen die Bollandisten, daß im Jahre 1569 Laurenz von Bobrow, anfangs den Schmerzen der Tortur unterliegend, endlich frei gestand, er habe für zwei Mark Silber einen zweijährigen Knaben, Namens Johann, einem Juden aus Leipzig, Namens Jakob, verkauft. Die Geschichte dieses neuen Märtyrers der Synagoge wurde niedergeschrieben von Ludwig Dyx, königlichem Administrator von Krakau, der darüber an den König berichtete und hinzufügte, daß die Juden zu Biels in Podlachien und an anderen Orten das unschuldige Blut von Christenkindern vergossen hatten. Das Andenken an diesen Märtyrer wurde bewahrt zu Vitowicsz, wo noch jetzt das Grab des Knaben zu sehen ist.

Zu Raw in Polen, sechs Meilen von Warschau, stahlen zwei Juden, Namens Moses und Abraham, im Jahre 1574 das Kind eines Schneiders und brachten es um. Der Vater zeigte sie den

---

*) Bavaria sacra vol. III.

Gerichten an, sie wurden des ihnen zur Last gelegten Verbrechens überwiesen und zum Feuertode verurtheilt. Alle anderen Juden wurden für immerwährende Zeiten aus dem Orte verwiesen, so zwar, daß keinem von ihnen dort zu wohnen gestattet ist, so wie es die Akten desselben Jahres bestätigen. Es erzählt dieß der Geschichtschreiber Habichi, den wir noch anderswo anzuführen Gelegenheit finden werden. Aus ähnlichen Gründen darf kein Jude in Pultow, einem Flecken in Masovien, wohnen.

Im Jahre 1598 kehrte eines Tages in der polnischen Provinz Podlachien ein Knabe, Namens Albert, allein vom Felde nach dem Vaterhause zurück, wurde aber von zwei Juden überfallen und angehalten. Sie führten ihn in ihre Behausung und schlossen ihn an einem sehr geheimen Orte ein, um ihn am Vorabende ihres Osterfestes abzuschlachten. Ihr Rabbiner, Salomon, hatte sie aufgefordert, sich für diesen Tag der Person eines Christen zu versichern, der ihnen zum Opfer dienen würde. Eine nichtunirte Griechin, die als Magd in ihrem Dienste stand, war mit der Bewachung dieses armen Kindes betraut, und die anderen Juden erhielten Nachricht, daß sie an diesem entsetzlichen Opfer Antheil zu nehmen hätten. Es wurde in folgender Weise vollzogen. Zuerst wurde dem Kinde mit einem Stricke der Hals zusammengeschnürt, um es am Schreien zu verhindern. Dann wurden ihm an Händen und Füßen die Adern geöffnet, und es wurde an mehreren Körpertheilen durchstochen, um ihm auf diese Art auf einmal sein ganzes Blut zu entziehen, welches dann die Juden in Schalen auffingen und unter sich vertheilten. Schließlich wurde der Körper, den sie mitten in das Schilfrohr eines Teiches geworfen hatten, von einem Jäger aufgefunden. Man sah die Wunden, womit es bedeckt war und schloß daraus, daß die Juden die Urheber dieses entsetzlichen Mordes wären. Nach einigen Anzeichen, die man sich verschafft, wurde die griechische Magd Anastasia, von der wir sprachen, verhaftet, so wie auch noch eine zweite Person ihres Standes. Auf der Folter gestanden sie den ganzen Hergang der Sache. Die durch ihr Geständniß compromittirten Juden wurden gleichfalls auf die Folter gespannt. Sie waren von einander getrennt und gaben in Gegenwart der Aeltesten der Synagoge dieselben Erklärungen ab, bekannten ihr Verbrechen mit denselben Nebenumstände, und unter Angabe der nämlichen Beweggründe. Durch ihr eigenes Geständniß überwiesen, erlitten sie die Todesstrafe. Doch hatten die in Freiheit gebliebenen Juden nichts unterlassen, den Lauf der Gerechtigkeit zu hemmen. Geldanerbietungen, Stellung falscher Zeugen, Ermahnungen und Drohungen an die, welche zum Verderben der Angeklagten beitragen konnten, Alles war aufgeboten worden. Selbst nach dem Tode der drei Hingerichteten machten die Juden fortwährend Anstrengungen, um sich und ihre Brüder den Folgen der allgemeinen Entrüstung gegen sie zu entziehen. Die Akten über das Märtyrerthum und den Prozeß wurden im darauffolgenden Jahre von Alexander Habichi gesammelt und im Bisthum Krakau hinterlegt*). Aus den bei dieser Gelegenheit den Juden erpreßten Geständnissen geht hervor, daß sie die Beerdigung der christlichen Leichname als eine Schande für sich ansahen, was mithin die Entdeckung mehrerer ähnlicher Verbrechen wesentlich erleichterte.

Don Calmet berichtet in seiner Geschichte Lothringens nach authentischen Dokumenten**) einen Akt der Barbarei, welcher von den Juden zu Metz im Jahre 1669 an einem dreijährigen Kinde verübt worden. Eine Mutter war so unglücklich, ihr Kind auf dem Felde allein zu lassen, ein vorübergehender Jude sah es am Wege und führte es mit sich nach Metz. Als das Kind zu seinem Vater nicht zurückkehrte, machte dieser sich auf, um es zu suchen und ging in die Stadt. Auf die eingezogenen Erkundigungen erfuhr er, daß ein Jude von Boulay, Raphael Levy genannt, der bei einem anderen Juden, seinem Verwandten, wohnte, auf einem Schimmel einen drei- bis vierjährigen Knaben mitgebracht habe, der in seinen Mantel gehüllt war. Auf diese Anzeige hin wurde der Jude verhaftet und sein Prozeß eingeleitet. Achtzehn Zeugen bestätigten, den Juden Raphael Levy zu Pferde gesehen zu haben, und daß er ein Kind bei sich hatte. Indessen hatte die Verlegenheit, worin sich dieser Jude und seine Genossen befanden, ihnen die Idee eingegeben, den Leichnam dieses armen

---

*) Bolland 20. April, und Ludwig Hoffmann.
**) Histoire de la Lorraine, t. III, p. 754.

Knaben in den Wald von Glatigny zu schleppen, nicht weit von dem Orte, wo er geraubt worden, um auf die Vermuthung zu bringen, er sei die Beute irgend eines wilden Thieres geworden und es möge auf diese Art die den Schuldigen drohende Strafe abzuwenden sein. Bei der Besichtigung des Körpers war es leicht zu erkennen, daß das Kind nicht von Thieren zerrissen worden, sondern daß eine Menschenhand ihm den Tod gegeben habe. Anderer Seits bestätigten die blonden Haare und die rothe Mütze, daß dieß dasselbe Kind sei, welches die Zeugen mit dem Juden auf dem Pferde gesehen hatten. Ferner war es dem Befehlshaber der Stadt gelungen, in Folge der energischen Nachforschungen, die er angestellt, einen Zettel in die Hände zu bekommen, den der Mörder an die Vorstände der Synagoge in Metz geschrieben hatte, und worin er selbst Beweise für sein Verbrechen anführte, so wie von dem abergläubischen Fanatismus, der ihn und seine Glaubensgenossen beseelte. Unter Anderem sagt er: „Ich werde den Tod erleiden, wie ein Sohn Israels, und ich werde den Namen Gottes preisen. Ich habe mich in's Unglück gestürzt, um dem Gemeinwesen nützlich zu sein, der große Gott wird mir beistehen*)." Das wird vielen Christen begreiflich machen, wie weit die Verblendung der Juden geht.

Um dieselbe Zeit wurden die Aktenstücke einer gerichtlichen Untersuchung gegen die Synagoge von Metz, so wie drei Parlamentsbeschlüsse veröffentlicht, in denen die Juden dieses Verbrechens schuldig und mehrerer anderer überwiesen erklärt wurden.

Endlich kommen wir auf die Ermordung des Pater Thomas aus Sardinien zu sprechen, eines zu Damaskus im Jahre 1840 ermordeten Kapuziners. Wir müssen dabei um so mehr verweilen, als unsere Gegner in dieser Thatsache, so wie in der vorigen, für ihre Sache günstige Umstände zu finden behaupteten. Wenn man alle Einzelnheiten aufzählen wollte, so wäre ein ganzer Band erforderlich. Unserem Zwecke entsprechend, werden wir nur die wesentlichsten Punkte hervorheben, und besonders solche, welche eine unwiderlegliche Aehnlichkeit mit den in den früheren Jahr-

---

*) Frédéric Léonard, siehe Dom Calmet, loc. cit.

hunderten stattgehabten Ereignissen darbieten. Die Menschen, welche ohne Vorurtheil die Wahrheit aufsuchen, werden im „Univers" desselben Jahres 1840, besonders in der Nr. vom 10. Mai sehen können, wie man mit den in diese Angelegenheit verwickelten Juden verfuhr, und welches das Resultat des Prozesses war.

Der Pater Thomas vom Kapuzinerorden übte zugleich mit seinem apostolischen Priesteramte die Heilkunst aus. Am 5. Februar sah man ihn sammt seinem Diener in das Judenviertel gehen. Am folgenden Tage, den 6., sollte er bei dem Arzte des Pascha von Damaskus zu Mittag speisen. Da er nicht kam, suchte man ihn in seiner Wohnung auf, doch umsonst, obschon den ganzen Tag weder Kirche, noch Kloster irgend Jemanden geöffnet waren, es war Niemand in's Kloster gekommen und Niemand daraus fortgegangen. Der französische Konsul, von der Sache in Kenntniß gesetzt, ließ das Zimmer des Pater Thomas öffnen; es wurde dort Alles in Ordnung gefunden, er allein fehlte. In Folge einiger früher schon erhaltenen Andeutungen fiel der Verdacht auf die Juden, und vorzugsweise auf einen Barbier dieses Volkes, welchen die Justiz verhaften und verhören zu müssen glaubte, nach den im Lande üblichen Formen. Nach einigen unbedeutenden Antworten sagte dieser Mensch endlich aus, daß bei stockfinsterer Nacht ein reicher, jüdischer Kaufmann, Namens David Harari, durch seinen Diener ihn zu sich beschieden habe. Nachdem er sich in das Haus, in welches man ihn berufen, begeben hatte, wurde er in ein Gemach geführt, worin er den Pater Thomas antraf, der mit auf den Rücken gebundenen Händen da saß. Er erhielt den Befehl, ihn zu ermorden, was er Anfangs verweigerte, doch am Ende durch Drohungen eingeschüchtert, habe er sich herbeigelassen, bei der Ermordung mitzuwirken.

Es wurde daher der Diener Harari's in Verhaft genommen. Nachdem er sich in seinen Antworten widersprochen, machte er dieselben Bekenntnisse, wie der Barbier. Verschiedene, mehrere Tage hindurch angestellte Nachforschungen führten kein Resultat herbei. Es wurden andere Personen verhaftet, welche gleichfalls verhört wurden, und durch ihre verschiedenen Aussagen gelang es endlich, die Schuldigen kennen zu lernen. Es waren sieben jüdische

Kaufleute, unter denen sich auch der Rabbiner Mussa befand, der Barbier und der Diener gehörten übrigens auch dazu. Bisher hatten sieben ihr Verbrechen eingestanden, zwei beharrten auf dem Läugnen desselben. Die Ersteren sagten aus, daß einige Tage früher der Großrabbiner Jakob zu den Vorzüglichsten seiner Glaubensgenossen gesprochen habe, es kämen die Osterfeiertage heran und sie sollten sich Christenblut zu verschaffen trachten. Darauf hätten einige von ihnen den Pater Thomas als den Mann bezeichnet, dessen man sich am leichtesten bemächtigen könnte, und daß man ihn ermordet hätte, um sich das zur Anfertigung ihrer Mazzen (Osterkuchen) nothwendige Blut zu verschaffen.

Die Grausamkeit und Barbarei, womit bei der Ermordung zu Werke gegangen wurde, sind nicht minder empörend als der Grund, aus dem sie verübt wurde. Nach den Aussagen der Schuldigen geht hervor, daß der Barbier den Pater Thomas am Kopfe hielt, Andere hielten ihn bei den Füßen. Unter seinem Halse hatte man ein Becken hingestellt, um das Blut aufzufangen. David Harari führte selbst den ersten Stoß, ein Anderer führte einen Zweiten, der den Mord vollendete. Nachdem das Blut aufgehört hatte zu fließen, löste man das Fleisch von den Knochen und warf es in eine nahegelegene Kloake. Die Knochen, nachdem sie mit Hülfe eines Stößels zerbrochen worden, wurden in denselben Ort geworfen. Die Schuldigen wurden zu der Kloake geführt, welche sie im Verhör bezeichnet hatten. Man durchsuchte sie in ihrer Gegenwart und man fand in der That eine Menge zerbrochener menschlicher Gebeine, ein Theil des Herzens, ein Stück Kinnbacken sammt Bart, das Gehirn, die Spina dorsalis, ein Stück von der Kopfhaut, welche noch das deutliche Zeichen der Tonsur an sich trug und ein Stück des schwarzen Käppchens, welches Pater Thomas trug und das Jedermann erkannte. Alle diese Bruchstücke wurden sorgfältig gesammelt und zuerst in das Serail, von dort aber in das französische Konsulat getragen. Da mithin die Identität des Körpers des Pater Thomas theils durch die Aussagen der Angeklagten, theils durch das leichte und sichere Erkennen der aufgefundenen Bruchstücke hinlänglich erwiesen war, wurden diese Ueberreste am 2. März in der Kapuzinerkirche begraben. Diese ganze Erzählung ist einem vom 4. desselben Monats aus Damaskus geschriebenen Briefe entlehnt.

Ein Brief vom 6. Juni, aus Alexandrien in Egypten geschrieben, stellt über diesen Mord einige Betrachtungen an. Man gibt an, es seien barbarische Mittel angewendet worden, um die Schuldtragenden zu entdecken. Doch begehrte der französische Konsul nichts Anderes von der Justiz, als die nothwendigen Mittel, um zur Entdeckung der Wahrheit zu gelangen. Die Vertheidiger der Juden sind sehr bemüht, sich auf ein Argument zu stützen: sie sagen, es sei heutzutage nicht mehr an das Bestehen eines Cultus zu glauben, welcher nach Menschenblut verlangt, eine solche Vermuthung sei im neunzehnten Jahrhundert nicht mehr zulässig. Hierauf antwortet der Schreiber des Briefes, daß im Orient der religiöse Fanatismus in dem Maße zuzunehmen scheint, als er durch die Civilisation aus Europa verschwindet. Nach Auseinandersetzung aller Gründe, welche die Möglichkeit einräumen, daß der Pater Thomas gleichfalls ein Opfer der Traditionen geworden, welche unter den Rabbinern stets geherrscht haben, setzt er hinzu: „Zu welchem Zwecke wurden allen Gliedern der französischen und österreichischen Konsulate Geldsummen und kostbare Geschenke angeboten? Geschah das augenscheinlich nicht, um sie zu bestechen?"

Man weiß aus einem Briefe desselben Datums, daß sich die Juden, nachdem es ihnen trotz aller ihrer Versuche nicht gelungen war, den französischen Konsul zu bestechen, sich an seine Agenten wendeten, und daß sie seinem Kanzler eine Summe von 200,000 Piaster und eine Summe von 500,000 Piaster einem Advokaten anboten, der sie bei dem Konsul vertreten sollte. Doch wurden diese verschiedenen Anträge gleichfalls zurückgewiesen.

Eine andere Korrespondenz aus Alexandrien vom 26. Mai 1840 datirt und an den „Univers" geschrieben, drückt sich folgendermaßen aus: „Ich hatte Ihnen die offiziellen Verhandlungsakten des Prozesses zu Damaskus versprochen, aber vierunddreißig geschriebene Seiten schienen mir zu umfangreich, Sie werden sie erst mit dem nächsten Segelschiffe erhalten.

„Die Erbitterung, womit die Journale den französischen Konsul, so wie unseren Kanzler, den Herrn Beaudin verfolgen, hat diese Angelegenheit ungemein wichtiger gemacht, und es entstand daraus einer der berühmtesten Rechtsfälle, welche die Geschichte jemals hervorgebracht. Ich habe Alles gelesen, Verhörakten, Beweisstücke, von jenen Consuln ausgestellte Certifikate, die jetzt am aufgebrachtesten gegen den französischen sind! — Wohlan, ich schwöre bei meiner Ehre: Entweder sind der Herr Graf von Ratti-Menton, sein Kanzler und der Scheriff-Pascha, ohne irgend einen Zweck, die größten Bösewichter von der Welt, oder das Verbrechen wurde von den angeschuldigten Juden begangen. Die Folter kann allerdings einem oder mehreren Verbrechern das Geständniß eines ihm fälschlich zur Last gelegten Verbrechens erpressen, aber vermag sie es auch, daß sie in Einzelnhaft und getrennt verhört, in den kleinsten Umständen miteinander übereinstimmen? Vermag sie es zum Beispiele, daß Alle, wenn man ihnen eine gewisse Zahl bei David Harari aufgefundener Messer zeigt und sie fragt, ob sie unter ihnen dasjenige erkennen, welches zur Verübung des Mordes gedient, antworteten: „Es ist nicht darunter, es war größer, es war ein Fleischermesser?"

„Die Juden sind mächtig, sie sind unermeßlich reich; doch sie fanden an den Behörden zu Damascus, an dem französischen Consul und seinem Kanzler unbescholtene Männer, die sich durch kein Anerbieten bestechen ließen. Wohlan! sie haben sich nach einer anderen Seite gewendet, sie fanden zugänglichere Männer und nach Basils System sagten sie: Wir wollen verleumden, vielleicht stellen wir dadurch die Sache in ein für uns günstigeres Licht.

„Ein unter französichem Schutz stehender Mann war ermordet worden; der Mord wurde durch den französischen Consul der Lokalbehörde angezeigt. Gegen die des Mordes verdächtigten Personen wurde nach den Landesgesetzen der Prozeß eingeleitet und sie wurden für schuldig befunden. Mit welchem Rechte stellt sich im vorliegenden Falle der österreichische Consul zwischen den Henker und die Verbrecher*)?

„Auf Aufforderung des österreichischen Consuls giengen von sechszehn Consuln acht den Pascha um Revision der Prozeßfüh-

---

*) Es muß bemerkt werden, daß der österreichische Consul von Damascus zu jener Zeit selbst Jude war, sein Name: Piciotto.

rung an. Das ist begreiflich: Frankreich ist in der Levante mächtig, besonders in den unter der Hoheit des Vicekönigs stehenden Ländern. Die ganze Bevölkerung Aegyptens und Syriens ist von der Straffälligkeit der Juden überzeugt*).

„Aber Mehemed-Ali erkannte mit dem ihm eigenen Scharfsinn die ganze Tragweite des Benehmens der acht Bittsteller und lehnte ab. Herr von Meloizes, unser erster Consulats-Eleve, ein junger Mann von dem größten Verdienste, ist den 20. laufenden Monats nach Damaskus gereiset, um eine gerichtliche Untersuchung anzustellen. Auch er wird unbestechlich sein, dafür bürge ich, denn ich kenne ihn, die Wahrheit wird an den Tag kommen und Alles wird entdeckt werden**)."

Dasselbe Journal bringt in seiner Nummer vom 8. Juli das Zeugniß der zur Richtigstellung des Thatbestandes zugezogenen Aerzte. Der österreichische Consul zu Damaskus erkannte in den Ueberresten eines schwarzen Käppchens Theile von demjenigen, welche der Pater Thomas trug. Der Barbier des verstorbenen Geistlichen erklärte gleichfalls, er habe in Damaskus kein anderes Käppchen gesehen, welches dem des Pater Thomas ähnlich gewesen wäre, weder in der Form, noch wegen des röthlichen Randes, an dem es leicht erkennbar war. Ein genuesischer Kaufmann, Namens Giustiniani und derselben Familie angehörig, behauptet, der Prozeß gegen die Angeklagten sei ganz regelrecht geführt worden und sagt, daß die Juden selbst die Regelmäßigkeit des Gerichtsverfahrens anerkennen.

Auch kann man endlich aus denselben Journalen ersehen, welch lebhaften Antheil die Juden in Europa an dieser Sache nahmen, und was sie bei den verschiedenen Höfen aufgeboten oder aufbieten ließen um die Revision des Prozesses durchzusetzen, auf diese Art die Sache in die Länge zu schieben und dadurch ihre Glaubensgenossen dem Tode, sich selbst aber der allgemeinen Entrüstung zu entziehen. So haben die Juden zu allen Zeiten gehandelt. Vor Zeiten sah man, wie sie durch Ränke und Ver-

---

*) Das gestand Morlato einem hochgestellten östreichischen Beamten selber ein.
**) „Univers" 1. Juli 1840.

schwendung von Gold die Richter hintergingen, Zeugen erkauften, die begonnenen Prozesse ins Unendliche verlängerten und die Justiz ermüdeten; heutzutage, Dank der Macht ihrer Gönner und des Einflusses, den sie durch sie bei den Fürsten erhielten, können sie sich noch viel mehr erlauben.

Man erinnere sich, daß zur selben Zeit Frankreich, in Folge des heftigen Streites der zwischen Egypten und der türkischen Pforte entstand, viel von seinem Einflusse im Orient verlor. Syrien, und somit auch die Stadt Damaskus, waren damals wieder unter die Botmäßigkeit der Türkei zurückgekommen. England machte bei der Pforte die ihr erwiesenen Dienste geltend, vereinigte seine Bitten mit denen der ohnehin schon mächtigen Juden, und setzte endlich die Annullirung des in diesem Prozesse beobachteten Gerichtsverfahrens durch. So standen denn nun die Sachen unter dem Einflusse des jüdischen Goldes gerade so wie am Anfange*).

Wir wollen die Erzählung anderer ähnlicher Grausamkeiten, von denen uns die vergangenen Jahrhunderte unverwerfliche Merkmale zurückgelassen, nicht weiter ausdehnen. Wir denken, es ist nützlicher, die Einwürfe unserer Gegner zu untersuchen. Eine große Anzahl neuerer Schriftsteller, von Basnage angefangen, der sich in seiner Geschichte der Juden nicht entblödet, auch die katholische Kirche als unduldsam, grausam und verfolgungssüchtig zu schildern, erhoben ihre Stimme gegen das, was sie eine „ungeheure Verläumdung" (!) nennen. Sie warfen sich zu Vertheidigern der Juden auf und stellten sich als ihre Beschützer gegen diese Anschuldigungen hin.

Aber, man muß es wohl sagen, die Vertheidiger des Judenthums, ob Juden, ob Christen, wie die Herren Peel und Azeglio, behandelten diesen Gegenstand zu oberflächlich. Es wäre wünschenswerth gewesen, und für sie war es sogar Pflicht, die an und für

---

*) Die Criminalgeschichte von Damaskus findet sich ausführlich und juridisch unanfechtbar aus den Aktenstücken des Ministeriums zu Paris in dem Werke: Relation Historique des Affaires de Syrie depuis 1840 jusqu'en 1842. Par Achille Laurent, 2. Bd. Paris 1846. Darin sind sämmtliche Dokumente, Aktenstücke und Verhöre abgedruckt. An dieser Schrift ist bisher — selbst die fanatische Unverschämtheit scheu vorübergeschlichen.

sich werthlosen deklamatorischen Phrasen gegen die Christen im Mittelalter bei Seite zu lassen, und lieber sich über den Prozeß besser zu instruiren, durch ernstes Eingehen in die Thatsachen und durch deren Untersuchung nach allen Richtungen, und so sich von der Glaubwürdigkeit der Berichterstatter zu überzeugen. Sie mußten, mit einem Worte, durch solide Beweise die widersprechenden Zeugenschaften widerlegen, statt sich mit Erfindung von albernen Phrasen gegen das Mittelalter zu begnügen, welche gegen die Augenscheinlichkeit der angeführten Thatsachen nichts beweisen können. Basnage zum Beispiel, raisonnirt folgendermaßen: „Es war nicht nothwendig solche Handlungen zu begehen, um das Leiden unseres Heilandes zu beschimpfen. Der Gedanke an eine Beschimpfung, welche so augenscheinlich die Menschheit schändet, und so viele Gefahren in ihrem Gefolge hat, kann nur selten in dem Kopfe eines Menschen ausgeheckt werden. Ich kann nur schwer glauben, daß man sich zu so gewaltthätigen Handlungen hinreißen lassen kann, ohne daß nicht irgend ein anderes Interesse dabei im Spiele ist, und wenn sich ihm Klugheit und Menschlichkeit widersetzen. Fast glaube ich, daß diese Kreuzigungen von Christenkindern nur Vorwände waren, um den Zorn des Volkes gegen die Juden zu erregen." Neuere Juden haben so wie Basnage raisonnirt. Sie behaupteten, die Christen hätten falsche Vorwände ersonnen, um die Söhne der Synagoge zu peinigen und führen als peremptorischen Beweis zu ihren Gunsten an, daß es ihnen verboten ist, Menschenblut zu vergießen, besonders am Osterfeste, so wie ihnen auch verboten ist, Magie oder sonstige Zauberkünste zu treiben.

Diese Bemerkungen, wie richtig sie auch im Grunde sein mögen, können sie so viele Beweise, welche die Wirklichkeit der Thatsache bestätigen, entkräften*)? Können sie die mit der größten Sorgfalt zum Urtheilsspruche eingeleiteten Aktenstücke des Prozesses vernichten? Können sie schließlich das aufrichtige Geständniß der Schuldigen verwerfen, zu dem manchmal sogar noch die Bekehrung des Mörders selbst hinzukam und der vollständige

---

*) Was ist denn das eigentliche Gesetz der Synagoge? Ist es nicht der Talmud?

Nachweis der ganzen Bosheit, welche bei diesen Verbrechen vor=
herrschte?

Was die Rabbiner betrifft, welche sich, um die Juden zu
rechtfertigen, auf das Gesetz Moses berufen, welches den Mord,
die Anwendung des Blutes und alle Zauberkünste verbietet, so
muß man bemerken, daß sie ohne Zweifel nicht alle von der Haupt=
Synagoge sanctionirten Lehrbücher kennen, oder vielmehr, daß sie
nur vorgeben, sie nicht zu kennen. Auch können sie ihnen schein=
bar widersprechen, um die Einwürfe zu beantworten und denen
zu imponiren, welche die Dinge nicht genauer untersuchen. Dieß
Alles würde ihre Heimtücke nur bestätigen. Es ist für die Syna=
goge zu wenig, es ist sogar nichts, werden wir sagen, ihre Lehr=
sätze an das Gesetz Moses anzuknüpfen und den Talmud zu ver=
leugnen, welcher die Grundfeste aller religiösen und mo=
ralischen Vorurtheile des jüdischen Volkes ist, wie wir
das schon hinlänglich erwiesen haben. Es ist klar und deutlich,
daß der Name Moses oder der mosaischen Satzungen nur eine
Maske ist, um die Schändlichkeiten der Synagoge zu bemänteln,
um den gewissenhaften Juden zu imponiren, sie in ihrem Irr=
thum zu erhalten und um die Leichtgläubigkeit der Christen zu
betrügen. Nichts ist deutlicher erwiesen, als der von den Juden
gegen die Christen von ihrer zartesten Jugend an bis zu ihrem
Tode genährte Haß: das ist für sie eine fromme Handlung; Jesum
Christum und seine Anbeter hassen, ist eines der verdienstlichsten
Werke. Also wäre der Mord eines Christenkindes oder die Ver=
übung anderer Grausamkeiten ähnlicher Art für die Juden nur
eine ihren Hauptgrundsätzen entsprechende Handlung, die in gar
nichts von dem abweicht, was der heilige Paulus that, als er
die Christen verfolgte, und diese Handlung haben sie in jedem
Jahrhundert, so oft sich eine günstige Gelegenheit darbot, zu voll=
ziehen versucht. Wir haben es bewiesen. Basnage selbst gibt zu,
daß sich in den Büchern der Rabbiner ein Gift und ein tödt=
licher Haß gegen den christlichen Namen vorfindet, und Basnage
ist eher zur Beschönigung als zur Anklage der Synagoge geneigt.

Bei der Besprechung der von den Juden begangenen Kinder=
morde darf man auch nicht vergessen, eine besondere Bemerkung

zu machen und zwar, daß man darin, abgerechnet von dem ausgesprochenen Hasse gegen den christlichen Namen und einer entsetzlichen an unschuldigen Geschöpfen verübten Grausamkeit, daß man darin, sagen wir, die Entdeckung macht, daß sie sich des Blutes und des von diesen armen Kindern herabgerissenen Fleisches zu allerlei Zauberei und Aberglauben bedienten und demselben Kräfte zuschrieben, Körper- oder Geisteskrankheiten zu heilen.

Anton Bonfinius, den wir früher schon angeführt, erforscht die Gründe, welche die Juden zur Verübung solcher Verbrechen bewegen konnten und findet vier hauptsächliche. Der erste ist, daß sie der festen Meinung waren, nach der Autorität der Alten, das Blut eines Christen, welches bei der Beschneidung desselben vergossen war, habe die Kraft die Blutung zu stillen. Der zweite ist, daß sie sich einbildeten, durch das Vermischen dieses Blutes mit ihren Speisen ihre gegenseitige Zuneigung wieder aufzufrischen und dauernd zu erhalten. Der Dritte ist, daß sie auch glaubten, die Frauen könnten durch das Trinken desselben die ihrem Geschlechte eigenthümlichen Uebelstände vermeiden. Endlich, und dieß war der stärkste Grund, glaubten die Juden früher durch das Tödten eines Christen eine uralte Vorschrift zu erfüllen, durch welche sie verpflichtet waren, Gott, sie mochten in was immer für einem Lande wohnen, inmitten ihrer täglichen Opfer Christenblut anzubieten. Das Verbrechen in Tyrnau wurde begangen, weil in jenem Jahre das Loos die Juden jener Stadt getroffen hatte, um die Vorschrift zu erfüllen.

Thomas von Catimpre drückt sich folgendermaßen aus*): „Es ist erwiesen, daß die Juden in einigen Ländern alljährlich loosen, um zu bestimmen, welche von ihnen bewohnte Stadt oder welches Dorf ihren Glaubensbrüdern in anderen Ländern Christenblut liefern muß, — ferner hat mir ein sehr gelehrter Jude, erst kürzlich zum Glauben bekehrt, versichert, einer seiner früheren Glaubensgenossen habe auf seinem Sterbebette den Juden folgende Prophezeihung gemacht: Wisset, daß Ihr Euch von der schändlichen Krankheit, an der Ihr leidet, nur durch Anwendung von Chri-

---

*) De vita instituenda, l. II, c. 29, art. 23.

stenblut werdet heilen können. Und es sind diese Worte, welche die Juden bewegen, alljährlich Christenblut zu gebrauchen, um sich von dieser Krankheit zu heilen." Es ist hier an der Zeit, an die Worte eines andern bekehrten Juden zu erinnern, Worte, welche angeführt werden in dem gegen die Juden in Trient eingeleiteten Prozesse, bei Gelegenheit des Todes des heiligen Simoncino. Dieser Jude sagte damals, seine Glaubensbrüder hätten die Gewohnheit, diese Christenmorde zur Feier ihrer Ostern zu begehen. Zur Bekräftigung dieser Behauptung erzählte er einen 40 Jahre früher zu Tongern stattgehabten Vorfall. Dort hatten die Juden eines ähnlichen Verbrechens wegen die Strafe des Scheiterhaufens erlitten und der Vater dessen, der die That erzählte, hatte dem Tode nur durch die Flucht entrinnen können. Er setzte hinzu, daß sich die Juden des Blutes des Schlachtopfers zu ihren ungesäuerten Broden aus Haß gegen Jesus Christus bedienten.

Johann Eck gibt noch einen anderen Grund für diesen Gebrauch des Christenblutes bei den Juden an, daß sie nämlich überzeugt sind, daß es die Entbindung ihrer Frauen erleichtert. Daher ließen sie es in Ländern, wo keine Christen waren, aus anderen kommen, und dieß in getrocknetem Zustande und in Staub verwandelt.

Sperlingius*), wo er gegen Wagenseil spricht, behauptet, daß die Juden ihre Hände mit Christenblut besudelt, wenn sie solches haben konnten, und daß sie es rühmlich für sie hielten, dessen Spuren an ihren Kleidern zu tragen. Endlich behauptet Delrio, sich in Betreff dessen, was er über die Kindermorde sagt, auf die Autorität von Sprenger, Binsfeld und Grillard berufend, daß auch Bösewichter sich zu ihren Opfern des Blutes armer ermordeter Kinder bedient haben, weil sie glaubten, wenn sie von dem Herzen dieser Kinder essen, dann könnten sie leicht und schmerzlos alle nur erdenklichen Folterqualen bestehen und könnten daher nie zum Geständnisse ihrer Verbrechen gebracht werden**).

*) Supplem. ad Grevium.
**) Martin Delrio, lib. III, quæst. V. Disquisitionum magicarum.

Dieß Alles beruhet auf den von den Juden selbst bei verschiedenen Gelegenheiten früher abgegebenen Erklärungen, theils von solchen, die als schuldig befunden verurtheilt wurden, theils von solchen, welche von der göttlichen Gnade berührt die Synogoge verließen und ihre schändlichen Gebräuche entdeckten.

Dennoch glaubte Herr Peel und die, welche seine Anschauungen theilen, es genüge, um alle gegen die Juden gerichteten Anklagen fallen zu machen, sich auf eine Antwort zu stützen, die dem Kaiser Friedrich gegeben worden, als dieser Fürst eine Untersuchung anordnete, um zu entdecken, ob der Gebrauch des Christenblutes einen wesentlichen Theil der jüdischen Ostern bildet. Dem Kaiser wurde offiziell geantwortet, es liege in dieser Beziehung nichts Bestimmtes vor. Das ist Alles, was man fand, um alle den Juden gemachten Anschuldigungen in Abrede zu stellen. Kann aber ein solcher Grund einigen Werth haben den schlagenden Thatsachen gegenüber, die wir berichtet? Herr Peel hat übrigens Unrecht, einen sehr wichtigen Umstand auszulassen, daß nämlich Friedrich von den Juden eine sehr ansehnliche Summe erhielt, die sie rettete. Das Gold ist ein Mittel, das die Synagoge stets zu rechter Zeit anzuwenden versteht, um die Behörde zu hintergehen, und der Talmud hat es auch nicht unterlassen, es zur Kenntniß zu bringen*). Herr Peel hat daher die historische Treue verletzt, da er die zum Beweise der Strafbarkeit der Juden geeigneten Schriftstellen mit Stillschweigen übergeht. Mußte er denn nicht sehen, wie wir es auf unwiderlegliche Weise dargethan, daß sich die verworfene Synagoge von der Gesetzgebung Mosis ganz und gar entfernt hat? Mußte er daher nicht bedenken, daß es einen schlechten Grund zu Gunsten der Juden anführen heiße, wenn man auf das von Moses gemachte Verbot hinweist, sich bei den Osterfeierlichkeiten Menschenblutes zu bedienen, da es erwiesen ist und es unser Herr und Heiland selbst gesagt, daß sie das Gesetz Moses überschritten haben, um den Traditionen ihrer Väter zu folgen? Nun beweisen aber diese im Talmud

---

*) Chiarini, Talmud Babylonic., part. II., p. 90.

gesammelten Traditionen, daß sie die Vorschriften Moses ganz
und gar verlassen haben, um Grundsätzen zu folgen, welche dem
mosaischen Gesetze gerade entgegengesetzt und von ihm verworfen
sind! Es ist unmöglich, alle Thatsachen aufzuführen, welche die
Schmach und Grausamkeit ihres Aberglaubens beweisen und zu=
gleich den tödtlichen Haß, den sie gegen Jesus und seine Anbeter
hegen. Um aber die Wahrheit der weiter vorne in Betreff der
Kindermorde und der Verwendung des Blutes dieser Unglücklichen
besser zu erfassen und nachzuweisen, so wollen wir die Kirchen=
geschichte in Bezug auf diesen Gegenstand flüchtig durchgehen.
Gleich zuerst ist es wirklich wunderbar, aber für einen Christen
nicht überraschend, daß ein Volk wie das israelitische in eine so
schmachvolle, moralische Verworfenheit von dem Augenblicke an
versank, als es von Gott seiner Treulosigkeit wegen verlassen
und jenes Beistandes beraubt worden war, den es durch so viele
Jahrhunderte genossen hatte; daß die Kinder des Lichtes Kinder
der Finsterniß, und daß aus Kindern Gottes Kinder des Teufels
geworden. Nachdem die Juden einmal in diesen Zustand versetzt
waren, mußten sie auch durch ihre Handlungen ihre Absichten und
Meinungen kundgeben. Sie mußten sich als Feinde der Wahr=
heit bezeigen, den Aposteln ihre göttliche Sendung streitig machen
und höllische Mächte um Beistand anrufen, um die aufblühende
Kirche zu unterdrücken. So entstand also die Synagoge: die Ge=
schichte und die Schriften der Juden selbst beweisen es einstim=
mig. Jener Simon war ein Magier, welcher in Samarien und
Judäa so viele Leute mit seinen Wundern irreführte, und der, der
Sage nach*), behauptete, wenn er durch demüthige Beschwörungen
die Seele eines unschuldigen, gewaltsamen Todes gestorbenen Kin=
der um Beistand anrufe, dann könne er von ihr Alles, was er
begehre, verlangen. Es war ein Magier, welcher mit Hülfe sei=
ner Zauberkünste das Volk von der Annahme des Evangeliums
abzureden suchte, welches ihm der heilige Paulus predigte. Die
sieben Söhne des Hohenpriesters Scevas, von denen in den Schrif=
ten der Apostel die Rede ist, waren ebenfalls Magier**). Jener

---

*) Lib. II, Recognitionum Clementis.
**) Cap. XIX.

Barchochebas*), welcher unter der Regierung des Kaisers Hadrian einen Aufstand gegen die Römer erregte, und der durch seine Zauberkünste seine Glaubensgenossen zur Niedermetzlung der Christen aufhetzte, war ein Jude und eine Magier. Jener Elsee und Jessee, von der Secte der Ossenier, von denen jene zwei Weiber abstammten, welche man unter dem Kaiser Konstantin die Heilkunde ausüben, Zauberei treiben und die Völker irreführen sah, waren ebenfalls Juden und Magier**). Endlich waren auch jene Gnostiker Juden und Magier, welche, nachdem sie die Gesetze des Moses und das Evangelium Jesu Christi miteinander verschmolzen und ihren Schülern durch die seltsamsten und gottlosesten Meinungen den Sinn verwirrt hatten, eine ihren gotteslästerlichen Lehrsätzen entsprechende Moral annahmen. Unter den Schändlichkeiten, welche in ihren Versammlungen getrieben wurden, führt der hl. Epiphanes den entsetzlichen Gebrauch an, ein durch ihre eigene Liederlichkeit zur Welt gekommenes Kind zu tödten und in Stücke zu zerhauen. Sie zerstießen dessen blutende Gliedmaßen in einem Mörser, sie würzten das Fleisch mit Honig, Pfeffer, Gewürzen und Salben, um den Eckel zu beseitigen und nahmen dann an diesem scheußlichen Mahle Theil. So gedachten sie ihre Ostern dem Gesetze entsprechend zu feiern***).

Der heil. Epiphanes spricht auch von gewissen Ketzern, den Quintillianern und Pepuzianern, denen man den Gebrauch zuschrieb, bei derselben Feierlichkeit einem unschuldigen Kinde das Blut dadurch abzuzapfen, daß sie alle Theile seines Körpers mit metallenen Nadeln durchstachen und dann dieses Blut unter sich vertheilten, um es zum Opfer zu verwenden†).

Eusebius und Nicephorus, wo sie erzählen, wie Valerian zur Verfolgung der christlichen Kirche kam, berichten nach dem Zeugnisse des heil. Dionysius, welcher ein Zeitgenosse war, daß es ein Jude, der Vorstand der Synagoge zu Alexandrien, der auch in Zauberkünsten wohl bewandert war, gewesen ist, welcher den Be-

---

*) Euseb. Hist. eccles., lib. IV, c. VI.
**) S. Epiphan., Hæres. XIX, n. 1, 2. Edit. Valesii.
***) S. Epiphanii, De Gnosticis hæres, XXVI, n. 5. etc. Edit. Valesii.
†) S. Epiphan., Hæres. XLVIII, 14, 15.

schluß der Verfolgung erwirkte*). Derselbe Jude soll den Kaiser in die abscheulichen Mysterien dadurch eingeweiht und eingeführt haben, daß er ihm anrieth, Kinder zu schlachten, sie in Stücke zu zerlegen und aus ihren Eingeweiden die Mittel zu einem glücklichen Leben zu ziehen. Wenn dieß die Lehren und die Handlungen des Oberhauptes einer Synagoge waren, was mußte aus jenen Juden unter der Anleitung eines solchen Meisters werden? Der heil. Epiphanes macht daher die Bemerkung, daß die Juden zu Konstantin's Zeit dieser teuflischen Kunst sehr ergeben waren**), und sie übten sich sehr sorgfältig in ihr zu dem Zwecke, die Kirche zu beunruhigen und die Schwachen darin zu täuschen, daß sie dieselben zu allerlei Unreinigkeit anleiteten. Derselbe Heilige fügt seinem Zeugnisse das eines bekehrten Juden hinzu, welcher erzählte, daß die Juden diese Zauberkünste in unterirdischen Höhlen vornahmen und dabei die bösen Geister anriefen. Der Neugetaufte hatte selbst in diesen Höhlen verschiedene Instrumente gesehen, die auf der Erde im Staube lagen und mit Blut und anderm Unrath befeuchtet waren.

Rufin spricht nur mit Erstaunen und zugleich mit Abscheu***) von den barbarischen Gewohnheiten dieser geheimen Gesellschaften, in deren Versammlungen auf gewaltsame Weise Kinder getödtet und Jungfrauen zerstückelt wurden, um die noch zuckenden Glieder dieser unglücklichen Schlachtopfer zu untersuchen. Und obschon er vorzugsweise dem Heidenthume diese Scheußlichkeiten zur Last legt, so berichtet doch nichtsdestoweniger die Geschichte†), daß zu jener Zeit bei der Erkrankung einer Königin von Persien die zu ihr berufenen jüdischen Aerzte ihr anriethen, christliche Jungfrauen, Schwestern des heiligen Bischofs Simeon, tödten und entzweischneiden zu lassen. Dann sollte man die Gliedmaßen der unglücklichen Schlachtopfer aufhängen, die Königin solle mitten durchgehen und so würde sie geheilt werden.

---

*) Euseb. Hist. eccles., lib. VII, 9. — Nicephor. Hist. eccles., lib. VI, 10.
**) S. Epiphan. Hæres. XXX, 12, et seqq.
***) Hist. eccles., lib. II, cap. XXIV.
†) Evod. Assemani. Monologium Græcorum, t. I, part. I. p. 52. — Cassiodore, lib. II. Historiæ tripartitæ.

Dieser Rath wurde befolgt und diese verworfenen Juden konnten sich rühmen, Schuld an dem Tode zweier unschuldiger Jungfrauen zu sein. Darum sagte der heil. Johannes Chrysostomus in seinen Homilien über die Juden, „sie prahlten zwar wegen ihrer Geschicklichkeit in der Heilkunde, allein ihr ganzes Wissen sei nur Lug und Trug, es bestände einzig und allein in Hexereien, Talismanen und Zaubereien, und auf solche Art betrügen sie die Völker, ohne ihnen von dem geringsten Nutzen zu sein."

Der heilige Augustin und der heil. Isidor sprechen mit Erstaunen von der zu jener Zeit so verbreiteten Zauberkunst und erinnern an die Mittel, welche die Juden ergriffen, um die, welche nicht auf ihrer Hut waren, zu täuschen. Ohne Zweifel übten auch einige schlechte Christen diese abschenliche Kunst aus und bedienten sich dieser Kunststücke, um die Unschuld zu verführen und sie zu aller erdenklichen Verderbtheit zu verleiten, allein die Buchstaben und die hebräischen Worte, welche auf den Zetteln befindlich, und worauf die Anrufungen der bösen Geister standen, erwiesen hinlänglich, daß diese Beschwörungen und Lästerungen aus dem Schooße der Synagoge hervorgingen, und daß die Christen sich nur dessen bedienten, was von Anderen ersonnen worden war. Uebrigens wurde zu jener Zeit gerade der Talmud zusammengestellt; diese Quelle aller verworfenen Lehren des Judenthums und die Ursache so vieler an dem Christenthum begangener Schändlichkeiten. Diese unselige und teuflische Lehre, welche die Juden so gut angewendet, wird in diesem Buche eingeschärft, was wir schon an mehreren Orten gesagt. Eliezer, einer der geachtetsten Juden des Alterthums, rühmte sich, mit Hülfe des Teufels von dem römischen Kaiser die Zurücknahme eines gegen die Beobachtung des Sabbaths*) erlassenen Dekretes erhalten zu haben. Man bemerkt in der That, je weiter man in den Jahrhunderten des Mittelalters und darüber hinausschreitet, daß dieser Aberglaube an Kraft gewinnt und besonders, daß er kräftiger auftritt, Völkern gegenüber, welche in vielfacher Berührung mit diesem perfiden

---

*) Georges Edgard, p. 267.

Volke standen. Martin von Arles, in seiner Abhandlung De superstitione (und Delrio nach ihm dasselbe), erwähnt eines zu seiner Zeit in Spanien sehr verbreiteten Buches über die Magie, dessen sich die Juden und Araber bedienten, um die abscheulichsten Handlungen zu begehen und ihre Brüder sammt den Christen zu betrügen. Dieses in sieben Abtheilungen zerfallende Buch wurde vom Vater auf den Sohn vererbt und mit der größten Sorgfalt aufbewahrt.

Aber das Buch, welches in dieser Beziehung besonders hervorgehoben zu werden verdient, ist ein hebräisches Buch, Clavicula Salomonis betitelt, das sich die Juden nicht entblöden, ihrem Könige Salomon selbst zuzuschreiben*). Es ist wahrscheinlich, daß das Buch, von dem wir so eben gesprochen, diesem entnommen ist. Wie dem auch sei, in diesem Buche, wie es Gottfried Tilgner, Schudt und Wulfer sagen, sind alle geheimen Mittel enthüllt, deren sich die Juden bedienen, um zu ihren Zwecken zu gelangen, um zum Beispiele die Heilung der Krankheiten zu bewirken, Ehrenstellen, Reichthum, ein glänzendes Leben u. s. w. zu erreichen. Das ist die praktische Kabbala. Die Autoren, deren Namen wir so eben anführten, verabscheuen es, alle Vorbereitungen anzuführen, welche dazu dienten, die Juden zu ihrem Zwecke zu führen. Bei diesen Vorbereitungen erscheinen abermals die hebräischen Buchstaben und die Worte, von denen wir erst gesprochen, und in deren Zusammenstellung sie das Bestehen geheimer Mysterien vermutheten. Der Pater Jagner führt in dem Flagellum hæreticorum betitelten Werke einige Beispiele von Christen an, welche, um ihre Leidenschaften zu befriedigen, zu den Zauberkünsten der Juden ihre Zuflucht nahmen. Diese versprachen ihnen den glücklichsten Erfolg, machten es ihnen aber vor Allem zur Pflicht, der christlichen Religion zu entsagen, die geheiligten Namen Jesu und Mariä zu verfluchen, die Sakramente und besonders die heilige Eucharistie zu profaniren und die Hülfe des Teufels anzurufen. Wie viele Namen in der Magie berühmter Juden liefert uns die politische und religiöse Geschichte aller Völ-

---

*) Bartolocci, Bibliotheca hebraica, :. I, p. 703.

ter und Zeiten! Um die vorausgeschickten Thatsachen zu läugnen, müßte man die Autorität der berühmtesten Schriftsteller mit Füßen treten, oder den Denkmälern der Geschichte die Augen ganz und gar verschließen*). Wir könnten hier viele Namen zum Zeugnisse anrufen, doch soll uns genügen, den Christoph Brouver in den Annalen von Trier anzuführen. Es beklagt im Jahre 1586 dieser Schriftsteller die Fortschritte, welche die Lehren und die Ausübung der Magie zum großen Schaden der Religion und der Gesellschaft machen. Er erzählt mit Abscheu das Verderben oder den Tod einer großen Anzahl von Personen, durch Gift oder andere Zauberkünste herbeigeführt, und er gab vorzugsweise einen Trank an, der dazu bereitet war. Die Eingeweihten mischten unter Anrufung des Teufels mehrere Substanzen zusammen, wie Katzenhirn, Eingeweide von Kindern, die ihren Eltern gestohlen und ermordet worden, die Säfte verschiedener Giftpflanzen und andere Gegenstände. Was aber noch entsetzlicher zu sagen ist, sie vermischten auch die heilige Hostie am öftersten mit diesen höllischen Getränken, wobei sie gleichzeitig den Namen Jesu lästerten. Wir wollen weder die Versammlungen dieser Menschen, noch die schamlosen und eckelhaften Handlungen, die dabei begangen wurden, noch die entsetzlichen Lehren beschreiben, die in ihnen über die Kunst, den anderen Menschen zu schaden und sie zu betrügen, ertheilt wurden. Dem Bischof Johann von Trier gelang es, diese scheußlichen Versammlungen zu entdecken und sie einige Zeit hindurch zu verhindern. Doch bestanden noch nach sechszehn Jahren einige Ueberreste von ihnen, und ein Weib, das sich dem Teufel verschrieben hatte, beging, aufgereizt von ihren Mitschuldigen, die Grausamkeit, ihren eigenen Sohn zu tödten und ihn zum Opfer ihrer Ruchlosigkeit zu machen. Später drückte sie das Gewissen, sie gestand ihr Verbrechen und die teuflische Kunst, der sie sich ergeben.

Aus dieser Thatsache, verglichen mit so vielen andern, welche ihm im Grunde und in den Umständen ähnlich sind, gehet deutlich hervor, daß diese schändlichen Gebräuche ihren Ursprung und

---

*) Georges Godelmann, De veneficis et magis, p. 62.

ihre Vervollkommnung, besonders zu jener Zeit, der Synagoge verdanken. Warum staunen denn die Herren Robert Peel und seine Anhänger, daß die Juden, Meister in dieser Kunst, oftmals solche Grausamkeiten an schuldlosen Geschöpfen verübt und daß sie sich ihres Blutes theils aus abergläubischen Ursachen, theils aus Haß gegen den christlichen Namen bedienten? Wir sind weit entfernt die von Christen begangenen Schändlichkeiten und Verbrechen abstreiten oder beschönigen zu wollen, eben so wenig werden wir uns hindern lassen, zur Vertheidigung der angegriffenen Kirche jene Thatsachen anzuführen, welche im Mittelalter die strengen Maßregeln gegenüber den Juden nothwendig und zum Schutze der Christen herbeigerufen haben.

Doch fahren wir fort und liefern wir unseren Gegnern neue Beweise von Thatsachen, welche darstellen werden, warum die Juden sich des Menschenblutes zu bedienen haben. Sie wollten durch abergläubische Künste ihre Zwecke erreichen. Diese neuen Beweise werden der Authenticität der in Betreff der Kindermorde erzählten Thatsachen eine größere Kraft verleihen. Alphons Spina (schon öfters angeführt) erzählt nach den Annalen Frankreichs, daß ein Jude, von heftigem Hasse gegen die Christen entbrannt, die Freundschaft eines Gerichtsbeamten erwarb*). Der Jude forderte ihn mittelst einer großen Geldsumme auf, ihm das Herz eines Christen zu verschaffen, das er nöthig zu haben vorgab, um die Heilung einer schweren Krankheit zu bewirken. Der Gerichtsbeamte entwendete das Herz eines Christen, welcher zum Tode verurtheilt und hingerichtet worden war; er übergab es seiner Frau, damit sie es dem Juden zukommen lasse. Diese aber, welche wußte, daß der Jude Schwarzkunst trieb, gab ihrem Manne den Rath, dem Juden statt dem Herzen dieses Menschen, das Herz eines Schweines zu geben. Und wirklich entdeckte man später, daß der Jude diese Kunst betrieb, um den Christen nach dem Leben zu streben.

Derselbe Schriftsteller erzählt einen ähnlichen Fall vom Jahre 1457. „Zu Tore, einer Stadt im Königreiche Kastilien, sagt er, spielten zwei Christenkinder im Alter von sieben Jahren in einem

---

*) Lib. III. De bello Judæorum.

abgelegenen Theile der Stadt. Zwei Juden, welche sahen, daß sie allein waren, folgten ihnen und näherten sich endlich einem von ihnen. In der Furcht, zur Verübung ihres Verbrechens nicht Zeit genug zu haben, schnitten sie ihm ein Stück Fleisch aus dem Beine; diesen Lappen trugen sie fort und verbargen sich in der Stadt Zamora. Es ist nicht bekannt, was sie mit diesem Fleischlappen machten, weil es die Justiz unterließ, ihnen nachzuforschen." Das wurde mir erzählt, setzt unser Autor hinzu, von dem hochwürdigen Alphons von Vivero, Bischof von Salamanka, welcher mir für die Wahrheit der Thatsache bürgte und mir auch den Namen des Kindes nannte, welches das Opfer dieser Juden geworden: dieses Kind war der Sohn eines Stallmeisters, Namens Benefarfes.

Folgendes liest man unter der Jahreszahl 1492 in den Denkwürdigkeiten des Papstes Innocenz VIII, welche in der Bibliothek des Vatikan aufbewahrt sind*): „Während dieser Zeit hörten die Ursachen zur Betrübniß und die Ermordungen in der Stadt nicht auf. Drei zehnjährige Kinder, aus deren Adern ein jüdischer Arzt unter dem Vorwande, den Papst zu heilen, Blut gezogen hatte, starben beinahe auf der Stelle. Dieser Jude, um die gewünschte Menge jungen Menschenblutes zu erhalten, hatte gesagt, er brauche es zur Heilung des Papstes, und so hatte er die Erlaubniß erhalten, dreien Knaben zur Ader lassen zu dürfen, wofür ein jeder einen Dukaten erhielt. Aber bald starben die drei Knaben, der Jude ergriff die Flucht und der Papst wurde nicht geheilt."

Um das Jahr 1503 überließ ein Vater zu Waldkirch, einem Marktflecken im Elsaß, den Juden für zehn Gulden sein eigenes vierjähriges Kind. Es hieß, man werde ihm nur etwas Blut entziehen und es darnach dem Vater wieder gesund und wohlbehalten zurückstellen. Die Juden hielten aber ihr Versprechen nicht, sondern entzogen dem unglücklichen Kinde so viel Blut, daß es darüber starb**). Als der Vater zur Verantwortung gezogen wurde, gestand er seinen Fehltritt ein, so wie noch ein anderer

---

*) Cod. vatic. n⁰ 5522, p. 259.
**) Alexandre Habichi, apud Bolland., 20 avril.

Mann, welcher von den Juden Geld erhalten, um das abgezapfte Blut von Waldkirch nach Algasa zu tragen. Derselbe Schriftsteller spricht von einer zweiten ähnlichen That, die im Jahre 1401 in der Stadt Dieffenhof in Schwaben geschah, wo die Juden für drei Gulden einen Landmann gewannen, um von ihm eine bestimmte Menge Blut zu erhalten. Er wurde aber in dem Augenblick, wo er einem vierjährigen Kinde Blut entzog, entdeckt und erlitt die verdiente Strafe, sowie die Juden, welche ihn zu dieser verbrecherischen That gedungen.

Unter Solimans Regierung*) lieh ein Jude einem Christen eine gewisse Summe Geld unter der Bedingung, daß der Entlehner an dem zur Zahlung bestimmten Tage, statt der Zinsen zwei Unzen von seinem eigenen Fleisch hergäbe. Als die Zeit herangekommen, zahlte der Christ das ihm geliehene Geld, weigerte sich jedoch, die Zinse mit seinem eigenen Fleische zu entrichten. Der Jude hatte die Kühnheit, wegen Entscheidung dieses Streites sich an den Sultan Soliman zu wenden. Dieser, über den Juden aufgebracht, aber ohne seine Gesinnung kund zu geben, ließ ein Rasiermesser bringen und erlaubte ihm, von irgend einem ihm beliebigen Körpertheile diese zwei Unzen Fleisch herauszuschneiden; doch setzte er hinzu, daß der Jude unfehlbar sein Leben verwirkt habe, wenn er das Unglück hätte, mehr oder weniger als das bestimmte Gewicht abzuschneiden. Der Jude traute das Wagstück nicht zu unternehmen und der Christ wurde der Zahlung enthoben. (Der Stoff zu Shakspeares „Kaufmann von Venedig").

Nach solchen Thatsachen, deren Masse unmöglich geleugnet oder in Zweifel gezogen werden kann, wenn man nicht der Geschichte und den Dokumenten, auf denen die der Synagoge gemachten Anschuldigungen der von ihr allenthalben und zu jeder Zeit betriebenen Magie und Zauberei beruhen, ein förmliches Mißtrauensvotum geben will, nach solchen Thatsachen sagen wir, daß die von den Juden verübten Kindermorde nicht bestritten werden können. Wenn man bedenkt, daß der Haß des christlichen Namens den Juden wie eingefleischt war, und daß sich dieses

---

*) Martin Delrio, Disquisition. magic. in præfat., l. XIV.

Volk mit einer gewissen Raserei auf die Magie verlegte, dann staunt man nicht mehr über die so oftmalige Wiederholung dieser Frevelthaten und Grausamkeiten trotz der Strafen, Drohungen und Vertreibungen, welche die Schuldigen trafen.

Es wird übrigens nicht unzweckmäßig sein, dem Vorausgeschickten zwei andere Beweisstücke hinzuzufügen. Das eine von ihnen wird noch besser beweisen, wie weit der Aberglaube, der den Juden in dem Betreiben der Magie das Mittel zur Erreichung ihres Zweckes zeigte, auf ihr Gemüth einwirkte; das andere wird begreiflich machen, was sie antrieb, solche Verbrechen zum Verderben der Christen zu begehen, und trotz der Gefahren, denen sie sich aussetzten, auf diesem Wege zu verharren. Sie glaubten in der That auf diese Art ein Gott wohlgefälliges Werk zu verrichten, wie es unser göttlicher Erlöser selbst seinen Jüngern prophezeit hatte, als er mit ihnen über die Umtriebe der Synagoge gegen sie sprach. „Es kommt die Stunde, daß Jeder, der euch tödtet, Gott einen Dienst zu thun vermeinen wird*).” Der Rabbiner Salomon ben Sevet erzählt, in Spanien habe sich das Gerücht verbreitet, es sei ein Christenkind im Hause eines Juden getödtet worden und die Juden hätten dem Leichnam das Herz herausgerissen, um ihre Ostern zu feiern. „Diese Machination, sagt der Rabbiner, welche begreiflicherweise jeder geschichtlichen Wahrheit entbehrt, diese Machination zog den Juden großes Unglück zu. Doch wußte Salomon der Levite, ein sehr kluger und in den Geheimnissen der Kabbala sehr erfahrener Mann, es glücklich abzuwenden. Er schob dem Leichname den unaussprechlichen Namen Gottes unter die Zunge, und rief so das Kindchen wieder ins Leben zurück, das nun die wahren Urheber seines Todes angab. So stellte es sich heraus, daß einige schlechte Christen das von ihnen selbst begangene Verbrechen den Juden aufzubürden gesucht hatten.” Diese Erzählung des Salomon ben Sevet ist von großer Wichtigkeit für einen jeden, der von der Schuld der Juden in diesem Falle überzeugt ist: uns scheint die Entschuldigung des Rabbiners viel eher zur Bestätigung dieser Schuld

---

*) Johann XVI, 2.

als zu ihrer Bezweiflung zu dienen, und zugleich liefert sie uns einen neuen Beweis für das Betreiben der Magie.

Die zweite Thatsache bringt uns auf die Ermordung eines Kindes, die ein Jude zu Metz beging, zurück. Von diesem Tode haben wir nach Don Calmet bereits gesprochen. Dieser gelehrte Priester bemerkt, daß die That vollständig erwiesen ist durch einen Brief, welchen der Thäter an seine Glaubensgenossen geschrieben. In diesem Briefe beschwört er sie, Schritte zu seiner Rettung zu thun und sagt ihnen, daß er diese That nur im Interesse der jüdischen Gemeinde begangen hätte; was so viel als deutlich sagen will: „ich habe eine That begangen, an der Ihr durch Eure Begierden Antheil genommen; mein Verbrechen ist auch das Eurige, denn nur nach Eurer Zustimmung und Eurem Willen entsprechend, habe ich den Mord begangen." Der Leser kann sich erinnern, daß dieß dieselbe Sprache ist, welche vor einem englischen Gerichtshofe der Jude von Linkoln, der Urheber eines ähnlichen Mordes, hielt. Dieser Mann sagt, daß alle in ganz England zerstreut lebenden Juden den Mord gebilligt hatten und daß Abgeordnete aller Städte des Landes zum Opfertode des Kindes, wie zum Osterfeste eingeladen worden waren.

Endlich bitten wir den Leser, stets gestützt auf die schon berichteten Thatsachen, und vorzüglich auf solche, bei denen alle Umstände außer allen Zweifel gesetzt sind, seine Gedanken auf den in Damaskus im Jahre 1840 begangenen Mord zurückzuwenden und alle Einzelheiten desselben zu erwägen, welche durch den damals gegen die Juden, die Urheber des Verbrechens, eingeleiteten Prozeß zur genauen Kenntniß gelangten. Wir bitten ihn übrigens zu bemerken, daß die mit der Führung dieses Prozesses beauftragten Gerichtspersonen nur sehr oberflächlich oder vielleicht gar nicht die zahlreichen Thatsachen kannten, welche wir berichtet haben und welche die grausamen Gewohnheiten der Synagoge beweisen. Und daher bestätiget der Prozeß zu Damaskus die Resultate aller unter ähnlichen Umständen eingeleiteten Prozesse Dieselben Geständnisse der Schuldigen, dieselbe Ursache, welche die Juden von Damaskus zum Morde des Kapuziners Pater Thomas bewog, dieselbe Zeit, nämlich Ostern, welches die seit Jahrhunberten zu diesen barbarischen Opfern bestimmte Zeit ist. Wir finden darin abermals die Uebereinstimmung der Juden zur Ausführung des Mordes, die Anwesenheit des Rabbiners als Leiter der That. Die verbrecherische That wird auf gleiche Weise begangen; ein Becken wird hingestellt, um das Blut des Schlachtopfers aufzufangen, die von der Synagoge in den verflossenen Zeiten befolgten Gebräuche sind es auch noch im 19. Jahrhundert, und das Leiden des Erlösers, welches die Juden schon im 5. Jahrhundert erneuerten, wie wir in der Ermordung des Kindes in der Nähe von Antiochia aus Haß gegen Jesus Christus gesehen, dieses Leiden wird nochmals erneuert in unserem Jahrhundert, im Jahre 1840 und nicht weit von derselben Stadt, an der Person einer der Söhne des heiligen Franz von Assisi aus Haß gegen denjenigen, in dessen Namen dieser Priester das Evangelium zum Heil der Völker predigte.

Soll diese so neue Thatsache keine Bedeutung für einen Menschen haben, welcher nachzudenken vermag? Bestätiget sie nicht die anderen ähnlichen Thatsachen? Ist es nicht ein Beweis von der Schuld der Juden bei den gleichartigen Angelegenheiten, deren Erinnerung die verflossenen Jahrhunderte auf uns übertragen haben? Die Thatsache von Damaskus wird durch die vorausgegangenen erklärt, so wie diese wieder durch die vorliegende zeitgenössische Thatsache werden. Wer wird jetzt nicht begreifen, daß diese für die Menschheit so schimpflichen Verbrechen auf die Synagoge zurückfallen, welche durch den Aberglauben, den sie ihren Mitgliedern einflößte, und durch die Mitschuld ihrer vorzüglichsten Vertreter Antheil an ihnen nahm? Flößte nicht sie den Gedanken ein, Gott sähe solche Schändlichkeiten mit Wohlgefallen und müsse sie einst belohnen? Das Gewissen der Juden mußte in der That durch solche Lehrsätze erstickt werden, der Haß gegen Jesus überwog alle anderen Gesinnungen, er ließ nur noch gottlosen Trieben Raum, er konnte nur Handlungen zu Tage fördern, welche dem sie leitenden bösen Geiste entsprachen, wie schon unser Herr und Erlöser zu den Juden seiner Zeit sprach: „Ihr habt den Teufel zum Vater und wollet nach den Gelüsten Eures Vaters thun."

Ein anderer Beweggrund trug auch noch das Seinige bei, den

Verstand der Juden in Bezug auf die Frevelthaten, die sie sich
erlaubten, mit seltsamen Trugbildern zu umhüllen. Sie hielten
sich überzeugt, ihr Gold genüge zum Niederschlagen der Prozesse,
die etwa dieser Verbrechen wegen gegen sie eingeleitet würden. Das
war für sie der Grund eines unerschütterlichen Vertrauens. Im
Talmud*) wird erzählt, daß Rabban Johanan, Sohn des Zaccai,
als er krank war, von seinen Schülern einen Besuch erhielt. Kaum
hatte er sie erblickt, so fing er an zu weinen. Sie fragten ihn um die
Ursache seiner Thränen: „Würde ich meine Aufführung, antwor=
tete er, vor einem Könige dieser Welt zu verantworten haben, der
heute oder morgen sterben kann, dessen Zorn daher nicht ewig wäh=
ren kann — und den ich mit Worten milder stimmen oder mit Geld
bestechen könnte — o, dann wäre es freilich gut. Was soll
ich aber jetzt thun, wo es sich darum handelt, vor einem Könige
zu erscheinen, den meine Worte nicht milder stimmen, noch mein
Geld bestechen kann?" Das ist die Moralität, Humanität und
Rechtlichkeit der Synagoge gegen andere Völker. Das sind, ihr
christlichen Richter, die Lehrsätze jener Männer, die ihr
vor euch gerufen sehen könnet, das ist, ihr christlichen Fürsten,
der Sinn jener Huldigungen und der Zeichen der Unterwürfigkeit,
die ihr von den Juden erhaltet.

Der getaufte Jude Pfefferkorn stellt diesen Punkt in das hellste
Licht; er kannte den Charakter seines Volkes gründlich; er wußte,
mit welcher Bosheit der Jude in seinen Beziehungen mit den Chri=
sten zu Werke geht. Auch enthüllt er, „wie die Juden falsche
Worte und Betheuerungen gebrauchen, um die anderen Völker zu
hintergehen, wie sie mit Hülfe großer Freigebigkeit die Christen,
nicht nur die des gemeinen Volkes, sondern auch die Gelehr=
ten zu gewinnen wissen, deren sie sich bedienen, um
ihre verruchten Lehrsätze und ihre strafbaren Handlun=
gen zu bemänteln, oder in ein schöneres Licht zu stellen.
Wenn ein Jude, fährt er fort, irgend eines Verbrechens wegen
die Todesstrafe oder Güterkonfiskation verdient hat, weiß er durch
sich selbst oder die Seinigen einen Vertheidiger oder Beschützer zu

---

*) Chiarini, le Talmud de Babylone traduit en langue française,
t. II, p. 90.

finden, und es gelingt ihm am Ende, seine Freisprechung zu erwirken, trotz aller bürgerlichen und kanonischen Gesetze. Es ist evident, daß nicht die Gerechtigkeit, sondern das Geld diese Resultate erzeugt. Noch mehr: wenn irgendwo ein Streit zwischen einem Juden und einem Christen entsteht, so gewinnt **der Christ selten seinen Prozeß,** oder die Sache wird wenigstens so sehr in die Länge gezogen, daß der Christ ermüdet dem Juden das Feld räumt, und auf diese Art siegt der Jude durch sein Gold und die Mitwirkung seiner Glaubensgenossen." Pfefferkorn sagt noch an einem anderen Orte, daß sie, wenn sie mit diesen Mitteln nicht ausreichen, zu anderen verbrecherischeren ihre Zuflucht nehmen, ja, daß sie sogar nicht immer vor dem Aeußersten zurückschaudern, sobald es sich um das Unsichtbarmachen einer Person handelt, deren Zeugniß ihnen schädlich sein könnte. Hrch. Jakob Bathuysen berichtet, daß es bei Beginn des achtzehnten Jahrhunderts allgemein hieß, ein Christ soll sich wohl hüten, in einem Streite mit einem Juden vor Gericht zu erscheinen, wegen der Wortbrüchigkeit, der Verschmitztheit und Ausdauer, welche die Juden anzuwenden verstehen, um den Gegner und den Richter zu hintergehen und zu täuschen.

Diese Taktik der Synagoge ist keine Erfindung der Neuzeit, vielmehr lehrt uns die Geschichte, daß sie bis in das graue Alterthum zurückreicht. Im vierten Jahrhundert der Kirche erklärt der heil. Ambrosius, welcher lange Zeit als hoher Beamter die öffentlichen Geschäfte geleitet hatte, wo er von den Juden seiner Zeit*) spricht, sie seien gewöhnt, auf hinterlistige Weise gegen die anderen Völker und selbst vor den Richtern zu Werke zu gehen. „Durch tausenderlei Kunstgriffe, sagt er, schmeicheln sich die Juden bei den Völkern ein und dringen so in die Häuser ein. Sie wissen sich sogar in den Gerichtssaal einzuschleichen, **sie ermüden die Gehörorgane der Richter und Zuhörer, und je unverschämter und kecker sie sind, desto mächtiger werden sie.**"

---

*) Serm. IX. In die circumcisionis Jesu Christi. Ed. des Bénédictins.

Diese Bemerkungen dienen als Erläuterung und Bestätigung dessen, was wir von dem Hasse der Synagoge gegen die Kirche und von dem religiösen Aberglauben gesagt, welche die Juden bewog, unschuldige Wesen zu morden. So lassen sich auch die sonderbaren Entwicklungen so vieler Prozesse erklären. Sie wurden begonnen in Mitte des größten Lichtes, und ohne daß man nur den geringsten Zweifel über die Schuld der Juden hegen konnte, und beendigt wurden sie in Mitte der größten Zweifel und der größten Ungewißheit, so wissen sie die klarsten Dinge zu verwirren und die widersprechendsten Gerüchte auszustreuen. Auch sparen sie weder Gold, noch Versprechungen, noch Lügen, um falsche Zeugen zu gewinnen, um Leute, welche ihnen gefährlich werden könnten, zum Schweigen zu bringen, und um die Verfügungen der Richter zu ändern. Dieß Alles geschieht mit einem solchen Ineinandergreifen und einer solchen zähen Ausdauer, daß die Richter, des langen Streites müde, **die Verbrecher für schuldlos erklärten, oder erklärten, es mangle an hinlänglichen Beweisen,** zur Schande des Namens Jesu Christi und zum großen Nachtheile der christlichen Gesellschaft. Daher sagt der Verfasser des Fortalitium fidei (Folioseite 322) de Judaeis ohne Bedenken: „Welches Verbrechen die Juden auch begehen, und wie groß es auch immer sei, so wissen sie die Bestrafung desselben mittelst großer Geldsummen, die sie zu diesem Zwecke spenden, zu verhindern. Uebrigens haben sie das dazu verwendete Geld auf den schändlichsten Wegen erworben. Ich habe die Erfahrung davon gemacht. Und geschieht es, daß einige von ihnen verfolgt werden, dann sind sie Alle einig, die Unschuld der Angeklagten zu betheuern."

Führen wir nun die Vorwände an, welche von den Juden und ihren Gönnern ersonnen wurden, um sie von der Schmach rein zu waschen, welche durch so viele Grausamkeiten und Verbrechen auf die Synagoge zurückfiel. Sie versichern, alle diese Verbrechen seien nur von den Christen ersonnene Lügen, um die Qualen, Verfolgungen und Beraubungen zu rechtfertigen. Genügt zur Widerlegung dieser Behauptung nicht der Rückblick auf die große Anzahl der Thatsachen und die Verschiedenheit der Zeit und des Ortes, wo sie sich zugetragen? Ist es möglich, so viele Thatsachen als pure Erfindungen anzusehen, Thatsachen, welche die Geschichte durch eine so große Zahl von Jahrhunderten hindurch erzählt? Uebrigens läugnen die Juden und ihre Vertheidiger die Wahrheit der an den Kindern verübten Mordthaten nicht; sie versichern nur, daß die Juden nicht die Urheber derselben waren. Aber, fragen wir unserer Seits, kann man wohl füglich annehmen, ein Vater oder irgend ein Christ habe ein Kind gewaltsam getödtet, oder ihm die Ader geöffnet, er habe es mit tausend Stichen durchbohrt, er habe dessen Körper in Stücke gehauen, einzig und allein zu dem Zwecke, die Juden dieses Verbrechens beschuldigen zu können, und um einen Grund zur Verfolgung dieses unglückseligen Volkes, zu dessen wiederholter Niedermetzelung und zu dessen Ausplünderung zu haben? Wenn ein Christ ein solches Verbrechen begehen konnte, hätten sich dann immer wieder Christen gefunden, um es von Jahrhundert zu Jahrhundert zu wiederholen? **Wenn es solche Scheusale gegeben, hätte man doch nicht wenigstens einen von ihnen entdecken können?** Es ist also dieses eine durchaus unhaltbare Hypothese, welche vor den von uns erzählten Thatsachen in nichts verschwindet.

Noch wollen wir bemerken, daß man bei Annahme eines solchen Hasses der Christen gegen die Juden erklären müßte, wie es kommt, daß in den meisten derartigen Fällen die Priester mit der Erhebung gegen ihre Feinde so lange warteten, bis die Thatsachen erwiesen, der Prozeß beendigt und das Urtheil gefällt waren. Schuldige gehen so nicht zu Werke. **Die Christen haben sogar in diesen Fällen eine außerordentliche Mäßigung bewiesen.** Nachdem die Richter die Straffälligkeit der Synagoge ausgesprochen, verlangten sie sonst nichts, als die Verurtheilung der Urheber des Verbrechens. Sie erlaubten sich keinen feindseligen Angriff auf die Juden, sondern sie legten im Gegentheile eine evangelische Milde und Barmherzigkeit an den Tag, deren sich jedoch die Juden durch ihre Verbrechen und Excesse unwürdig gemacht hatten.

Und selbst wenn es nicht so gewesen wäre, wenn sich sogar die Christen, empört bei dem Gedanken, daß solche Verbrechen in ihrer Mitte begangen wurden, zu bedauerlichen Ausschreitungen hätten hinreißen lassen, wäre ein Grund vorhanden, sich darüber zu wundern und sie schlechterdings zu verdammen? Welcher Vater, welche Mutter, welches Weib würde nicht beben bei dem Gedanken, ihr Kind könne eben so grausam behandelt werden von jenen blutdürstigen Juden, welche das Blut Jesu Christi auf sich herabgerufen haben in den Worten: "Sein Blut komme über uns und unsere Kinder"? Der Herr Marquis d'Azeglio und Herr Robert Peel sammt dem ganzen Haufen moderner Reformatoren, der sich ihnen anschließt, sie sollen fortfahren, wenn sie den Muth dazu besitzen, gegen die unbilligen Strafen zu eifern, welche den Juden aus unbegründeten Ursachen (!), wie sie behaupten, auferlegt wurden. Sehen sie von nun an nicht ein, daß sie die Sprache ändern müssen, und daß sie, wenn sie nur einige christliche Gesinnungen übrig haben, über die Entehrung schamroth werden müssen, welche sie auf das Christenthum hinüberzuwälzen bemüht waren? Das sind jedoch die unseligen Resultate, zu denen jene vorurtheilsvollen Gemüther hingeführt werden, welche vor Allem der neuen Welt auf Kosten und durch Verläumdung der alten gefallen wollen. Das sind die Folgen einer mangelhaften Kritik, welche in das Studium der Geschichte eingeht, ohne auf die eigentlichen Quellen zurückzugehen, in denen man die Wahrheit der Thatsachen findet, auf welche sich die Vernunftschlüsse stützen sollen, oder welche sich sogar nicht entblödet, die wahre Physiognomie der Dinge zu verfälschen, um sich ihrer zu Leidenschaften und Vorurtheilen zu bedienen, deren Triumph sie anstrebt mit Hintansetzung der Vorfahren und der allgemeinen Kirche.

Man wird sagen können, und wir geben es gerne zu, daß die Juden manchmal und vorzüglich zur Zeit der Kreuzzüge von den Christen auf ungerechte und übertriebene Weise mißhandelt wurden; doch das hebt ihr Verbrechen nicht auf. Nie und nimmer und vor keinem Richterstuhle werden sich die Juden über die ihnen zur Last gelegten Verbrechen rechtfertigen können. Und deßhalb verbot der Papst Gregor IX., nach dem Beispiele seiner Vorgänger die schlechte Behandlung, und die Drangsale wohl kennend, welche zuweilen die Juden von den Christen zu leiden hatten, den Christen das Tödten der Juden und empfahl ihnen, die Strafe den betreffenden Gerichtshöfen zu überlassen. Es war dieß die Verwerfung der Volksaufstände, als deren Opfer die Juden fielen, aber es war nicht die Rechtfertigung der Juden. Auch wird man bei genauer Untersuchung der Geschichte jener fernen Zeiten finden können, daß zuweilen mit zu großer Strenge, zuweilen wieder mit zu großer Nachsicht gegen das Judenthum zu Werke gegangen wurde, aber nie wird das Judenvolk über die Anklagen gerechtfertigt werden können, die gegen es wegen Verbrechen erhoben wurden, an denen es wirklich schuld war, über Verbrechen, die ihm gerechte Züchtigung zugezogen. Die Thatsachen kamen vor, und diese Thatsachen sind unwiderleglich.

Schluß.

Bei Beendigung dieser langen Abhandlung fordern wir die modernen Vertheidiger der Juden nochmals auf, über Alles, was wir gesagt, nachzudenken. Sie mögen erwägen, wie standhaft sich dieses Volk in seiner Treulosigkeit und in seiner Grausamkeit gegen die Christen von Jesus Christus bis auf die jetzige Zeit bewiesen. Wir reden nicht nur von jenen entsetzlichen Ermordungen schuldloser Kinder, sondern von den zahlreichen Uebeln, welche durch die Juden über die Christen kamen, so oft jene die Gelegenheit dazu fanden, und in Folge des Hasses, den sie gegen den christlichen Namen hegen. Wenn die Juden einen solchen Haß gegen unschuldige Wesen an den Tag legten, so wollten sie damit nichts anderes beweisen, als was sie an der gesammten Christenheit zu thun wünschten. Das geht deutlich aus der Gesammtheit der Thatsachen hervor, noch deutlicher aber aus ihrem Benehmen, welches sie beobachteten, so oft sie den mit solcher Ungeduld erwarteten Messias zu sehen vermeinten; wie es unter Kaiser Hadrian geschah, bei Gelegenheit des Auftretens des Barchochebas, wo damals so viele Christen von ihnen massafrirt wurden, weil sie sich durch diese Metzeleien Gott wohlgefällig zu machen vermeinten. „Sie meinten Gott einen Dienst zu thun."

Erwägt man die Verkettung dieser Thatsachen, so kann man nicht umhin, die Geduld als einen Akt wahren Christenthums, wo nicht als einen Akt des Heroismus anzusehen, jene Geduld, sagen wir, welche ein solches Volk unter den christlichen Völkern leben ließ, anstatt es von jeder menschlichen Gesellschaft zu entfernen und es an die unbewohnten Gestade Oceaniens zu verweisen.

Was vermögen gegen solche Thatsachen Schmähungen und Drohungen zu beweisen? Was können das Geschrei und die feilen Reden beweisen, wovon die Gewölbe gewisser Parlamenthäuser erschallen, um für die nach Herrschaft und Unterdrückung dürstende Synagoge ein günstiges Votum zu entreißen? Diese Anschauungen der Synagoge sind bekannt und sie hat sie erwiesen. Seit jenem Augenblick, wo sie von Gott verlassen worden, trachtete sie stets nach Realisirung ihrer Wünsche gegen das Reich der Römer, gegen die heidnischen Völker, vorzüglich aber gegen die Kirche. Sie, die Besiegerin des Heidenthums, mußte beständig vor den Unternehmungen und der Hinterlist der Juden auf ihrer Hut sein. Dabei konnte sie freilich nicht immer die auf's Aeußerste getriebenen Christen hindern, Handlungen zu begehen, die zwar ohne Zweifel tadelnswerth, aber durch die Umstände hinlänglich erklärlich waren. Dieses Ringen der Kirche um Aufrechthaltung der Grundfesten der Gesellschaft und Ordnung und zur Rettung der christlichen Grundsätze mußte beständig fortwähren, gleich den Angriffen der Synagoge.

Wir glauben schließlich in der Abhandlung alle Beweisgründe aufgeführt zu haben, welche im Stande sind, jene Menschen zu überzeugen, welche nicht von Vorurtheilen verblendet sind. Als Christen und Katholiken fühlen wir innig die Verpflichtung, uns rückhaltslos den Urtheilen der christlichen Kirche zu unterwerfen, welche es zur Pflicht machte, die armen Kinder, die Schlachtopfer der Treulosigkeit und Grausamkeit der Juden, als Martyrer zu verehren.

Beilagen.

Rupert. Kirche und Synagoge. 17

I. Deutsche Philosophen über Juden.

Es ist eine Praktik jüdischer Schriftsteller, die mindergünstigen Ansichten über Juden zumeist dem katholischen Clerus und den sogenannten Ultramontanen in die Schuhe zu schieben. Höchst merkwürdiger Weise aber stimmen die deutschen Philosophen, welche nichts weniger als katholisch sind, die aber in ihrer Weltanschauung weit von einander divergiren, gerade in der Erfahrungswissenschaft über die nachchristlichen Juden überein. Es folgen hier über dieses Thema die Ansicht von Schopenhauer, Fichte, Kant und Herder wörtlich:

Schopenhauer über die Juden.

Schopenhauer (in seinen „Artikeln über Rechtslehre und Politik") sagt:

„Der ewige Jude Ahasverus ist nichts Anderes als die Personifikation des ganzen jüdischen Volkes. Weil er an dem Heiland und Welterlöser schwer gefrevelt hat, soll er von dem Erdenleben und seiner Last nie erlöst werden und dabei heimatlos in der Fremde umherirren. Dies ist ja eben das Vergehen und das Schicksal des kleinen jüdischen Volkes, welches, wirklich wundersamer Weise, seit zwei Jahrtausenden aus seinem Wohnsitze vertrieben, noch immer fortbesteht und heimatlos umherirrt, während so viele große und glorreiche Völker, neben welchen eine solche Winkelnation gar nicht zu nennen ist, Assyrer, Meder, Perser, Phönizier, Egypter, Hetrurier u. s. w. zur ewigen Ruhe eingegangen und gänzlich verschwunden sind. So ist denn noch heute diese gens extorris, dieser Johann ohne Land unter den Völkern, auf dem ganzen Erdboden zu finden, nirgends zu Hause und nirgends fremd, behauptet dabei mit beispielloser Hartnäckigkeit seine Nationalität, ja möchte eingedenk des Abraham, der in Kanaan wohnte als Fremdling, **aber allmälig, wie sein Gott es ihm verheißen, Herr des ganzen Landes ward (I. Mos. 17, 8)** — auch gern irgendwo Wurzel schlagen, um wieder zu einem Lande zu gelangen, ohne welches ja ein Volk ein Ball in der Luft ist. — Bis dahin lebt es **parasitisch auf den anderen Völkern** und ihrem Boden, ist aber nichtsdestoweniger vom lebhaftesten **Patriotismus für die eigene Nation** beseelt, den es an den Tag legt durch das feste Zusammenhalten, wornach Alle für Einen und Einer für Alle stehen. Ihre Religion, von Hause aus mit ihrem Staate verschmolzen und Eins, ist dabei keineswegs die Hauptursache, vielmehr nur das Band, welches sie zusammenhält, **der point de ralliement und das Feldzeichen, daran sie sich erkennen."**

„Dies zeigt sich auch daran, daß sogar der getaufte Jude keineswegs, wie doch sonst alle Apostaten, den Haß und Abscheu der Uebrigen auf sich ladet, vielmehr in der Regel nicht aufhört, Freund und Genosse derselben, mit Ausnahme einiger Orthodoxen, zu sein und sie als seine wahren Landsleute zu betrachten. Sogar kann bei dem regelmäßigen und feierlichen Gebete der Juden, zu welchem zehn vereint sein müssen, wenn Einer mangelt, ein getaufter Jude dafür eintreten, jedoch kein anderer Christ. Dasselbe gilt von allen übrigen religiösen Handlungen. Noch deutlicher würde die Sache hervortreten, wenn einmal das Christenthum ganz in Verfall geriethe, indem alsdann die Juden deshalb nicht aufhören würden, abgesondert und für sich zu sein und zusammenzuhalten. Demnach ist es eine höchst oberflächliche und falsche Ansicht, wenn man die Juden blos als Religionssekte betrachtet; wenn aber gar, um diesen Irrthum zu begünstigen, das Judenthum mit einem der Kirche entlehnten Ausdruck bezeichnet wird, als „jüdische Konfession", so ist dies ein grundfalscher, absichtlich auf das Irreleiten berechneter Ausdruck, der gar nicht gestattet sein sollte. Vielmehr ist „jüdische Nation" das Richtige. Die Juden haben gar keine Konfession; der Monotheismus versteht sich bei ihnen von selbst. Ja, wohlverstanden sind Monotheismus und Judenthum Wechselbegriffe. — Daß die dem jüdischen Nationalcharakter anhängenden bekannten Fehler, worunter eine wundersame Abwesenheit alles dessen, was das Wort verecundia ausdrückt, der hervorstechendste, wenngleich ein Mangel ist, der in der Welt weit besser hilft, als vielleicht irgend eine positive Eigenschaft, daß, sage ich, diese Fehler hauptsächlich dem langen und ungerechten Drucke, den sie erlitten haben, zuzuschreiben, entschuldigt solche zwar, aber hebt sie nicht auf. Den vernünftigen Juden, welcher alte Fabeln, Flausen und Vorurtheile aufgebend, durch die Taufe aus einer Genossenschaft austritt, die ihm weder Ehre noch Vortheil bringt (wenn auch in Ausnahmsfällen Letzteres vorkömmt), muß ich durchaus loben, selbst wenn es ihm mit dem christlichen Glauben kein großer Ernst sein sollte, ist es denn ein solcher jedem jungen Christen, der bei der Konfirmation sein Credo hersagt?"

Schopenhauer macht nun den Vorschlag, um die jüdische Nationalität auszurotten, auf Ehen zwischen Juden und Christen zu dringen. Wir **positive Christen** wollen die jüdische Nation durchaus nicht durch Heiraten vertilgen, sie wird ja nach der Verheißung fort und fort auf der Erde wandeln, bis an's Ende der Zeiten. Wir können auch nicht mit der angerathenen politischen Taufe — ohne innere Ueberzeugung — einverstanden sein; wir haben aber Schopenhauer angeführt, um eine jener Stimmen zu vernehmen, bei denen man ihr Urtheil über Juden gewiß nicht **dem Mittelalter auflaben kann!**

Fichte über die Juden.

Johann Gottl. Fichte sagt in seinen „Beiträgen zur Berichtigung der Urtheile über die französische Revolution" (S. 186): „Fast durch alle Länder von Europa verbreitet sich ein mächtiger, feindseliger Staat, der mit allen anderen im beständigen Kriege lebt und fürchterlich schwer auf die Bürger drückt; es ist das Judenthum. Ich glaube nicht, und hoffe es in der

Folge darzuthun, daß dasselbe dadurch, daß es einen abgesonderten und so fest verketteten Staat bildet, sondern dadurch, **daß dieser Staat auf den Haß des ganzen menschlichen Geschlechtes gegründet und aufgebaut ist,** so fürchterlich werde. Von einem Volke, dessen geringster seiner Ahnen höher hinaufsteigt, als wir Andern alle in unserer Geschichte, und in einem Emir, der älter ist als sie, seinen Stammvater sieht; — das in allen Völkern die Nachkommen derer erblickt, welche es aus seinem schwärmerisch geliebten Vaterland vertrieben haben; — das sich zu dem den Körper erschlaffenden und den Geist für jedes edle Gefühl tödtenden Kleinhandel und Wucher verdammt hat und verdammt wird; — das durch das heiligste Band, was die Menschheit bindet, durch seine Religion, von unsern Mahlen, von unserem Freudenbecher und von dem süßen Tausche des Frohsinns mit uns von Herzen zu Herzen ausgeschlossen ist; — **das bis in seine Pflichten und Rechte und bis in die Seele des Allvaters uns Andere alle von sich absondert — —; von so einem Volke** sollte sich etwas anderes erwarten lassen, als daß geschieht, was wir täglich sehen, **daß in einem Staate, wo der unumschränkteste König mir meine väterliche Hütte nicht nehmen darf und wo ich gegen den allmächtigen Minister mein Recht erhalte, mich doch jeder Jude, dem es einfällt, ungestraft ausplündert."**

Ja, dieser berühmte Deutsche behauptet sogar — wie der Präsident Koch in seinem Buche: „Die Juden im preußischen Staate", Seite 166, zitirt — „den Juden Bürgerrechte zu geben, dazu sehe er — kein anderes Mittel, als das, ihnen in Einer Nacht die Köpfe abzuschneiden und andere aufzusetzen, in denen auch nicht Eine jüdische Idee sei; und um uns vor ihnen zu schützen, dazu sehe er wieder kein anderes Mittel, **als ihnen ihr gelobtes Land wieder zu erobern und sie alle dahin zu schicken."** (Siehe „Beitrag zur Berichtigung der Urtheile des Publikums über die französische Revolution." (S. 191*).

---

*) Bei der Fichtefeier hielt der jüdische Dorfgeschichtenerzeuger, Demokrat, Vorleser der Königin von Preußen und im Jahre 1848 hervorragender Demokrat: Bertold Auerbach eine Rede zur Verherrlichung Fichte's. Das ist doch wohl die größte Blamage der Unwissenheit. Hätte Auerbach die Gesin-

Kant über die Juden.

Der Kritiker der reinen Vernunft sagt in seiner „Anthropologie in pragmatischer Hinsicht", Leipzig 1833, 4. Aufl., S. 127: „Die unter uns lebenden Palästiner sind durch ihren Wuchergeist seit ihrem Exil, **auch was die größte Menge betrifft, in den nicht ungegründeten Ruf des Betrugs gekommen.** Es scheint nun zwar befremdlich, sich eine Nation von Betrügern zu denken, aber eben so befremdlich ist es doch auch, eine Nation von lauter Kaufleuten zu denken, deren bei weitem größter Theil durch einen alten, von dem Staat, darin sie leben, anerkannten Aberglauben verbunden, keine bürgerliche Ehre sucht, sondern den Verlust dieser letzteren durch die Vortheile der Ueberlistung des Volkes, unter dem sie Schutz finden und selbst ihrer untereinander ersetzen wollen. Nun kann dieses bei einer ganzen Nation von lauter Kaufleuten, als nichtproduzirenden Gliedern der Gesellschaft (z. B. der Juden in Polen), auch nicht anders sein: mithin kann ihre durch alte Satzungen sanktionirte, von uns (die wir gewisse heilige Bücher mit ihnen gemein haben), unter denen sie leben, selbst anerkannte Verfassung, ob sie zwar den Spruch: „„Käufer thue die Augen auf"" zum obersten Grundsatz ihrer Moral im Verkehr machen, ohne Inkonsequenz nicht aufgehoben werden. Statt der **vergeblichen Plage**, dieses Volk, in Rücksicht auf den Punkt des Betrugs und der Ehrlichkeit, zu moralisiren, will ich lieber meine Vermuthung vom Ursprunge dieser sonderbaren Verfassung (nämlich eines Volkes von lauter Kaufleuten) angeben" ... u. s. w.

Herder über die Juden.

Wir glauben mit den Urtheilen jener beiden Philosophen nicht eher abschließen zu dürfen, ehe nicht des Vertreters **der humanistischen Richtung Erwähnung gethan worden ist.** Joh. Gottfried Herder, in seinen „Ideen zur Geschichte der Menschheit", schreibt im 3. Theil, S. 91: „Wie die Egypter, fürchteten die

nungen Fichtes über die Juden gekannt — er würde dem Philosophen alle möglichen jüdischen Verwünschungen an den Hals gewünscht haben!

Juden das Meer und wohnten von jeher lieber unter **anderen Nationen**; ein Zug ihres Nationalcharakters, gegen den schon Moses mit Macht kämpfte. Kurz, es ist ein Volk, das in der Erziehung verdarb, weil es nie zur Reife einer politischen Kultur auf **eigenem Boden**, mithin auch **nicht** zum wahren Gefühle **der Ehre** und Freiheit gelangte. In den Wissenschaften, die ihre vortrefflichsten Köpfe trieben, hat sich jederzeit mehr eine gesetzliche Anhänglichkeit und Ordnung, als eine fruchtbare Freiheit des Geistes gezeigt, **und der Tugenden eines Patrioten hat sie ihr Zustand fast von jeher beraubt.** Das Volk Gottes, dem einst der Himmel selbst sein Vaterland schenkte, ist Jahrhunderte her, ja fast seit seiner Entstehung, **eine parasitische Pflanze auf den Stämmen anderer Nationen**; ein Geschlecht **schlauer Unterhändler** beinahe auf der ganzen Erde, das, trotz aller Unterdrückung, nirgends sich nach **eigener Ehre und Wohnung**, **nirgends nach einem Vaterlande sehnt.**"

Und im 4. Theil, S. 38: „Die Juden betrachten wir hier nur als die parasitische Pflanze, die sich beinahe **allen europäischen Nationen anhängt und mehr oder minder von ihrem Saft an sich gezogen hat.** Nach dem Untergange des alten Rom waren ihrer, vergleichungsweise, nur noch wenige in Europa; durch die Verfolgungen der Araber kamen sie in großen Haufen herüber und haben sich selbst nationenweise vertheilt. Daß sie den Aussatz in unseren Welttheil gebracht, ist unwahrscheinlich; **ein ärgerer Aussatz** war's, daß sie in allen barbarischen Jahrhunderten als Wechsler, Unterhändler und Reichsknechte **niederträchtige Werkzeuge des Wuchers** wurden und gegen eigenen Gewinn die barbarisch-stolze Unwissenheit der Europäer im Handel dadurch stärkten. Grausam ging man oft mit ihnen um und erpreßte tyrannisch, was sie durch Geiz und Betrug oder durch Fleiß, Klugheit und Ordnung erworben hatten; indem sie aber solcher Begegnungen gewohnt waren und selbst darauf rechnen mußten, **so überlisteten und erpreßten sie desto mehr.** Indessen waren sie der damaligen Zeit und sind noch jetzt manchen Ländern unentbehrlich, wie denn auch nicht zu leugnen ist, daß durch sie die hebräische Literatur erhalten, in den dunkeln Zeiten die von den

Arabern erlangte Wissenschaft, Arzneikunde und Weltweisheit auch durch sie fortgepflanzt und sonst manches Gute geschafft worden, wozu sich kein anderer als ein Jude gebrauchen ließ. Es wird eine Zeit kommen (so läßt sich Herder einen Augenblick vom liberalen Sentiment fortreißen), — da man in Europa nicht mehr fragen wird, wer Jude oder Christ sei; denn auch der Jude wird nach europäischen Gesetzen leben und zum Besten des Staates beitragen. Nur eine **barbarische** kann ihn daran hindern oder seine Fähigkeit schädlich machen mögen," während eben derselbe Herder in den „Ideen zur Geschichte der Menschheit", 2. Theil, S. 26 behauptet: daß „die Juden in ihrem engen Lande unter dem drückenden Joche des Gesetzes sich nie zu einem Ideale erheben konnten, das **freiere Thätigkeit** und mehrere Wohllust des Lebens fordert, und die **jetzt noch in ihrer weiten Zerstreuung und langen tiefen Verworfenheit das Gepräge der asiatischen Bildung tragen.**" Ja, ebenderselbe milde Herder, der **Humanist**, vergißt später darauf, wie er früher die Juden nach der Schablone Natan des Weisen, Mendelsöhnlich mit der **Theateranschauung** auffaßte — und in Anbetracht der konkreten Wirklichkeit des Judenthums kann er nicht anders, als in seiner „Adrastea", Bd. 4, St. 1, Seite 157 ausrufen:

„**Ein Ministerium, bei dem der Jude alles gilt; eine Haushaltung, in der ein Jude die Schlüssel zur Garderobe und zur Kasse führt; ein Departement oder Kommissariat, in welchem Juden die Hauptgeschäfte treiben; eine Universität, auf welcher Juden als Mäkler und Geldverleiher der Studirenden geduldet werden: das sind auszutrocknende pontinische Sümpfe. Denn, nach dem alten Sprüchwort: wo ein Aas liegt, da sammeln sich die Adler, und wo Fäulniß ist, hecken Insekten und Würmer.**"

Also Schopenhauer, Fichte, Kant, Herder! Von diesen ist doch sicher **nicht Einer ein Mann des Mittelalters** und doch stimmen sie in ihren Ansichten über das Volk Israel im Wesentlichen überein.

II. Die Allgemeine Zeitung über Juden.

Die „Augsb. Allg. Ztg.", Nr. 86, 1857, sagt dem jüdischen Literaten Sugenheim wie folgt: „Uebrigens wollen wir Herrn Sugenheim — dessen „historische Forschungen auch früher schon, namentlich in München, wenn wir nicht irren, manche Anfechtung erfahren haben — die Bemerkung nicht vorenthalten, daß jenes Urtheil über einen guten Theil des schriftstellenden liberalen Judenthums (ehrenvolle Ausnahmen wurden dabei ausdrücklich und wiederholt statuirt) in Nord= und Süddeutschland keines= wegs vereinzelt dasteht, und daß namentlich der von ihm ange= zogene Dr. Menzel dasselbe, nur ungleich schärfer und rücksichts= loser, an hundert Stellen seiner Schriften ausgesprochen hat. Herr Sugenheim vergleiche z. B. nur Band V, S. 223 und 224 von Menzels „Geschichte der Deutschen", neueste Auflage, wo neben dem literarischen auch das finanzielle Judenthum unserer Zeit besprochen ist. Ebendaselbst heißt es von Heine: „ein reicher Geist mit vollkommenstem Affencharakter", und von Börne: „ein wahrer Shylok, der die lange Judenverachtung durch den ingrim= migsten Deutschenhaß zu rächen versuchte." — Wenn irgend ein Blatt der großen geistigen Begabung dieser beiden Schriftsteller ge= recht geworden ist, so war es wahrhaftig die „Allgem. Zeitung", aber so weit geht unsere Bewunderung für Talent, Witz und Dar= stellungsgabe nicht, daß wir darüber die argen Charakterschwächen dieser Männer übersehen dürften, oder das, was sie an der Ehre und den Heiligthümern des deutschen Volks gefrevelt haben. Ach= tung vor jedem Israeliten, der mit treuer Ueberzeugung an seinem alten und ursprünglich ehrwürdigen Glauben hängt; aber Heine und Börne fielen vom Mosaismus ab, um aus weltlichen Rück= sichten Scheinchristen zu werden, und dann den Taufschein (Heine besonders) als einen Freibrief zum gemeinsten Hohn über das Christenthum zu mißbrauchen. Wie nennt das ein ehrlicher Mann, gleichviel ob Jud oder Christ, vom sitt= lichen Standpunkt? Heine und Börne, immer stark in der Negation, wußten die politischen Schwächen deutscher Geschichte und deutscher Zustände witzig und kurzweilig hervorzuheben; aber hinter dieser Satyre lag, trotz der gelegentlichen Koketterie damit, seine Liebe für Deutschland und überdies waren beide, was die positiven Erfordernisse zur Einrichtung eines guten Staats betrifft, notorisch unwissend wie neugeborne Kinder. In den Spuren dieser geistreichen Vorgänger geht unläugbar eine nicht geringe Anzahl der heutzutage in seichten Büchern und leichtfertiger Tagespresse machenden Israeliten, und wir sind überzeugt, daß ernste und gediegene Schriftsteller dieses Stammes, ein frommer und gelehrter Neander z. B., oder auch ein Stahl (dessen Politik wir nicht theilen, dessen Geist und Kenntnisse wir aber achten) an dem Treiben dieses Theils ihrer Stammgenossen so wenig Freude hatten oder haben, als irgend ein ernstgesinnter geborner Christ. Israel ist reich an Talenten, das verkennt Niemand, aber suche es doch überall auch einen würdigen Gebrauch davon zu machen, und wenn es seine volle staatliche Emanzipation erlangen will — die wir ihm anderseits wohl gönnen — so schmücke sich seine schreiblustige Jugend vor allem mit dem „Blümchen Wunderhold" Bescheidenheit; denn die christlichen Völker herrschen nun einmal in Europa, und lassen sich von jenen Schwachen und Zerstückten durch Unglimpf nichts abtrotzen."

Julian Schmidt sagt in seiner Geschichte der neuen deutschen Literatur, 3. Band: „Im Zeitalter der Restauration war unter den Schriftstellern der Jude eine Ausnahme: in dem geschäftlichen Zweige der Literatur, der Journalistik, bilden sie jetzt die ungeheure Mehrheit. Daher die Empfindlichkeit, wenn man auf das Judenthum zu sprechen kommt. Fast sieht es so aus, als seien die Juden noch immer das auserwählte Volk, und durch ein Privilegium gegen die Angriffe geschützt, die sich jede andere Nation gefallen lassen muß. Gegen die Deutschen haben Börne, Heine und ihre Glaubensgenossen eine ganze Scala von Schimpfwörtern angewendet, vom „Bedientenvolk" an bis zum „Nachtstuhl", und gegen das Christenthum nicht minder; wagt man es aber auf den ewigen Judenschmerz zu lästern, wagt man es aber zu bezweifeln, daß Shylot ein Märtyrer war, so ringt die gesammte Journalistik über den Mangel an Aufklärung und Toleranz die Hände. Tadelt man die Eigenthümlichkeiten der jüdischen Nation, so ist das ein Angriff auf die Glaubens- und Gewissensfreiheit; kritisirt man die religiösen Gebräuche, so ist es ein Hohn gegen ein Märtyrervolk. Der Grund dieser seltsamen Empfindlichkeit ist nicht das Rechtsgefühl, sondern vor allem die Begeisterung für Heine und Börne. Die Juden sollten nicht vergessen, daß von ihnen die religiöse Exklusivität ausgegangen ist. So etwas rächt sich unausbleiblich in der Geschichte, und die Unschuldigen müssen für die Sünden ihrer Väter büßen. Außerdem wird der religiöse Grundsatz mehr und mehr ausgeglichen*). Die politische Emanzipation der Juden, d. h. ihre rechtliche Gleichstellung mit den christlichen Staatsbürgern, und die Aufhebung der Beschränkungen, die sie vom Eintritt in eine beliebige Laufbahn abhielten, ist zwar noch nicht völlig durchgesetzt, aber es sind doch überall Schritte dafür gethan, und wir werden voraussichtlich darin immer weiter kommen. Es bleibt nur noch das sehr begreifliche gesellschaftliche Vorurtheil. Die Klasse, mit der man im bürgerlichen Leben am vielfältigsten verkehrt, die Trödler, die Hausirer, die Schacherjuden, prägt der Phantasie ein bestimmtes Bild vom Judenthum ein, so daß jeder Jude sich gleichsam erst persönlich die Anerkennung erkämpfen muß. Ebenso hat man zum Beispiel gegen die Deutschen das Vorurtheil, sie seien phantastisch, unpraktisch, unentschlossen u. s. w., und jeder einzelne Deutsche muß sich die Anerkennung, daß er nicht phantastisch, nicht unpraktisch, nicht unentschlossen ist, erst mühsam erkämpfen. Es ist angenehm, wenn man, wie die Edelleute, einen Empfehlungsbrief für die „gute Gesellschaft" bereits in seinem Namen mit sich trägt, und es ist unangenehm, wenn sich an die Abstammung im Gegentheil ein Vorurtheil anknüpft; aber das eine wie das andere reicht doch nur

---

*) Je toleranter aber die Leute auf dem religiösen Gebiet werden, desto intoleranter werden sie auf dem nationalen. Der Konflikt der Zukunft wird nicht in katholischen Ländern mit orthodoxen, sondern bei rationalistischen Völkerschaften mit Reformjuden losbrechen.

für die erste Bekanntschaft aus. Es haben sich in dem gegenwärtigen Jahrhundert so viele Juden in allen Zweigen der Kunst und Literatur ausgezeichnet, daß in jedem bestimmten Fall jenes Vorurtheil sich auf einen einzigen zweifelhaften Blick beschränkt; nie wird die wirkliche Tüchtigkeit eines Juden ihr Ziel, die allgemeine Anerkennung verfehlen: aber es wäre für sie selbst zweckmäßiger, wenn sie nicht in ängstlicher, fieberhafter Unruhe, sondern in ausdauernder, gelassener Thätigkeit diesem Ziele nachstrebten."

III. Wie der Haß fortlebt!

Es sollen hier nur beispielsweise ein Dutzend (von 38 Schimpfnamen gegen die Christen) angeführt werden, welche in alten rabbinischen Schriften zu finden sind. Die Christen heißen: Reschóïm (die Gottlosen) — Am hammekúllal (das verfluchte Volk) — Cópherim (Verläugner Gottes und des Gesetzes) — Teméim (Unreine) — Ochele besár chásir (Schweinfleischfresser) — Arélim (Unbeschnittene) — Arizim (Tyrannen) — Nochrim (die Fremden) — Ivverim (die Blinden) — Schekózim (die Scheusale) — Goi náfal (das närrische Volk) — Kesilim (Narren und Thoren).

Die Schimpfwörter über Christus den Herrn sind über zwanzig. Sie sind entsetzlich! Und sie dauern fort bis in die neueste Zeit. Wir werden zeigen, wie sehr sie noch floriren.

Mit diesen und ähnlichen liebenswürdigen Anschauungen in der Tasche sind die Juden im Mittelalter in unsere Städte eingezogen und jetzt schreien sie in Einem fort ohne Unterlaß über Judenhaß und Tyrannei des Mittelalters, und wundern sich, warum man ihnen auch bei ihren sonstigen, der obigen Litanei den Christen gegenüber korrespondirenden Gepflogenheiten, nicht mit offenen Armen entgegen gezogen ist!

In der That ein wunderbares Volk! Wir Christen bedauern alle Härte und Grausamkeit, mit welcher mitunter die Juden im Mittelalter behandelt worden sind, wir können und dürfen vom Standpunkte des christlichen Gesetzes nie eine Verfolgung billigen, — wir sehen Fehler ein, gestehen sie ein und bedauern sie, — die Juden hingegen haben immer Recht, sie sind immer die unschuldig Gekränkten, — sie kommen den Gojim gegenüber nie zu einem Geständniß ihrer Schuld, sie fordern immer nur Menschenrechte und Liebe und freuen sich vom Herzen, wenn die blöden Gojim durch das Geschrei eingeschüchtert werden.

Wir gedenken hier der Masse von Rachegebeten gegen die Gojims nur oberflächlich, sie sind gedruckt in den Gebetbüchern und dürfen auf Verlangen nur zitirt werden. Uns ist es nur darum zu thun, das massenhafte Geschrei über den Judenhaß etwas zu kalmiren und wir bringen daher nur Ein Sabbath-Gebet aus dem zu Frankfurt 1862 in Quart erschienenen **Birchát hammáson** oder Bensch-Buch, Fol. 16, Col. 1 und 2:

„Verschaffe mir meine Nahrung und Brod meines bescheidenen Theils, daß ich geschwind mit den allerbesten Gütern der Gojim gesäuget werde. Sättige meine jungen Kinder und Säuglinge mit Gutem. Mein Messias komme in die Stadt meiner Wohnung mit dem Propheten Elias. Schaffe diesem Volke Brod zum Essen und Kleider zum Anziehen, daß mein Hasser es sehe und sich schäme. Bezwinge mit ehestem die Wohnung des Berges Sion. Vertilge geschwind den Ammon und Moab und offenbare mit nächstem deinem Volke deine Erlösung."

In einem anderen darauffolgenden Gebete heißt es: „Bei der Sendung des Messias soll Furcht und Schrecken über die Gojim kommen, ihr Herz soll beben zur Zeit, wenn das einzige Volk sich erheben und in seinen Wegen glücklich sein wird. Es wird auch vom Aufgang bis zum Niedergang der Sonne aufgemuntert werden, daß es in Edom und in Arabien viel umbringe und Krieg führe und es wird über seine Feinde ein Geschrei machen."

In der That, wenn man sich den gewöhnlichen Schacherjuden (Winkeljuden) in der Synagoge denkt, mit den Samenkörnern obigen Gebetes am Sabbath in sein Herz gestreut, da kann man wohl ohne viel Divinationsgabe abnehmen, welche Gesinnungen der Liebe, der Versöhnlichkeit und des Wohlwollens dem Nichtjuden gegenüber in seinem Gemüthe die Woche hindurch zur Reife gelangen können.

Wer unter Ammon und Moab verstanden wird, das liegt auf der Hand, — diese längst untergegangenen Völker bedürfen kein Vertilgungsgebet, und wie man durch die Blume spricht, so ist hier durch die Blume gebetet.

Daß unter Ammon und Moab die Gojim zu verstehen sind, dürfte mit demselben Rechte bezweifelt werden, als man allenfalls anfechten könnte, daß 2 mal 2 gleich 4 ist!

Nach der vorausgesendeten Einleitung, die, wie ersichtlich, nicht in leeren Deklamationen, sondern in Quadersteinen von jüdischen Aussprüchen besteht, — sind wir daran, auf den Einwurf zu antworten (oder vielmehr ihn von Juden beantworten zu lassen), welcher lautet:

„Wenn die Juden nun erst emanzipirt sind, dann werden sie versöhnlicher, — sie werden die christliche Religion nicht mehr so fanatisch anfeinden, — sie werden zur Handarbeit greifen, sie werden den Wucher aufgeben u. s. f. u. s. f."

Wir stellen diese humane Anschauung nicht in Abrede, — wir können es aber nicht hindern: wenn die Juden dieselbe durch ihre offen daliegenden Handlungen in Abrede stellen, und wir können doch nicht so tölpelhaft sein — und unsere Augen schließen: daß wir Thatsachen nicht sehen, und nur unsere Ohren offen halten, um das Geschrei, welches Thatsachen verläugnen möchte, zu hören, und es im echten Sinne des Wortes blind, das heißt mit geschlossenen Augen hinzunehmen.

Im Jahre 1842 hielt der jüdische Prediger August Fabius in Lyon am jüdischen Neujahrsfeste eine Rede und gab sie auch im Druck heraus. Das Büchlein liegt vor uns, es lautet: „Offrande au Dieu de l'Univers. Par Auguste Fabius. Lyon. Imprimerie de Marle ainé, successeur de Deleuze, Rue St. Dominique 13. 1842."

Die ganze Rede, respektive die ganze Broschüre, Groß=Oktav, 47 Seiten, ist eine prinzipielle fortgesetzte blasphemische Verschimpfung Jesu Christi und des positiven Christenthums, und im Gegensatz die hochmüthigste, mitunter in baare Lächerlichkeit ausartende Erhebung der Juden. Schon auf der zweiten Seite sagt der Redner: „Strahlend vor Heiligkeit kommen wir an diesem Tage zusammen." (En ce jour, nous venons, tout rayonnant de sainteté.)

Seite 15 heißt es: „Unser Gott ist der lebendige Gott, der Jehova, der war, der ist und der sein wird, nicht ein Gott geboren von gestern, nicht ein gestorbener Gott, nicht ein leichenhafter Gott (et non un Dieu né d'hier, non un Dieu mort, non un Dieu cadavéreux!)"

Seite 20 heißt es: „Moses hätte sich leicht können göttliches Ansehen verschaffen, aber er besaß nicht jene menschliche Schwäche, die dem Betrug und dem Hochmuth Opfer bringt." Eine auf den Händen liegende Anspielung.

Seite 21: „Der Glaube Israels ist kein blinder Glaube, er ist ein Glaube, gegründet auf die heilige Vernunft. Der Glaube Israels ist nicht wie jene andere Religion (comme cette autre religion), die einen gebornen, einen gestorbenen, einen leichenhaften Gott hat!"

„Er ist nicht wie jene andere Religion, welche sagt: Außer der Kirche ist kein Heil."

„Er ist nicht wie jene andere Religion, deren Grund der allerlächerlichste Grund der Welt ist (dont la base est tout ce qu'il y a de plus ridicule), deren Grund ein Unrecht gegen die Vernunft ist, zu welcher sie (diese andere Religion, das heißt die katholische) spricht: „Vernunft schweige, Wahnsinn rede!"*)

„Er (der Glaube Israels) ist nicht wie jene andere Religion, deren Anhänger einen sogenannten Gott geboren werden lassen,

―――

*) Diese seit Verläugnung des wahren Messias in der frechsten Weise und in allen Formen fortgesetzte Lüge gehört zum selbstverschuldeten Fluch Israels. Wo hat die Kirche je obigen Unsinn gelehrt? Nur ein in Fanatismus halb wahnsinniger Jude kann derlei Sätze der katholischen Kirche hinaufdichten, um sie lächerlich und verhaßt zu machen!

um ihn dann sterben zu lassen, einen materiellen Gott, einen Lügengott!" (Elle n'est pas, comme cette autre religion dont les sectateurs font naître un soidisant Dieu pour le faire mourir, un Dieu materiel, un Dieu homme, un Dieu mensonger.)

„Und warum? Der Götzendienst kann sich seiner Irrthümer nicht entledigen, weil sich das Heidenthum Götter erdichtet, die aus materieller Liebe entstanden, Götter, die alle Leidenschaften der Menschen besitzen, in denen der Mensch sich spiegeln, sich wieder erkennen kann (où l'homme se mirait, se reconnaissait), und so hat das Christenthum, nach Art des Heidenthums, das Bedürfniß, sich einen Gottmenschen zu schaffen, einen materiellen Gott, einen Gott in Menschengestalt, der menschliche Leidenschaften besitzt (qui avait les passions de l'homme), und in diesem Gott beten sie sich selber an, in ihm vergöttlichen sie ihre Leidenschaften (ils divinisaient leurs passions)."

„Bis dahin, ja, bis dahin ist der Wahnsinn gekommen, den einen Gott, den Schöpfer der Welt abzusetzen, und für ihn einen Gott, geboren von gestern, **geboren in Unzucht, kann auch sein in Ehebruch,** einzusetzen (né de l'immoralité, de l'adultère peut être! . . . .)"

„Gegen das Christenthum kann man mit Recht jene Worte des Isaias anwenden: (Is. I. 2.) „Höret ihr Himmel und nimm es zu Ohren, Erde, denn der Herr redet. Söhne hab' ich aufgezogen und emporgebracht, aber sie haben mich verachtet."

„Die Leidenschaft wurde ihr (der Christen) Gott, seither ist alles zur Leidenschaft geworden. Man hatte das Bedürfniß, für diese Religion einige Sittengesetze herbeizuziehen, ohne die Niemand bestehen kann, man nahm aus dem alten Testament alles, was ihr an Moral im neuen findet, man verband sich mit der Philosophie, nahm das Gute, was man in ihr fand, und verfolgte die Philosophen auf's äußerste, man verbrannte sie lebendig, man erklärte Israel den Krieg, man entflammte die menschlichen Leidenschaften gegen eine Religion des Friedens, man pflanzte die Fahne des Christenthums auf, — in dessen Namen so viele Millionen Menschen hingewürgt wurden, und das Alles, sagen

sie, zur Verherrlichung ihrer Religion, deren Anhänger sich zu
behaupten erfrechen (dont les sectateurs osaint encore venir
publier effrontenant): "**Das ist die Religion des Frie=
dens!**"

"Des Friedens! Ja, dort, wo ihr eure Hinrichtungen vollen=
det! Des Friedens! Ja, dort, wo der Tod herrscht! Des Frie=
dens! Ja, dort, wo es keine Menschen mehr zu ermorden gibt."
(De paix! là où il n'y avait plus d'hommes à assassiner!...)

Alles wörtlich. Wir möchten wissen, was die Juden sagen
würden, wenn es in dieser Weise von einer christlichen
Kanzel gegen die Juden losginge! Zeter und Mordio! Nach=
dem nun Fabius sagt: es seien wohl einige gerechte Menschen
gewesen, welche das Christenthum an sanftere Sitte gewöhnen
wollten, fährt er fort:

"Aber sein (des Christenthums) Naturell, momentan unter=
drückt, brach bald wieder über seine Schranken und in allen Jahr=
hunderten hatte die Welt unter seinen Henkern zu leiden. Unter
der Erde, in Höhlen, in Finsternissen fabrizirten sie schweigsam
ihre Mordblitze und spieen, unter dem Lügenvorwande irgend eines
erfundenen Verbrechens, den Tod über die Erde, und dieses
mitten in's Herz des 19. Jahrhunderts, mitten in unsere Tage
hinein!" — —

Der Rabbiner spielt hier auf die bekannte Ermordungsgeschichte
in Damaskus an; wie überflüssig übrigens des Rabbiners Eifer
war, geht aus den zu Paris von Achille Laurent in zwei Bän=
den zur Veröffentlichung gegebenen Aktenstücken des Prozesses her=
vor, in denen die Ermordung des Pater Thomas durch die be=
inzichtigten Juden vollkommen juridisch konstatirt ist.

Doch hilf, was helfen kann; der Rabbiner schimpft über
Thiers, der die Repräsentantentribüne der französischen Nation
entweihte **(weil er Thatsachen über den Prozeß auf der Tri=
büne vorbrachte).**

Der Rabbi sagt: "Die ganze Geschichte in Damaskus könne
nichts anderes sein, als eine infernale Erfindung der Schule Loyo=
la's, um so leichter nach Lust morden zu können" (!!)
(tout ce drame de l'histoire de la disparition d'un moine,

n'a pu être qu'une invention infernale de l'école de Loyola pour assassiner plus à l'aise.)

Also die Jesuiten schmiedeten die Damaskener Klinge, um den Juden die Köpfe abzuschlagen! Interessanter Fund!

So geht es immer geistreicher fort. Auf die Jesuiten wird die Schuld geladen. Was hatten aber die Jesuiten mit den Prozeßakten und den Geständnissen der Mörder in Damaskus zu schaffen?? — Sie sollten Blitzableiter werden. Das ist eine beliebte Manier von gewisser Seite, die Jesuiten vorzuschieben. Ach, ein bald eingebrochener Vorwand, diese Jesuiten, eine zu dünne Festungsmauer, um hinter ihr die Wahrheit verbergen zu können. —

Beschäftigen wir uns nicht weiter mit den Liebesergüssen des Rabbiners in extenso — und bringen wir nur noch zur Charakteristik seinen Vergleich des Judenthums mit dem Christenthum wörtlich: „Vous avez donc:"

Pour l'Israélitisme.

Un drapeau vièrge de tout crime.
(Eine Fahne, rein von jedem Verbrechen.)
Le Dieu un.
(Den Einen Gott.)
Un Dieu créateur.
(Einen schöpferischen Gott.)

Un Dieu source de toute morale.
(Einen Gott, die Quelle aller Sittlichkeit.)
Un Dieu vivant, un Dieu de paix.
(Ein lebendiger Gott, ein Gott des Friedens.)
Un Dieu de vérité.
(Ein Gott der Wahrheit.)
L'amour du prochain, la justice, la vertu.
(Die Nächstenliebe, die Gerechtigkeit, die Tugend.)
La raison dans tout son essor.
(Die Vernunft in ihrem höchsten Schwung.)

Pour le Christianisme.

Un drapeau de sang.
(Eine blutige Fahne.)

Un Dieu composé.
(Einen zusammengesetzten Gott.)
Un Dieu créé et né.
(Einen geschaffenen und geborenen Gott.)

Un Dieu né de l'immoralité.
(Einen Gott, geboren in Unzucht.)

Un Dieu mort, un Dieu cadavéreux.
(Ein gestorbener, leichenhafter Gott.)
Un Dieu de mensonage.
(Ein Gott der Lüge.)
Une religion de persécution.
(Eine Religion der Verfolgung.)

La raison bannie.
(Der Vernunft verbannt.)

La liberté. (Die Freiheit.)	La contrainté. (Der Zwang.)
Une religion de sentimens. (Eine Religion der Gefühle.)	Une religion de violence. (Eine Religion der Gewaltthat.)
Une religion sans mystères. (Eine Religion ohne Mysterien.)	Une religion pleine de mystères. (Eine Religion voll Mysterien.)
Une foi eclairée. (Ein aufgeklärter Glaube.)	Une foi aveugle. Hors de l'Eglise, point de salut. (Ein blinder Glaube. Außer der Kirche kein Heil!

So geht es fort über das Christenthum, „in welchem die Vernunft sich vor so vielen Thorheiten blind beugen müsse, bis sie erstickt wird." „Glaube Alles, oder du hast kein Heil!"

„Wenn die Grundfesten einer Religion nicht das Licht der Vernunft ertragen können, wenn die Vernunft ihren Grundprinzipien widerstreitet, dann saget keck (hardiment), daß diese Religion irrthümlich, absurd, lächerlich ist!"

„Das Christenthum erdichtet sich einen materiellen Gott, — es folgt den Spuren der alten Idolatrie, der Mensch sieht sich darin im Spiegel und läßt seinen Leidenschaften freien Lauf. Das Christenthum mit seinem Fleischgott ist in Wahnsinn gefallen, die Vernunft wird verbannt, unverständliche Dogmen werden geschaffen, die Mysterien stürzen in einen Abgrund, in dem alles Licht erloschen ist, man kann diese Mysterien nicht glauben, ohne ein Narr zu sein; so stürzt man von Finsterniß zu Finsterniß, die Leidenschaften der Menschen werden vergöttert, es wird ihnen geschmeichelt, und so führt sie, diese Religion, dann nothwendig zu verbrecherischen Resultaten (elle devait produire les résultats criminels)." — — „Selbst das Heidenthum hat dem Gewissen nicht Gewalt angethan, nur das Christenthum hat gegen die anderen Bekenner seine wüthenden Leidenschaften entfesselt!"

So geht es fort und fort!!!!

Dann stellt der Rabbiner die inhaltsvolle Frage:

„Die Christen, welche die Thorheiten des Christenthums nicht glauben, sind die unsern, sie sind Israeliten. So bleibt nur noch die blinde Masse (im Christenthum) zurück; wäre es nicht an der Zeit, dieser (der Masse) zum Glück der Welt die Augen zu öffnen?"

Nun verkündet der Rabbiner Glück und Frieden der Menschheit, wenn sie (versteht sich mit Hülfe der jüdischen, den Massen die Augen öffnenden Literatur) das Christenthum wird abgeworfen haben, und er ruft aus:

„Keine Bluttaufe mehr, keine Wassertaufe mehr, sondern die Herzenstaufe!"

Dann kommt ein Anwurf an die Könige seiner Nationen, die so liebenswürdig, so wohlthätig sind, alle Juden mit den Christen gleichzustellen.

Dann wird wieder fort und fort gegen das Christenthum losgegangen und losgeschimpft.

Und am Schluß sagt der Rabbiner:

„A vous Chrétiens, votre homme divinisé, votre foi aveugle, votre drapeau de sang!

A moi, mon Dieu vivant, ma loi de feu, ma foi raisonnée, et mon drapeau de l'unité et de la paix!"

„Für Euch, ihr Christen, euer vergöttlichter Mensch, euer blinder Glaube, eure blutige Fahne!"

„Für mich mein lebendiger Gott, mein lichtes Gesetz, mein vernünftiger Glaube, meine Fahne der Einigkeit und des Friedens!" — — —

So wurde diese Rede gehalten zu Lyon am Tage Rosch Hoschanah, am 5. September 1842.

In der Weise reden die Rabbiner in Frankreich, wo sie emanzipirt sind.

Welch ein Lügengewebe von den jüdischen Lehrern über das Christenthum geworfen! Jedes christliche Herz muß erschüttert werden über solche Schmach und unerhörte Frechheit, der Christenheit aufgeladen.

Diese selbstbewußte Lüge, diese Verdrehung aller christlichen Wahrheit, — das ist die persönliche Selbstverschuldung Jener, welche die Lüge aussprechen.

Werden auch anderwärts wie in Frankreich, christliche Setzer, christliche Buchdrucker und Buchhändler dem emanzipirten Haß die Hände bieten? Wird das Judenthum anderwärts gemäßigter auftreten? Sind in dieser angeführten Rede nicht alle Traditionen jüdischen Hasses lebendig erhalten bis auf die neueste Zeit?

So haben wir ein Stück modernes Judenthum gesehen. Wir haben Juden reden lassen!

Aus allen Mährlein des Talmuds hat dies moderne Judenthum nur eine Substanz beibehalten, das ist der glühende Haß gegen Christus den Herrn und Heiland, der Haß gegen das Christenthum! In dieser Rede ist es offen ausgesprochen, auf was es abgesehen ist — und wohin es mit dem Christenthum kommen soll!

„Wäre es nicht an der Zeit, den blinden Massen (den Christen) zum Glück der Welt die Augen zu öffnen?"

Das ist die Formel, in welcher der Rabbiner der jüdischen Literatur die Aufgabe zur Entchristlichung der Massen vorzeichnet. — In der That, nach diesem Plan wird mit großer Konsequenz gearbeitet.

Was wird, was kann man diesen jüdischen Thatsachen ohne Anwendung von Lügen und Verdrehung entgegensetzen?

IV. Ueber den Mord des P. Thomas.

In der k. k. Hof- und Staatsdruckerei in Wien ist Anno 1860 erschienen: „Die heiligen Orte. Pilgerreise nach Jerusalem, von Wien nach Marseille, durch Ungarn, Slavonien, die Donaufürstenthümer, Konstantinopel, den Archipelagus, den Libanon, Syrien, Alexandrien, Malta und Sizilien, von Msgr. Mislin, infulirtem Abt 2c. 2c. Nach der zweiten Auflage des französischen Originales, 3 Bände (zusammen 2044 Seiten Groß-Oktav, und mit vielen Karten und Plänen.

Dieses Werk ist eines der besten und gründlichsten über den Orient. Msgr. Mislin hat denselben zwei Mal bereist und ist mit der französischen und deutschen Literatur über das heilige Land vollkommen vertraut. Im ersten Band, Seite 553 erzählt der Herr Verfasser aus Damaskus Folgendes:

(Wir bemerken, daß wir hier eine alte Geschichte nicht aufwärmen, — sondern daß wir eine durch Tendenzlügen und Bestechung aller Art entstellte Geschichte — aus einem jetzt erschienenen Werke als eine unumstößlich erwiesene historische Thatsache konstatiren.)

„Bei meinem Besuche der Kirchen der verschiedenen christlichen Gemeinden begab ich mich auch in die der Maroniten, eine ehemalige Kapuzinerkirche. Dort sah ich ein kleines marmornes Denkmal, vor dem ich mich demüthig niederwarf, nachdenkend in der Beschämung meiner Seele über die Gerechtigkeit der Menschen und über den geringen Schutz, den die christlichen Mächte den armen Missionären zu verschaffen wissen, welche in diese barbarischen Gegenden kommen, um das Reich Gottes auszubreiten. Dieses Denkmal umschließt das Wenige, was man von den Ueberresten des Pater Thomas, der von den Juden ermordet wurde, auffinden konnte. Die Geschichte ist diese:

Mittwoch Abends, am 5. Februar 1840, ging der Kapuziner Pater Thomas, welcher seit mehreren Jahren in Damaskus die Arzneikunst ausübte und von Jedermann geliebt war, in das Quartier der Juden. Unter dem Vorwand, ein Kind zu impfen, wurde er in das Haus des Daud Arari gelockt, wo sich mehrere jüdische Notabilitäten, namentlich der Khatham (Rabbiner) Mussa Abu el Asich, befanden. Pater Thomas wurde geknebelt, zu Boden geworfen und von den Anwesenden gehalten; der Barbier Suleiman hielt ein großes kupfernes Becken an seinen Hals, Daud Arari ergriff ein Messer, schnitt dem Priester die Kehle ab, und Arun Arari, ein Bruder des ersteren, brachte ihm vollends den Tod. Das Blut wurde in dem Becken gesammelt, ohne daß ein Tropfen verloren ging; darauf schleppte man den Leichnam aus der Mörderkammer in die Holzkammer. Dort wurde er seiner Kleidung entledigt und diese verbrannt. Der Leichnam wurde zerstückelt, die Knochen mit einer Mörserkeule auf einem Steine zerschlagen und der Kopf auf gleiche Weise zerbrochen. Das Ganze wurde in einen Sack gegeben, vom Barbier Suleiman und Daud's Diener zu einem neben dem Hause des Khatham befindlichen Kanale getragen und stückweise in die Rinnen geworfen.

Sieben der vornehmsten Juden von Damaskus, alle sehr reich, sind die Urheber der schauderhaften Mordthat, wobei ihnen der Barbier Suleiman und Daud's Diener Hülfe leisteten; dem Ersten hatten sie Geld versprochen, dem Zweiten, ihn auf ihre Kosten zu verheiraten. Diese Mordthat wurde nicht aus Habsucht, nicht aus persönlicher Rachsucht begangen, sondern blos um das Blut des Opfers zu bekommen. Dieses Blut wurde zum Khakham Jakub el Antabi gebracht, der es hinter den Büchern seiner Bibliothek versteckte.

Als der Diener des Pater Thomas seinen Herrn nicht zurückkommen sah, ging er, ihn zu suchen, in das Quartier der Juden und wurde auf dieselbe Weise behandelt wie sein Herr.

Als die Behörden auf Grund gesammelter Anzeigen sich an den Kanal begaben, welcher das Quartier der Juden durchzieht, zog man aus demselben Stücke Fleisch, eine Kniescheibe, ein Stück Herz, Reste einer Hirnschale, andere Knochenbruchstücke und Theile von dem Käppchen des Paters hervor. Durch zehn europäische und türkische Aerzte wurde konstatirt, daß diese Knochenstücke menschliche Ueberreste waren. Sie wurden feierlich zu Grabe getragen und in der Kapuzinerkirche beigesetzt.

Im Verlaufe der vom Generalgouverneur Scherif Pascha geleiteten Untersuchung haben die Missethäter angegeben, dieser Mord sei mit dem Khakham Jakub el Antabi verabredet worden, um sich eine Flasche Menschenblut zu verschaffen, weil man selbes zur Feier des Kultus brauche, indem der Gebrauch bestehe, solches Blut unter das ungesäuerte Brod zu mischen, nicht für das Volk, sondern für einzelne besonders eifrige Personen. Am Vorabende des Festes der ungesäuerten Brode bleibt der Khakham am Backofen; glaubenseifrige Personen schicken ihm Mehl, woraus er Brod backt; er selbst knetet den Teig, ohne daß Jemand weiß, daß er Blut darunter mischt; dann schickt er das Brod denen, welchen das Mehl gehört. Auch die Juden von Bagdad hatten solches Brod zur Erfüllung ihrer religiösen Pflichten von ihm verlangt. Das ist das Geheimniß der großen Khakhams, welche allein Kenntniß von dieser Sache und von der Art, das Blut zu verwenden, haben.

In dieser Erzählung ist kein Wort, welches nicht auf amtlichen Urkunden beruht*).

Als dieses Doppelverbrechen in Europa bekannt wurde, erhob sich eine ungeheuere Entrüstung gegen dessen fanatische Urheber und im Allgemeinen gegen eine Secte, welche solcher Greuelthaten zu allen Zeiten beschuldigt und mehrere Male auch gerichtlich schuldig befunden worden ist.

Crémieux, Vizepräsident des französischen (Juden=) Konsistoriums, zögerte nicht, die Vertheidigung der Uebelthäter auf sich zu nehmen, und scheute sich nicht, in einem am 7. April 1840 im „Journal des Débats" aufgenommenen Briefe alles Odiose in dieser Sache dem Einflusse der Christen im Oriente zuzuschreiben.

An den äußersten Grenzen Asiens wie in Europa harrte man mit ungeduldiger Spannung auf den Ausgang eines Prozesses, der über jene geheimnißvollen Ruchlosigkeiten Licht verbreiten sollte, welche in allen Jahrhunderten blutige Spuren zurückgelassen haben.

Sechszehn Juden waren bei der Ermordung des Pater Thomas und seines Dieners mit verflochten; zwei starben während des Verfahrens; vier erhielten Begnadigung wegen gemachten Enthüllungen; die anderen zehn wurden vom Sherif Pascha zum Tode verurtheilt.

Die Hinrichtung sollte unmittelbar auf die Verkündigung des Urtheils folgen; da aber gerade damals Syrien von den egyptischen Truppen unter Ibrahim Pascha besetzt war, so verlangte und erwirkte der französische Konsul, daß der Prozeß dem Generalissimus zur Genehmigung vorgelegt wurde.

Unterdessen intriguirten die Juden aller Länder zu Gunsten der Heiligen und Märthrer, das heißt, der Mörder von Damaskus; enorme Summen wurden den Beamten der Konsulate und den Zeugen angeboten; tausende von Talaris und eine Konsular-

---

*) Man sehe im Ministerium der äußeren Angelegenheiten zu Paris den Verbalprozeß und die Gerichtsakten bezüglich des Doppelmordes des Pater Thomas und seines Dieners Ibrahim Amarah.

protektion einem gewissen Khabil Sednaui*); fünfhunderttausend Piaster dem Herrn Chubli von Seite der Rabbiner, um die Abänderung der Todesstrafe und die Nichtaufnahme der Uebersetzungen der jüdischen Bücher und der vom Rabbiner Mussa Abu el Afieh gelieferten Erklärungen in die Protokolle des Verfahrens u. s. w. zu erwirken**); ein Sack Silbergeld wurde dem nämlichen Chubli von der Familie des Mehir Farkhi, bei dem der Diener des Pater Thomas ermordet worden war, zugeschickt***); sogar einen jungen Schreiber im französischen Konsulate suchte man durch das Anerbieten von fünfhundert Beutel zu bestechen. Die Juden in Europa beeilten sich, zwei der Ihrigen, die Herren Montefiore und Crémieux, zu Mehemed Ali zu schicken, um die Freilassung der Schuldigen zu erbitten. In seinem in das „Journal des Débats" aufgenommenen Briefe hatte Crémieux in Bezug auf diese schaudervollen Mordthaten gesagt: „Wenn die jüdische Religion in dieser Weise Mord und Vergießung menschlichen Blutes befiehlt, so erheben wir uns in Masse, Juden-Philosophen, Christen, Muselmänner, vernichten wir diesen barbarischen und gotteslästerlichen Kultus, der Meuchelmord und Todtschlag zum Range eines göttlichen Gebotes erhebt; vernichten wir ihn selbst in den Menschen, die ihn ausüben†)." Als Crémieux nach Egypten kam, hätte er die schönste Gelegenheit gehabt, entweder die Revision des Prozesses seiner Religionsgenossen zu begehren, damit ihre Unschuld vor Aller Augen anerkannt würde, oder aber einen barbarischen und gotteslästerlichen Kultus in den Menschen, die ihn ausübten, vernichten zu lassen, wenn sie wirklich schuldig waren.

Anstatt dessen erwirkten die Abgesandten der europäischen Juden von Mehemed Ali einen an den Generalgouverneur von Syrien gerichteten Ferman folgenden Inhalts:

„Aus der Darstellung und der Bitte der Herren Moses Montefiore und Crémieux, die zu uns gekommen sind als Abgesandte aller Europäer, welche sich zur Religion des Moses bekennen,

---

*) Brief des französischen Konsuls an Sherif Pascha unter Nr. 28.
**) Brief desselben an denselben, Nr. 28 bis.
***) Derselbe Brief.
†) Brief vom 17. April 1840.

haben wir entnommen, daß sie die Freilassung und die Sicherheit jener Juden wünschen, welche aus Anlaß der Untersuchung über die Geschichte des zu Damaskus im Monate Zilhidscheh 1255 verschwundenen Pater Thomas und seines Dieners Ibrahim in Verhaft genommen wurden oder flüchtig geworden sind.

„Und da es mit Rücksicht auf eine so zahlreiche Bevölkerung nicht ziemlich wäre, ihre Bitten und Begehren abzuschlagen, so befehlen Wir, die gefangenen Juden in Freiheit zu setzen und den Flüchtigen volle Sicherheit ihrer Rückkehr zu gewähren. Ihr werdet also die Handwerker bei ihrer Arbeit, die Handelsleute bei ihrem Handel lassen, so daß Jeder sich mit seiner gewöhnlichen Profession beschäftige; und Ihr werdet alle möglichen Maßregeln ergreifen, damit Keiner von ihnen, wo es immer sei, Gegenstand übler Behandlung werde, damit sie volle und gänzliche Sicherheit genießen wie früher, und man sie in Ruhe lasse in allen Dingen.

„Dieß ist Unser Wille."

Am 5. September 1840, nach Empfang dieses Fermans, setzte Sherif Pascha die zum Tode verurtheilten Juden in Freiheit, und damit hatte die Geschichte von des Pater Thomas Ermordung ein Ende; Gottes Friede und Gnade sei mit ihm!

Ich will nur eine einzige Bemerkung machen.

Die Juden, welche so feierlich protestiren, wenn man sie des schauderhaften Aberglaubens, von dem hier die Rede ist, beschuldigt, hatten die Gelegenheit, ihre Sache von der der Mörder zu trennen, indem sie von aller Welt verlangten, daß Gerechtigkeit geübt würde; sie haben aber nur die Freilassung der Angeklagten verlangt, und diese wurde ihnen bewilligt, „weil es nicht ziemlich gewesen wäre, diese Bitte einer so zahlreichen Bevölkerung abzuschlagen."

Weil die Juden zahlreich sind, können sie die Christen ungestraft ermorden: das ist ein des Pilatus würdiges Urtheil; es wird dem, der es gesprochen, zur Schande, und denen, die es erwirkt haben, zur Verdammung gereichen*).

---

*) Es ist hier am Orte, einer der frechsten und infamsten Lügen zu gedenken, welcher sich das jüdische Literatenthum ohne Unterlaß bedient, um

V. Ueber einige Texte des Talmud.
(Im selben Band von Mislin Seite 651 und 652.)

Mit Ausnahme der wenig zahlreichen Secte der Karaiten-Juden folgen die heutigen Juden nicht dem Gesetze Mosis, so wie es sich im alten Testamente befindet. Dieses Gesetz ist durch die Commentare erstickt worden, nämlich durch den Talmud. Der Talmud ist in Wirklichkeit der religiöse Codex der neueren Juden. Dieser enthält aber so viel Haß gegen das Christenthum, so viele Lästerungen gegen unseren göttlichen Erlöser, so viele Verwünschungen gegen die Christen, daß es kein Wunder ist, wenn die Fanatiker, welche an dieser Quelle Begeisterung schöpfen, zu jedem Verbrechen fähig sind, wenn es sich um Christen handelt und sie auf Straflosigkeit rechnen zu können glauben. Aber seitdem die Kenntniß der orientalischen Sprachen sich in Europa mehr verbreitet hat, haben die Juden Sorge getragen, Ausgaben des Talmud ad usum Christianorum, das ist: verfälschte anzufertigen, worin sie diese feindseligen Stellen unterdrücken. In den alten Ausgaben des Talmud, wie in jener von Venedig

---

die Thatsache von Damaskus als zweifelhaft darzustellen. Noch im Jahre 1862 sagte eines der vielen Wiener Judenblätter:

„Es dürfte bei dieser Gelegenheit nicht am unrechten Platze sein, an einen Gewährsmann zu erinnern, dessen Autorität Dr. Brunner wohl kaum in Zweifel zu stellen vermag. Gar vielen unserer Zeitgenossen wird noch das eklatante Dementi erinnerlich sein, das der Domprediger Johann Em. Veith, bekanntlich ein geborner Jude, von der Kanzel herab, das Crucifix in der Hand dem erbärmlichen Märchen von dem Christenblute in der jüdischen Osternacht entgegenstellte. Ist etwa das Zeugniß des Dompredigers, der im jüdischen Ritus aufgewachsen, für die Leute von der Kirchenzeitung kein vollgültiges?"

In ähnlicher Weise suchen mit der größten Frechheit der Lüge die Masse Wiener Judenblätter das Verbrechen von Damaskus abzuschwächen. Dr. Veith hat diesen Gegenstand nie auf der Kanzel berührt — das ist die trockene Thatsache, die den Juden schon oft vorgehalten wurde. Veith selbst erklärte, nie über den obigen Gegenstand auf der Kanzel gesprochen zu haben. Die Niederträchtigkeit dieser Lüge besteht darin, daß man sich auf viele Zeitgenossen beruft, aber nicht Einen dieser Zeitgenossen anführt. Die Infamie aber besteht darin, daß man die alte Lüge, trotzdem daß sie schon so oft widerlegt wurde, frech aufrecht zu halten sucht.

(1520) und von Amsterdam (1600) kann man noch den unverstümmelten Text finden. Dort finden sich die Maximen, welche ich hier anführen will.

Bei Ezechiel (XXXIV, 31) hat Gott der Herr zu Israel gesagt: „Und ihr seid meine Schafe, die Schafe meiner Weide, ihr seid ein Mensch (in der einfachen Zahl): das heißt, ihr habt die Eigenschaft eines Menschen; aber die Völker der Welt haben nicht die Eigenschaft eines Menschen, sondern die eines Thieres."

Talmud, Abhandlung Baba=Metsigna, Fol. 114; Amsterdamer Ausgabe, 1645; Uebersetzung des Ritters P. L. B. Drach, Bibliothekar der Propaganda:

„Wenn ein Israelite einen angesiedelten Proselyten tödtet*), so kann das Tribunal**) ihn nicht verurtheilen; denn es steht geschrieben im Gesetze über den Mord (Exod. XXI, 14): Wo aber Jemand seinen Nächsten erschlagen, ein solcher aber ist nicht unser Nächster. Demgemäß ist es überflüssig, zu sagen, daß man einen Israeliten verurtheilen könne, weil er einen Goi (Christen) erschlagen hat."

Maimonides, Abhandlung über die Beschneidung, 1. Capitel, Art. 6, derselbe Uebersetzer:

„Der Abgötter (Christ), welcher einen Tag der Woche heiliget, verdient den Tod; da Gott gesagt hat: Du wirst nicht ruhen, weder bei Tag noch bei Nacht; in diese Strafe würde er verfallen, wenn es auch ein ganz anderer Tag als der Samstag wäre. Der Abgötter, welcher die Bibel liest, soll ebenfalls den Tod erleiden, da die Bibel nur für die Juden bestimmt ist."

Capitel Sanhedrim, Seite 58; von dem Khakham Jakub el Antabi approbirte Uebersetzung.

---

*) Die Rabbiner bezeichnen mit dieser Benennung den Fremden, welcher ohne das Judenthum anzunehmen, der Ausübung seines eigenen Gottesdienstes entsagt. Unter dieser Bedingung wird er geduldet. Uebt er seinen Kult aus, so wird er zum Tode geführt. So verfährt man, wo die Juden die Macht in Händen haben. (Siehe im Talmud, Kap. Sanhedrin, fol. 56 verso, und Maimonides, Abhandlung von den Königen, IX. Cap. 2. Art.)

**) Wohlverstanden ein Tribunal eines Landes, wo die Juden Herren wären.

Hier folgen einige Auszüge aus der Prompta Bibliotheca von Lucius Ferrari, B. III, C. 2.

"Wir befehlen, daß jeder Jude drei Mal des Tages bete um Ausrottung des ganzen Volkes der Christen und ihres Gottes; daß er die Vertilgung dieses Stammes begehre, und die seiner Könige und seiner Fürsten; vorzüglich befehlen wir den Priestern der Juden, dieses Gebet zu verrichten; gleichfalls drei Mal des Tages in der Synagoge, zum Hasse Jesus von Nazareth." (In Thalm. Ord. 1, Tract. 1, Dist. 4.

"Gott hat den Juden befohlen, die Güter der Christen auf was immer für eine Art fortzunehmen, sei es durch Betrug oder durch Gewalt, durch Wucher oder durch Diebstahl." Ord. 1, Tract. 1, Dist. 4.

"Allen Juden ist befohlen, in den Christen nichts anderes zu sehen, als unvernünftige Geschöpfe, und sie zu behandeln wie niedrige Geschöpfe." (Ord. 4, Tract. 8.)

"Der Jude thue den Heiden weder Gutes noch Böses; aber er biete alle seine Sorgfalt und alle seine Kunst auf, um die Erde von den Christen zu reinigen." (Ord. 4, Tract. 8, Dist. 2.)

Alle Jene, welche über diesen Gegenstand mehr wissen wollen und namentlich den Rabbiner S., Professor der semitischen Sprachen an der Universität von L., welcher mich mit seinem Besuche beehrte, um mir vorzuwerfen, daß ich vom Talmud übel gesprochen habe, verweise ich auf folgende Spezialwerke:

"Sturz der hebräischen Religion", von einem bekehrten Ex-Rabbiner, in griechischer Sprache herausgegeben 1834 zu Napoli di Romagna, bei Johann de Giorgio.

Dieser Rabbiner gibt folgende drei Beweggründe der Christenmorde von Seiten der Juden an:

"1) den Haß, den die Juden gegen die Christen hegen,

2) Aberglauben oder Zaubereien, die die Juden mit diesem Blute treiben,

3) den Glauben, den die Rabbiner haben, daß, da Jesus, der Sohn Mariens, doch der wahre Messias sein könnte, sie sich retten können, wenn sie sich mit Christenblut bespritzen."

Den ersten Beweggrund betreffend, führt er eine Stelle eines anderen Rabbiners, Namens Salomon an, welcher behauptet, jeder Jude sei verpflichtet, einen Christen zu tödten, um durch eine solche Handlung sich selbst zu retten.

Man sehe: „Relation historique des affaires de Syrie depuis 1840 jusqu'en 1842", von Achilles Laurent, Paris, bei Gaume, 1846. (Die Affaire des Pater Thomas ausführlich mit den Aktenstücken.)

„Briefe über die Wucherfrage", von Ritter P. L. D. Drach, Rom, 1834.

Inhalts-Verzeichniß.

Seite.

Vorrede V

Erstes Kapitel.

Allgemeine Darstellung der religiösen und moralischen Grundsätze, wie sie in der Synagoge seit ihrer Verwerfung angenommen wurden 1

Zweites Kapitel.

Haß, Intoleranz, Verfolgungen, Mordthaten, Verrath, Betrug, Diebstahl, Gotteslästerung, Treulosigkeit und Verbrechen aller Art deren sich die Synagoge dadurch schuldig gemacht, daß sie die talmudistischen und traditionellen Lehrsätze befolgte, wie wir sie in dem vorigen Kapitel dargestellt und vom religiösen und politischen Standpunkte betrachtet haben . . . 50

Drittes Kapitel.

Menschen und Christenkinder von den Juden aus Haß gegen Jesus Christus ermordet. Ursachen dieser Grausamkeiten, — Aberglaube und Vertrauen auf Zauberkünste . . . 197

Schluß 254

Beilagen.

I. Deutsche Philosophen über Juden 259
II. Die Allgemeine Zeitung über Juden 266
III. Wie der Haß fortlebt 269
IV. Ueber den Mord des P. Thomas 278
V. Ueber einige Texte des Talmud 284

PLEASE DO NOT REMOVE
CARDS OR SLIPS FROM THIS POCKET

UNiVERSITY OF TORONTO LIBRARY

BM   Brunner, Sebastian
535   Die Kirche und die
B715   Synagoge